Joachim Schult

Mayday
Yachten in Seenot

Joachim Schult

Delius Klasing Verlag

Folgende im Delius Klasing Verlag
erschienene Bücher von
Joachim Schult sind noch lieferbar:

Das ist Segeln
Segeln mit Rollreffanlagen
Auf Blauwasserfahrt
Nachtfahrt
Notfälle an Bord
Richtig ankern
Segeln mit dem 7. Sinn
Bootspflege selbst gemacht
Bootsreparaturen selbst gemacht
Segeltechnik leicht gemacht
Segler-Lexikon
So arbeitet das Segel
Mittelmeerküste (Führer für Sportschiffer)

3. Auflage

ISBN 3-7688-0555-7

© Copyright by Delius, Klasing & Co., Bielefeld

Fotos: Akademischer Segler-Verein, Berlin (Titelbild),
Bartels (3), Behn (2), Hörmann (3), Koppelmann (3),
Mastmeier (2), Memper (1), Mendlowitz/Callahan (2),
Mertes (2), Norddeutsche Versicherungs-Gesellschaft (12),
Pantaenius (3), Pardy (6), Photographic Department (1),
Pickthall (1), Dr. Pohlan (2), Schult-Archiv (1),
Stendel/Kalipke (2), Suhr (3), Thomson Newspapers (2),
YACHT-Archiv (3)
Zeichnungen: Schult-Archiv (17), van Straaten (4)
Satzherstellung: Kunst- und Werbedruck, Bad Oeynhausen
Printed in Germany 1989
Druck: May & Co. Darmstadt

Inhalt

Von Unfallberichten über Unfallforschung
zur Unfallverhütung

*Die See ist erbarmungslos. Sie offenbart niemals
eine Anteilnahme an menschlichen Gefühlen. Wer
sich mit Sentimentalität und gläubigen Hoffnungen
auf die Gnade Poseidons berufen glaubt, um
Seemann zu werden, wird sehr bald mit nicht
geringer Bitterkeit die unendliche Gleichgültigkeit
verspüren, mit der die Winde und in ihrem Gefolge
die See ihre Gunst und Ungunst verteilen.*

Hans Domizlaff

Die in diesem Buch beschriebenen Unfälle sind Realitäten des modernen
Yachtsegelns und insbesondere des Fahrtensegelns mit kleinen Seekreuzern
in begrenzter Küsten- und unbegrenzter Seefahrt. Die meisten der Unfallberichte sprechen dabei für sich.

Wir wollen uns jedoch nicht gefühlsbetont über Yachtunfälle schlechthin unterhalten. Es wird hier auch nicht der Zeigefinger eines Oberlehrers erhoben – entsprechend der spöttischen Devise: „Die besten Kapitäne stehen
immer an Land." Vielmehr wollen wir uns mit „nautischen Tatsachenberichten" auseinandersetzen.

Die einzelnen Beiträge dieses Buches sind zum einen literarisch gestaltete,
aber nicht ausgeschmückte Berichte von Tatsachen und Erlebnissen, die
dokumentarisch gesammelt wurden. Zum anderen betreffen sie nicht nur
speziell alle Teilgebiete der Seefahrt, die mit dem Yachtsegeln zusammen-
hängen. Sie sind auch durch Daten und Fakten zum Beispiel der Wetter-
kunde, des Schiffahrtsrechtes, der Revierbeschreibung (aus den einschlägigen Seehandbüchern), des Yachtbaus und anderer nautischer Sachverhalte
ergänzt.

Alle diese Daten und Fakten sind somit nicht nur dokumentiert, sondern
auch nachprüfbar, und jeder Leser kann daher persönliche Rückschlüsse ziehen, wenn er im gleichen Revier mit einem anderen Boot oder in einem anderen Revier mit dem gleichen Boot unterwegs ist, um nur zwei von den unzähligen möglichen persönlichen Verbindungen zu den geschilderten Ereignissen zu nennen.

Alle Tatsachen bis hin zu den wörtlichen Reden sind durch persönliche Berichte der Beteiligten, durch Aussagen vor einem Seeamt oder einem
Gericht, durch schriftliche persönliche Schilderungen an dritte und andere
Unterlagen dokumentiert. Nur aus Gründen der Darstellung mußten sie gegebenenfalls gestrafft, zusammengefaßt oder ergänzt werden.

Nicht alle geschilderten Unfälle können und sollen nautisch bewertet werden. Aber durch die zusammenfassende Bewertung mehrerer Ereignisse wird doch mit nautischen Überlegungen nach den Ursachen von Unfällen geforscht, oder die gegebenen Gefahren werden zusammenfassend herausgearbeitet. Daß hierbei meine eigenen persönlichen Erlebnisse und in jahrzehntelanger, weltweiter Segelpraxis gewonnenen Erfahrungen mit in eine Auswertung einfließen, ist natürlich nicht zu verhindern, aber sicher auch nicht schädlich.

Der Name der Beteiligten wird in allen jenen Tatsachenberichten genannt, die auf Wunsch und mit Wissen der Beteiligten abgedruckt wurden oder wo Polizei, Seenotdienste, Behörden und andere Institutionen den richtigen Namen mitgeteilt haben bzw. wo er bereits in anderen Publikationen veröffentlicht wurde. Auch die entsprechenden Bootsnamen sind dann die tatsächlichen Klarnamen.

In allen anderen Fällen, die sich in der Öffentlichkeit ereigneten und an denen zwar ebenfalls ein öffentliches Interesse besteht, aber Beteiligte wie Unbeteiligte nur als kennzeichnende Personen genannt werden mußten, wurden deren Namen und die Namen der Boote verändert.

Die Daten der Ereignisse wurden jedoch immer beibehalten, und auch die Reviere wurden nicht oder nur geringfügig verändert. Denn der Ablauf eines Seenotfalles läßt sich nur richtig verstehen und bewerten, wenn man von den tatsächlichen Revier- und Wetterverhältnissen an dem betreffenden Tage ausgehen kann.

Nicht verändert wurden auch die Namen der Schiffe, die zum Beispiel eine Rettung durchführten; einmal, weil es sich ja um „Tatsachenberichte" handelt, zum anderen aber, um die Leistungen der Besatzungen durch diese Namensnennung noch einmal deutlich anzuerkennen.

Bei der Ordnung der Unfallberichte habe ich mich nicht nur an eine Gliederung nach Unfallursachen wie „Strandung" oder „Mann über Bord" gehalten, sondern auch erste Versuche gemacht, einige zeitliche und räumliche Unfallschwerpunkte herauszuarbeiten. Diese Abschnitte könnten der Beginn einer Unfallforschung im Fahrtensegeln sein, die es bisher nicht gibt und für deren Weiterentwicklung natürlich eine sehr viel umfassendere Unfallstatistik erforderlich ist.

Eine solche Unfallforschung darf sich aber nicht nur auf eine Datensammlung beziehen, sondern sie muß auch vielfältige Fakten mit berücksichtigen. Der Leser wird nämlich mit mir zu der Erkenntnis gelangen, daß die in diesem Buch geschilderten Ereignisse fast immer auf „menschliches Versagen" zurückzuführen sind. Es ist meines Erachtens falsch, ein Seglerunglück nur immer der Ungunst der Elemente oder der Tücke der Technik zuzuschreiben. Tatsächlich waren die meisten der hier beschriebenen Un-

8

fälle vermeidbar, wenn nicht von Beginn an oder unterwegs persönliche Fehlentscheidungen getroffen worden wären, die sich nicht nur im nachhinein als solche erwiesen haben, sondern auch noch während der Fahrt von den Besatzungen als solche hätten verstanden und mit etwas mehr nautischem Sachverstand hätten geändert werden können.

Es heißt in einem Leitfaden zur Ausbildung seemännischen Nachwuchses über die „Sorgfalt eines ordentlichen Schiffers": „Die Persönlichkeit eines guten, verantwortungsbewußten Schiffsführers besteht aus zehn Prozent Wissen, 40 Prozent Erfahrung, 49 Prozent Vorsicht und einem Prozent Wagemut." Dieses Buch soll bewußt kein Lehrbuch sein, sondern ein Sachbuch. Aber es soll gleichwohl dazu dienen, die Wirklichkeit des Fahrtensegelns auf See deutlicher erkennen zu können, das Wissen zu erweitern und Erfahrungen zu vermitteln. Und es soll zur Vorsicht gemahnen. Kurzum: Es soll zu einer Unfallverhütung beitragen, die auch in die Seglerausbildung eingehen kann, ohne daß wir dabei die Freude am Segeln verlieren.

Nicht jeder verantwortliche Skipper und vertrauensvolle Mitsegler hat die Unfall-Problematik bisher erkannt. Sie wird erst durch Zahl und Art bestimmter Notfälle deutlich und durch die Verbindung von Unfallzeit und Unfallort mit der Jahreszeit und dem revier- und zeitbedingten Wetter. Ich bemühe mich in diesem Buch um die Darstellung dieser Problematik. Denn fast jeder Unfall hat nicht nur *eine* Ursache, sondern eine Ursachenreihe, die nicht selten in der Aufeinanderfolge unglücklicher Kettenreaktionen besteht.

Wenn sich außerdem die maßgeblichen Segelpädagogen und die verantwortlichen Seglerfunktionäre nach dem Lesen dieses Buches die Fragen stellen: Erziehen wir falsch? Lehren wir Unwichtiges? Verschweigen wir das Wichtigste, weil wir nicht wissen, was wichtig ist?, dann kann dieses Buch auch ein Impuls sein, die Seglerausbildung im Rahmen des bestehenden Führerschein-Systems zu überdenken. Und es kann zu einer realistischen Einschätzung dessen führen, was zum sicheren Fahrtensegeln wirklich wissenswert ist.

Die beste Seemannschaft ist immer noch die vorsichtigste. Denn auf Rettung ist kein Verlaß!

An Bord CORMORAN
Juni 1986   *Joachim Schult*

Strandung

Die Stunde schlägt am Riff

Bei der Strandung der CHRISTINE II auf einem Korallenriff von Aruba zahlte die Versicherung anstandslos alle Bergungs- und Reparaturkosten. Die Fahrtenyacht konnte später weitersegeln. Die Bergungskosten der YIN & YANG hingegen zehrten die gesamte Versicherungssumme auf. Der Rest reichte nicht mehr für eine Reparatur. Die gestrandete DEMMY war demgegenüber nicht versichert. Dennoch gelang es der Eignerfamilie, die Kunststoffyacht in 145tägiger Arbeit unter mörderischen Wetterbedingungen wieder segelklar zu machen. Dem Eigner der SISANG wurde für eine ähnliche Leistung nach dem Stranden sogar die „Blue Water Medal" verliehen.

„Navigation ist, wenn man trotzdem hinkommt", pflegt man eine aufregende Seglergeschichte zu kommentieren, deren Ausgang letztendlich doch eine glückliche Heimkehr ist. Mit dem Adverb „trotzdem" werden alle möglichen Fehler der Navigation kaschiert, die sich zwar zugetragen, aber nicht ausgewirkt haben: Steuerfehler, ungenaue Standortbestimmung, fehlende Schiffsorte, nicht erkennbare oder nicht beachtete Stromeinflüsse, falsche Identifizierung von Feuern, nachlässiger Ausguck und vieles mehr.

In unseren heimischen, gut betonnten und zuverlässig befeuerten Revieren, in denen man den sicheren Weg gegebenenfalls auch nur an den Schiffahrtstracks erkennen kann, haben solche Fehler für Boot und Besatzung nur selten lebensgefährliche Folgen. Und selbst in einem Notfall sind Retter immer nahe. In fernen Revieren aber wirken sich derartige Navigationsfehler, die jedem Segler trotz sorgfältiger Kartenarbeit unterlaufen können, oft tragisch aus. Die Strandung erfolgt eben „trotzdem", und ihr Risiko ist der Preis, den wir Fahrtensegler nicht nur auf Transozeanfahrten, sondern auch für abenteuerliches Segeln an fremden Küsten zahlen müssen.

Patrick van God verlor dabei seine unversicherte TRISMUS, die nicht mehr geborgen werden konnte. (Siehe den Abschnitt „Verschlafen und gestrandet – geschlafen und ertrunken?") Lothar Suhr hingegen konnte seine versicherte CHRISTINE II bergen und reparieren lassen. (Siehe den Abschnitt „Beim nächtlichen Einlaufen: Strandung am Riff.") Zwischen diesen beiden Extremen liegen viele andere Schicksale von Seglern und Yachten, über die man selten genaue Einzelheiten, ja oft überhaupt nichts hört.

So war zum Beispiel die 11 m lange Berliner Stahlyacht YIN & YANG mit dem Eigner-Ehepaar Axel und Julia Frühbuss und dem achtjährigen Sohn Fabian an Bord zwar versichert, als sie am 24. Februar 1982 auf dem unbewohnten Tuamotu-Atoll Ahunui strandete. Aber nach der (bezahlten) Bergung blieb der Bootsfamilie von der einst stolzen Slup vom Typ Skorpion der Hamburger Feltz-Werft doch nur ein weder segelfähiges noch bewohnbares Wrack übrig.

Wie bei der Strandung der TRISMUS war es noch dunkel, als die YIN & YANG in der Nacht unter vollen Segeln und mit hoher Fahrt auf das Außenriff vor dem Atoll auflief. Das ringartige Riff ohne eine Durchfahrt zu dem kleinen, paradiesischen Atoll in seiner Mitte, etwa 500 sm ostsüdöstlich von Tahiti, lag praktisch der Yacht im Wege. Skipper Axel wird sich frei von Vorwürfen fühlen können, daß dieses tragische Aufbrummen auf der Korallenkante auf eine ungenaue Navigation zurückzuführen war; denn ohne Radargerät und Satelliten-Navigator, die auf der YIN & YANG nicht an Bord waren, ist die Navigation in den fast hundert Atollen der Tuamotus schwierig, und es gibt so gut wie keine Leucht- und Funkfeuer in dem nahezu 1000 sm langen Südsee-Archipel. Ähnlich wie Patrick van God wird er sich jedoch vorwerfen müssen, daß er in diesem daher nicht ungefährlichen Seegebiet nicht regelmäßig Wache und Ausguck ging; denn eine Crew mit zwei Erwachsenen kann diese Pflichten zumindest bei Nacht immer erfüllen.

Die Brandung schob den stählernen Seekreuzer schnell auf das Korallenriff hinauf, und die Brecher rissen das Ruder aus der quergeschlagenen Yacht, ehe der Skipper Frau und Kind auf das nahegelegene unbewohnte Eiland bringen konnte. Dann transportierte er Wasser und Lebensmittel an Land sowie alle jene Ausrüstungsteile, die man für ein vielleicht monatelanges Robinsonleben benötigen würde.

Aber die schiffbrüchigen Yachtsegler mußten nur kurze Zeit auf ihre Rettung warten: Über die unversehrt gebliebene Amateurfunk-Anlage konnte Axel Frühbuss am Morgen einen Notruf absetzen, der vom Amateurfunker Trafton auf Tahiti aufgefangen wurde. Er benachrichtigte die Hafen- und Marinebehörden in Papeete, und diese beorderten das nicht weit von der Strandungsstelle entfernt mit meeresbiologischen Forschungen beschäftigte Schiff MARARA zu dem weltverlassenen Atoll, um die deutsche Seglerfamilie zu übernehmen.

Natürlich ist es für eine Versicherungsgesellschaft nicht leicht, aufgrund der Meldung einer Strandung auf einer fernen Südseeinsel und des vom Versicherungsnehmer geltend gemachten Totalverlustes eine Versicherungssumme in sechsstelliger Höhe auszuzahlen. Aber an der Regulierung eines solchen Schadensfalls kann ein Yachteigner gegebenenfalls erkennen, wie zuverlässig und vertrauensvoll diese Partnerbindung ist. Unsinnig und für beide Teile unbefriedigend muß jedoch ein Bergungsversuch erscheinen, der von der fernen Versicherung in Auftrag gegeben wird und schon deshalb

einen zweifelhaften Ausgang haben muß, weil die Station des Bergungsschleppers 500 sm entfernt ist.

Die Berliner Versicherung der YIN & YANG bestand auf dieser Bergung, der
ein 30tägiger heftiger Telex- und Telefonkrieg vorausgegangen war. In diesen
vier Wochen nach der Strandung war die Yacht natürlich Tausende von
Malen in der Brandung angehoben und krachend auf das Korallenriff aufgeschlagen worden.

So bot sich der Crew des Hochseeschleppers AITO, der nach über 50stündi-
ger Fahrt bei Tropenhitze die gestrandete YIN & YANG erreichte, ein trostloses
Bild: Der Kiel hatte sich ein Bett in einer Korallenspalte geschlagen, in der
die Stahlyacht mit noch stehendem Mast bei ablaufendem Wasser von den
Brechern auf die Seite gelegt wurde und sich wieder aufrichtete. Der Rumpf
war an einer Seite etwa 4 m lang eingedrückt. Er hatte im Unterwasserbe-
reich mehrere lange Risse, durch die das Seewasser ungehindert eindringen
konnte.

Nur mit Mühe gelang es der Crew des Bergungsschleppers, mit einem
Schlauchboot zu der gestrandeten Yacht zu kommen. Sie mußte zuerst die
Inneneinrichtung zerschlagen, um die Kajüte mit Auftriebskörpern zu füllen, etwa 100 großen Lkw-Schläuchen, die einfach nacheinander aufgeblasen wurden. Erst mit der zweiten dicken Abschlepptrosse schafften es dann
die 1200 PS der AITO, die YIN & YANG wie ein todwundes Tier aus ihren Koral-
lenbett zu brechen und sie anschließend mit der Steuerbordseite auf den spitzen Korallen entlangschürfend ins tiefe Wasser zu bringen.

Mit Hilfe eines Lecksegels und zwei Motorpumpen konnte die YIN & YANG
(oder, besser gesagt, das, was von ihr übriggeblieben war) in dreitägiger
Fahrt nach Tahiti geschleppt werden. Als die Yacht dort mit einem Kran an
Land gesetzt wurde, war sie nur noch ein rostiges Wrack.

Die Versicherung zog die Kosten für die Bergung, die sie gegen den Wunsch
des Eigners angeordnet hatte, von der vereinbarten Versicherungssumme
ab. Mit dem Schrottwert des Wracks aber hätte die Berliner Seglerfamilie
kaum ihren Rückflug in die Heimat bezahlen können.

Nicht viel besser als der YIN & YANG erging es der Yacht DEMMY, die im Winter
1984 an den Islas Los Roques etwa 60 sm nördlich der venezolanischen
Küste strandete. Sie war nicht versichert.

Die Inselgruppe, die in Nord-Süd-Richtung etwa 10 sm, in Ost-West-Rich-
tung gut 12 sm mißt, besteht aus 60 zum Teil winzig kleinen, sandigen Eilan-
den, von denen nur etwa 25 benannt sind. Die meisten erheben sich weniger
als 10 m über den Meeresspiegel. Allein die Hauptinsel im Nordwesten ist
100 m hoch und von einem Leuchtturm gekrönt.

Diese außerhalb der Hurrikan-Region liegende Inselgruppe wird nur von
Fischern aufgesucht. Sie haben hier ihre Arbeitsquartiere. Daneben ist sie

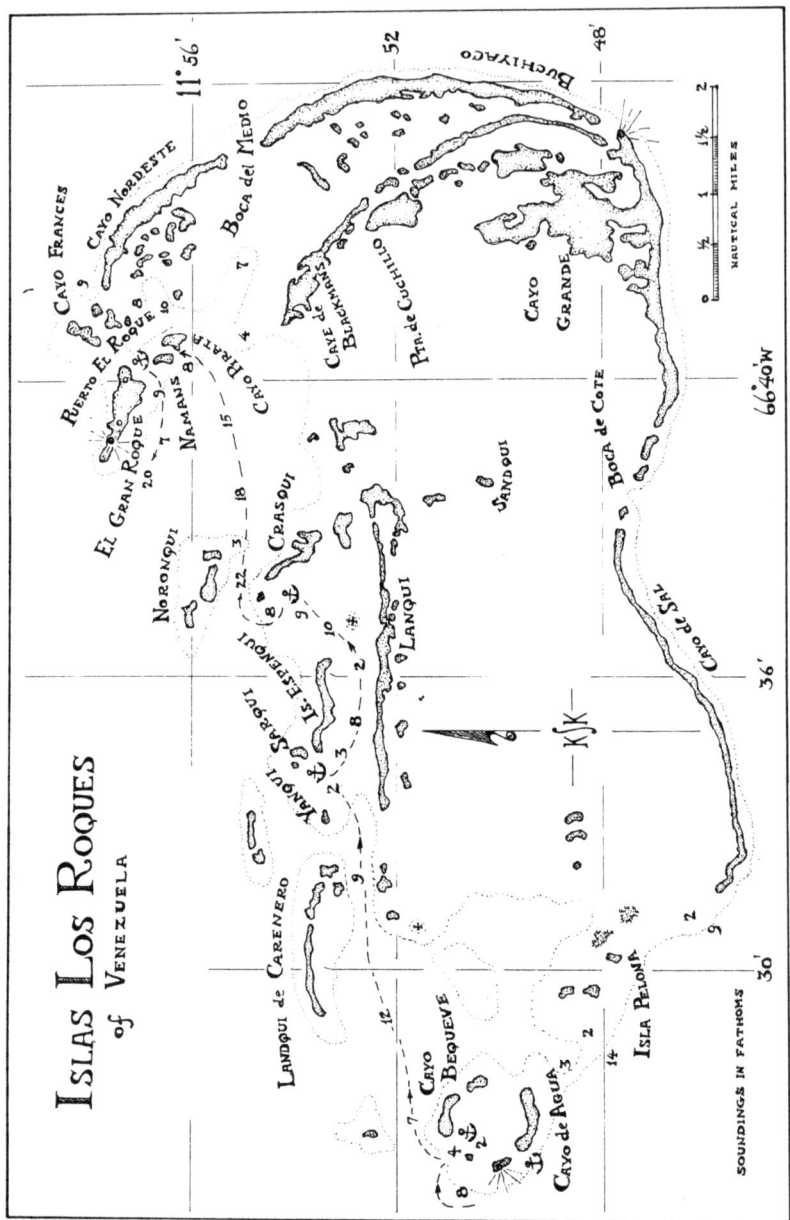

Die Islas Los Roques vor der Küste von Venezuela bestehen aus 60 kleinen, niedrigen, sandigen, unberührten Inseln, von denen nur 25 benannt und wenige bewohnt sind. Sie liegen über eine Meeresfläche von etwa 1500 km² verstreut.

ein ideales Gebiet für Taucher, und auf den wenigen Ankerplätzen für Yachten liegt man in paradiesischer Abgeschiedenheit. Aber natürlich sind einsame Inseln nur ideal, wenn man sie freiwillig aufsuchen und auch jederzeit wieder verlassen kann. Aus der Sicht schiffbrüchiger Yachtsegler sieht das paradiesische Robinsondasein jedoch anders aus.

Die DEMMY ist eine 13,40 m lange Kunststoff-Ketsch, die sich das Ehepaar Bernd und Alvart Maierhofer selbst gebaut hat. Bei einer Breite von 3,90 m und 1,90 m Tiefgang verdrängt die DEMMY über 12 t. Für die geplante Weltumseglung ist sie durch Verwendung von C-Flex-Material, die Anordnung von kräftigen Längsstringern und den Einbau von hölzernen Schotten besonders solide gebaut. Diese stabilen Verbände halfen, die Schäden bei ihrer Strandung in der Nacht vom 16. zum 17. Februar 1984 etwa 2 sm nördlich des Südosteinganges in das Inselgewirr in Grenzen und die Yacht in vielen Teilen unversehrt zu erhalten.

Die DEMMY ist auf dem Wege von Isla La Tortuga, einer mehr in Küstennähe gelegenen Insel, zum Panamakanal, als sie um 0500 Uhr und kurz nach dem Wachwechsel strandet. Der abgesetzte Kurs führt zwar sicher an der Inselgruppe vorbei, aber durch eine Besteckversetzung von etwa 15 sm, hauptsächlich bedingt durch den starken Strom, wird die Strandung unvermeidlich. Das kleine Fischerfeuer an der Südostspitze, das die Einfahrt in eine Lagune kennzeichnet, wird bei den Wetterbedingungen nicht gesichtet.

Die hohen Wellen der Brandung setzen die DEMMY schnell auf das Außenriff, und das Hochwasser schiebt sie unaufhörlich weiter vom tiefen Wasser weg und auf die nahe Küste zu. Längst hat sich der Seekreuzer auf die Backbordseite gelegt, die bereits leckgeschlagen ist. Wird die DEMMY, in die Alvart und Bernd Maierhofer ihre ganze Zukunft hineingebaut haben und die auch den beiden Töchtern, der achtjährigen Verena und der vierjährigen Yvonne, als schwimmendes Heim dient, hier auf den spitzen Korallenbänken ihren letzten Liegeplatz finden?

Wie auch immer es aussieht, die deutsche Eignerfamilie gibt die Hoffnung nicht auf. Sie beginnt mit einer sich über viele Wochen erstreckenden, fast übermenschlichen Bergungsarbeit, deren Erfolg eigentlich nicht erwartet werden kann. Aus den Berichten von Alvart und Bernd Maierhofer, Arthur Schulten von der deutschen Yacht MERMAID sowie dem Ehepaar Pajonk, Trans-Ocean-Stützpunktleiter in Venezuela, habe ich einige Daten dieser 145tägigen Bergungsarbeit unter Mithilfe der einheimischen Fischer, der venezolanischen Behörden und Besatzungen anderer Yachten festgehalten:

1. Tag nach der Strandung (18. Februar 1984). Bernd und Alvart bringen in unzähligen Fahrten mit dem Beiboot alle lebensnotwendigen Dinge aus der DEMMY auf die glücklicherweise nahebei gelegene Insel. Hier wird ein Zelt

15

aufgeschlagen, in dem die Eltern mit ihren beiden Kindern die nächsten Wochen und Monate zubringen werden. Als auch der bewegliche Ballast der Yacht auf die Insel geschafft ist, treffen die ersten Fischerboote ein und bieten ihre Hilfe an. Bernd läßt sich Flaschenzüge, Anker und Trossen sowie Trinkwasser und Benzin bringen.

3. Tag (20. Februar). Mit Hilfe der Flaschenzüge gelingt es, den Bug der flach auf den Korallen liegenden Yacht in Richtung auf die See zu drehen. In den folgenden Tagen versucht das Eignerpaar, mit einem Wagenheber und mit Taljen, die an ausgebrachten Ankern angeschlagen sind, die Yacht aufzustellen, um sie auf die unbeschädigte Steuerbordseite zu legen.

8., 14. und 18. Tag (25. Februar, 2. und 6. März). An diesen Tagen fällt die DEMMY während der Nacht auf die beschädigte Seite zurück, und mit dem Aufrichten muß jeweils neu begonnen werden.

22. Tag (10. März). Die Yacht steht sicher auf ihrem Kiel und kann vorsichtig nach Steuerbord geneigt werden. Jetzt beginnt die DEMMY-Crew, den gestrandeten Rumpf mit Flaschenzügen und Winschen Zentimeter um Zentimeter riffeinwärts zu verholen, damit er besser vor der Brandung geschützt liegt.

36. Tag (24. März). Nach 150 Stunden Arbeit sind die notwendigen 40 m in Richtung auf die Strandküste geschafft. Bernd Maierhofer macht sich nun daran, die Inneneinrichtung für die Reparatur herauszunehmen und das etwa 4 m^2 große Leck an der Backbordseite mit Harz und Matten abzudichten. Die Fischer der Insel packen gelegentlich mit an, und sie versorgen die deutsche Seglerfamilie mit Nahrung aus dem Meer. Ohne ihre Gegenwart hätte Bernd Maierhofer wohl längst aufgegeben. Während der Eigner bei seiner gestrandeten Yacht bleibt, können seine Frau und die Kinder sich einige Tage in Puerto Azul erholen.

75. Tag (2. Mai). Einige der Skipper deutscher Atlantikyachten auf Martinique erfahren von der Strandung der DEMMY, doch nur die MERMAID von Arthur Schulten macht sich zur Hilfeleistung nach Los Roques auf den Weg.

117. Tag (13. Juni). Mit Freunden aus Deutschland trifft die MERMAID auf einer Insel im Norden der Inselgruppe ein und beginnt mit der Suche nach dem Strandungsort der DEMMY.

121. Tag (17. Juni). Die MERMAID erreicht die DEMMY. Die havarierte Yacht liegt jetzt auf etwa 30 cm Wassertiefe und 90 m vom Riff entfernt, aber es sind noch mindestens 200 m bis zum tiefen Wasser. Für die segelnden Urlauber ist das, womit Bernd Maierhofer sich den ganzen Tag über beschäftigt, eine unmenschliche Sklavenarbeit unter sengender Sonne. Denn so sieht

das Vorwärtskommen der 12 t schweren Yacht auf dem Korallenriff aus:
Mit einer geliehenen Motorpumpe wird der 1,90 m tiefgehende Rumpf frei-
geblasen. Die restlichen Korallen werden mit Brecheisen entfernt. Dann
werden die um den Kiel gelegten Trossen mit Flaschenzügen mit den ausgebrachten Ankern verbunden und die holenden Parten der Taljen von der
Yacht aus bedient. 500 Umdrehungen auf der Winsch bringen die DEMMY um
15 cm ihrem Element näher. Aber die Anker slippen immer wieder, und
ohne Hochwasser bewegt sich die Yacht keinen Zentimeter. Eine Distanz
von mehreren Metern gewinnt man nur an den wenigen Tagen mit Spring-
hochwasser und auch nur bei dem etwas geringeren Seegang während der
Nacht.
Die Anstrengungen der letzten Monate und das ständige Arbeiten im Wasser
haben den DEMMY-Eigner schwer gezeichnet. Die offenen Wunden an den
Beinen sehen böse aus, und ohne größere Hilfe und noch mehr Glück als bisher könnte es noch zwei bis drei Monate dauern, ehe die gestrandete Yacht
wieder tieferes Wasser unter ihrem Kiel hat.

132. Tag (28. Juni). Die Crew der MERMAID beginnt aktiv zu helfen.

133. Tag (29. Juni). In dieser Nacht schafft die DEMMY 10 m, aber am nächsten Tag ist sie wieder leck.

134. Tag (30. Juni). Der gestrandete Rumpf muß aufgerichtet werden, um
das Leck zu dichten. Tags darauf Stillstand der Arbeit: Die geliehene Motorpumpe wird wieder abgeholt.

135. Tag (1. Juli). Die Motoryacht THALASSIA aus Venezuela kommt zu Hilfe.
Mit dem Außenborder an ihrem Dingi gelingt es, den Kanal zu vertiefen und
den Kiel freizuspülen. Zweimalige Abschleppversuche mit langen Trossen
bringen sogar bei mäßigem Hochwasser weitere 20 m bis zur Riffkante.

140. Tag (6. Juli). Ein Schlepper der Guardia Nacional zieht den Rumpf der
DEMMY auf nur 50 cm Wassertiefe sogar 100 m weit über die Korallen – aber
der Preis ist hoch: Der Rumpf erhält neue Lecks, und es sind zwei Tage Arbeit nötig, um die DEMMY mit Hilfe von sieben Ankern zum Reparieren auf
die Backbordseite zu legen.

143. Tag (9. Juli). Leute vom Naturschutz verbreitern mit ihrem 80 PS starken Außenborder den Kanal zum freien Wasser, und es bleiben jetzt nur
noch 10 m bis zum Aufschwimmen.

144. Tag (10. Juli). Die letzten 10 m! Aber beim Schleppen geht ein Motor
der THALASSIA zu Bruch. Ein anderes, zufällig vorbeikommendes Motorboot
schafft den Rest. Die DEMMY schwimmt wieder.

145. Tag (11. Juli). Unter Begleitung der MERMAID und der französischen Yacht ZEBRA schleppt die THALASSIA mit der intakt gebliebenen Maschine die DEMMY nach Puerto Azul.

„Inzwischen ist die DEMMY aufgeslippt, und die umfangreichen Reparaturarbeiten können beginnen", schließt Arthur Schulten seinen Bericht ab. „Die vier Maierhofers sind, abgesehen von Korallen-, Sonnen- und Überanstrengungsspuren, gesund und munter. Das Schiff dagegen sieht traurig aus: Die beiden schweren Leckagen auf Backbord- und Steuerbordseite, die auf Los Roques nur notdürftig beseitigt wurden, müssen endgültig repariert werden. Der Kiel ist noch aufgerissen, die Inneneinrichtung zerstört. Elektrik und Maschine haben nach dem vielen Salzwasser eine gründliche Überholung nötig. Aber Alvart und Bernd sind voller Zuversicht."
Viele Segler haben sich durch wochenlange Reisen über die Weltmeere sportliche Anerkennung, Medaillen aus Edelmetall und traditionsreiche Wanderpreise erworben. Die Crew der DEMMY hat in einer ähnlich langen Zeit „nur" mit ihrem Boot auf einem menschenfernen Riff gegen die Verzweiflung gekämpft, vielleicht mit weniger Risiko als auf der küstenfernen See, aber mit mehr physischem Einsatz und psychischer Energie. Für mich gab die DEMMY ein Beispiel zum Überleben, das bei uns Fahrtenseglern ja nicht immer nur auf havarierte und sinkende Yachten oder das Durchhalten einer schiffbrüchigen Crew auf einem Rettungsfloß gerichtet sein muß.
Der Cruising Club of America hat bei der Vergabe seiner „Blue Water Medal" im Jahre 1977 eine weise seemännische Entscheidung getroffen: Sie wurde Gösta Eriksen mit seiner SISANG verliehen und damit eine außergewöhnliche Leistung beim sportlichen Segeln gleichgesetzt mit der Leistung, eine gestrandete Yacht mit eigener Kraft wieder flott zu machen, wie es Eriksen gelungen war (siehe Seite 90). Ob es auch eine deutsche Segler-Jury geben wird, die Bernd Maierhofers 145tägige entbehrungsreiche, zielstrebige Arbeit zur Rettung der DEMMY als beispielhafte, nachahmenswerte Leistung würdigt? Das könnte richtungweisend und ein Anstoß sein, eine havarierte Yacht erst dann aufzugeben, wenn eine Rettung nicht mehr menschenmöglich ist.

Wenn eine Klippe auf der Kurslinie liegt

Jährlich stranden viele Yachten durch leichtfertige Navigation. Unter dieser Sammelbezeichnung verbergen sich jedoch vielfältige Ursachen: Bei der ORPLID war es „eine Verkettung unglücklicher Umstände", die zum Verlust der Yacht führte, bei

der HELENE III nur ein einfaches Abkommen vom Kurs. Bei der CRYSTAL CATFISH verursachte die Selbststeueranlage den Kursfehler, bei der SONG war es die Dunkelheit in einem Riffgebiet, die sie vom Kurs abkommen ließ. Auf der NORTHERN LIGHT sparte man wohl an Navigationsgeräten. Den meisten dieser Yachten gemeinsam ist, daß sie schon von Strandräubern geplündert wurden, noch bevor die Eigner selbst ihr Eigentum retten konnten.

Es gehört schon viel dazu, durch einen Navigationsfehler unmittelbar nach dem Auslaufen zu stranden, wie es dem Skipper der GRAVITA vor der nordafrikanischen Atlantikküste passierte (siehe Seite 30). Denn wer gut in einen Hafen einlief, sollte bei leichtem, klarem Wetter auch genauso sicher wieder auslaufen können. Schließlich gewinnt eine Crew durch ihren Hafenaufenthalt so viel Ortskenntnis, um allen möglichen nautischen Schwierigkeiten beim Verlassen von Hafen und Küstennähe gefahrlos begegnen zu können. Beim Einlaufen hingegen ist die Strandungsgefahr am größten, wie nicht nur die tragischen Unfälle der TAHITI im Mittelmeer (Seite 66) und der CHRISTINE II in der Karibik (Seite 35) beweisen.

Navigatorische Fehler können aber auch unterwegs zu Strandungen führen, wenn Riffe, Untiefen und Klippen über und unter Wasser in kurzer oder größerer Entfernung vor der Küste liegen. So war es sicher nicht dem „schwarzen Freitag", dem 13. Juni 1980, zuzuschreiben, daß die prächtige, 15 m lange ORPLID im Seegebiet des Großen Barrier-Riffs strandete, das seglerisch und navigatorisch, landschaftlich und klimatisch ein „Leckerbissen" für Transozeansegler ist, in dem man aber wegen der vielen Riffe, Inseln und Sandbänke und des teilweise bis zu 8 m hohen Tidenhubs, verbunden mit starken Gezeitenströmungen, besonders gut aufpassen muß.

Rolf und Dr. Stefanie Stukenberg, die von Hamburg aus sicher bis Australien gesegelt waren, verloren hier ihre ORPLID. „Durch eine Verkettung unglücklicher Umstände ist unser schönes Schiff während einer Nachtfahrt bei schwerem Wetter am 13. Juni an der Ostküste Australiens, zwischen Cooktown und Cairns im Barrier-Riff-Gebiet, gestrandet und ausgebrannt", schrieben sie an die Heimat. „Wir konnten leichtverletzt nach etwa vier Stunden durch einen Trawler abgeborgen werden. 13 Jahre in unserem Besitz, hat ORPLID mehr als 100 000 sm sicher bewältigt. Sie war in den letzten vier Jahren unser Heim auf dieser Langfahrt, die nun in Australien ihr Ende gefunden hat."

Es mag wohl das Eingeständnis von persönlicher Schuld an dieser durch einen navigatorischen Fehler eingeleiteten Strandung gewesen sein, die das sympathische Segler-Ehepaar bewog, noch während der feierlichen Preisverleihung in Cuxhaven die Annahme der ihnen zugebilligten Trans-Ocean-Medaille spontan abzulehnen. Ein respektabler Entschluß!

Nicht minder betroffen war der erfahrene Transozeansegler Gerd Bücking, als er am 28. Dezember 1983 seine bewährte Nicholson-Slup HELENE III im Inselgebiet von Galapagos verlor. Der Marburger Zahnarzt, mit dem ich einige Jahre lang die gleiche Schulbank drückte, hatte mit diesem bewährten Seekreuzer 1976 erfolgreich an der Einhand-Atlantikregatta OSTAR teilgenommen und war von Gran Canaria über Westafrika und rund Kap Hoorn zu dieser pazifischen Inselgruppe gesegelt.

Während einer Nachtfahrt war die HELENE III mit Gerd Bücking und seiner Mitseglerin an Bord vom Kurs abgekommen und vor Santa Cruz (Galapagos) gestrandet. Der kleine Seekreuzer, von dem nur Teile der Ausrüstung geborgen werden konnten, wurde schnell zum Totalverlust. Strandräuber waren selbst in diesem entlegenen Inselrevier schon wenige Stunden später zur Stelle, um selbst noch aus der Tiefe alle brauchbaren Geräte verschwinden zu lassen.

Es ist verständlich, daß sich Langfahrtsegler auf hoher See nach Möglichkeit auf ihre Selbststeueranlage verlassen. Diese bewährten, mit Windkraft oder Elektrizität betriebenen „Roboter am Ruder" sind ausgereift und zuverlässig; ja, sie halten den Kurs erfahrungsgemäß sogar besser als der Skipper selbst, so daß er ihnen getrost eine stunden- oder sogar wochenlange Steuerung der Yacht übertragen kann. Ihr Nachteil: Ein solcher „eiserner Gustav" gehorcht genau nur dem Wind. Ändert „Rasmus" seine Richtung, ändert auch „Gustav" seinen Kurs. Bei der Ansteuerung einer Küste und insbesondere ein halbes Dutzend Stunden vor dem Landfall gehört daher der Skipper oder ein Wachgänger wenn nicht direkt ans Ruder, so doch zumindest als Ausguck neben die Selbststeueranlage in die Plicht.

Der Amerikaner John J. Hunt ist einer dieser leichtsinnigen Einhandsegler, die sich in Küstennähe und in Erwartung der fröhlichen Zeit an Land lieber noch bei Nacht aufs Ohr legten, statt im Kajütluk sitzend nur ein Auge voll Schlaf zu nehmen, mit dem anderen jedoch auf den vom „eisernen Gustav" gesteuerten Kurs zu achten. Er segelte die 44-Fuß-Slup CRYSTAL CATFISH im Juli 1977 in dem bemerkenswerten Rennen Bermuda One-Two, das von Newport, Rhode Island, einhand nach Bermuda und anschließend mit einer Zweimann-Crew von dort zurückgesegelt wird.

Am 25. Juni steht er gegen 0200 Uhr nordöstlich der Inselgruppe und nach Kopplung noch 20 sm von ihr entfernt. Die Peilungen zu den dortigen Funkfeuern Gibbs Hill und Kindley bleiben bei zwei Standortbestimmungen zu unterschiedlichen Zeiten unverändert. Er zieht daraus den nautischen Schluß, die CRYSTAL CATFISH auf ihrem eingesteuerten Kurs parallel zur Ostseite der Inselgruppe allein laufen lassen zu können. So legt sich Hunt nahezu am Ende der 650 sm langen Überfahrt in die Koje, um sich für die Ankunft im Morgengrauen auszuruhen.

Aber bereits wenige Minuten nach 0200 Uhr läuft die aus Zedern doppelt diagonal geplankte Slup mit ihrem 18 m hohen Spruce-Mast auf.

„Zuerst war es nur ein leises Geräusch am Kiel, das mich sofort auf die Füße springen ließ", berichtet Hunt darüber. „Aber ehe ich meinen Sicherheitsgurt wieder angelegt hatte, wurde daraus ein Krachen, wie wenn ein gebrochener Arm zerbricht. Schrecklich, unbeschreiblich! ‚Großer Gott, wir haben einen Frachter gerammt!' dachte ich und stürzte nach oben. Tatsächlich, das stählerne, hohe Gestell dicht neben der Bordwand sah wie die Brücke eines Schiffes aus, mit dunklen und hellen Stellen. Aber es bewegte sich nicht! Es stand im Wasser." Was ist es?

Ehe sich Hunt von Sicherheitsleinen und Schoten befreien kann, in die er sich bei seinem panikartigen Weg in die Plicht vertörnte, kracht es wiederum, nun schon heftiger und gefährlicher.

„Es ist ein Leuchtturm, es sieht wie ein Leuchtturm aus in dieser Dunkelheit", entfährt es dem Einhand-Skipper. „Wie kommt dieser Leuchtturm hierher? Und warum brennt er nicht? Wo sind wir denn?"

Und dann fällt es ihm wie Schuppen von den Augen: „Wir sitzen auf einem Riff! Wir haben genau eine der Baken getroffen, die nördlich des weitflächigen Bermuda-Riffs ausgelegt sind."

Schnell greift er zu seinem UKW-Gerät und setzt seinen Notruf ab. „May-

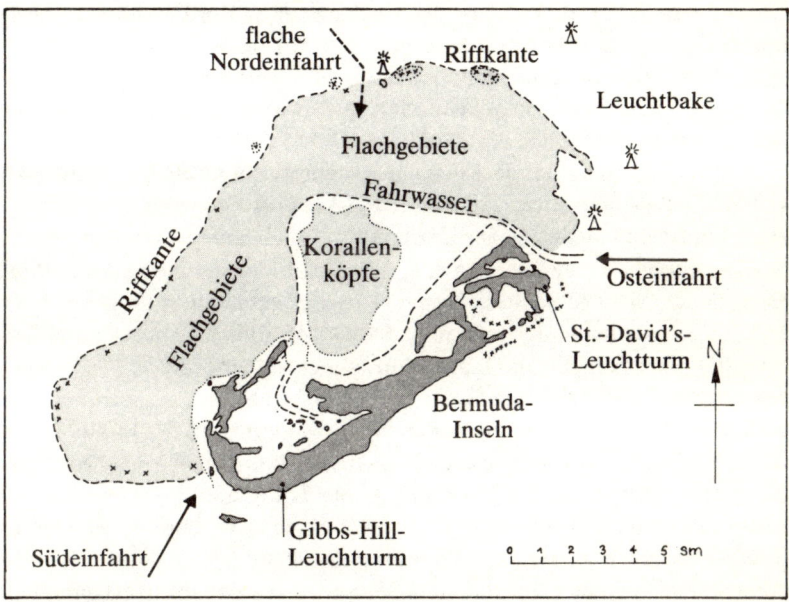

Die 44-Fuß-Slup CRYSTAL CATFISH *strandete auf der Riffkante der Bermuda-Inseln – ein leichtfertiger Navigationsfehler.*

21

day, Mayday, hier ist Whisky Echo 3902, CRYSTAL CATFISH ruft Bermuda Radio. Ich habe Grundberührung auf dem Riff direkt neben einem Leuchtturm. Over."

Doch der kopflose Skipper wartet nicht auf eine Antwort. Er stürzt wieder an Deck, um zu retten – aber was? In diesen wichtigen Minuten hört er nicht den Rückruf der Küstenfunkstelle, die mit der Ortsbestimmung „neben einem Leuchtturm" nichts anfangen kann. „Ist es der St.-David's-Leuchtturm an der Ostspitze der Insel?"

In das anschließende Horchen des Küstenfunkers hinein setzt Hunt, schon in Panik, seinen zweiten Notruf ab: „Mayday, Mayday, Mayday, hier ist CRYSTAL CATFISH. Ich rufe Bermuda Harbor Radio. Ich bin auf dem Riff neben einem Leuchtturm auf Grund gelaufen. Die Yacht ist schwer beschädigt und sinkt. Over."

Aber der Einhandsegler denkt wiederum nicht daran, eine Antwort abzuwarten, und als er wenige Minuten später seinen dritten Notruf absetzt, diesmal mit der gleichen undefinierbaren Ortsangabe, aber der Meldung: „Mein Schiff sinkt, ich muß es verlassen!", bleibt keine Möglichkeit mehr, auf eine Antwort zu warten. Er geht in sein Schlauchboot, und die Yacht sinkt auf den etwa 5 m tiefen Felsengrund.

Schon wenige Minuten später wird Hunt in seinem Rettungsboot von der Crew der Ketsch MINSTREL entdeckt, doch ehe er an Bord genommen wird, holt er die abgetriebene Seenotfunkboje wieder zurück.

„Ich will wenigstens vermeiden, daß die Beobachtungsstationen nicht noch 48 Stunden lang durch einen Seenotfall gestört werden, der längst beendet ist", sagt er beschämt und entschuldigend. Über die MINSTREL werden dann Notfall und Rettung an die Küstenfunkstelle weitergegeben – ordnungsgemäß und in einem korrekten Frage- und Antwort-Gespräch.

Die „Verkettung unglücklicher Umstände", die auch diese Strandung durch navigatorischen Fehler verursachte, wäre nicht eingetreten, wenn John Hunt in der Plicht geblieben wäre und Ausguck gehalten hätte. Denn dann hätte er die mächtige, gut 15 m hohe Stahl- und Steinbake auf der deutlich über der See liegenden Riffkante frühzeitig genug ausgemacht. Sein „wahrer Schiffsort", der auf zwei Funkpeilungen beruhte, war nämlich falsch – nicht unbedingt aus eigenem Verschulden, sondern weil die Inselbehörde das Kindley-Luftfahrtfeuer einige Tage zuvor an einen anderen Ort verlagert hatte, nicht weit vom Funkfeuer Gibbs Hill entfernt. Es ist nicht bekannt, ob John Hunt von dieser Ortsveränderung nichts gewußt hat oder ob ihre Veröffentlichung im Nautischen Funkdienst unterblieb.

Aber wie auch immer: Die nautische Verantwortung bleibt stets beim Skipper; er allein trägt das Risiko. Und jeder Skipper muß mit solchen Änderungen oder Ausfällen von Feuern rechnen.

Und noch eine wichtige Lehre zog der CRYSTAL CATFISH-Skipper aus dem Verlust seiner Yacht: Wenn ein Notruf ausgestrahlt wird,muß man auf die Bestätigung des Eingangs warten und gegebenenfalls für Rückfragen bereit sein – insbesondere in einem Fall mit ungenügender Ortsangabe.

Bermuda Radio hatte ja versucht, nach Bestätigung der Notmeldung weitere Einzelheiten zu erfahren. Aber der Skipper turnte in dieser Zeit an Deck herum und war mit fragwürdigen Rettungsmaßnahmen beschäftigt. In ihrer Verzweiflung beorderte die Küstenfunkstelle schließlich den Seenotkreuzer zum St.-David's-Leuchtturm an der Ostspitze der Inselküste, weil sie dort den Unfall vermutete. Die tatsächliche Strandungsstelle der CRYSTAL CATFISH lag jedoch meilenweit entfernt, genau auf der entgegengesetzten Seite.

Die Anzahl der Yachten, die jährlich über den Atlantik segeln, ist groß. Und jede von ihnen muß in der Neuen oder Alten Welt einen sicheren Landfall machen. Zwar beherrschen Transozeansegler die astronomische Navigation, die sie gelernt haben; denn sie haben auf ihrem Weg über den großen Teich ja mindestens ein dutzendmal ihren Schiffsort mit dem Sextanten bestimmt. Aber nicht alle denken daran, daß unmittelbar vor der Küste wieder die Küstennavigation beginnt, für die ganz andere Erfahrungen und Regeln gelten, und daß sie nicht, gestützt auf den letzten astronomischen Schiffsort, geradewegs und ohne Rücksicht auf Nachtzeit oder Tide, Sicht oder Windsee auf den geplanten Landpunkt zusteuern können.

Als Beispiele kann ich zwei vermeidbare Strandungen an der karibischen und an der spanischen Küste nennen, an der ich selbst mehrfach vorbeigesegelt bin und deren Strandungsstellen und Revierbesonderheiten ich genau kenne.

Im Riffgebiet des Vieques Sound wurde der 8 m lange Seekreuzer SONG durch leichtfertige Navigation zum Totalverlust. Der Engländer George Harrod-Eagles hatte den Knickspant-Kimmkieler, der mit einem 8-PS-Zweitakt-Einbaumotor ausgerüstet war, im Sommer 1981 einhand von England über die Kanarischen Inseln in die Karibik gesegelt. Er wollte eine Weltumseglung machen.

Am 14. Januar 1982 lief die SONG von Martinique geradewegs nach Fajardo an der Ostküste von Puerto Rico im sehr schönen, von vielen Yachten besuchten und mit zahlreichen Yachthäfen ausgestatteten Segelrevier am Westrand der Virgin Islands aus. Die winterlichen Segelbedingungen sind auf dieser Strecke ideal, und die SONG hatte nur einige Schwierigkeiten, bei dem herrschenden Nordost-Passat genügend Höhe zu laufen, um zwischen Puerto Rico und der Insel Vieques in die teils betonnte, teils unbetonnte Riffpassage einzusteuern.

Hier stand die SONG am Nachmittag des 18. Januar, ehe sie zunächst auf Nordost-, dann auf Nordkurs gehen mußte. Etwa 20 sm des küstennahen Untiefengebiets waren zu durchsegeln. Der Nordost-Passat war schwach, und der Strom würde ebenfalls einige Stunden später von vorn kommen. Das von Riffen umgebene Fajardo hätte somit ohnehin nur unter Motor angelaufen werden können.

„Es war eine schwere Entscheidung", berichtet der Einhandsegler, „bei der ich eigentlich nur die goldene Regel für das Segeln in mit Riffen übersäten Gebieten zu beachten gehabt hätte: Segle hier niemals bei Nacht! Aber bei den Überlegungen, meinen Zielhafen doch noch vor Eintritt völliger Dunkelheit zu erreichen, gab es noch drei andere Möglichkeiten:

● Sollte ich nach einem Ankerplatz Ausguck halten? Das schien eine abenteuerliche Entscheidung in bezug auf eine ungewisse Wetterentwicklung, nicht ausreichende Informationen über die Haltekraft des Ankergrundes und die nicht ausdenkbaren Folgen, wenn ich mit schlierendem Anker vertreiben würde.

● Sollte ich abdrehen, in das freie Wasser südlich der Inseln zurücklaufen und dort bis zum nächsten Morgen beidrehen? Eine ebenfalls undenkbare Entscheidung; denn damit würde ich den ganzen Luvweg wieder aufgeben, den ich mir in den letzten Stunden mühsam ersegelt hatte.

● Oder sollte ich doch einfach den Kurs nach Norden durchhalten? Warum eigentlich nicht: Die Sonne schien noch warm über tief durchsichtiges blaues Wasser. Mit den Felseninseln im Hintergrund sah die Welt um mich herum

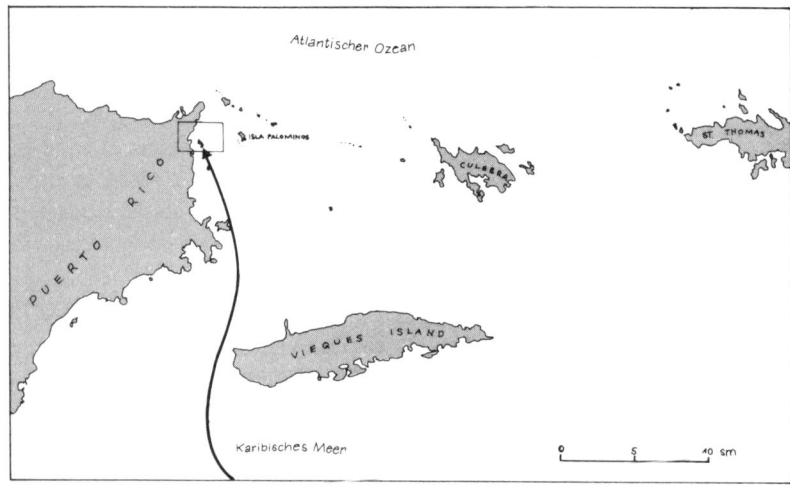

Der Kurs der SONG. *Ihr Ziel, das von Riffen umgebene Fajardo an der nördlichen Ostküste von Puerto Rico, erreicht sie nicht…*

24

wie ein Werbefoto der Karibik aus. Da würden nur hier und dort 1 bis 2 sm breite Passagen zwischen Inseln und Riffen kommen, die nicht befeuert und bezeichnet waren. Eine Meile ist bei Tag eine weite Distanz. Daß daraus bei Nacht aber ein gefährlich enger Schlitz werden kann, daran dachte ich nicht. Eine Entscheidung mußte getroffen werden, und nach Abwägung aller Faktoren beschloß ich, nach Norden zu meinem Zielhafen weiterzusegeln."

Dies war eine falsche und tragische Entscheidung. Denn der Tidenstrom verminderte die Fahrt der SONG unter Motor, und der kleine Kimmkieler stand noch gut 10 sm von Fajardo entfernt, als die Schatten des Sonnenlichts über der westlichen Steilküste länger wurden und die Umrisse der kleinen, nur wenig aus dem Wasser ragenden Inseln entlang des Kurses immer mehr von der Dämmerung verwischt wurden. Bald wurden auch die wenigen schwachen Lichtscheine der Leuchttonnen von den hell erleuchteten Küstenplätzen überstrahlt, und die SONG konnte ihren Kurs nicht mehr nach den voraus liegenden Leuchtfeuern, sondern, wenn überhaupt, nur nach den weit achteraus befindlichen Feuern orientieren.

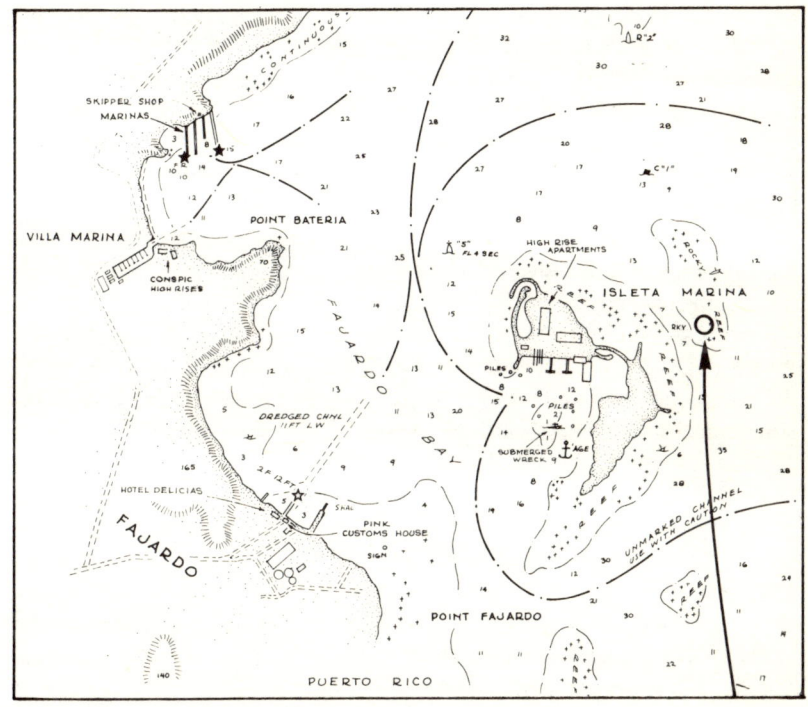

…denn sie strandet östlich von Isleta Marina. Der Skipper hatte eine wichtige Regel mißachtet: Segle in Riffgebieten niemals bei Nacht!

Schipper George hätte jetzt einen hohen Preis für einen sicheren Ankerplatz bezahlt. Ja, er wäre sogar zurückgelaufen, um das Ende dieser schrecklichen Dunkelheit im freien Seeraum abzuwarten. Aber diese Möglichkeiten hatte er verspielt. Er mußte weiter, mit allen Risiken.

„Ich hatte jetzt die Segel geborgen und hielt nur noch Ausguck nach weißem Wasser", berichtet er. „Das Echolot zeigte pausenlos die Wassertiefe an. Es waren jetzt 10 m. Die hellen Lichter der Isleta Marina, die an der anderen Seite der gleichnamigen Insel liegt, hatte ich, teilweise verdeckt, an Backbord. Damit hatte ich bereits das südliche Inselriff passiert und nur noch ein nördlich auslaufendes Riff neben mir. Das Echolot sprang auf 5 m, dann auf 7 m, und da ich wußte, daß die Karte eine Reihe von begrenzten Flachstellen zeigte, wollte ich in die Kajüte gehen, um aus der geloteten und der Kartentiefe meinen Schiffsort zu ermitteln.

Aber dazu kam es nicht mehr. Das Echolot zeigte plötzlich 2 m an, und dann liefen wir auf. Zuerst stieß der Kiel ein halbes dutzendmal auf die Felsen, und schließlich lag die SONG auf einem Korallenriff fest. Schrecklich der Gedanke, daß dies das Ende meiner Yacht und meiner Reise sein könnte, und kopflos alle Maßnahmen, die man beginnt − vom Trimmen nach vorn und nach achtern durch Hin- und Herlaufen an Deck bis zu verzweifelten Bewegungen an der Pinne oder zum fruchtlosen Absetzen mit dem Bootshaken."

Dünung und Brandung schoben die SONG schnell weiter auf das Riff hinauf, und der Seegang über den Korallen bewirkte, daß der kleine Kimmkieler angehoben und abgesetzt wurde, alle fünf Sekunden einmal und mit tödlichen Folgen für den Rumpf. Schnell mußte George Harrod-Eagles erkennen, daß die SONG diese Nacht nicht überleben würde. Und so setzte er einen UKW-Notruf ab und wurde einige Stunden später von der nahegelegenen Küstenwache abgeborgen.

Als er am frühen Morgen mit dem flachen Coast-Guard-Rettungsboot zum Wrack der SONG zurückkehrte, um wenigstens die persönliche Habe sowie die seemännische und nautische Ausrüstung zu bergen, machte er eine bestürzende Entdeckung: Nautische Aasgeier, vor denen die Rettungsboot-Mannschaft den Einhandsegler beim Verlassen der SONG nach Mitternacht gewarnt hatte, waren mit ihrer Ortskenntnis bereits im Morgengrauen tätig und fündig geworden: Der Großbaum mit dem festgemachten Großsegel, Genua und Arbeitsfock, Reservesegel und Anker, Festmacher, Leinen und Laternen waren von Deck verschwunden, und in der Kajüte fehlten Kleidung und Bücher, Kamera und Radio, Kücheneinrichtung und Kocher. Nur offene Löcher waren zurückgeblieben, wo vorher der Kurzwellensender und das UKW-Seefunkgerät standen.

„Das Schlimmste war für mich der Verlust meines Logbuchs, das alle Aufzeichnungen meiner bisherigen Reise enthielt, und meines Sextanten", schließt der SONG-Skipper seinen Bericht. „Ich hatte mich mit dem Gedanken vertraut gemacht, im Kampf mit der See meine Yacht verlieren und vielleicht selbst ertrinken zu können. Aber als ich jetzt sehen mußte, wie meine SONG geplündert worden war, wäre es mir lieber gewesen, wenn sie ehrenvoll in tiefem Wasser versunken wäre – zwar durch meine navigatorischen Fehler, aber ohne lieblose, räuberische Hände an ihren Planken."

Von solchen „Leichenfledderern" blieb auch die NORTHERN LIGHT nicht verschont, die am 10. September 1982 an der spanischen Küste strandete, ebenfalls bedingt durch einen Fehler bei der Ansteuerung der Küste von der weiten, freien See aus.

Ann und James Griffin sind erfahrene Blauwassersegler. Sie besitzen den robusten, 1930 erbauten hölzernen Gaffelkutter von 13,70 m Länge schon 22 Jahre lang und haben mit ihm bereits viermal den Atlantik überquert, als sie, wiederum auf dem Wege von Amerika nach Europa, in der Nacht vom 9. zum 10. September im Seegebiet vor der Straße von Gibraltar stehen. Seit Ende August haben sie zunächst schweres und dann unsichtiges Wetter gehabt, und deshalb konnte in den zurückliegenden Tagen weder die Sonne geschossen noch Kap St. Vincent, die Südwestspitze Europas, gesichtet werden.

Das 62 Jahre alte Skipper-Paar hat sich auf den Bermudas eine elektrische Selbststeueranlage gekauft. Diese Investition lohnt sich für den pensionierten britischen Marineoffizier jedoch nicht: Bereits einen Tag später fällt diese Anlage aus, und das Ehepaar muß den weiten Weg über den Atlantik von Hand steuern, Stunde um Stunde und Wache um Wache. Rettungsinsel und elektronische Navigationsgeräte sind ebensowenig an Bord wie Rundfunkgerät und Echolot. Außer Log, Sextant, einem Dutzend Seenotraketen und einem 3-m-Kunststoffbeiboot ist die Ausrüstung der NORTHERN LIGHT knapp bemessen. Zu knapp?

„Es war so diesig, daß wir in den beiden vergangenen Tagen keine Landsicht hatten", berichtet Ann Griffin über die letzten Stunden der NORTHERN LIGHT. „Aber das Log zeigte genau an, und wir rechneten mit einem halben Knoten Strom in Richtung auf die Straße von Gibraltar, auf die wir zusegelten. Das Seehandbuch gab jedenfalls diesen Wert an. Unmittelbar nach Sonnenuntergang sahen wir ein Schiff, und während der Nacht passierten uns von achtern 21 weitere Schiffe, die alle Ostkurs steuerten. Wir mußten also nahe der Straße von Gibraltar stehen.

Auch am folgenden Morgen war es diesig, und wir konnten wiederum weder Land sichten noch die Sonne schießen. Mittags standen wir plötzlich über grünem Wasser, kaum eine Meile entfernt lag ein Fischerboot. Ein Blick auf die Seekarte machte deutlich, wo wir uns befanden: auf der Bank von Trafalgar – aber das nur 8 sm entfernte Land war nicht zu sehen.

Am Nachmittag drehte der Wind von Südost auf West, und gegen 1930 Uhr machten wir ein Blitzfeuer aus, Gruppe 3, Wiederkehr zehn Sekunden. Das konnte nur Tarifa sein. Wir hatten es geschafft! Wir feierten mit Tee und freuten uns: Noch vor der Morgendämmerung würden wir in Gibraltar sein.

Doch dann fielen uns die vielen Lichter an Land auf. Zu viele für Tarifa, wo wir vor neun Jahren schon einmal vorbeigesegelt waren. Sollte die Stadt sich so verändert haben? Wir wurden mißtrauisch, starteten den Motor und drehten ab.

Aber es war zu spät: Nach wenigen Sekunden liefen wir auf einen Felsen, und dann saßen wir fest. Schon beim ersten, schweren Aufprall brach das Ruder, und schließlich verklemmte sich der Propeller. In den folgenden drei Stunden konnten wir den Wassereinbruch halten, mit einem Pumpenschlag alle fünf Sekunden, während wir gleichzeitig alle Notraketen abschossen und mit dem Scheinwerfer jedes Auto anleuchteten, das am Strand anhielt. Schließlich stieg das Wasser über die Bodenbretter und besiegte die Pumpe."

Der Notfallbericht von Ann Griffin endet wie alle anderen: traurig, resigniert und immer noch im Banne des Unbegreiflichen: „Ich konnte es nicht fassen: Wir waren gelegentlich auf ein Korallenriff in der Karibik gebrummt und immer wieder freigekommen, aber die Riffe jenseits des Ozeans waren weich im Vergleich zu den Felsen, die uns hier festhielten. Wir mußten die NORTHERN LIGHT verlassen, ehe sie noch weiter überlag und die Gefahr bestand, daß sie auf das Beiboot fallen konnte. Jimmy pullte zuerst zwei Meilen in Küstenrichtung und dann zwei Meilen an den Brechern entlang, ehe wir einen Strand fanden. Wie wir durch die Brandung sicher ans Ufer gelangt sind, weiß ich nicht mehr.

Wo wir waren? Im Militärgebiet am Südufer der Guadalquivir-Mündung, und das Leuchtfeuer, das wir gesichtet hatten, war Cádiz, ebenfalls mit zehn Sekunden Wiederkehr, aber mit Blitzgruppe 2."

Erst fünf Tage später erhalten die Griffins von den Militärbehörden die Genehmigung, zu einem Bergungsversuch zur gestrandeten NORTHERN LIGHT zurückzukehren. Aber die Yacht ist nicht mehr zu retten, und Strandräuber haben alle Decksausrüstung, die wertvoll war, inzwischen abmontiert. Nur die Ausrüstungteile in der Kajüte ließen sie unberührt, weil sie inzwischen unter Wasser lagen und daher wohl nicht mehr zu gebrauchen waren.

Natürlich wäre auch die Strandung der NORTHERN LIGHT vermeidbar gewesen, selbst unter den schlechten Sichtbedingungen. Nur ein Echolot wäre dazu vielleicht erforderlich gewesen – ein elementares Navigationsgerät, das obenan auf jeder nautischen Ausrüstungsliste stehen muß und auf das auch die Griffins in ihrem jahrzehntelangen Blauwasserleben niemals hätten verzichten sollen, weder zur Ansteuerung noch am Ankerplatz.

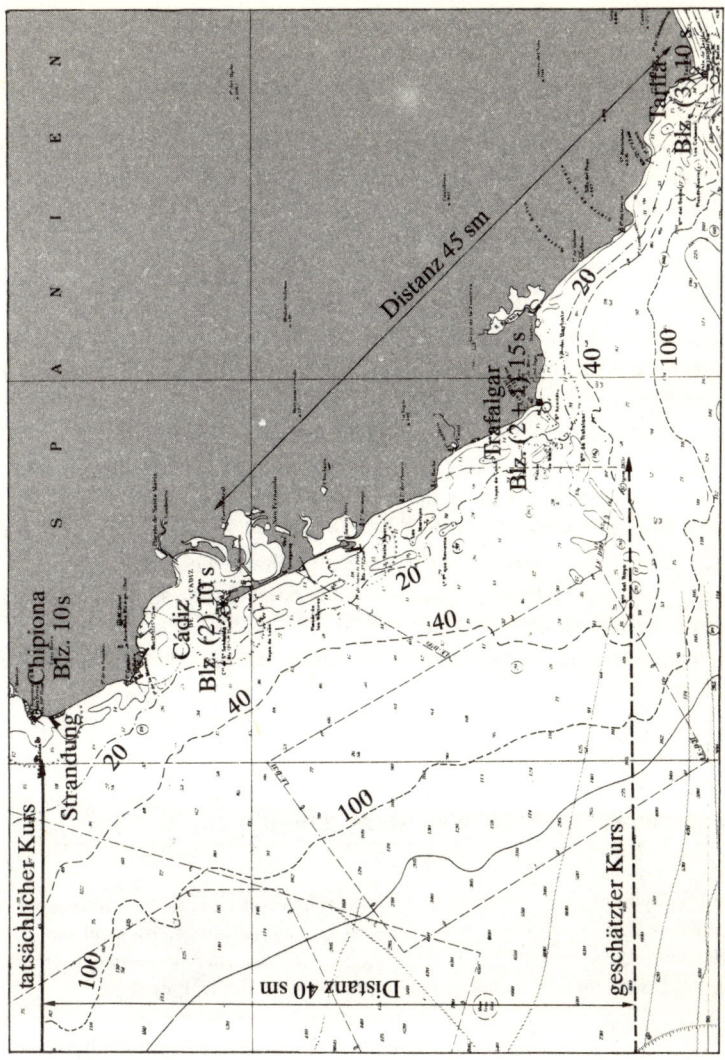

Die spanische Atlantikküste zwischen Chipiona, wo die NOTHERN LIGHT am 10. September 1982 strandete, und Tarifa an der Straße von Gibraltar, dessen Feuer die Crew zu sichten glaubte. Die beiden Leuchtfeuer Cádiz und Tarifa, die bei der Ansteuerung der Straße verwechselt wurden, unterscheiden sich zwar nur durch einen Blitz, und die Kennung hat eine identische Wiederkehr – aber dafür liegen sie 45 sm voneinander entfernt. Das ist immerhin etwa die Entfernung von Travemünde zum Gedser-Feuerschiff. Auch der tatsächliche und der geschätzte Kurs der Yacht liegen 40 sm auseinander. Die eingezeichneten 20-, 40- und 100-m-Tiefenlinien zeigen, wie gut die Crew das Lot als sichere Navigationshilfe hätte einsetzen können.

29

Mit einem Echolot hätten sie, vom freien Atlantik kommend, zuerst die 100-m-Tiefenlinie und dann die 40- und 20-m-Linie anloten können und somit einen zusätzlichen Hinweis für den Koppelort erhalten. Gerade an der Trafalgar-Bank macht die 100-m-Tiefenlinie einen rechtwinkligen Knick in Richtung auf die Straße von Gibraltar. Ihr hätte man im Sinne einer sicheren Navigation nicht nur gefahrlos folgen können. Mit Südkurs hätte man diesen bemerkenswerten Punkt am Schelfrand auch unter ungünstigen Sichtbedingungen erfaßt. Denn immerhin liegt der Strandungsort der NORTHERN LIGHT 40 sm weiter nördlich als die Trafalgar-Bank und nahezu 50 sm nordwestlich von Tarifa. Eine so große Besteckversetzung wird bei der Kennzeichnung von Leuchtfeuern nicht angenommen, obwohl es natürlich vermieden wird, auf einer weitflächigen Küstenlänge nahezu identische Kennungen anzuordnen.

Und vielleicht noch eine Erfahrung: Auch Schiffahrtstracks können „wahre Standlinien" sein. Denn jeder Kapitän wählt immer den direkten und kürzesten Weg von einem Kap zum anderen, hier vom Kap St. Vincent bis in die Einfahrt der Straße von Gibraltar. Man muß ja nicht unbedingt ins Kielwasser der Schiffe einscheren, die wie auf Bahnschienen einander folgen. Aber wenn man sich in Sichtweite ihrer Seitenlaternen auf Parallelkurs hält, kann man ihren Kurs nahezu wie eine Standlinie in die Seekarte einzeichnen und sich danach richten. Die NORTHERN LIGHT wäre sicher nicht gestrandet, wenn ihre Crew das getan hätte.

Die letzte Reise einer besonders schönen Yacht

Eine Yacht während des Auslaufens aus einem bekannten Hafen bei leichtem Wind auf einer Klippe nahe einer befeuerten Küste zu verlieren, ist wohl ein Kunststück. Aber: „Unverhofft kommt oft", sagt ein deutsches Sprichwort. Den Hergang des Untergangs habe ich in einem „Stundenbuch" festgehalten.

Sie war eine bildschöne Yacht, zwar schon etwas betagt, aber liebevoll restauriert, und nun sollte sie ihre alten Tage in der Karibik verbringen, unter südlicher Sonne und mit fröhlichen Menschen an Bord: die GRAVITA. Sie war 1906 aus Teak und Oregonpine in Großbritannien gebaut worden, als Yawl getakelt, 12,27 m lang, 3,38 m breit und ging 1,80 m tief. Den 42-PS-(31 kW-)Hilfsmotor von Daimler-Benz hatte man erst wenige Wochen vor der Ausreise in Cádiz eingebaut; er stammte aus dem Jahre 1968. Hier hatte die sechsköpfige Crew, die die GRAVITA unter Führung von Rudolf Prüssing im Auftrage des Eigners über den Atlantik bringen sollte, den klassischen

Oldtimer mit seinen schnittigen Linien, der immer noch naturlackiert war, auf Herz und Nieren untersucht. Besonders die Spanten aus Eiche, das Teakdeck und die Mahagoni-Beplankung wurden unter die Lupe genommen.

Am 14. Oktober 1985 lief die GRAVITA mit Südkurs aus der Hafenstadt aus und steuerte zunächst an der spanischen und dann an der afrikanischen Küste entlang südwärts. Wenn Yachten vom europäischen Festland aus zu den Kanarischen Inseln segeln, können sie zwei Routen folgen: Die eine führt etwa 500 sm auf den freien Atlantik hinaus zuerst westwärts bis Madeira und anschließend südwärts zur Inselgruppe der Kanaren. Die andere folgt in einem mehr oder weniger weiten Abstand dem Verlauf der afrikanischen Küste mit der Möglichkeit, hier und dort überzuliegen, Land und Leute kennenzulernen.

Auf der Madeira-Route muß man genau und unverzichtbar astronomisch navigieren, wenn kein Satelliten-Navigator an Bord ist, um die winzige Insel sicher zu erreichen. Die See ist auf dieser Strecke wie überall ein tiefes, blaues Weltmeer. An Afrikas Westseite entlang hat man gelegentlich ein Leuchtfeuer, aber immer eine felsige, nur gelegentlich von Sandstränden unterbrochene Küste an Backbord und einen meist auflandigen, wenn auch nicht gefährlichen Wind.

Die GRAVITA entschied sich für diese Küstenroute und war am 18. Oktober im Fischerhafen Al Yadida, etwa auf halbem Wege zu den Kanarischen Inseln an der Küste Marokkos, eingetroffen. Probleme gab es auf dieser ersten Etappe nicht; immerhin waren zum Bedienen der etwa 80 m² Segel auf der 9 t schweren Yacht nicht nur genügend Hände, sondern mit Skipper Rudolf Prüssing und Wachführer Manfred Scharlau auch zwei Führerscheininhaber für dieses Fahrtgebiet an Bord. Aber vielleicht waren die Segeltage zu schön und zu einfach gewesen, um die Crew zu Vorsicht und Sorgfalt anzuregen. Denn anders sind die folgenden Ereignisse kaum zu begreifen.

Nach zwei Hafentagen am Wochenende macht die GRAVITA am Sonntag, dem 20. Oktober, gegen 2215 Uhr die Maschine klar und läuft um 2220 Uhr unter Motor aus dem Hafen Al Yadida aus. Der Skipper hat keine Detailkarte der Bucht von Al Yadida an Bord, aber da er die Einfahrt (bei Tage) mit Hilfe von Aufzeichnungen geschafft hat, die er sich von anderen Schiffen beschaffte, fühlt er sich auch für das nächtliche Auslaufen nautisch sicher.

Auf der Seekarte sind zwar zwei Molenfeuer beachtlicher Tragweite verzeichnet, aber das sich vom Kap de Mazagan etwa 1 sm seewärts der Küste vorgelagerte Riff ist nicht befeuert. Die Karte zeigt jedoch ein Wracksymbol an der seewärtigen Spitze der kaum einen Meter tiefen Sand- und Felsennase, nicht weit entfernt von jener Stelle, an der kurz nach dem Auslaufen auch die wunderschöne GRAVITA ihr Ende finden wird. Und so schnell kommt es herbei:

2220 Uhr. Die G<small>RAVITA</small> läuft unter Motor aus. Die Sicht ist gut. Nach Verlassen der Mole wird etwa zehn Minuten lang Kurs NNE und dann 20 Minuten lang Kurs N gesteuert. Da die Crew während ihrer Liegezeit vom Hafen aus die Ausdehnung des Riffs und alle anderen Einzelheiten der Bucht deutlich hat wahrnehmen können, glaubt sie, sich auch während dieser Nachtfahrt gut orientieren zu können. Der halbe, zunehmende Mond ist dabei jedoch keine Hilfe.

2250 Uhr. Plötzlich setzt der Motor aus. Das überrascht die Crew, denn der Motor ist in gutem Zustand, und seit seiner Überholung in Cádiz ist er erst wenige Stunden im Einsatz gewesen. Versuche, ihn wieder zu starten, bleiben ohne Erfolg.

2255 Uhr. Der Skipper entscheidet, das 40-m^2-Großsegel und die ebenso große Genua zu setzen, während zwei Segler versuchen, den Motorschaden

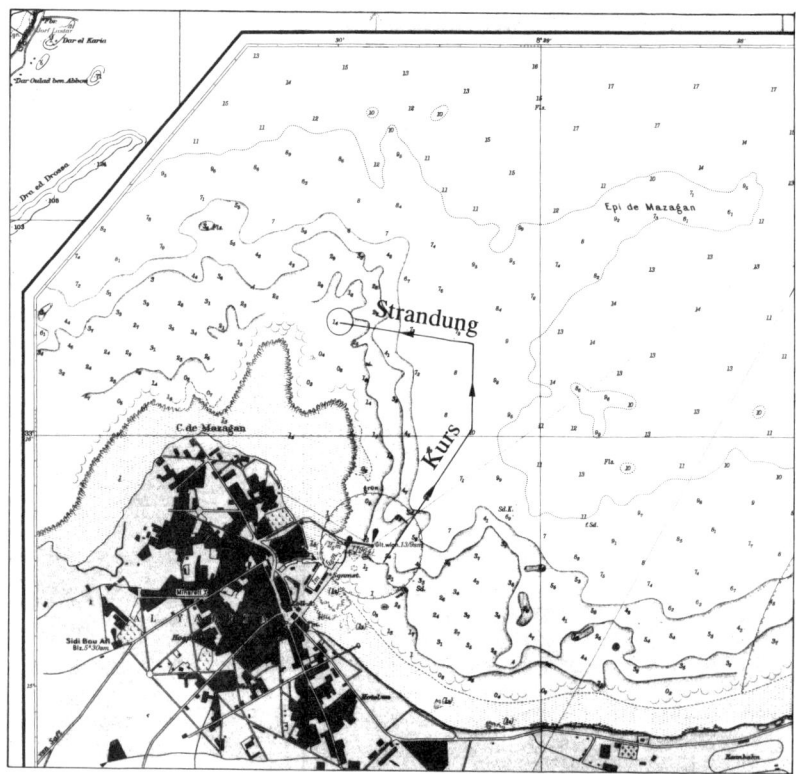

Das Küstengebiet um den marokkanischen Fischerhafen Al Yadida und der Kurs der G<small>RAVITA</small>, *der die bekannten nautischen Risiken des „Eckenschrammens" erkennen läßt.*

zu finden. Während dieser Zeit nimmt die GRAVITA jedoch kaum Fahrt auf und fällt auf Backbordbug ab.

2305 Uhr. Erste Grundberührung auf den Felsen. Es gelingt noch, über Stag zu gehen, aber die Felsen halten den Kiel der GRAVITA fest, und bei wenig Fahrt kommt es zu neuerlichen Stößen auf die Felsen.

2310 Uhr. Der Skipper entscheidet, die Segel zu bergen und zu ankern. Unter der Wirkung der Kette dreht der Vorsteven der GRAVITA nach Nordosten gegen die auflandige Dünung.

2320 Uhr. Der Anker hält nicht. Die Crew schießt fünf rote Signalraketen. Seegang und Wind treiben die GRAVITA bei ständigen neuen Grundberührungen immer weiter auf die Küste zu.

2330 Uhr. Der Skipper hat den Eindruck, daß das Ruderblatt gebrochen ist und daß am Ruderkoker Wasser einbricht. Die Dunkelheit läßt eine genaue Prüfung nicht zu. Die Crew ist kopflos. Sie wird mit der so schnell und so plötzlich eingetretenen und völlig unerwarteten Notsituation nicht fertig.

2330 Uhr. Starker Wassereinbruch durch die Bilge. Die Kojenpolster in der Kajüte schwimmen auf. Die Besatzungsmitglieder bergen ihre Papiere und Zahlungsmittel und bereiten sich zum Verlassen der Yacht vor.

2340 Uhr. Die GRAVITA liegt mit 45° Schlagseite auf den Felsen. Ihre Lage erscheint hoffnungslos. Es werden weitere Notraketen abgeschossen.

2345 Uhr. Das Schlauchboot wird klargemacht. Der Außenborder, der offenbar durchnäßt ist, startet aber nicht. Zwei Segler paddeln in Richtung Hafen.

21. Oktober, 0030 Uhr. Die beiden GRAVITA-Segler erreichen den Hafen, tragen das Schlauchboot auf das Gelände des Yachtclubs und melden die Strandung zuerst bei der Zollstation und dann bei der Polizei. Diese alarmiert den Zivilschutz.

0100 Uhr. Die GRAVITA ist vollgelaufen. Auch das Brückendeck liegt unter Wasser. Die Lenzversuche werden eingestellt. Die Besatzung sitzt auf der hohen Backbordseite.

0130 Uhr. Die Schräglage der gestrandeten Yacht wird immer bedrohlicher und für die Crew gefährlicher. Der Seegang läuft über das Schiff. Das Rettungsfloß wird aufgeblasen, besetzt und an der Yacht gesichert.

0200 Uhr. Ein Boot des Zivilschutzes trifft ein und übernimmt zwei Crewmitglieder mit einem Schlauchboot.

0300 Uhr. Der Versuch, mit einem einheimischen Fischer und dem

Schlauchboot des Zivilschutzes die GRAVITA zu bergen, bleibt ohne Erfolg. Es ist noch dunkel und die Arbeit auf den Felsen gefährlich. Weitere Bergungsversuche werden für das nächste Tageshochwasser verabredet. Der Skipper verläßt mit dem letzten Besatzungsmitglied seine gestrandete Yacht. Die Crew wird zum Hafen gebracht.

1030 Uhr. Die Crew und Feuerwehrleute des Ortes kehren an die Strandungsstelle zurück, um die Möglichkeit der Bergung zu prüfen. Der Wasserstand ist noch sehr hoch.

1230 Uhr. Bei Niedrigwasser stellt es sich heraus: Totalverlust. Teile der Beplankung fehlen, Felsen ragen in den Yachtrumpf hinein. Die Inneneinrichtung ist zerstört, Aufbau und Vorluk sind abgerissen. Die Crew der GRAVITA gibt weitere Maßnahmen auf und wartet auf den von der Versicherung bestellten Sachverständigen.

22. Oktober, 1000 Uhr. Der Schiffahrtsexperte J. P. Le Chartier, der aus Casablanca angereist ist, fährt mit der immer noch unter dem Schock der Strandung stehenden Crew zum Wrack der GRAVITA hinaus. In den vergangenen 20 Stunden haben Plünderer, die mit aufblasbaren Schläuchen ausgerüstet waren, trotz der Kontrolle durch Polizeikräfte das Wrack aufgesucht, den Motor von seinem Lager gelöst, ihn in Einzelteile zerlegt und weggeschafft. Die Brücke wurde im Bereich der Winschen zum Teil zersägt, um die teuren Geräte besser ausbauen zu können. Auch alle übrigen Ausrüstungsteile waren in dieser kurzen Zeit bereits demontiert und weggeschafft worden.

Eine aufgegebene, gestrandete Yacht wird juristisch zum „Strandgut", für das die entsprechenden örtlichen Behörden zuständig sind. Sie allein können auch die „Strandräuber" verfolgen − oder gewähren lassen. Diese Räuber der Tiefe sind überall und oft in Stundenfrist zur Stelle. Um sie wirkungsvoll abzuwehren, hätte die Crew der GRAVITA sich mit Wachablösung in ihr an der gestrandeten Yacht festgemachtes Schlauchboot setzen sollen. Denn nur dadurch hätte sie nicht nur für den Schutz ihres Eigentums gesorgt, sondern auch den Anspruch auf alle Möglichkeiten der Bergung aufrecht erhalten. Das einzige Stück, was somit übrigbleibt, ist der 5 t schwere Bleikiel. Aber ihn zu heben und in den Hafen zu bringen, würde mehr kosten, als er wert ist. So bleibt er als Grabstein einer schönen, alten Yacht nahe der Hafeneinfahrt von Al Yadida im klaren, warmen, hüfttiefen Wasser mit einer leichten Atlantikdünung liegen, während Rudolf Prüssing mit seiner Crew im Flugzeug nach Hause reist − nur das zusammengelegte Schlauchboot der GRAVITA als Gepäck.

Eine solche Strandung ist doch eigentlich unbegreiflich! Denn da stirbt eine gut bemannte, mit moderner elektronischer Navigationsausrüstung vollgepackte und für eine Atlantiküberquerung geeignete Yacht kaum eine Meile von der Hafeneinfahrt entfernt. Mußte sie stranden, weil die Crew mit ihren Gedanken schon Tausende von Meilen weit voraus war, auf den Kanarischen Inseln oder in der Karibik? Mußte der Totalverlust eintreten, weil Skipper Rudolf Prüssing, der ja nicht sein eigenes Schiff führte, wegen (oder trotz?) des sehr klaren Wetters und eines schwachen Windes zu nahe an der Küste navigierte?

Zweifellos hat der Skipper Schwierigkeiten gehabt, die Entfernung zu den Felsen abzuschätzen. Aber warum ist er bei Nacht ausgelaufen? Warum ist er nicht in den Richtlinien gesegelt, die durch die Molenfeuer als An- und Aussteuerungshilfen gegeben sind? Warum hat er auf seinem Auslaufkurs nicht das teure Echolot mitlaufen lassen? Immerhin gibt es eine signifikante 10-m-Linie, an der man rund um die Felsenhuk hätte segeln und motoren können. Und warum hat er bei dem offenbar zu leichten Wind nicht unmittelbar nach dem Ausfall des Motors geankert? In einem Radius von 1 sm Abstand rund um die Felsenhuk ist das Wasser über Sandgrund 5 bis 10 m tief, so daß die GRAVITA hier gut und sicher hätte liegen können, während man sich um den Motor kümmerte.

Die Strandung erfolgte drei Stunden nach Hochwasser und bei der stärksten Gezeitenströmung, aber die Ermittlungen des Sachverständigen an Ort und Stelle ergaben, daß die Strömung selbst bei schwacher Dünung nicht in Richtung der unterseeischen Felsenhuk setzte.

Eine Verkettung unglücklicher Umstände also? Nein, leichtsinnige Küstenfahrt.

Beim nächtlichen Einlaufen: Strandung am Riff

Auf ihrer Weltumseglung strandet die CHRISTINE II bei der Einfahrt in einen Hafen von Aruba in den Kleinen Antillen. Der Fehler der Crew: bei Nacht in einen unbefeuerten Riffhafen einzulaufen. Ihr Glück: Im Ort gibt es ein Bergungsunternehmen, und die deutsche Versicherung bezahlt schnell und prompt. Aber die Not, die Angst, die Anstrengung und die Arbeit kann die Familiencrew mit niemandem teilen. Darüber berichtet sie hier einmal ganz persönlich.

Ein Chronist, der über Yachtunfälle berichtet, kann seine Aufgabe nicht nur darin sehen, die dramatischen Ereignisse möglichst spannend zu erzählen und sich dabei genau an die überlieferten Tatsachen zu halten. Er muß auch den Versuch machen, über Ursachen und Hintergründe nachzudenken, obwohl ihm bei seiner Meinungsbildung natürlich gelegentlich angekreidet werden kann, er würde als der sattsam bekannte „bessere Kapitän an Land" urteilen und vielleicht sogar unfair mit dem erhobenen Zeigefinger dozieren.

In vielen Fällen werden jedoch nur weniger erfahrene Leser diesem Eindruck unterliegen. Mancher der beteiligten Skipper wird sich hingegen noch im nachhinein ertappt fühlen, daß glücklicherweise nur der Chronist und dazu noch, nachdem Versicherungs- oder Regreßforderungen längst verjährt sind, zu ähnlichen Erkenntnissen gelangte wie der verantwortliche Skipper selbst, dem sie zwar in einer stillen Nachtstunde durch den Kopf gingen, über die er aber zu niemandem, nicht einmal seiner Crew gegenüber, offen sprechen mußte.

Diese Bemerkungen gelten allen Skippern, die mit ihren Yachten Schiffbruch erlitten, und ein wenig gelten sie auch für Lothar Suhr, mit dem ich vor Beginn seiner Weltumseglung in der CHRISTINE II noch einen freundschaftlichen Klönschnack hatte, bevor er mit Frau und Sohn zu seiner Traumreise um den Globus startete. Das 12 m lange Schiff vom Typ Gulfstar 41, ein bewährter amerikanischer Serientyp, war so richtig geschaffen für eine Langfahrt in der Passatregion.

Bis zum Ende der hurrikanfreien Zeit hatten die Suhrs in den Windward Islands gelegen, im südlichen Teil der karibischen Inselkette, als sie am 9. Juni 1984 um 1800 Uhr aus der Marigot Bay auf St. Lucia nach Curaçao vor der venezolanischen Küste ausliefen. Vielleicht war just dieser Zeitpunkt die eigentliche Ursache für die späteren tragischen Ereignisse. Denn in einem Gebiet der Passatwinde, die in dieser Zeit ständig aus östlichen Richtungen wehen und bei Tage eine Stärke von etwa 5 Bft, bei Nacht von etwa 4 Bft erreichen, gibt es schlechthin keinen Grund, erst bei beginnender Dunkelheit auszulaufen.

Auch ein Blick auf die Seekarte zeigt, daß bei einer Distanz von knapp 500 sm zwischen St. Lucia und Curaçao vom Skipper der CHRISTINE II eine Zeit von fast genau vier Tagen für die Fahrt hätte angenommen werden können. Das ergibt ein Etmal von 120 sm und eine Fahrt (über Grund) von 5 kn, der man sich wegen des konstanten achterlichen Windes und des ebenso zuverlässigen, nach Westen setzenden Nordäquatorialstroms in diesem Teil der Karibik sicher sein kann.

Es hätte also nahegelegen, zu einer Zeit auszulaufen, zu der man auch hätte einlaufen wollen − und das ist natürlich keine Nachtzeit. Denn jeder Karibik-Segler weiß, daß in diesem Seegebiet sowohl vor den Insel- als auch vor den Festlandküsten lange, tückische Riffe liegen, die aus der Seekarte zwar ersichtlich, aber nicht betonnt beziehungsweise befeuert sind. Und wer (wie ja auch Lothar Suhr) schon vorher karibische Inseln besuchte, hat auch erfahren, daß Leuchtfeuer nur an wenigen Orten stehen (die Länder der Dritten Welt sind viel zu arm, um sie zu unterhalten) und daß eine Gewähr nicht übernommen wird, daß diese Leuchtfeuer tatsächlich in Betrieb sind, die angegebene ausreichende Tragweite haben und die gewünschten Sektoren auch abstrahlen.

Diese Meinung teilen viele Transozean-Segler, wie z. B. auch Gerald Edlinger, der mit seinem 12-m-Stahl-Seekreuzer LA NERA dreimal den Atlantik überquerte und 1985 in brasilianischen Gewässern kreuzte:

„Ich versuchte, den Anker immer zu einem solchen Zeitpunkt zu lichten, daß wir unser nächstes Ziel kurz vor der Morgendämmerung erreichten. Da hat man dann eine gute Position durch das Leuchtfeuer und später schön lange Licht für irgendwelche schwierigen Einfahrten. Beides ist enorm wichtig, wie wir vielfach erlebt haben."

Kurz und gut: Als Lothar Suhr an jenem 9. Juni 1984 um 1800 Uhr aus der Marigot Bay auf St. Lucia nach Curaçao auslief, mußte er damit rechnen, daß er seinen Zielhafen Willemstad zu etwa gleicher Tageszeit, das heißt am späten Nachmittag oder frühen Abend erreichen würde, also mit Beginn der gegen 1800 Uhr einsetzenden Tropennacht. Jede Verzögerung würde die Risiken nächtlichen Einlaufens oder einer Nachtfahrt in Küstennähe mit sich bringen.

Und so war es dann auch: „Wir hatten eine problemlose Überfahrt", erzählt Lothar Suhr, „und unsere Astro-Navigation war gut. Wir erreichten Willemstad am 13. Juni um 1620 Uhr bei Windstärke 6. Als wir einlaufen wollten, sahen wir vor uns ein Segelboot, das in etwa 3 bis 4 m hohem Schwell im Wartebecken vor der Schwingbrücke tanzte. Die Yacht konnte sich nur mit Mühe von der Pier freihalten. Die Schwingbrücke wurde nicht geöffnet. Nur mit Können und Glück gelang es der Crew, die Yacht aus dem Wartehafen wieder herauszubringen. Da auch wir durch die Schwingbrücke gehen und vor ihr warten mußten, entschlossen wir uns daraufhin, nach Aruba weiterzulaufen."

Natürlich ist eine Brücke ein Hindernis für eine Yacht, wenn sie in einen Hafen einlaufen will. Aber diese Schwingbrücke war ein bekanntes Hindernis, das die Crew der CHRISTINE II erwarten mußte. Es ist sowohl auf den Hafenplänen verzeichnet als auch in den Handbüchern wie zum Beispiel dem „Cruising Guide to the Caribbean" von Hart und Stone in Bild und Text dargestellt. Es heißt dort:

„Der Schiffsverkehr muß hier oft lange auf die Durchfahrt warten, also stehe geduldig auf und ab und warte auf die Öffnung. Wenn du annimmst, daß du nach einer sehr langen Wartezeit noch nicht bemerkt bist, rufe die Küstenfunkstelle und frage nach, wie lange Zeit noch bis zur Öffnung vergehen wird. Die Brücke kann nur wenige Male am Tage und nur kurzzeitig geöffnet werden, weil sie einen großen Teil des Straßenverkehrs bewältigen muß."

Auch in Kenntnis dieser Lage wäre es für die Christine II sicher besser gewesen, am 9. Juni morgens auszulaufen und am 13. Juni morgens anzukommen, weil sie dann bei hellichtem Tage und, wenn auch unter schwierigen Wetterbedingungen, aber immer ohne Zeitdruck hätte warten können.

So mußte sie in die beginnende Nacht hinein weiterlaufen, und der Vollmond gab ihr hierbei wohl ein mehr trügerisches als hilfreiches Licht.

„Bei Wind aus Ost, etwa 6 Bft, mittlerer Sicht, Seegang 2 bis 3 m und insgesamt guten Segelbedingungen erreichten wir unter kleinen Segeln gegen 2100 Uhr das Südostende der Insel Aruba", berichtet Lothar Suhr weiter. „Wir standen vor dem endlosen Riff und waren nach der stürmischen, rauhen Reise sehr, sehr müde. Wir segelten die Südwestküste der Insel bis Oranjestad hoch und sahen viele Feuer, jedoch mit unbekannten Kennungen. Wie wir später erfuhren, waren sie gerade drei Monate zuvor geändert worden. Die Küste war mit ihren vielen Lichtern von Ortschaften und Raffinerien gut auszumachen, aber es gab sehr verwirrende Lichter für die Navigation. Beim Vorbeilaufen am Industriehafen Barcadera glaubten wir, die Einfahrt erkannt zu haben, aber wir liefen zuerst weiter nach Oranjestad und versuchten dort, die Passage zu finden."

Das Segelhandbuch schreibt, daß von den drei Häfen Arubas, die hinter diesem langen Riff liegen, nur Oranjestad für Yachten geeignet ist. Barcadera und San Nicolas sind nicht empfehlenswerte Häfen der Ölindustrie. Insoweit traf die Crew der Christine II die richtige Wahl.

„Der Hafen Oranjestad war gut auszumachen, das Riff weniger gut", erzählt der Skipper weiter. „Es liegt nur stellenweise über Wasser und ist mit Mangroven bestanden. Weite Teile liegen etwa einen halben Meter unter Wasser." Und er fügt zur Rechtfertigung seiner Entschuldigung hinzu: „Bis zu diesem Zeitpunkt hatten wir viele Häfen in der Nacht erreicht und fühlten uns aufgrund der dabei gemachten Erfahrungen unserer Sache sicher. Doch hier konnten wir die befeuerte Riffpassage nach Oranjestad nicht ausmachen, und daher liefen wir einige Meilen unter Motor und gegen Wind und Strom zurück zum Industriehafen Barcadera. Einige Wolken verdeckten jetzt den vollen Mond, und ich glaube, es regnete ein paar Tropfen. Der Motor lief gut, der Seegang war etwa einen Meter hoch."

War es die Müdigkeit, die Lothar und Christine Suhr die befeuerte Riffpassage nach Oranjestad nicht ausmachen ließ? In YACHT Nr. 13/85 schrieb das Ehepaar Anneliese und Christoph Vogelsang, die mit ihrem Seekreuzer Second Life ebenfalls die Niederländischen Antillen besuchten: „Die Insel Aruba ließ sich problemlos ansteuern, auch bei Nacht. Durch einen gut befeuerten Tonnenstrich gelangten wir nach Oranjestad, dem Hauptort der Insel. Der Hafen ist durch ein vorgelagertes Riff geschützt."

Aber die Christine II ist jetzt auf dem Wege nach Barcadera, und die Crew sieht bald hinter dem flachen, teilweise überspülten Riff die Schiffe an der Pier des Hafens liegen. Greifbar nahe sind ein sicherer Liegeplatz und eine Bauernnacht für die ermüdete Crew.

„Ein weißes Licht steht außerhalb des Riffs und bezeichnet die Einfahrt. Weitere grüne und weiße Lichter brennen hinter dem Riff. Ihre Lage zueinander ist von See her jedoch schwer zu bestimmen", beschreibt Lothar Suhr die nun folgenden dramatischen Minuten. „Ich drehe nach Backbord in der festen Überzeugung, daß wir noch mindestens 100 m bis zum Riff Platz haben."

Aber das ist ein Irrtum. Christine Suhr bemerkt das Riff als erste: Helles, weißes Wasser liegt vor dem Bug. Aber auch ihr entsetzter Ruf: „Das Riff ist vor uns!" kann die Strandung der CHRISTINE II nicht mehr verhindern. Zwar gibt der Skipper im Augenblick der Warnung noch „voll zurück", aber da setzt der Seekreuzer mit seinem Kiel schon auf, ganz leicht nur. Und holt nicht der rückwärts arbeitende Propeller das Boot schon wieder frei? Doch dann läuft eine viel höhere, mächtige Welle heran und wirft das 14 t schwere Boot weiter auf das Riff hinauf. Noch mehr Brecher folgen, und endlich nimmt die CHRISTINE II am 13. Juni um 2300 Uhr etwa 10 m von der Riffkante entfernt ihren endgültigen Platz auf den Felsen ein. Den Totalverlust verhindert wohl nur die feste Bauart der Yacht.

Etwa alle fünf Sekunden von der See angehoben und krachend an der gleichen Stelle wieder abgesetzt, hämmert sich der Kiel ein Bett in die Korallen. Die CHRISTINE II liegt jetzt auf der Backbordseite, und sie macht Wasser: Etwa ein Drittel der Kielflosse und der hintere Teil des Bilgenbereiches im Unterwasserschiff sind durch die scharfen und harten Korallen größtenteils abrasiert. Ein Teil des Ballastes wird bis unter den Motor hochgedrückt.

Ende eines langen Traumes, all der vielen Mühen und der sorgfältigen, jahrelangen Planung?

„Wir schießen Rot und bekommen über UKW Verbindung mit der Port-Control", berichtet Lothar Suhr über diese schicksalhaften Stunden für die deutsche Seglerfamilie. „Sie hören unseren Notruf und schicken sofort ein Lotsenboot, das aber trotz seines flachen Bodens nicht zu uns herankommen kann. Darauf springt einer der Lotsen ins Wasser und schwimmt mit einer Leine zu uns herüber. Wir bringen unser Beiboot ins Wasser und erreichen durch die brechenden Wellen auf dem Riff das Lotsenboot. Dabei reißt der Doppelboden unseres ‚unsinkbaren' Dingis auf, und es blubbert ab. Aber wir lassen die Vorleine nicht los und können es mit vereinten Kräften an Bord des Lotsenbootes nehmen und retten."

Die Suhrs haben das waidwunde Schiff verlassen, wie sie gehen und stehen. Selbst das gesamte Seenotgepäck bleibt in der Plicht der CHRISTINE II zurück, und als Lothar und Christine Suhr mit ihrem fünfjährigen Sohn Sebastian endlich an Land gesetzt werden, beginnt nach Mitternacht das zeitraubende Einklarieren von Schiffbrüchigen – Ordnung muß sein, auch auf den Niederländischen Antillen.

Wie konnte es passieren, daß die CHRISTINE II etwa 100 m südöstlich der tiefen und breiten und außer bei Sturm immer zugänglichen sicheren Einfahrt strandete?

Lothar Suhr: „Wie bereits gesagt, bezeichnet ein weißes Licht an Steuerbord die Einfahrt. Auch wir hatten ein solches weißes Licht an Steuerbord, nur stand es leider hinter dem Riff. Normalerweise wäre es von See aus nicht zu sehen gewesen, doch ist die Blende des Feuers, die den Schein nach See verdeckt, schon seit Jahr und Tag abgefallen. So haben wir ein falsches Licht für das richtige Feuer gehalten, das aus unserer Einlaufposition jedoch von Mangroven verdeckt war."

Zwei Monate nach der Strandung der CHRISTINE II gehen zwei venezolanische Fischerboote und dann noch eine große amerikanische Yacht an einer anderen Stelle auf das Riff, bis die Abschirmung des falschen Feuers neu gefertigt ist und die verdeckenden Mangroven vor dem richtigen Feuer abgeholzt sind.

Doch die Familie Suhr hat Glück im Unglück: Es gibt in Barcadera ein Bergungsunternehmen, mit dem sie sich noch in der Nacht in Verbindung setzt. Schon am Morgen des nächsten Tages fahren Christine und Lothar Suhr zu ihrem gestrandeten Seekreuzer hinaus. Sie erreichen die CHRISTINE II, die mit 45° Schlagseite auf dem Riff liegt, mit einem kleinen Dingi von innen über die Lagune. Der Mann der Bergungsfirma sagt:

„Das Schiff muß leichter werden, aber es wird wohl sinken, wenn wir es vom Riff ziehen." Lothar Suhr kommen die Tränen. Auch Christine weint, und beide halten einander fest, als der Berger tröstend fortfährt: „Ich habe jedoch etwas unschätzbar Wertvolles für Sie: Wir besitzen drei riesige Auftriebskörper aus dickem Gummi mit je 10 t Tragkraft. Das wird reichen. Wir werden zwei von ihnen am Heck und einen am Bug befestigen – und so Gott will, werden wir Ihre Yacht schwimmend halten. Gleich heute nachmittag werden wir die Bergung in Angriff nehmen, ehe die See Ihre CHRISTINE II weiter zerstört hat. Vorher müssen Sie jedoch versuchen, so viele schwere Teile wie möglich zu bergen."

Die Firma liefert große, schwarze Ölsäcke aus Plastik, in denen zuerst das wertvollste Inventar und dann die schwersten Teile verpackt, über das Riff geschleppt, in einem kleinen Boot verstaut und zu den Kaianlagen hinübergeschafft werden. Es ist eine mühsame und körperlich anstrengende Schufterei. Die Leute müssen sich bei 32° C Lufttemperatur auf dem Riff bewegen, wo die Korallen an der Oberfläche scharf wie Rasiermesser sind, und sie müssen im Schiff nicht nur bis zu den Hüften im Wasser arbeiten, sondern die schweren Teile auch auf der schiefen Ebene der Bordwand in die Plicht wuchten, ehe der Weitertransport beginnt.

Das kleine Arbeitsboot bringt Ladung nach Ladung in den Hafen, wo ein Container steht, in den dann alles hineingeworfen wird – wahllos und rücksichtslos, von hinten nach vorn. Der schwere Anker fällt auf die Kiste mit der Elektronik, und auf diese werden die nassen Decken gelegt, ein ganzer Stapel.

Im Boot beginnt es zu stinken. Lebensmittel schwimmen in dem warmen Wasser der Kajüte, Fruchtsäfte mischen sich mit Motoröl. 50 kg Haferflocken, Nudeln, Hülsenfrüchte und andere Nährmittel gehen über Bord, wo Tausende von Fischen die unerwartete und riesengroße Futtermenge blitzschnell auffressen. Aber schließlich geben die Berger das Zeichen zum Stoppen: Anderntags soll die CHRISTINE II gehoben und geschleppt werden.

Die sich anschließende Schlußbesprechung im Büro ist freundlich. Es herrscht eine gemütliche Atmosphäre bei Kaffee und Kuchen, Tee und Rum. Dann aber werden die Holländer glashart:

„Wir können erst bergen, wenn 8000 US-Dollar auf dem Tisch liegen", sagen sie lächelnd, aber bestimmt. Und sie lächeln auch über die Entgegnung des Skippers: „Das könnt ihr nicht machen, ihr habt ja das Schiff und den gefüllten Container." Doch Lothar Suhr weiß ganz genau, daß ein Wrack erst wieder einen Wert haben wird, wenn es dem Riff entrissen ist und sicher auf dem Kai liegt. Und der Containerinhalt ist nicht viel mehr als Schrott.

„8000 Dollar, und erst dann fangen wir an", beharren die Berger. Lothar Suhr mag toben. Er hat die schlechteren Karten, und er weiß: Die CHRISTINE II wird nur wieder segeln, wenn er das Geld auf den Tisch legen kann, und das Geld kann er sich nur von seiner deutschen Versicherung beschaffen.

Bekanntlich gibt es viele konkurrierende Versicherungen für deutsche Yachten, und es ist nicht immer leicht, die richtige auszuwählen. Viele Verträge werden von Yachteignern nur nach den Gesichtspunkten der Prämien abgeschlossen, und die meisten wählen jene Versicherung, die ihnen das günstigste, sprich preiswerteste Angebot macht. Aber das preiswerteste Angebot ist nicht immer das beste, und man sollte eine Versicherung für seine Yacht nicht nach der Höhe der zu zahlenden Prämie abschließen, sondern zu allererst die Art der Regulierung eines möglichen Schadens bei seinen Überlegungen im Sinne haben.

Was nützt eine jahrelang bezahlte preisgünstige Prämie, wenn die Versicherung nicht zahlen will, erst mit zeitlicher Verspätung für die Regulierung eintritt oder aus nach ihrer Ansicht gewichtigen Gründen erst nach Einschaltung von Sachverständigen und verspätet eine Teilzahlung über ihre Rechtsanwälte anbieten läßt? Strandungen und ähnliche Seenotfälle von Yachten, bei denen in wenigen Stunden über Erfolg oder Mißerfolg von Bergungen entschieden wird und die natürlich meistens nicht in Heimatrevieren, sondern an fremden Küsten vorkommen, sind Testfälle für die Qualität einer Versicherung und die Seriosität einer Versicherungsgesellschaft.

Lothar Suhr hatte Glück, daß er gut und richtig versichert war: Am 15. Juni gingen um 0600 Uhr Ortszeit zwei Fernschreiben von der Bergungsfirma in Aruba nach Deutschland, wo es bereits 1300 Uhr mittags war: an die Pantaenius-Yachtversicherung in Hamburg und an die Hausbank der Familie Suhr in Hannover. Bereits 30 Minuten später drahtete die Hausbank zurück: „Das Geld ist via New York unterwegs." Und 60 Minuten später kam die Antwort vom Versicherer: „Sind mit Bergung einverstanden. Der Preis soll von Lloyd's-Agenten in Curaçao ausgehandelt werden."

Für Lothar Suhr war dieses zweite Telex 140 000 DM wert, und die Yachtsegler in der Hamburger Versicherung trafen diese finanziell nicht einfache Entscheidung nur von der gemeldeten Tatsache der Strandung her in einer knappen Stunde. Nicht nur Lothar Suhr war überschwenglich dankbar dafür.

Tags darauf beginnt die bemerkenswerte Bergung. Unmittelbar nach dem Hellwerden bringen die Leute der Bergungsfirma die drei tonnenschweren Auftriebskörper außen an der Yacht an, einen am Bug und die beiden anderen an Steuerbord- und Backbordseite kurz vor dem Heck. Sie verzurren die Schwimmkörper mit der Ankerleine der CHRISTINE II und gehen dabei nicht zimperlich mit der Yacht um. Es sind rauhe Gesellen, aber sie verstehen ihr Handwerk. Der Seegang des Vortages hat nachgelassen, und so kann der große, moderne Hochseeschlepper mit seinem 3500-PS-Motor vom Hafen Barcadera außen um das Riff herum an die Strandungsstelle fahren.

Der Schlepperkapitän ist Karibe, stämmig und selbstsicher. Lothar und Christine Suhr dürfen übersteigen und das Bergungsmanöver verfolgen. Es ist schwierig, die schwere Schleppleine in so gefährlicher Nähe der Yacht überzugeben, und erst am frühen Nachmittag liegt die CHRISTINE II in einer doppelten, durch eine Hahnepot verbundenen Schlepptrosse. An die Tauwerktrosse, die die Yacht umschlingt, wird eine schwere, 60 mm dicke Trosse angesteckt, und dann beginnt der Schlepper zu ziehen.

Der Schlepperkapitän blickt dabei den Yachtkapitän an. Ganz ruhig. Sie nicken einander zu, und beide merken, daß sie die gleiche Frage bewegt: Werden wir es schaffen? Lothar Suhr fühlt, daß der erfahrene Schlepperkapitän sein Bestes versuchen wird.

Langsam spannt sich die Trosse, und der Schlepper arbeitet mit halber Kraft, genau mit jenen Umdrehungen, mit denen ein stillstehendes Schiff und dem an Ort und Stelle drehenden Propeller die größte Schubkraft erzeugt. Aber nichts rührt sich. Der Schlepperkapitän läßt seinen mächtigen Propeller drehen und lächelt. Immer noch halbe Kraft voraus!

Der Mann auf der Brücke hat Zeit, Ruhe und Erfahrung. Zehn Minuten

42

lang geschieht nichts. Die Maschine arbeitet, der Schlepper steht. Es vergehen weitere zehn Minuten, und Lothar Suhr fragt sich, warum der Schlepperkapitän nicht noch einige hundert Pferde mehr aus seinem Kraftpaket anziehen läßt.

Aber der Schlepperkapitän will gar nicht mehr Kraft einsetzen. Er wartet auf die größere Welle, eine „Hundertjährige", einen Kaventsmann. Und die längere Welle kommt. Lothar Suhr sieht sie heranrollen, höher, mächtiger, breiter als die vorhergehenden. Ihr Rücken faßt unter die CHRISTINE II und hebt sie an. Der Mast der Yacht richtet sich auf, die Yacht schwimmt!

Eine Minute schwimmt sie, noch eine und noch eine — aber dann sieht man, wie sie langsam sinkt. Mit dem Beiboot des Schleppers wird eine große Motorpumpe auf die Yacht gebracht, und ein Mann taucht in den Rumpf hinein und versucht, die Leckstelle mit Polsterteilen abzudichten. Doch die Leckstelle ist zu groß. Nur in letzter Sekunde gelingt es den Bergungsleuten, sich selbst und die große Lenzpumpe vom Deck der Yacht wieder in Sicherheit zu bringen, dann schlägt das Wasser über dem Deckaufbau zusammen.

Aber die Auftriebskörper halten die Yacht auch in dieser scheinbar hoffnungslosen Lage schwimmend. Ganz langsam wird die CHRISTINE II bis zur Passage geschleppt, doch dort geht es nicht weiter. Die Hafenbehörde will erst prüfen, ob die Yacht nicht in der Einfahrt sinkt, und so muß erst einige Minuten lang der Beweis erbracht werden, daß sie tatsächlich von ihren Auftriebskörpern gehalten wird und nicht untergeht.

Dann geht es weiter, und nach 60 langen Minuten liegt die CHRISTINE II endlich am Kai, wenn auch völlig unter Wasser. Taucher ziehen Spezialgurte unter das Schiff, und ein großer Kran kann die Yacht schließlich aus dem Wasser heben und auf einem bereitgestellten Bock absetzen.

Hundert Menschen stehen am Kai und begutachten das Schauspiel, Einheimische und Fremde, Braune und Weiße. Sie alle lieben Schiffe, und wer Schiffe liebt, der wünscht nicht, daß schöne Schiffe sterben. Er will auch miterleben, wie aus tödlich verletzten Schiffen wieder glückliche Schiffe werden können.

Mit viel persönlichem Einsatz ihrer Crew, aber letztlich durch die großzügige Hilfe der Versicherung, die den Einsatz aller fachkundigen Helfer in Aruba entlohnte, wurde die CHRISTINE II wieder ein segelklares glückliches Schiff. Noch im Herbst des gleichen Jahres erlebte sie ihren zweiten Stapellauf und ging dann durch den Panamakanal in die Südsee, die sie im Jahre 1985 durchsegelte. Christine, Lothar und Sebastian Suhr sind wieder eine glückliche Crew: Die Strandung auf dem Riff von Aruba hatte nicht das Ende ihrer Weltumseglung bedeutet.

Verschlafen und gestrandet – geschlafen und ertrunken?

Der belgische Fahrtensegler Patrick van God, der erfolgreich um Kap Hoorn gesegelt war, verlor seinen Seekreuzer TRISMUS auf einem Korallenriff der Tuamotus, während er schlief. Seine Frau und er überstanden die Strandung jedoch unversehrt. Die nützlichen Lehren aus seinem Schiffbruch beherzigte er selbst jedoch nur unvollkommen. Drei Jahre später verliert der Blauwassersegler nicht nur sein nächstes Schiff, sondern auch sein Leben. Wurde er im Schlaf von einem Frachter überlaufen?

Patrick van God ist 31 Jahre alt, als er am 22. Mai 1972 Kap Hoorn im Winter von Ost nach West umrundet. Seine Yacht, die TRISMUS, ist ein Schwesterschiff der JOSHUA von Bernard Moitessier, ein stählerner Langkieler mit Spitzgatteck von 12,07 m Länge und 14 t Verdrängung. Der Belgier hat seinen Beruf als Zahnarzt aufgegeben und ist nach ausgedehnten Kreuzfahrten in chilenischen Gewässern 1974 von den Galapagosinseln aus auf dem Wege zu den Tuamotus.

Die Inseln dieser Pazifikgruppe sind schwierig anzusteuern. Denn sie erheben sich nur wenige Meter über das Wasser, und sie sind trotz ihrer Palmenhaine selbst bei Tage erst aus wenigen Meilen Entfernung auszumachen. Die ihnen vorgelagerten Korallenriffe kann man wegen der überbrechenden Seen auf den weitflächigen Plateaus und der Brandung an ihren Kanten bei Tage gut erkennen. Aber in einer dunklen Tropennacht, ja selbst bei Vollmond, können diese Riffe niemals früh genug ausgemacht werden.

Mit seiner Frau Wendy segelt Patrick, der mit seinem vollen Namen eigentlich van Godsenhoven heißt, am Donnerstag, dem 24. März 1974, von Papeete aus zu dieser Inselgruppe. Nach seinem astronomischen Besteck steht die TRISMUS um 1600 Uhr noch 38 sm von der Insel Rangiroa entfernt, und der Skipper rechnet entsprechend dem leichten Wind und einer Fahrt von knapp 2 kn mit dem Landfall gegen 0700 Uhr. Bedingt durch den angenommenen Weststrom, meint Patrick, kann man die Insel vielleicht auch erst später sichten.

Und nun geschieht, was für einen normalen Fahrtensegler und einen verantwortlichen Skipper völlig unbegreiflich ist: Der Blauwassersegler van God geht gegen 1800 Uhr, als die Tropennacht ihr pechschwarzes Tuch über die ruhige See des Pazifiks legt, mit seiner Frau in die Koje und überläßt die TRISMUS unter Selbststeueranlage sich selbst. Sie segelt nahezu hoch am Wind, und der Skipper stellt, wie üblich, seinen Wecker, damit seine Frau oder er alle zwei Stunden zu einem Rundblick in die Plicht klettern muß.

Gegen Mitternacht ist Patrick selbst für diesen Ausguckdienst dran: Er registriert eine ruhige See, kaum Wind und eine Fahrt, wenn man sie so nennen könnte, von weniger als 2 kn. In der schwarzen Nacht entdeckt der Skipper nichts, was irgendwie auf die Nähe von Land hindeutet. Er legt sich wieder in die Koje, und die TRISMUS läuft blind weiter.

Nach seiner Berechnung wäre die Insel mit ihren vorgelagerten Riffen zu dieser Zeit noch gerade 20 sm entfernt gewesen. Das mag in der endlosen Weite des Pazifiks eine unbedeutende Distanz sein. Für einen verantwortungsbewußten Skipper, der von seinem letzten Hafen aus bereits 15 Tage unterwegs ist, könnte es auch ein kurzer Abstand sein:

Denn wie zuverlässig ist die Messung einer Sonnenhöhe mit dem Sextanten? Wie weit kann man den Berechnungen und der Versegelung einer Standlinie vertrauen? Wie richtig zeigt ein Log an? Noch 20 sm gegißter Abstand bei ebenfalls noch verbleibenden mindestens sechs Stunden bis zum ersten Büchsenlicht, diese Tatsachen hätten sicher nicht jeden Segler so ruhig wieder seine Bettdecke über die Ohren ziehen lassen – noch dazu, wenn er sich vor einem bevorstehenden Landfall gegebenenfalls mit einem anderen Besatzungsmitglied Wache und Ausguck hätte teilen können.

Aber belassen wir es nicht bei solchen Überlegungen, sondern lassen wir Patrick van God selbst erzählen:

„Um 0156 Uhr werde ich durch einen furchtbaren Krach aus der Koje geschleudert. Ich stürze nach draußen: Wir haben Grundberührung auf einem Riff! Ich greife in die Speichen meines Steuerrades und lasse das Boot nach Backbord drehen. Aber die TRISMUS rammt das Korallenriff nur von neuem. Wendy startet den Motor.

‚Wir kommen schon wieder frei', rede ich mir ein. ‚Noch etwas mehr Krängung, und wir sind gerettet!' Aber im gleichen Augenblick stoppt der Motor, und die TRISMUS driftet wieder auf die Korallenbank zurück. Fast wie ein armes Sünderglöcklein beginnt in der Kajüte der Wecker zu schrillen, während ein Brecher den stählernen Seekreuzer wie mit einer riesenhaften Hand leicht und hoch auf das Riff setzt und nach dem Ablaufen dort, weit überliegend, liegen läßt."

Am Ende der Welt gestrandet! Aber wirklich für immer verloren? Natürlich quält sich der Skipper mit der Frage: „Wie konnte dies geschehen?" Und er überlegt: „Hat nun das Log gelogen – oder der Sextant? Und wie kann es geschehen, daß die TRISMUS bei so wenig Wind in zehn Stunden 38 sm zurücklegt?"

Eine Kontrollmessung mit dem Sextanten ergibt am anderen Mittag, daß die TRISMUS exakt am südlichsten Punkt der Insel Rangiroa auf den Korallen liegt. Hätte sie während der vorangegangenen vier Tage, da sie immer nur auf einem Bug lag, nur 50 m mehr Höhe gesegelt, hätte sie sich mit Leichtig-

keit von dieser Riffkante freihalten können. Als Patrick den Kurs der TRIS-
MUS nachkoppelt, stellt er fest, daß er nicht mit einem Weststrom hätte rechnen dürfen, sondern daß tatsächlich Oststrom herrschte.

Zwölf Tage lang versuchen Wendy und Patrick van God, die TRISMUS wieder
ins freie Wasser zu bringen. Sie schaffen jedoch keinen Meter, und bald beginnt die See mit der völligen Zerstörung der unversicherten Yacht, die zwar
bei Niedrigwasser hoch und trocken liegt, aber bei Hochwasser von den
Brechern zugedeckt wird. Schweren Herzens geben sie das Wrack auf.

Patricks Lehren aus seinem Schiffbruch: „Man sollte in jedem Gebiet, das
man besegelt, die Seehandbücher der einheimischen Behörde benutzen, das
heißt in Französisch-Polynesien die französischen ‚Instructions Nautiques‘.‟
Denn die französischen Seehandbücher gaben den tatsächlichen Oststrom
an, die englischsprachigen jedoch verzeichneten für die Tuamotus einen ver-
hängnisvoll falschen Weststrom.

Patrick van God: „Die letzte Chance, uns vom Riff wieder freizuholen, war
durch den Stillstand des Motors vergeben. Die Ursache hierfür war tragisch
simpel: Die Sicherheitsleine, die wir auf See mit etwa 30 m Länge nachschleppen, war beim Rückwärtsarbeiten mit der Maschine in den Propeller
geraten und hatte ihn blockiert.‟

Und noch eine andere Konsequenz zieht Patrick van God aus dieser Strandung: „Wie auch immer die Wetterbedingungen oder meine Ortskenntnisse
im Segelrevier sein werden: In Zukunft werde ich ein solches Risiko beim
nächtlichen Anlaufen einer unbefeuerten Küste nicht mehr eingehen, außer
bei Vollmond und wenn ich bei Nacht und guter Sicht einen astronomischen
Standort nach den Sternen bestimmen kann. Ist dies nicht der Fall, werde ich
bei mindestens 30 sm Abstand von der Küste beidrehen und das Tageslicht
abwarten.‟

Er hätte vielleicht noch hinzufügen sollen: Und ich werde mit einer Zwei-
Personen-Crew bei Nacht Wache gehen und Ausguck halten, egal ob unter
Segeln oder beigedreht.

„Der Tod meiner TRISMUS war eine Lektion in Demut und Bescheidenheit‟,
zieht Patrick das Fazit aus dieser Strandung. „Als Segler glauben wir immer,
wir wären unverletzlich, und ein Schiffbruch würde uns niemals widerfahren, wenn wir alle seglerischen Dinge richtig tun. Aber eine Strandung ist die
Folge eines Irrtums.

Das Leben, das man sich als Segler ausgewählt hat und das einen auf die
Weltmeere führt, ist niemals frei von abenteuerlichen Risiken. Doch diese
ewige Ungewißheit ist für mich eine der lockenden Reize dieses Lebens. Wer
vom ausgetretenen Pfad des bürgerlichen Lebens abweicht, muß darauf gefaßt sein, sein ganzes Hab und Gut an einem Tage, in einem plötzlichen Augenblick und ohne jede Vorwarnung zu verlieren.‟

Die GIPSY MOTH strandete an einer gut bezeichneten Felseninsel, nur weil der Einhand-segler schlief.

Drei Jahre später verliert Patrick van God nicht nur seine nächste Yacht, sondern auch sein Leben: Er nimmt am Einhand-Atlantikrennen der Mini-Seekreuzer von Penzance (England) über die Kanarischen Inseln nach Barbados teil und bleibt unterwegs auf See verschollen.

Irgendwann und irgendwo wird ihn vielleicht ein Frachter überlaufen haben, als er in seiner Kajüte schlief. Auch Einhandsegler sind nun einmal Menschen, für die der tägliche Tiefschlaf ein unverzichtbarer Bestandteil ihres Lebens ist.

Zu zweit an Bord kann man die Perioden des Wachens und Schlafens miteinander abstimmen. Wer dann verschläft, handelt fahrlässig und leichtfertig. Als Einhandsegler ist man in jeder Schlafperiode tödlich verletzbar. Man muß dann damit rechnen, daß man aus seinem stärkenden Tiefschlaf, bei dem die Yacht in Blindfahrt segelt, nicht wieder aufwacht.

Während der Einhandsegler schlief, strandete auch die weltbekannte GIPSY MOTH V, die sich Francis Chichester für seine Etmal-Rekordversuche über den Atlantik in den Jahren 1970 bis 1971 hatte bauen lassen und die er auch bei seinem letzten Einhand-Atlantikrennen 1972 vor seinem Tode gesegelt hatte: Beim Round the World Race der Einhandsegler setzte sie Desmond Hampton 250 sm von der Ziellinie der zweiten Etappe von Sydney in Australien entfernt auf die Felsen von Gabor Island. Die Yacht lief natürlich unter Windfahnen-Selbststeueranlage, und Hampton schlief. Durch eine Winddrehung änderte die allein segelnde GIPSY MOTH V ihren Kurs und wurde auf der Felseninsel zum Totalverlust (siehe Foto auf Seite 47). Hampton konnte gerettet werden.

Im Schlaf strandete übrigens auch Einhandsegler Axel Czuday. Er schlief am 13. Mai 1975 bei Nacht sogar beim Durchsegeln der Straße von Gibraltar ein und erwachte erst, als die stählerne SUE unrettbar auf den Felsen lag.

Unkritisches Vertrauen zu einem Satelliten-Navigator

Die große Charteryacht ORION X strandet im Großen Barrier-Riff, weil sich der Navigator wegen des vom Satelliten-Navigator ermittelten Standorts etwa 55 sm von jenem Ort entfernt wähnt, wo die Yacht schließlich zerschellt. Handelte er schuldhaft, als er sich voll und ganz auf sein elektronisches Anzeigegerät verließ? Mußte er die Bedienungsfehler des Gerätes erkennen, das ihm diesen für seine Yacht tödlichen Streich spielte? Und kann man an einen Yachtnavigator die gleichen Anforderungen hinsichtlich einer ordentlichen und sicheren Navigation stellen wie an den Patentinhaber der Berufsschiffahrt? Eine interessante Seeamtsentscheidung, die hier berichtet und kommentiert wird.

Die Prospekte der neuen elektronischen Navigationsgeräte machen uns weis, man könnte mit ihnen zu jeder Zeit und überall auf der Welt durch einfachen Knopfdruck den in Breiten- und Längen-Koordinaten dargestellten wahren Schiffsort erhalten, und auch ein Kind könne ohne weiteres mit einem solchen Bordcomputer arbeiten. Wer sollte sich da noch mit Koppelnavigation mühen oder gar die Sonne mit dem Sextanten schießen? Denn auch diese Navigationsverfahren sind ja fehlerhaft, wenn man gegebene Werte falsch abliest oder mit richtigen Werten fehlerhaft rechnet.

Daß auch die vielgerühmten neuen Bordcomputer nur unzureichende Navigatoren sind, denen man nicht unkritisch vertrauen darf, mußte Skipper Günther Lohse besonders schmerzlich erfahren: Seine Orion X strandete nicht nur auf dem Großen Barrier-Riff vor der australischen Küste, ihm wurde hierfür vom Seeamt auch der Vorwurf eines schuldhaften Verhaltens gemacht.

Die Orion X war ein 19,70 m langer und 5,78 m breiter Seekreuzer aus Holz, 1927 gebaut und mit einem Tiefgang von 2,52 m. Er hatte einen Motor von 132 PS und verfügte auch über ein Radargerät mit 24 sm Reichweite. Günther Lohse benutzte die Orion X als Charterboot und war am 15. November 1982 gegen 1730 Uhr Ortszeit von Cairns in Australien ausgelaufen, um durch die Torresstraße nach Sri Lanka zu segeln.

Am 16. November gegen 0000 Uhr passierte die Orion X unter optischer Kontrolle von Feuern und mit Radarhilfe die Enge Trinity Opening und lief mit eingeschaltetem Satelliten-Navigator vom Typ Walker 402 auf die freie See hinaus. Lohse hatte das Navigationsgerät in Sydney gekauft und installieren lassen. Auf der Teilstrecke bis Cairns hatte es zu seiner Zufriedenheit gearbeitet.

Man kann dem Skipper sicher keinen Vorwurf machen, daß er am zweiten Tag der Reise, dem 16. November 1982, auf der freien See und außerhalb sowohl der Radar-Reichweite als auch aller visuellen Peilmarken keine astronomische Standortbestimmung vornahm, sondern sich nur auf den Satelliten-Navigator verließ. Die rote Kontrollampe des Gerätes zeigte nämlich im Verlauf des Tages mehrere Satelliten-Durchgänge an, und Skipper Lohse sollte wohl auch davon ausgehen können, daß das Gerät diese Durchgänge verarbeitet und die Standorte mitgekoppelt hatte. Unverständlich war jedoch schon, daß die vom Gerät angezeigten Schiffsorte zunehmend weiter nördlich lagen als die gegißten Schiffsorte. Aber die gegißte Durchschnittsfahrt von gut 4 kn bei raumen Winden zwischen Bft 2 und 3 sowie der für diese Jahreszeit bei südöstlichen Winden mit rund 3 kn angegebene mitlaufende Strom sprachen nach Ansicht Lohses doch für den vom Satelliten-Navigator angegebenen Schiffsort.

So hatte der Skipper, der mit einer Seglerin die erste Nachtwache hatte, auch keine Gelegenheit mehr, vor der Schaumkante eines plötzlich und unerwartet voraus liegenden Riffs eine ausreichende Kursänderung vorzunehmen. Der Langkieler lief gegen 2245 Uhr mit so viel Fahrt so hoch auf, daß er auch mit Motorhilfe nicht wieder abgebracht werden konnte.

Im Ebbstrom, etwa drei Stunden nach Hochwasser, fiel die Yacht bald trocken. Sie kenterte über Backbord, und als gegen Mitternacht die ersten Planken splitternd eingedrückt wurden, ließ Skipper Lohse seine Charterbesatzung von einem australischen Motorboot abbergen. Die ORION X wurde wenige Stunden später zum Totalschaden.

Das Seeamt mußte sich in seiner Verhandlung hauptsächlich mit der Tatsache auseinandersetzen, daß der Satelliten-Navigator bei der Strandung eine Position von 14° 02,76' S und 145° 43,51' E angezeigt hatte, während der tatsächliche Strandungsort auf 14° 56' S und 145° 45' E und damit rund 55 sm entfernt nahezu genau in südlicher Richtung lag.

Natürlich ist es einfach, dem Skipper Vorhaltungen zu machen, daß er sich nur auf den Satelliten-Navigator verlassen und andere navigatorische Hilfsmittel, die zur Verfügung standen, nicht angewendet hat. Aber warum schafft man sich denn ein teures und nach herkömmlicher Meinung auf See wie in Küstengewässern absolut zuverlässiges elektronisches Gerät an, wenn man sich damit nicht die Arbeit erleichtern will?

Günther Lohse war mehrere Jahre lang als Seemann über die Weltmeere gefahren, davon zuletzt als Erster Steuermann auf einem Frachter. Der amtliche Sportbootführerschein und das Allgemeine Sprechfunkzeugnis für den Seefunkdienst dienten ihm nur als die behördlichen Yachtpapiere. Natürlich beherrschte er die terrestrische und astronomische Navigation, und er konnte auch mit Stromkarten, Seehandbüchern und anderen nautischen Unterlagen umgehen. Auch daß er das Seehandbuch für die australische Küste und Seekarten größeren Maßstabs für dieses Seegebiet nicht an Bord hatte, sondern die Schiffsorte auf der freien See nur auf einem Übersegler eintrug, ist auf einer Yacht bei weltweiter Fahrt in schnell wechselnden Revieren sicher nichts Ungewöhnliches. Natürlich muß man an die nautische Ausstattung einer Charteryacht strengere Maßstäbe anlegen als an die eines kleineren Seekreuzers mit Ehepaar-Crew.

Wir registrieren daher bei der Seeamtsverhandlung insbesondere, daß das schuldhafte Verhalten des Skippers nicht nur im übertriebenen Vertrauen in die Technik des Satelliten-Navigators gesehen wurde. Das Seeamt nahm auch an, daß der Skipper den Satelliten-Navigator falsch bedient hatte. Und damit trifft ein Teilvorwurf wohl auch den Hersteller des Walker 402; denn was nützen uns als Yachtnavigatoren solche Bordcomputer, die nicht (wie etwa beim Decca- oder Loran-Verfahren) wirklich idiotensicher und unbezweifelbar die geographischen Koordinaten von beobachteten Schiffsorten anzeigen, sondern bei möglichen Eingabefehlern des Benutzers während eines einzigen Segeltages zu so weit abweichenden und falschen Standorten führen.

Auf der Teilstrecke von Sydney nach Cairns hatte der Satelliten-Navigator ja gut und richtig gearbeitet, so daß man davon ausgehen konnte, daß das Gerät technisch ohne Fehler war. Für das Versagen der Ortsanzeige auf der zweiten Etappe konnte das Seeamt daher nur Mutmaßungen anstellen, die sich auch auf gutachterliche Stellungnahmen stützten, zum Beispiel diese:

„Möglicherweise wurde das Gerät schon vor Fahrtantritt falsch programmiert, indem beispielsweise eine falsche Zeit eingegeben wurde ... Bei einer Zeitverfälschung von mehr als 15 Minuten wäre das Gerät laut Bedienungsanweisung konstruktiv aber nicht mehr in der Lage gewesen, Satelliten-Durchgänge überhaupt noch zu verarbeiten."

Oder diese:

„Mit Sicherheit wurde zumindest die notwendige Angabe der Tide falsch eingegeben. Allein diese fehlerhafte Stromeingabe hätte schon einen erheblichen Einzelfehler bewirkt, da fehlerhafte Vorgaben gerade in Nord-Süd-Richtung gemäß Bedienungsanleitung die größten Auswirkungen haben."

Oder diese:

„Auch die Tatsache, daß am Unfalltage die rote Lampe mehrfach Satelliten-Durchgänge und das Gerät fortlaufend Positionen anzeigte, spricht nicht gegen die Annahme einer fehlerhaften Bedienung. Denn der Satelliten-Navigator ist zunächst ein bloßer Koppelrechner, der ständig und auch ohne Satellitenhilfe die mit Bordmitteln errechneten Koppelorte als Standorte ausweisen muß. Die rote Lampe sagt nur, daß das Gerät einen Satelliten-Durchgang registriert hat, nicht aber, daß die empfangenen Durchgänge auch für den angezeigten Schiffsort verarbeitet wurden. (Siehe Bedienungsanleitung.)"

Oder diese:

„Empfangsdaten sind für das Gerät erst dann nutzbar, wenn weitere Rahmenbedingungen eingehalten werden, zum Beispiel Satelliten-Zenite zwischen 10° und 75°, kein größerer Zeitfehler als plus/minus 15 Minuten und der wahre Schiffsort nicht weiter als 60 sm vom Koppelort entfernt (siehe Bedienungsanleitung)."

Und daraus schließt das Seeamt:

„Da nach Berechnungen des DHI am Unfalltage neun brauchbare Satelliten-Durchgänge stattgefunden hatten, das Gerät aber dennoch falsche Positionen bis zur Strandung anzeigte, kann es die Satelliten-Daten tatsächlich nicht verarbeitet haben."

Und es fällte schließlich den Spruch:

„Da der Skipper Lohse alle gegebenen Kontrollmöglichkeiten für die Zuver-
lässigkeit des Gerätes nicht genutzt und die elektronischen Standorte nicht
mit den ihm vertrauten Mitteln der herkömmlichen Navigation kontrolliert
hat, war die Navigation fahrlässig und begründet gegen den Schiffsführer
den Vorwurf des schuldhaften Verhaltens."

Das Seeamt hatte jedoch Zweifel, Lohses Verhalten bereits den Grad der
groben Fahrlässigkeit zu geben und es dadurch als „grobes Verschulden"
festzustellen. Der Unterschied ist gravierend: Bei „Fahrlässigkeit" bzw.
„schuldhaftem Verhalten" muß die Versicherung zahlen. Bei „grober Fahrlässigkeit" und somit „grobem Verschulden" ist sie von ihrer Leistung befreit.

Das Seeamt stellt hierzu in seiner Begründung einen wichtigen Unterschied
fest zwischen den Sorgfaltsmaßstäben, die auch nach dem Seeunfallgesetz
an die zur Ausübung des Gewerbes als Kapitän oder Schiffsoffizier erforderlichen Eigenschaften zu stellen sind, und den Fertigkeiten, über die der Skipper einer Segelyacht verfügen muß, der auch dann als Autodidakt einzustufen ist, wenn er (wie hier Lohse) vorher den Beruf eines Handelsschiffsof-
fiziers ausgeübt hat.

Nach diesem Maßstab wäre *bei einem Berufsseemann und Patentinhaber* im
Falle der Strandung der ORION X grobe Fahrlässigkeit anzunehmen gewesen, da von jedem durchschnittlich erfahrenen Schiffsoffizier erwartet werden muß, daß er sich vor Antritt einer Fahrt anhand der Standardunterlagen
wie Seekarte und Seehandbuch *umfassend* informiert, deren Hinweise und
Warnungen *beherzigt,* immer die *sicherste Navigationsmethode auswählt* und
keinesfalls einer *neuerworbenen Technik ohne ausreichende Erfahrung ausschließlich vertraut.* Das Seeunfallgesetz, das auch zur Verhandlungsgrund-
lage eines Seeamtes dient, geht hier vom Bild des durchschnittlich erfahrenen Berufsnautikers aus, der sich stets ein gesundes Maß an Mißtrauen gegenüber jedem technischen System bewahrt und deswegen auch technische
Angaben kritisch werten kann.

Gegenüber dem Yachtskipper Lohse hat das Seeamt diesen Maßstab nicht
anlegen wollen, weil im vorliegenden Fall der ORION X die Anforderungen
an den Führer einer Segelyacht nicht gleich hoch wie an einen Berufsnautiker und Handelsschiffskapitän angesetzt werden können. Lohse hat nicht
aus Leichtsinn und Bequemlichkeit gehandelt, sondern den verläßlich er-
scheinenden Positionsangaben eines teuren elektronischen Navigationsgerätes geglaubt und sich die vom gegißten Schiffsort abweichenden Positionen mit den aus dem Stromatlas entnommenen Werten eines mitlaufenden
Stromes erklären können.

Das Seeamt Flensburg hat mit dieser Entscheidung vom 19. Dezember 1983
hinsichtlich der abgestuften Bewertung eines Amateurnautikers (auf einer

Yacht) gegenüber einem Berufsnautiker (auf einem Handelsschiff) eine meines Erachtens wichtige grundsätzliche Entscheidung getroffen: Der Handelsschiffsoffizier ist auf See nahezu ausschließlich mit der Navigation und den sie begleitenden Aufgaben auf der Brücke seines Schiffes beschäftigt. Und dies ist sein Beruf, für den er bezahlt wird. Der Skipper, Navigator oder Wachführer einer Yacht hat als erste Hauptaufgabe seemännische Handarbeit zu leisten und in zweiter Linie dafür zu sorgen, daß sein Boot mit Hilfe des Windes und der Segel auch im Seegang sichere Fahrt macht. Die Navigation ist nicht unbedingt in der Rangfolge die dritte Tätigkeit, aber sie geht – im Gegensatz zur Handelsschiffahrt – mit der körperlichen Arbeit der Seemannschaft und Segeltechnik einher. Und sie muß unter den Bedingungen eines beengten Kleinbootes und dessen viel heftigeren Schiffsbewegungen erfolgen.

Es hat schon andere durch Satelliten-Navigationsgeräte verursachte und tragischere Yachtunfälle sogar mit Todesfolge gegeben, die beispielsweise der Skipper der amerikanischen NELSIE, Dave Nelson, auf folgende Fakten zurückführt:

„Ein Satelliten-Navigator gibt nur den Standort einer (Satelliten-)Dopplerpeilung, nicht aber einen wahren (terrestrischen) Schiffsort. Man beachte, daß jeder Fehler von 1 kn Fahrt über Grund einen Fehler von etwa 350 m für den Schiffsort bedeutet und ein Fehler von nur wenigen Graden beim Kurs über Grund diesen Falschwert zwar vermindern, aber auch vergrößern kann."

Auf der freien See und bei guter Sicht ist eine Distanz von 500 m scheinbar unbedeutend. Beim Ansteuern einer Kursmarke oder in der Nähe von Untiefen und Riffen kann eine falsche Abstandsbestimmung von einer viertel Meile aber den Ausschlag zwischen glücklicher Fahrt oder tragischer Strandung bedeuten.

Weiter muß man bei der Benutzung eines solchen „schlauen" Navigationscomputers immer daran denken, daß die Satellitentechnik auf dem geodätischen System unserer Erde beruht, die Seekarten jedoch auf beobachteten wahren Schiffsorten basieren. Auch wenn die Küstenkonturen heutzutage durch Luft- oder sogar Satellitenbilder kontrolliert und gegebenenfalls nachgezeichnet sind, gibt es (insbesondere in weltenfernen Inselgebieten und nicht nur am Großen Barrier-Riff) hin und wieder Warnungen auf der Seekarte, daß ganze Inseln oder nur ihre Teilküsten einige Seemeilen anders liegen können als auf der Karte verzeichnet.

Die Hersteller von Satelliten-Navigatoren sollten daher aufgefordert werden, auf der ersten Seite der Bedienungsanleitung sowohl auf mögliche Bedienungsfehler als auch auf unvermeidbare Ungenauigkeiten aufmerksam zu machen. Satelliten-Navigatoren sind nun mal wichtige und nützliche Geräte für den Yachtsegler, die er vor allem viel häufiger benutzen kann als beispielsweise den Sextanten. Denn die „Leuchtfeuer vom lieben Gott" am Himmelszelt sind viele Stunden täglich verlöscht und ungünstigstenfalls sogar die restliche Zeit eines Tages nicht in Sicht. Der vorsichtige Navigator wird jedoch die Daten, die ihm ein Satelliten-Navigator liefert, mit dem gleichen Mißtrauen behandeln wie die Werte von Sextanten und Chronometer. Übrigens sollte ein Fahrtensegler auch den Seekarten selbst Mißtrauen entgegenbringen. So erinnere ich mich mit Unbehagen an den 13. August 1983, als ich auf dem Wege von Çeşme an der türkischen Küste in der Nähe von Izmir zur Altin Yunus Marina eine nur wenige Zentimeter tiefe, etwa zwei Quadratmeilen große Untiefe passierte, die auf der entsprechenden DHI-Karte nicht eingezeichnet war. Nur mit Glück schrammten wir an einer Strandung vorbei, weil einige Möwen, die in naher Entfernung im Wasser standen, unsere nachdenkliche Aufmerksamkeit erregten. Offenbar haben die Zeichner, die die deutsche Seekarte nach türkischen Originalen übertrugen, hier einen Fehler gemacht.

Eine nicht minder gefährliche Ungenauigkeit bemerkte übrigens Henry Flinn, der im Sommer 1984 mit seiner Taniwha von den Azoren nach Irland segelte: Die von ihm benutzte Seekarte Nr. 126 zeigte im Seegebiet von Irland eine Mißweisung von 16 bis 18°, während sie tatsächlich nur 9 bis 11° beträgt. Er machte zunächst einen unbekannten Strom für die erhebliche Besteckversetzung verantwortlich, ehe er auf den Kartenfehler kam. Entdeckt wurde er übrigens von einem Segler, der im gleichen Seegebiet mit einem Satelliten-Navigator arbeitete.

So schließt sich der Kreis.

Man nannte ihn den „Unfall des Jahres"

Wer auf einer deutschen Seeschiffahrtsstraße strandet und dazu noch mit hoher Fahrt eine steinige Uferböschung weit hinaufläuft, ehe seine Yacht umkippt, kann sich wohl nicht als verantwortungsbewußter Yachtskipper benommen haben. Aber dem Führer der Medusa fielen hierzu nachträglich eine Reihe von Entschuldigungen ein, die seine Rechtsanwälte in mehreren Gerichtsverfahren erfolgreich verteidigten. Die Richter urteilten jeweils „im Namen des Volkes", aber „das Volk" wußte bis zum Schluß eigentlich nicht, ob der Yachtskipper nun „richtig", nur „fahrlässig" und somit entschuldbar oder doch „grob fahrlässig" und somit „verantwortungslos" gehandelt hatte.

Wenn man das Verhalten von Rolf Rehbein an dem eines ordentlichen Schippers mißt, handelte er verantwortungslos. Wenn aber Richter urteilen müs-

54

sen, denen die Pflichten eines verantwortungsbewußten Schippers nicht so genau bekannt sind, kann offensichtlich grob fahrlässiges Verhalten durch einen unbegreiflichen juristischen Vergleich in eine verständliche, ja sogar entschuldbare Fehlreaktion umgewandelt werden − mit Hilfe des „großen Unbekannten" in Form eines anderen Fahrzeugs, das zwar von niemandem gesehen und gehört wird, dessen Nichterscheinen indessen auch nicht zu beweisen ist.

Aber urteilen Sie selbst: Da fährt am Sonnabend, dem 3. April 1982, der Kaufmann Rolf Rehbein (35) mit seinem Freund Julius Homann (35) nach Travemünde, wo die MEDUSA liegt, ein schneller Motorkreuzer von 9 m Länge, 3,75 m Breite und 1 m Tiefgang, den Rehbein zwei Jahre zuvor mit vielen Extras wie Bordheizung, HiFi-Turm und Seefunkgerät für etwa 150 000 DM gekauft hat. Das Boot, das in der Marina Baltica liegt, verspricht an diesem Sonnabendabend nicht nur einen gemütlichen Aufenthalt. Mit seinen zwei 225-PS-Motoren ist es auch ein Kraftprotz, der nach der langen Winterlagerzeit so richtig zum Spielen einlädt. 450 PS für 3,5 t Verdrängung, das ergibt eine Motorisierung von 128 PS/t oder nahezu das Vierzigfache an Motorkraft, das man einer gut gebauten Segelyacht zum Erreichen ihrer maximalen Rumpfgeschwindigkeit in den Schiffsbauch packen würde.

Die beiden Männer haben sich für dieses Wochenende Urlaub von ihren Frauen genommen; Rehbeins Frau ist im siebten Monat schwanger. Sie wollen indessen nicht zu ihrem ersten Schlag über See starten, vielleicht nach Grömitz oder gar nach Fehmarn, sondern sie haben anderes im Sinn: Ihr erstes Ziel ist das „River Boat" in Lübeck, ein schwimmendes Tanzlokal, in dem man auch Kontakte knüpfen kann. Nicht weit davon machen sie die MEDUSA am frühen Abend fest. Die beiden Männer lernen hier bald die ebenfalls verheiratete Irene Dubro (30) kennen, für die sich Skipper Rehbein interessiert, und die 26jährige Erna Umbach, die Julius Homann gefällt.

Die jungen Hamburger Kaufleute trinken mit den beiden Frauen, die aus Lauenburg ins Lübecker „River Boat" gekommen sind, angeblich nur drei bis vier Whisky-Longdrinks, und eine gute Stunde nach Mitternacht gehen sie alle an Bord der MEDUSA, um noch eine Bar in Timmendorfer Strand aufzusuchen. Sie liegt zwar gut 30 km entfernt, aber die MEDUSA ist ein schnelles Schiff. Und was macht es schon, daß die vier nicht mehr ganz nüchtern sind, die beiden Mädchen offenbar noch nie an Bord einer Yacht waren, Julius Homann weder einen Sportbootführerschein hat noch die MEDUSA wenig und das Revier der Trave fast gar nicht kennt und somit alle Arbeit und alle Verantwortung für die Nachtfahrt auf dem Eigner Rolf Rehbein ruht, der noch dazu auf beleuchteten Schiffahrtsstraßen als Brillenträger ein wenig behindert ist.

Es wird eine fröhliche, wenn auch kalte Fahrt, für die das Seewetteramt später eine Lufttemperatur von −5 °C, aber gute Wetterverhältnisse in einer mondklaren Nacht und eine Sicht von 2 bis 4 km bescheinigt. Die Besatzung kennt sich nur beim Vornamen, köpft auf der Flybridge nach dem Ablegen noch eine Flasche Sekt, während die MEDUSA in einer von den Gästen später nicht mehr genau zu bestimmenden Geschwindigkeit auf der spiegelglatten Fahrbahn der beleuchteten Schiffahrtsstraße dahingleitet. Als das Mädchen Irene sich die Kajüte ganz gern einmal von innen ansehen will, folgt ihr Rolf Rehbein bereitwilligst nach unten. Wahrscheinlich hat er vorher noch seinem Freund Julius gesagt: „Du weißt ja, immer geradeaus und die beleuchtete Pappelallee entlang." Und Julius wird sicher erwidert haben: „Nimm dir Zeit, Skipper, ich mach das schon."

Nun ist die Trave aber kein schnurgerades Fahrwasser, auf dem man einen unveränderten Kurs steuern kann, und wer sich bei Nacht nicht exakt daran hält, die Leuchttonnen auf der einen Seite schön an Steuerbord und jene an der anderen Seite mindestens ebenso weit an Backbord zu halten und nicht auf den Verlauf des Fahrwassers achtet, der wird irgendwann gegen das Ufer fahren müssen. Auch die Strandungsstelle ist eigentlich schon vorprogrammiert. Sie liegt dort, wo die Trave nicht nur eine für unerfahrene Rudergänger vielleicht nicht bemerkbare Richtungsänderung nach Steuerbord macht, sondern wo auch die letzte Fahrwasserbeleuchtung errichtet ist: gleich hinter der Teerhof-Insel, am Ende des beleuchteten Teerhof-Durchstichs und beim Leuchtpfahl 34. Hier spätestens muß ein auslaufendes Fahrzeug eine Kursänderung von 52° auf 75° vornehmen oder deutlich nach Steuerbord drehen.

Auf der MEDUSA wird diese Kursänderung aber nicht vorgenommen. Sie läuft mit ihrer hohen Marschfahrt weiter und geradewegs auf das abschüssige, steinige Ufer an Backbordseite hinauf, das in der Seekarte bei km 9,8 als „Alt-Lübeck" bezeichnet ist.

Es muß eine schockierende Strandung gewesen sein, denn selbst der verantwortliche Skipper gibt eine Geschwindigkeit von 25 kn zu. Die immerhin 3,5 t schwere MEDUSA rauschte den hier etwa 30° ansteigenden Steinwall etwa 25 m hoch, wie an der späteren Lage des Bootes und der Schleifspur mit Farbresten unstreitig zu erkennen war. Dabei stürzte die Yacht zur Steuerbordseite um und katapultierte Julius Homann und Erna Umbach in hohem Bogen auf die Steine bzw. ins Wasser.

Plötzlich und unerwartet muß sich das Geräusch der laufenden Motoren mit dem dröhnenden Trommeln der Steine unter dem Bootsrumpf vermischt haben, und dann wird das Kirren von Metallteilen sowie das Zerbrechen von Wellen und Propellern dazugekommen sein, ehe nach dem Ersterben des Motorenlärms unheilvolle Stille eintrat.

Rehbein sagt später aus, er habe sich bemüht, das Fräulein Irene, dessen Nachnamen er noch nicht kannte, aus dem Vorschiff herauszuholen. „Und als wir dann endlich alle aus dem Boot bzw. an Land waren, liefen die beiden Mädchen wie von Panik ergriffen weg. Julius Homann versuchte, sie aufzuhalten, aber es gelang ihm nicht."

Kein Wunder: Mußten sie nicht vielleicht annehmen, daß nach diesem schaurigen Unfall aus heiterem Himmel ein noch größeres Inferno durch Brand oder Explosion folgen könnte?

Es ist gegen 0230 Uhr. Auch Rehbein und Homann frieren, aber sie bleiben nicht an Bord, wo es immer noch unverändert warm und trocken ist, sondern sie verlassen das Schiff und den Unfallort, suchen eine Fahrgelegenheit und fahren zu einem Freund nach Timmendorfer Strand. Gegen 0600 Uhr lassen sie ihren Freund den Unfall bei der Wasserschutzpolizei in Lübeck, die inzwischen schon nach den Beteiligten gesucht hat, telefonisch melden, und gegen 1000 Uhr erscheinen sie selbst dort und machen ihre ersten Aussagen. Glücklicherweise hat eine der beiden Frauen ihre Handtasche an Bord liegen lassen, so daß die beiden Männer gegebenenfalls noch eine Zeugenanschrift vorlegen können.

So lag die Medusa am Morgen des 4. April 1982 auf der Uferbefestigung der Trave, auf die sie in der Nacht mit hoher Geschwindigkeit aufgelaufen war. Wie durch ein Wunder kamen die vier Besatzungsmitglieder unverletzt mit dem Schrecken davon.

Am folgenden Tag stellt ein Sachverständiger fest, daß beide Propeller, beide Ruder und beide Wellen mit Wellenböcken zerstört und GFK-Schäden an beiden Seiten der Außenhaut und im Boden eingetreten sind. Dazu kommen weitere Schäden innen und außen. Rolf Rehbein macht ferner 10 000 DM für Ausrüstungsteile geltend, die während seiner mehrstündigen Abwesenheit gestohlen worden sind, wie Kompasse, UKW-Telefon, Fernglas und Rettungswesten, und er fügt später auch noch eine Liste für den Ersatz von Kleidungsstücken bei, in der zum Beispiel „für Irene (Nachname unbekannt) 1 Lederhose, 1 Jacke und 1 Paar Schuhe" und „für Erna Umbach 1 Lederhose, 1 Blazer, 1 Paar Schuhe ..." aufgeführt sind. Für „einen Damenslip, einen Büstenhalter und einen Herrenslip", den die Wasserschutzpolizei in der Kajüte gefunden und sichergestellt hat, wird noch kein Ersatz gefordert. Doch diese Beträge spielen für die sechsstellige Schadenssumme, die Rolf Rehbein wenig später von seiner Versicherung begehrt, sicher keine Rolle.

Durch das Verlassen des Unfallortes und den nächtlichen Aufenthalt bei ihrem Freund haben der Skipper und sein Mitfahrer erst einmal erreicht, daß sie „ausgenüchtert" sind, als sie zur Polizei gehen. Auch haben sie Zeit gefunden, sich über ihre Aussagen zu verständigen und sich eine überzeugende Legende auszudenken, warum die MEDUSA mit überhöhter Geschwindigkeit und auf der falschen Fahrwasserseite zu ihrem Unfallort fuhr. Hierzu muß der sattsam bekannte „große Unbekannte" herhalten, ein „entgegenkommendes Wasserfahrzeug, welches mit sehr hoher Geschwindigkeit auf die MEDUSA zukam, so daß ein Manöver des letzten Augenblicks erforderlich war", das letztlich diesen schweren Unfall verständlich machte. Einige Wochen später wird dieser vermeintliche Unfall-Verursacher einmal ein beleuchtetes, einmal ein unbeleuchtetes Fahrzeug sein, und es wird sogar behauptet, um welchen Fahrzeugtyp es sich handelte. Mit Hilfe der Wasserschutzpolizei hätte sich dies alles am 4. oder 5. April noch feststellen lassen; denn die Trave ist ja ein begrenztes Revier, die Saison hatte noch längst nicht angefangen, und unter den wenigen Booten an den wenigen Liegeplätzen, die es bis zur Lübecker Altstadt gibt, hätte man den „traveaufwärts rasenden Verursacher" sicher auffinden können.

Bereits am 6. April erstattet die Wasserschutzpolizei eine Ordnungswidrigkeit-Anzeige gegen Julius Homann, in der es heißt:

„Am 4. 4. 1982 gegen ca. 0200 Uhr verließ nach hier vorliegenden Zeugenaussagen (zwei weibliche Passagiere des Bootes) das Motorboot MEDUSA den Lübecker Hafenbereich zu einer Fahrt nach Travemünde. Auf der Trave, Höhe Pfahl 34, lief das Boot auf der falschen Fahrwasserseite auf die Uferbefestigung (Steine) von ‚Alt Lübeck'. Nach den Spuren, die am Unfallort vorgefunden wurden, ist das Boot mit hoher Geschwindigkeit dort aufgelaufen.

Nach Aussagen der Zeugen hat der Bootseigner und eigentliche Bootsführer nach dem Ablegemanöver dem hier betroffenen Julius Homann die Führung des Bootes überlassen und begab sich mit einer der Zeuginnen unter Deck. Zur Unfallzeit dürfte das Boot von Homann geführt worden sein. Gegen Homann und den Bootseigner wurde Strafanzeige nach § 315 a StG gefertigt."

Dazu wird von der Polizei ein ergänzender Vermerk gemacht:

„Neben dem in den Anzeigen aufgeführten Verstoß gegen die Sportbootführerschein-Verordnung dürfte in beiden Fällen auch ein Verstoß gegen die Seeschiffahrtstraßen-Ordnung § 3, 2, 26 in Verbindung mit § 61, Absatz 1 Nr. 1, 10 vorliegen. Die Höchstgeschwindigkeit auf der Seeschiffahrtstraße Trave ist an der Unfallstelle auf 12 km/h (6,5 kn) beschränkt."

Und für die Staatsanwaltschaft folgt der Vermerk:

„Beide Beschuldigten bestreiten, daß der Unfall auf Alkoholgenuß zurückzuführen ist. Es dürfte jedoch feststehen, daß im Lokal ‚River Boat' und auch später an Bord der MEDUSA Alkohol getrunken wurde. Eine Blutprobe ist jedoch nicht angeordnet worden, weil der beschuldigte Herr Rehbein erst ca. 7 Stunden nach dem Unfall bei der Wasserschutzpolizei in Lübeck erschien. Eine Beweisführung in dieser Richtung ist daher nicht mehr möglich."

Die hier kurz zusammengefaßten Protokolle der Polizei enthalten eigentlich alle wichtigen Fakten:

„Die Beschuldigten Rehbein und Homann geben bei dieser Vernehmung übereinstimmend an, daß der Unfall von einem Sportboot verursacht worden sei, welches ihnen in schneller Fahrt und auf der falschen Fahrwasserseite entgegengekommen sei. Durch ein notwendiges Ausweichmanöver, bei dem auch die Geschwindigkeit erheblich erhöht werden mußte, sei das Boot dann auf die Uferböschung gelaufen und umgekippt.

Die zur Unfallzeit an Bord befindliche Zeugin Erna Umbach erklärt jedoch bei ihrer Vernehmung am Unfalltag, daß sie kein entgegenkommendes Boot gesehen oder gehört habe. Eine derart gefahrenträchtige Situation wäre ihr mit Sicherheit aufgefallen, da sie sich auf dem oberen Fahrstand aufgehalten habe. Mit ihr sei der Beschuldigte Julius Homann auf dem Fahrstand gewesen, der das Boot auch geführt habe.

Auch dieses wird von den beiden Männern bestritten. Der beschuldigte Skipper Rehbein erklärt, daß er sich zur Unfallzeit im geschlossenen Ruderhaus unter dem offenen Fahrstand aufgehalten und dort am Ruder gestanden habe. Er habe eigentlich das Boot geführt.

Die Zeugin Dubro dagegen gibt an, daß sich Herr Rehbein in der unteren, vorderen Kajüte an der Steuerbordseite befunden habe. Das Steuer befindet sich jedoch hinten im Ruderhaus.

Es muß deshalb davon ausgegangen werden, daß der auf dem oberen Fahrstand aufhältig gewesene Julius Homann das Boot geführt hat, der jedoch keinen Sportbootführerschein besitzt.

Die Trave weist an der Unfallstelle eine Breite von ca. 125 m auf, so daß hier immer genügend Raum für das behauptete Ausweichmanöver vorhanden ist.

Es besteht der Verdacht, daß die Unfallursache doch auf andere Faktoren wie zu hohe Geschwindigkeit und Unkenntnis über die Strecke zurückzuführen ist."

Sowohl Rehbein als auch Homann lassen unter ihre Vernehmungen den Vermerk setzen: „Ich möchte bitten, eventuelle Schreiben der Staatsanwaltschaft oder eines Gerichtes an meine Firmenadresse zu übersenden", bei Rehbein mit dem Zusatz: „Weil ich die Gesundheit meiner schwangeren Frau nicht gefährden möchte", bei Homann: „Weil ich meine Ehe nicht gefährden möchte."

Für die Versicherung war nicht nur durch die sichtbare Tatsache der Strandung, sondern auch durch Zeugenaussagen und Bußgeldbescheid der Tatbestand einer „groben Fahrlässigkeit" von Rolf Rehbein hinreichend belegt, so daß sie die Zahlung der vollen Versicherungssumme bzw. die Regulierung des Schadensfalles in ähnlicher Höhe verweigern konnte. Auch nach landläufiger Meinung dürfte Rolf Rehbein in dieser Nacht und auf dieser Fahrt in mehreren Fällen nicht als verantwortungsbewußter Schipper gehandelt haben.

Aber es gibt ja Rechtsanwälte, deren Hilfe man sich auch in scheinbar ausweglosen rechtlichen und finanziellen Situationen anvertrauen kann. Das taten Rehbein und Homann.

In der Zwischenzeit ergehen Bußgeldbescheide an beide Männer: Julius Homann soll eine Geldbuße von 250 DM zahlen, weil er „am 4.4.82 gegen 0200 Uhr als verantwortlicher Schiffsführer mit dem Motorboot MEDUSA (2 x 225 PS) die Trave in Höhe Pfahl 34 befuhr und dabei mit überhöhter Geschwindigkeit auf die Uferbefestigung der falschen Fahrwasserseite auflief". Außerdem sei er nicht im Besitz einer amtlichen Fahrerlaubnis gewesen, und dann folgen die entsprechenden Paragraphen.

Ebenfalls 250 DM soll Rolf Rehbein zahlen, weil er die gleiche zitierte Ordnungswidrigkeit beging: „Außerdem ließen Sie es zu, daß Herr J. Homann das Motorboot führte, obwohl dieser nicht im Besitz einer amtlichen Fahrerlaubnis ist."

Die beiden Motorbootfahrer legen gegen diese Bescheide mit Hilfe ihrer Rechtsanwälte Widerspruch ein, und nach einer mündlichen Verhandlung vor dem Amtsgericht in Kiel, zu der die Zeugin Umbach nicht erschien und die Anschrift der Zeugin Dubro angeblich nicht zu ermitteln war, wird das

Verfahren wegen Gefährdung des Schiffsverkehrs und anderer Vergehen gegen Rehbein und Homann am 8. Juli 1982 eingestellt.

Angeblich „ging der zuständige Staatsanwalt bei seiner Entscheidung davon aus, daß die Aussagen dieser Zeuginnen die Aussage des Rehbein, wonach er einem entgegenkommenden Fahrzeug hatte ausweichen müssen, nicht hätten erschüttern können, da die eine Zeugin unter Deck war und die andere Zeugin mit dem Rücken zur Fahrtrichtung auf dem oberen Führerstand gesessen hatte".

Aus diesen Gründen stimmte zuerst die Staatsanwaltschaft beim Amtsgericht in Kiel wie später die Staatsanwaltschaft beim Landgericht in Lübeck „notwendigerweise" der Einstellung des Verfahrens zu.

Diese mir unverständliche Entscheidung der Gerichte hatte eine interessante wie weitreichende Folge: Von Amts wegen war der Vorwurf eines schuldhaften Verhaltens gegen den Eigner und Skipper fallengelassen worden. Er war somit auch zivilrechtlich „unschuldig" geworden. Jetzt war die Versicherung beweispflichtig, und sie mußte dem Skipper grobe Fahrlässigkeit nachweisen. Und dabei kann der gesunde Menschenverstand schon auf der Strecke bleiben:

Zuerst mußte jetzt ein Gutachten des Wasser- und Schiffahrtsamtes über die Fahrvorschriften auf der Trave und den „Tatort" eingeholt werden. Dann mußte ein Gutachten des Wetteramtes über die Wetterverhältnisse zur „Tatzeit" eingeholt werden: „Am 4. 4. 82 zwischen 0200 und 0300 wehte auf der Trave ein westlicher Wind mit der Stärke 3 Bft. Es war diesig, die Feuersichtweite lag zwischen 2 und 4 km. Der Himmel war zu diesem Zeitpunkt wolkenlos. Die Mondphase war 2 Tage nach dem ersten Viertel... Gebühren 113 DM, von Mehrwertsteuer nicht betroffen. Der Betrag ist spätestens bis ...zahlbar, herzlichen Dank! Seewetteramt Hamburg."

Und es wurde von Rechtsanwälten und Richtern gemutmaßt, ob Homann von oben, wo es zu sehen war, nicht gesteuert hatte, oder ob Rehbein von unten gesteuert hatte, wo man es nicht sehen konnte. Ferner, ob der verantwortliche Skipper von unten bei Gleitfahrt überhaupt über das Vorschiff gucken konnte, ob er als Brillenträger durch das eigene Topplicht geblendet wurde, ob die Leuchtfeuer entlang der Trave mit ihren Luftspiegelungen verwirrend sein konnten und ob ein Manöver des letzten Augenblicks mit harter Kursänderung nach Backbord ohne Bemerken von Schräglage und Kursänderung überhaupt stattgefunden haben konnte.

Schließlich wurde ein Sachverständiger eingeschaltet, der sein Gutachten nach einer Ortsbesichtigung auf der Trave in der Nacht vom 2. zum 3. August 1982 in Anwesenheit des Medusa-Eigners und seiner Anwälte formulieren mußte. Insbesondere soll sich dieses Gutachten mit der Schutzbehauptung Rehbeins auseinandersetzen, er selbst hätte das Boot vom unteren Fahr-

stand gesteuert, und die Strandung mit hoher Fahrt sei durch ein Ausweichmanöver gegenüber einem von vorn kommenden unbekannten Fahrzeug erfolgt.

„Die Angaben Rehbeins zur Geschwindigkeit des Gegenkommers sind sehr
vage", heißt es in diesem Gutachten eines Kapitäns und Nautikprofessors.
„Es fällt besonders auf, daß er nicht einmal sagen kann, ob dieser in Gleitfahrt war oder nicht, obwohl er dicht bei dem Fahrzeug war. Das Gleiten
hätte am Wellenbild und am Motorengeräusch auffallen müssen. Es fehlen
überhaupt Angaben zu Motorengeräuschen. Mindestens Homann auf dem
oberen Fahrstand hätte diese hören müssen, als er angeblich an Steuerbord
der Medusa ein grünes Licht vorbeihuschen sah."

Weiter heißt es: „Bei der Ortsbesichtigung wurde klar, daß man vom unteren
Fahrstand ‚keine Chance' (so Herr Rehbein selbst) hat, ein unbeleuchtetes
Fahrzeug rechtzeitig zu sehen. Aber zum Ausgleich dieses subjektiv festge-
stellten Nachteils hätte die viel bessere Sicht vom oberen Fahrstand dienen
können. Es hätte unter den gegebenen Umständen guter Seemannschaft
und der gebotenen Sorgfalt weit besser entsprochen, das Fahrzeug vom oberen Fahrstand aus zu führen."

Außerdem sagt der Gutachter: „Wenn das Fahrzeug von einem Fahrstand
geführt wird, von dem aus die Sicht behindert ist, gehört es mindestens zur
erforderlichen Sorgfalt, Ausguck von dort zu halten, wo man am besten sehen und hören kann. Die Seestraßenordnung, die in Regel 5 den Ausguck
vorschreibt, ist wesentlicher Bestandteil der Ausbildung und Prüfung zum
Sportbootführerschein. Meiner Beurteilung des Fahrwassers nach ist es mindestens sehr unwahrscheinlich, daß nachts ein Motorboot in Gleitfahrt und
damit ohne ausreichende Sicht nach vorne mit ca. 20 kn diese Strecke be-
fährt und dabei auch noch eine Kurve schneidet. Ein mit etwa 12 kn unbe-
leuchtet entgegenkommendes Fahrzeug hätte man bei aufmerksamer Beobachtung des vorausliegenden Fahrwassers schon sehen müssen. Mindestens
aber hätte ein Ausguck vom oberen Fahrstand einen mit ca. 12 kn fahrenden
unbeleuchteten Entgegenkommer so rechtzeitig sehen können, daß ein ha-
stiges Manöver des letzten Augenblicks nicht erforderlich geworden wäre."

Und das Gutachten endet mit der kurzen Zusammenfassung:

„Das späte Sichten eines unbeleuchteten Entgegenkommers ist darauf zurückzuführen, daß nicht die erforderliche Sorgfalt aufgewendet wurde (fehl-
ender Ausguck).

Das Auflaufen der Medusa auf das linke Ufer von der rechten Fahrwasserseite aus ist auch durch ein Manöver des letzten Augenblicks nicht zu
begründen."

Das Landgericht Hamburg wies dementsprechend die Klage von Rolf Rehbein zur Zahlung einer Versicherungssumme von 175 000 DM zurück, da der

Versicherungsfall durch grobe Fahrlässigkeit von Skipper Rolf Rehbein herbeigeführt wurde. Im einzelnen verzeichnet das Urteil:

„1. Das Motorboot MEDUSA ist auf das Ufer aufgelaufen. Diese Tatsache spricht indiziell wie das Abkommen eines Autofahrers von der Fahrbahn für ein schuldhaftes Handeln des Schiffsführers.

Das Boot ist auf das an Backbord gelegene Flußufer aufgelaufen. Der Skipper hat somit gegen das Rechtsfahrgebot der Seeschiffahrtstraßen-Ordnung verstoßen.

Das Auflaufen auf das Ufer kann nicht damit erklärt werden, daß infolge schlechter Sichtverhältnisse das Ufer zu spät erkannt und deshalb eine rechtzeitige Kurskorrektur nicht mehr durchgeführt werden konnte. Die Sichtverhältnisse waren einwandfrei.

Rolf Rehbein hat auch gegen das Verbot verstoßen, die an dieser Stelle der Trave geltende Höchstgeschwindigkeit von 6,5 kn (12 km/h) zu überschreiten. Dies ist zwischen den Parteien unstreitig und auch aus der Strafakte beim Landgericht und den Feststellungen der Wasserschutzpolizei dokumentiert.

2. Es ist nicht bewiesen, daß eine Situation mit einer unmittelbar drohenden Gefahr vorlag, die ein Ausweichmanöver des letzten Augenblicks unter Mißachtens des Rechtsfahrgebotes und des Verbotes, die Höchstgeschwindigkeit zu überschreiten, erforderlich machte. Es ist insbesondere nicht erwiesen, daß ein solches Ausweichmanöver vor dem Stranden des Bootes auch wirklich erfolgte. Der Sachverständige hat ausgeführt, daß die an Bord befindlichen Fahrgäste ein solches Manöver mit einem plötzlichen Hochkommen des Vorschiffes und mit Beginn einer Backborddrehung bemerkt haben müßten; sie hätten wegen der plötzlichen starken Beschleunigung unter Umständen sogar hinfallen können. Tatsächlich haben beide Zeuginnen Dubro und Umbach ausgesagt, daß sie eine solche Situation vor dem Auflaufen des Bootes nicht erlebt hätten.

Die Zeuginnen haben auch kein entgegenkommendes Boot gesehen. Nach ihren Bekundungen erfolgte vor dem Unfall auch keine Warnung (etwa durch Zuruf des Skippers am Ruder) vor einem entgegenkommenden Motorboot. Ihre Aussagen weisen im Gegenteil darauf hin, daß vor dem Auflaufen keine unmittelbare Gefahr vorlag und demgemäß auch kein Ausweichmanöver gefahren worden ist.

Nur der Zeuge Homann hat bekundet, daß irgendwann eine abrupte Geschwindigkeitserhöhung und ein Dreh nach links erfolgten. Das Gericht ist von der Wahrheit dieser Aussagen nicht überzeugt. Es kommt hinzu, daß die Aussage von Homann in sich widersprüchlich ist. Homann hat bekundet, daß er bei Beginn des behaupteten Manövers Mühe gehabt habe, aus seinem Sitz hochzukommen. Da der Zeuge aber mit dem Rücken zur Fahrtrichtung gesessen haben will, hätte er bei der behaupteten plötzlichen Geschwindigkeitserhöhung in Verbindung mit dem Hochkommen des Vorschiffes geradezu aus dem Sitz hinausgeworfen werden müssen. Auf diesen Umstand hat der Sachverständige besonders hingewiesen.

Auch das Verhalten von Rehbein und Homann nach dem Unfall spreche gegen die Richtigkeit der Bekundungen des Zeugen. Der Kläger meldete sich nämlich am Morgen des 4. 4. 82 erst um 1000 Uhr bei der Wasserschutzpolizei, nachdem ihn die Wasserschutzpolizei um 0830 Uhr bei dem Anzeigenden des Unfalls in Timmendorfer Strand fernmündlich erreicht hatte. Wenn aber, wie von Rehbein behauptet und von Homann bekundet, der Unfall durch ein anderes Motorboot verursacht worden wäre, so hätte nichts näher gelegen, als sich schnellstmöglich mit der Wasserschutzpolizei in Verbindung zu setzen, um auf diese Weise den Entgegenkommer ausfindig zu machen.

Bei der Beweiswürdigung ist schließlich auch ein mögliches Interesse des Zeugen Homann am Ausgang des Rechtsstreites zu berücksichtigen. Nach den Aussagen der Zeuginnen wurde das Boot nach ihrem Eindruck von Homann gesteuert. Da Homann, der keinen Motorbootführerschein hat, bei Richtigkeit der Bekundungen derjenige wäre, der den Unfall herbeigeführt hat, könnte er versucht gewesen sein, eine mögliche Schadensersatzverpflichtung gegenüber dem Kläger oder sonstige Verantwortlichkeiten durch eine unrichtige Aussage von sich abzuwenden.

Nach alledem konnte das Gericht nicht die Überzeugung gewinnen, daß ein Entgegenkommer Rehbein zu einem plötzlichen Ausweichen nach Backbord mit enormer Geschwindigkeitserhöhung gezwungen hatte.

3. Aus den unter 1. genannten unstreitigen Umständen ergibt sich der Beweis, daß der Versicherungsfall durch ein schuldhaftes Verhalten von Rehbein herbeigeführt wurde. Der von Rehbein behauptete und unter 2. ausgeführte Geschehensablauf ist nicht bewiesen. Die Beweislast trifft denjenigen, der sich darauf beruft. Das Gericht ist nach der Beweisaufnahme zu der Überzeugung gekommen, daß eine solche Gefahrenlage durch ein entgegenkommendes Schiff nicht vorgelegen hat, so daß nur die unter 1. dargestellten unstreitigen Tatsachen für das Urteil maßgeblich sind.

Aus ihnen ergibt sich, daß der Eintritt des Schadensfalles durch grob fahrlässiges Verhalten von Rolf Rehbein herbeigeführt wurde. Der Unfall beruht auf einer längere Zeit andauernden Unachtsamkeit Rehbeins bei der Führung des Motorbootes, die mit einer Verletzung gleich mehrerer Grundpflichten eines Schiffsführers aus der Seeschiffahrtstraßen-Ordnung einherging. Nach den Ausführungen des Sachverständigen ist die MEDUSA in derjenigen Weise aufgelaufen, in der hier ein Schiff aufläuft, wenn die zu diesem Abschnitt der Trave notwendige Kurskorrektur nach Steuerbord in Richtung auf den Leuchtpfahl 34 unterlassen wird.

Die MEDUSA fuhr unstreitig wesentlich schneller als die erlaubten 6,5 kn und schließlich auf der linken Flußhälfte. Es ist jedem Schiffsführer bekannt, daß bei Fahrten auf Flüssen ständig die notwendigen Kurskorrekturen ausgeführt werden müssen, die zulässige Höchstgeschwindigkeit nicht überschritten und nicht auf der linken Flußhälfte gefahren werden darf. Ein Verstoß gegen solche elementaren Grundregeln ist als grob fahrlässig anzusehen, wenn − wie im vorliegenden Fall − die Sicht nicht beeinträchtigt, der Flußbereich auch nachts hinreichend ausgeleuchtet und befeuert sowie ein Anlaß für das abweichende Verhalten des Schiffsführers nicht gegeben ist." Im Namen des Volkes!

Nun, wer viel Geld verlieren soll, aber genügend Mittel hat, um den drohenden Verlust dennoch aufzuhalten, und wer sich noch dazu der geschickten Hilfe erfahrener Rechtsanwälte sicher ist, läßt ein solches Urteil nicht stehen, sondern geht in die nächste Instanz beim Oberlandesgericht. Und hier beginnt dann die ganze Beweisaufnahme noch einmal, zwar anhand der gleichen Fakten, Gutachten und Zeugenvernehmungen, aber durch andere Richter, die auch nur Menschen sind und die Lage natürlich anders sehen können.

Sie fragen beispielsweise, ob sich die Männer und Frauen geduzt haben und ob es zu intimem Verkehr gekommen ist, was natürlich alle verneinen. Sie nehmen die beiden Frauen unter die Lupe, die man schon optisch als „flotte Bienen" einstufen könnte, und wundern sich, daß Frau Umbach von sich aus die Wasserschutzpolizei aufsuchte und dort den Vorfall meldete, weil ihr Vater, der früher einmal Küstenschiffer gewesen war, ihr dazu geraten hatte.

Sie hören auch den Sachverständigen, der jetzt allerdings von sich gibt, die Geschwindigkeit beim Stranden könne er nur dann angeben, wenn man einen Versuch mache, bei dem die MEDUSA wieder auf die Steine gesetzt und mit einer Winde und mit einem Zugmesser am Strand hochgezogen werde. Dann könne man aus der Zugkraft und dem Weg des Bootes auf die tatsächliche Geschwindigkeit rechnerisch schließen.

Der Sachverständige will nicht genau sagen, ob nun grobe Fahrlässigkeit vorliegt oder nicht, und der Vertreter der Wasserschutzpolizei erklärt zwar, für ihn wäre dies der „Unfall des Jahres" gewesen und einen ähnlichen hätte er in seinem Leben noch niemals erlebt. Aber auch er hält sich bedeckt und gibt nicht einmal weiter, daß zumindest die Travelotsen hierin einen besonders krassen Fall grober Fahrlässigkeit gesehen haben wollen.

Und so wird denn dieser „Unfall des Jahres" nahezu zu einem Kavaliersdelikt: Nachdem zuletzt auch der Polizeibeamte erklärt, einem unerfahrenen Sportbootfahrer könnte es schon einmal passieren, daß er so auf Land fährt, endet der Schadensfall mit einem Vergleich: Rolf Rehbein erhält 50 000 DM aus seiner Versicherungssumme, und der Vorwurf eines groben

schuldhaften Verhaltens wird aufgehoben – im Namen des Volkes!
Alle Achtung, möchte ich sagen, was Rechtsanwälte leisten können! Nur
zahlen diese Summe letztlich alle anderen versicherten Yachtskipper. Denn
sie haben dieses Geld mit ihren Versicherungsprämien zusammengetragen.
Und somit bleibt diese Entscheidung „im Namen des Volkes" für mich frag-
würdig. Denn sie begünstigt die Leichtfertigen und Leichtsinnigen, und sie
bestraft indirekt alle verantwortungsbewußten Skipper.
Und noch ein Nachwort: Die MEDUSA sauste auf ihrem steilen, steinigen
Uferweg knapp 3 m an einem jener stabilen stählernen Leuchtpfähle vorbei, die hier das Fahrwasser der Trave erhellen. Das ist kaum eine Boots-
breite Abstand. Eine nicht ausdenkbare Katastrophe, wenn die Yacht dieses
Hindernis am Fahrwasser gerammt hätte! Die Ursachen des Zusammen-
stoßes wären dann die gleichen geblieben. Hätte man aber dem MEDUSA-
Skipper Rolf Rehbein in diesem Fall vor allen genannten Gerichten die
gleiche Nachsicht zuteil werden lassen?

Tod durch den Strang?

**Zwischen glücklichem Gelingen und tragischem Mißlingen einer Fahrt liegen oft
nur Meter und Sekunden – und was unterwegs wie elegante Navigation mit leichter Hand aussieht, kann sich wenig später als grobe Fahrlässigkeit erweisen.**

Regina Bauer hatte gedankenverloren aus dem Fenster geschaut, als über
den Bordlautsprecher des Flugzeugs die Anweisung zum Anschnallen ertönte: Unter ihr lag das blaue, leicht bewegte Mittelmeer, die Küste Siziliens
auf der einen, der Spann des italienischen Stiefels auf der anderen Seite.
Durch die Straße von Messina zog ein großer Tanker seine weiße Kurslinie,
die von der blauen Tiefe schnell wieder verwischt wurde. Und es herrschte
strahlender Sonnenschein.
Während Regina sich anschnallte, fiel ihr Blick auf den Segelprospekt, der
sie nach Reggio di Calabria führen sollte und sie zu dieser Reise angeregt
hatte: „Sie haben Interesse am sportlichen Segeln! Sie wollen die schönsten
Segelreviere im Mittelmeer kennenlernen und einen Traumurlaub auf großer Fahrt erleben! Sie sind uns herzlich willkommen!"
Wie oft schon hatte sie diese Zeilen in ihrer Vorfreude gelesen. Bisher war
sie nur mit Jollen auf der Ostsee gesegelt. Aber im Winter hatte sie einen
B-Schein-Kursus besucht und die theoretische Prüfung bestanden. Jetzt
fehlten ihr nur noch die nötigen Seemeilen für die Praxis. Von Reggio rund

Sizilien und zurück nach Reggio würde sie etwa 500 sm segeln können, mit einem Abstecher zu den Liparischen Inseln, wenn der Zweiwochentörn noch so viel Zeit ließ und vor allem das Wetter es erlaubte.

Regina freute sich. Beim Zusammenfalten ihres Prospektes las sie noch wie zufällig die Zeilen: „Erfahrene Skipper sorgen für eine gründliche Ausbildung und bereiten Lernbegierige auf Prüfungen vor." Und: „Sobald Sie an Bord sind, werden Sie sich von der modernen Ausstattung und Eleganz der Schiffe überzeugen können." Ja, richtig: Sie würde auf einer „superschnellen Hochseeyacht des Typs Jouët 1120" segeln, die „modernst ausgerüstet und für alle Fahrtenbereiche weltweit zugelassen" war. Einen Augenblick stutzte und überlegte sie: „Wer läßt eigentlich Yachten für weltweite Fahrt zu? Eine Regierung? Die Polizei? Ein Seglerverband? Man sollte sich einmal erkundigen, nahm sie sich vor − vielleicht gleich an Bord, denn dort sorgte „ein erfahrener Skipper für Ihre Sicherheit", verhieß der Prospekt der Segelschule Alpensee, auf deren Seekreuzer Tahiti sie ihre Fahrt gebucht hatte.

Die Jouët 1120 wird in Kaufübersichten des Bootsmarktes als „schneller Eintonner mit guter Raumeinteilung und Balsa-Sandwich-Deck" beschrieben. Das 11,20 m lange, aus Kunststoff gebaute Boot ist 3,81 m breit, hat einen Tiefgang von 1,95 m und trägt 59 m^2 Segelfläche. Mit seiner Verdrängung von 6 t ist der Kurzkieler ein ausgesprochenes Leichtdeplacementboot, das auch mit einem 35-PS-(26-kW-)Dieselmotor recht schnell ist. Die sieben weiteren Personen, die mit Regina diesen Törn segeln, haben es eng an Bord; die Kojen sind knapp.

Der Törn der Tahiti vom 27. März bis 7. April ist der dritte im Törnplan 1983, der den ersten Törn am 13. März in Italien beginnend ausweist; der letzte, der 27. Törn, soll am 22. Dezember auf Madeira enden. Es sind anspruchsvolle Yachtreisen, die von der Segelschule Alpensee GmbH angeboten werden, viele Seemeilen in relativ kurzer Zeit zu immer neuen Endpunkten, die gleichzeitig die Ausgangshäfen für den kommenden Törn sind − und sie sind nicht billig: Jeder Segler an Bord zahlt täglich etwa 100 DM (ohne Verpflegung und Nebenkosten, versteht sich). Für die Firma ist es ein lukratives Geschäft: Sie wird auf diese Weise weit über 200 000 DM im Jahr einnehmen, fast das Doppelte des Kaufpreises, mit dem sie das Schiff auch für alle möglichen Schäden versichert hat.

Als Herbert Graf, Schiffsführer der Tahiti und gleichzeitig Geschäftsführer der Segelschule Alpensee GmbH, seine Crew am Sonntag in enger Tuchfühlung in der Kajüte versammelt hat, vermißt er zwar den achten zahlenden Teilnehmer, doch hat er eine respektable Besatzung um sich versammelt: Inge Hamann und Fritz Schweitzer sind lizenzierte Segellehrer, die schon einmal mit ihm gesegelt waren. Regina Bauer hat wie Hartmut Maurer und

67

zwei andere Segler einen B-Schein-Kursus abgelegt und die Theorieprüfung bestanden. Nur Manfred Friese besitzt Grundkenntnisse im Segeln.

Während des sonntäglichen Hafentages erkundigt sich Fritz Schweitzer beim Kapitän einer Fähre, die von Reggio nach Malta auslaufen will, nach den Frequenzen für den Empfang von Wetterberichten über das Bordradio. Eine entsprechende Aufstellung gibt es offensichtlich nicht an Bord.

Am Montag segelt die TAHITI nur einen kurzen Törn bis Giardini an der sizilianischen Küste, und auch am Dienstag, dem 29. März, ist sie nur wenige Stunden bis Catania unterwegs. Am Abend erkundigen sich Skipper Herbert Graf und Inge Hamann, die als seine Vertreterin fungiert, beim Hafenmeister des örtlichen Yachtclubs nach dem „Wetter von morgen". Die Crew hat vergeblich versucht, über das Bordradio einen Wetterbericht zu empfangen.

„Das Segelwetter ist gut, und am nächsten Tag wird es schön werden", sagt der Hafenmeister.

Dem Skipper genügt diese Auskunft, obwohl er einen langen Schlag mit Nachtfahrt von Catania rund um die Südostspitze der Insel bis zum etwa 130 sm entfernten Yachthafen Licata an der Südküste Siziliens plant. Diese Entscheidung bedeutet eine Segelzeit von mindestens 26 Stunden, wenn die TAHITI durchschnittlich 5 kn Fahrt macht.

Beim Auslaufen gegen 1030 Uhr herrschen Nordostwind Bft 4 und entsprechender Seegang, doch nimmt der Wind schnell zu, und die TAHITI macht bald nur noch unter Sturmfock und dem doppelt gerefften Großsegel bei Bft 6 bis zu 8 kn Fahrt. Um für die Nachtfahrt fit zu bleiben, legen sich gegen 1300 Uhr einige Crewmitglieder in die Kojen, unter ihnen auch der Skipper, der der Wache Order gibt, ihn nicht vor 1600 Uhr zu wecken.

Gegen 1500 Uhr ermittelt Inge Hamann den ersten (und einzigen!) Schiffsort mit Hilfe einer Kreuzpeilung der Leuchtfeuer von Syrakus und Murro di Porco. Bis dahin ist man nur nach Sicht an der Küste entlanggesegelt, und auch anschließend folgt man einem Küstenkurs im Abstand von etwa 2 sm vom Ufer. Die Küste ist hier tief und sauber. Die 10-m-Linie verläuft überall etwa 200 bis 300 m vor dem weithin sichtbaren Hochufer.

Während die TAHITI unter wechselnden Rudergängern mit raum-achterlichem Wind auf Südkurs dahinprescht, fällt das Barometer stündlich um ein Hektopascal, und als der Skipper gegen 1600 Uhr wieder an Deck kommt, hat der Wind auf Bft 7 aufgefrischt. Die See wird zunehmend rauher – wie der Seewetterbericht, den die Crew weder am Morgen noch am Mittag abhörte, genau angegeben hat.

„Ein Tief über dem sizilianischen Küstengebiet bestimmt das Wetter. Starke Winde aus Nordost mit rauher bis sehr rauher See", hieß es am Morgen, und am Abend wird bekanntgegeben: „Ein Tief über dem zentralen Mittelmeer bestimmt das Wetter. Wind aus Nordost, an der Südostküste Siziliens aus Ostsüdost. Sehr rauhe See." Die Wetterstationen Catania und Syrakus melden ebenso wie Capo Passero: „Starkwind und rauhe See aus Ostsüdost."

Nicht weit nördlich dieser kleinen, vorgelagerten Insel Capo Passero diskutiert die Crew bei der zunehmenden Wetterverschlechterung, ob man weitersegeln oder nach Syrakus zurücklaufen solle. Zwei Segler, die bereits am Vortag seekrank waren, fühlen sich auch jetzt nicht kräftig genug für eine Nachtfahrt. Da der Skipper den Wind immer noch als Nordost einschätzt und von der Süddrehung nichts weiß, verwirft er den Vorschlag, nach Syrakus zurückzulaufen, weil die TAHITI nach seiner Meinung dazu die gleiche Zeit würde zurückkreuzen müssen, die sie bis zum weiter südwärts gelegenen Hafen Portopalo mit achterlichem Wind und unveränderter Segelführung laufen müßte.

Den Hafen Portopalo an der Südostspitze Siziliens hat man sich aus dem Hafenhandbuch Mittelmeer der Kreuzer-Abteilung ausgesucht, weil man sich dort vor Nordostwinden sicher wähnt. Die voraussichtliche Einlaufzeit würde allerdings erst gegen 1900 Uhr sein – nach Anbruch der Dunkelheit. Als gegen 1815 Uhr die Insel Capo Passero an Steuerbord querab liegt, birgt die Besatzung die Segel und läuft unter Motor weiter. Skipper Herbert Graf übernimmt selbst das Ruder, nachdem er vorher noch einmal die Seekarte und das Hafenhandbuch studiert hat. Einen Standort vermerkt er allerdings nicht.

Während der folgenden Zeit wird weder der gesteuerte Kurs in die Seekarte eingetragen, noch wird zum Anlaufen des Hafens genau mitgekoppelt. Obwohl sich sieben Personen in dieser Zeit in der Plicht aufhalten und die Leuchtfeuer von Portopalo (Cozzo Spadaro) und der Insel Capo Passero sowie weiter südlich das Feuer Correnti gut auszumachen sind, nimmt man keine Schiffsortbestimmung durch Kreuzpeilung oder durch Peilung und Lotung oder überhaupt eine ungefähre Ortsbestimmung durch Kurs, Fahrt und Lotung vor.

Diese tragische Unterlassung ist um so bemerkenswerter, weil von den sieben Seglern in der Plicht drei eine Lizenz als Segellehrer besitzen und weitere drei zumindest den Nachweis guter navigatorischer Kenntnisse und Fertigkeiten durch ihre B-Schein-Prüfung erbracht haben. Hier wird einmal mehr deutlich, daß in einer angespannten Situation an Bord niemand weiß, wie er sein theoretisches Wissen aus der Schulstube in die durch den Seegang bestimmte Praxis umsetzen soll, niemand auf den Gedanken kommt, wenigstens das Lot einzuschalten und durch eine simple Daumenpeilung über den Steuerkompaß für einen zumindest ungefähren Schiffsort zu sorgen.

Statt dessen gehen drei Ferngläser unter der Plichtbesatzung reihum, und jeder versucht abwechselnd, in der inzwischen hereingebrochenen Dunkel-

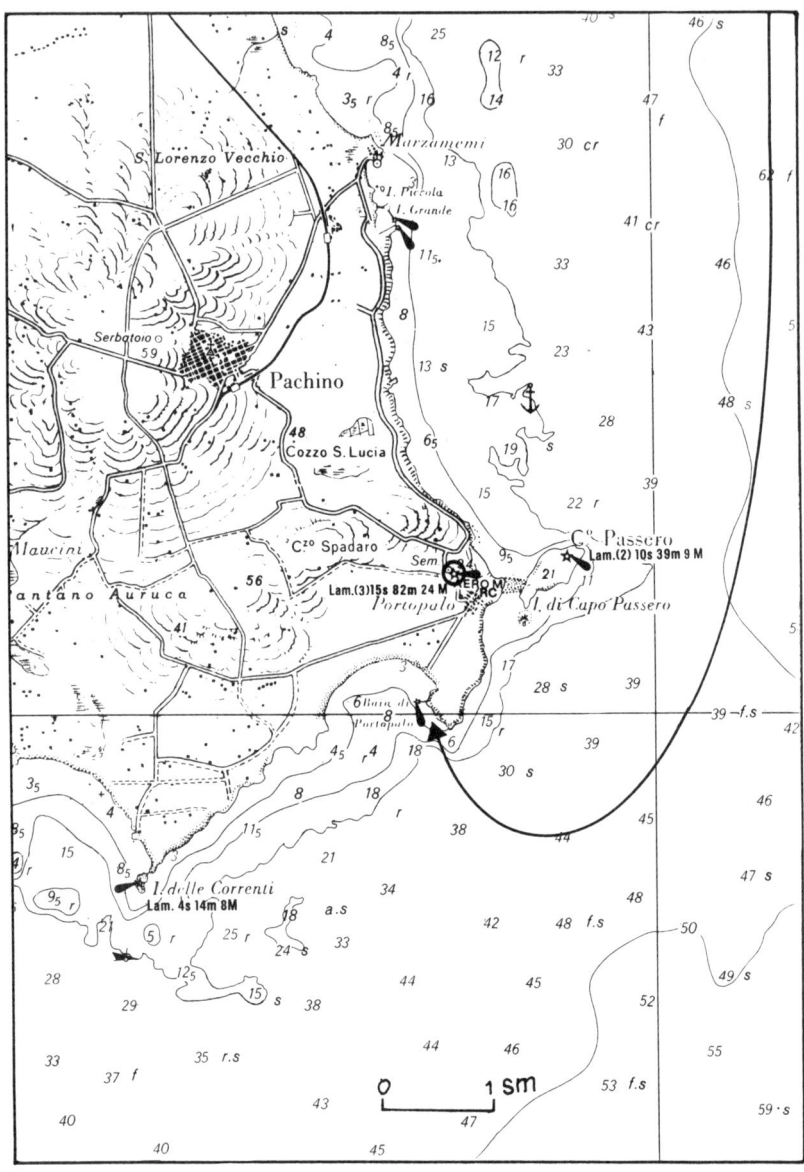

Der Kurs der TAHITI bis zu ihrer Strandungsstelle in der Baia di Portopalo an der Südostspitze Siziliens, nur eine kurze Strecke von der Molenwurzel entfernt. Die Leuchtfeuer Cozzo Spadaro im Norden, Capo Passero im Nordosten und Isola delle Correnti im Südwesten hätten zur Schiffsortbestimmung und für einen sicheren Einlaufkurs dienen können.

heit die Küste und das irgendwo hinter einer Huk liegende schwache grüne Feuer der Hafenmole auszumachen. Zu allem Übel sind auch die (durch einen Stromausfall kurzzeitig ausgegangenen) Lichter des Küstenortes nicht zu sehen. Dafür sieht man zahlreiche Autoscheinwerfer, aus deren Position man zumindest das feste Land erkennen kann.

Die Welt ist noch in Ordnung, als Skipper Herbert Graf um 1930 Uhr zu seiner Crew sagt: „Das Einlaufen in die Bucht ist mir unter diesen Bedingungen zu unsicher. Wir müssen umdrehen und wieder auf die freie See hinauslaufen. Du, Inge, schaust bitte in die Karte, wo hier in der Nähe Untiefen liegen können. Wir beide werden uns dann die Nachtwachen teilen. Vorher bestimmst du noch mit Fritz den Schiffsort."

Inge und Fritz nehmen jetzt jeder einen Peilkompaß zur Hand und peilen unabhängig voneinander die nahegelegenen Feuer Cozzo Spadero und Capo Passero, die sehr hoch stehen und mit ihrer Nenntragweite von 23 bzw. 11 sm sehr kräftig leuchten. Sie liegen aber wenig mehr als 1 sm voneinander entfernt in einer Linie, und der Unterschied der Peilung beträgt nur 33° − ein sehr spitzer Winkel also, mit großer Unsicherheit.

Aber es kommt gar nicht mehr dazu, diese Peilung einzutragen. Als Inge und Fritz am Kartentisch stehen und gerade die Dreiecke zu Hand nehmen wollen, erhält die TAHITI wie von einer Riesenfaust einen gewaltigen Stoß und überschlägt sich um ihre Längsachse.

„Vermutlich eine Untiefe", ist der erste schreckliche Gedanke von Inge, die in der geschlossenen Kajüte gegen die Bordwand fällt, aber weder naß noch verletzt wird. Fritz Schweitzer, der neben Inge Hamann am Kartentisch steht, wird beim Aufprall durch die Kajüte geschleudert und verliert das Bewußtsein.

„Nach einiger Zeit erwachte ich in der Küchenecke und verspürte Wasser an den Füßen", berichtet er später. „Das Boot lag in Schräglage und schlug immer wieder kräftig auf. Ich kletterte den Niedergang hoch und hörte, wie sich in der Nähe der Plicht die Rettungsinsel aufblies. Ein Hineinkommen war bei dem Wellengang jedoch ausgeschlossen."

Hanna Streif gehört zu den sieben Personen in der Plicht, die ungefähr 20 Minuten lang versuchten, mit Ferngläsern die Mole und die Hafenlichter von Portopalo auszumachen. Sie sichtete jedoch nur Autoscheinwerfer (mit denen die Fischer dem in der Nähe der Hafeneinfahrt herumirrenden Boot ein Zeichen geben wollten, wie sie später erfuhr). Und sie ist entsetzt, als voraus plötzlich Felsen auftauchen, nahezu zum Anfassen.

„Ich bekam einen Schreck, denn ich wähnte unser Boot noch 2 bis 3 sm von der Küste entfernt", erzählt sie nach ihrer Rettung. „Daraufhin machte der Kapitän eine Kursänderung und sagte wenig später, er sehe jetzt das grüne Hafenlicht. Ich schaute nach Steuerbord und konnte es auch in etwa 30° voraus ausmachen, eine halbe Minute lang. Trotz der etwa 8 bis 10 m hohen Wellen war es deutlich erkennbar. Manfred Friese saß an Steuerbordseite vor mir. Er sah das Licht nicht – aber dafür etwas links von der Richtung, in die ich zeige, die Brandung und danach den Aufprall auf die Felsen, wie er später sagte."

Hanna und Manfred *stehen* in der Plicht, als die TAHITI auf die Felsen aufprallt. Diese Tatsache ist bemerkenswert!

„Im Wasser spürte ich den Bootsrumpf über mir", berichtet Hanna Streif weiter. „Offenbar machte ich die Schiffsbewegungen in Embryostellung mit, seitwärts, rundherum und von vorn nach achtern. Darauf kam Luft, und ich stand wieder an Bord. Vermutlich spülte mich eine Welle in die Plicht zurück."

Manfred Friese verdanken wir ebenfalls die bemerkenswerte Feststellung, daß Hanna und er an der *Steuerbordseite* der Plicht *standen*, während Regina Bauer, Hartmut Maurer an der *Backbordseite saßen*, während Skipper Herbert Graf ebenfalls an der *Backbordseite* an der Pinne *stand*. Somit hatten Regina, Hartmut und Herbert ihren Sicherheitsgurt an der *Backbordseite* des Bootes befestigt, Hanna und Manfred jedoch an der *Steuerbordseite*.

„Nachdem ich mich hingestellt hatte, um mir von Hanna das grüne Licht zeigen zu lassen, wurde unsere Fahrt abrupt gestoppt", erinnert sich Manfred Friese. „Im nächsten Augenblick kippte das Boot seitlich nach Steuerbord weg und überschlug sich. Ich spürte keinen Schub nach vorn. Deshalb nehme ich an, daß wir von einer Welle seitlich gegen die Felsen gedrückt wurden. Einen Moment lang stand die Yacht kopf. Dabei geriet ich unter Wasser und schlug gegen einen Felsen. Dann spürte ich einen starken Zug an meiner Sicherheitsleine und lag gleich darauf wieder in der Plicht, weil sich das Boot wiederaufgerichtet hatte. Ich schaltete sofort den Motor aus, der immer noch lief, und bemerkte dabei, daß unser Boot die gesamte Takelage verloren hatte. Erst viel später stellte ich fest, daß drei Mitglieder unserer Crew spurlos verschwunden waren."

Als erste Reaktion nach der grausigen Strandung will Inge Hamann in der Kajüte die Notraketen holen, doch die Schiebetüren der Schränke haben sich verklemmt. Es ist auch nicht mehr nötig, Notsignale zu geben. Das Boot liegt nur etwa 100 m vom Ufer entfernt, und es waten bereits einige Leute durch das flache Wasser zur TAHITI, um Hilfe zu leisten.

Zwei Seglerinnen und drei Segler warten noch einige Zeit, bis die Wellen das Boot einigermaßen zwischen den Felsen verkeilt haben, und gehen dann durch das nur etwa hüfthohe Wasser an Land. Von den fehlenden drei Besatzungsmitgliedern ist nichts zu sehen, nur ihre Sicherheitsleinen sind noch am Boot befestigt. Die Karabinerhaken jedoch, mit denen sie am Sicherheitsgeschirr der Segler angeschlagen waren, haben sich aufgebogen.

Das Boot, das kaum 100 m vom Ufer entfernt und nur etwa 500 m östlich der Hafeneinfahrt liegt, ist nur noch ein Wrack: Mast, Großbaum und Segel, Bug- und Heckkorb sowie die Seereling sind über Bord gegangen. Die Ruderpinne ist abgebrochen. Die Deckel der Backskisten und des Ankerkastens sind abgerissen. Ihr Inhalt ist ins Meer gespült worden. Das TAHITI-Wrack liegt schräg auf der Backbordseite und hat einen etwa drei Meter langen und einen Meter breiten Riß in seiner Außenhaut, gegen die in der Brandung drei aufgebogene Karabinerhaken an ihren unversehrten Sicherheitsleinen schlagen. Die Karabinerhaken an der Fußleiste des Bootes, wo die Sicherheitsleinen immer noch zuverlässig befestigt sind, haben sich demgegenüber nicht verformt.

Regina Bauer lebte nach dem schrecklichen Aufprall, der sie so unvorbereitet traf wie alle anderen Segler, wohl nur noch wenige Sekunden, ebenso wie Skipper Herbert Graf, der „als erfahrener Skipper für ihre Ausbildung sorgen" sollte, und Hartmut Maurer. Man kann nur mutmaßen, wie die drei Menschen auf der Backbordseite der Plicht beim Aufprall der TAHITI auf die Felsen zunächst wohl über Bord geschleudert und dann zwischen den Felsen oder zwischen Boot und Felsen so eingeklemmt wurden, daß sie der Wucht des sich drehenden und sich wieder aufrichtenden Bootes einfach nicht folgen konnten, so daß das schwächste Glied der Verbindung, der Karabinerhaken unmittelbar am Hüftgurt, dabei mit schier unvorstellbarer Gewalt einfach aufgebogen wurde. Der Karabinerhaken der Gegenseite wurde dabei offensichtlich nur zur Hälfte belastet, weil der Sicherheitsgurt beim Überkopfgehen der Yacht über der Bordwand und somit nahezu in Gegenrichtung lag. (Sporttaucher fanden übrigens drei Monate später die Leiche von Herbert Graf, die sich in unmittelbarer Nähe der Strandungsstelle an einem Unterwasserfelsen verklemmt hatte.)

Die TAHITI muß mit wirklich unvorstellbarer Wucht auf die Felsen gelaufen sein: Der Wind hatte zum Zeitpunkt der Strandung auf etwa Bft 8 aufgefrischt, und es stand nicht nur eine hohe See aus östlicher Richtung, sondern im Vorfeld der Küste auch eine gefährliche Grundsee, dazu in Ufernähe eine tödliche Brandung.

Der Skipper mußte seinen Diesel schon vorher hochtourig laufen lassen, um gegen Wind und See aus diesem Mauseloch herauszulaufen, in das er sich ohne zuverlässigen Schiffsort hineingewagt hatte. Die TAHITI wird daher wohl 5 kn Fahrt gemacht haben, als sie auflief, und es ist bei ihrem Tiefgang von 1,95 m und dem nur hüfthohen Wasser, in dem sie schließlich lag, sehr fraglich, ob sie in Längsschiffsrichtung mit Fahrt nach vorn oder ob sie seitlich kollidierte, bzw. ob sie zuerst mit dem Kiel auflief und somit von unten her gestoppt wurde. Tatsächlich werden die Schubkräfte des Motors in Kielrichtung, die Horizontalbewegungen der See in Wellenberg und Wellental sowie die Krängungskräfte gleichermaßen für die vielfältigen Bootsbewegungen nach der Strandung gesorgt haben. Der Motor schob ja immer noch nach, als die Yacht wieder auf ebenem Kiel stand.

Nahezu unverletzt haben die in der Kajüte eingeschlossenen Segler die Strandung überstanden. Mit Prellungen und Rippenbrüchen kamen die Personen an der Steuerbordseite der Plicht davon. Unfaßbar, wie der Tod drei Segler holte, die bei der Strandung kaum eine Armlänge von den Überlebenden entfernt gesessen hatten, und rätselhaft, daß diese drei den Tod hautnah nebeneinander, im gleichen Augenblick und aus gleichen, für uns nicht mehr feststellbaren Ursachen gefunden haben.

Ein tragischer Unfall im Segelbereich der ortsnahen Küstenfahrt? Oder eine durch schuldhaftes Verhalten des Yachtskippers verursachte Strandung, bei der nicht nur drei Menschen den Tod fanden, sondern auch hoher Sachschaden angerichtet wurde?

Nun, nach meiner Meinung hat Skipper Herbert Graf den Unfall schon verschuldet, weil er nicht mit der Sorgfalt eines ordentlichen Skippers handelte. Ihn trifft die Verantwortung für alle Unterlassungen, wie er sich den Erfolg beim glücklichen Erreichen des Hafenzieles sicher auch allein zugeschrieben hätte. Unentschuldbar wird sein Verhalten als verantwortlicher Skipper, weil er fremde Segler gegen Entgelt schipperte, mit der Autorität einer Segelschule und der Lizenz eines Segellehrers, dem sich sieben Personen anvertrauten.

Ein Toter kann nicht mehr zur Verantwortung gezogen werden. Aber wenn er als Mitarbeiter einer Firma tätig war, die nach einem solchen Unfall Schadenersatz bzw. Wiedergutmachung aufgrund eines Versicherungsvertrages fordert, muß er sich die Überprüfung seiner Handlungsweise an der Elle der „groben Fahrlässigkeit" auch posthum gefallen lassen.

Der juristische Begriff, der Zahlungsverpflichtungen einer Versicherung ausschließt, ist schwer zu bestimmen und im Yachtsegeln selten rechtsgültig nachgewiesen worden.

„Grob fahrlässig handelt, wer die im Verkehr erforderliche Sorgfalt gröblich und in hohen Graden außer acht läßt und wer nicht beachtet, was unter den gegebenen Umständen jedem einleuchtet", heißt es zum Beispiel in einem höchstrichterlichen Urteil. So könnte man etwa die nicht ausreichende Wetterberatung als ersten Sorgfaltsmangel geltend machen, weil dieser bereits in der Luftfahrt zur Anerkennung grober Fahrlässigkeit geführt hat. Er wurde beispielsweise einem Flugzeugführer angelastet, der vor einem Überland-Sichtflug keine Flugwettermeldung eingeholt und seinen Flug fortgesetzt hatte, obwohl er erkennen mußte, daß die Wetterbedingungen für einen Sichtflug nicht mehr erfüllt waren.

Ähnlich hat Skipper Herbert Graf gehandelt, als er sich nur mündlich eine

Auskunft beim Hafenmeister eines Yachtclubs holte, die für einen mindestens 24stündigen Törn von über 100 sm Distanz wohl absolut ungenügend war. Denn weitere, mögliche Wettermeldungen wurden nicht aufgenommen.

Ebenso muß man wohl als grobe Fahrlässigkeit werten, den unbekannten kleinen Hafen Portopalo anzulaufen, ohne sich vorher einen zuverlässigen Schiffsort zu beschaffen. Immerhin herrschte Dunkelheit, Windstärke 8 und ungewöhnlich hoher Seegang, doch waren ausreichend hohe und leistungsstarke Leuchtfeuer in der Nähe.

Fassen wir die Lehren aus diesem tödlichen Yachtunfall zusammen:

● Im Mittelmeer gilt die Zeit vom 16. Oktober bis zum 15. April als „Winter" im Sinne der Freibord- und Sicherheitsvorschriften für die Berufsschiffahrt (siehe Seite 344), und der Monat März ist insoweit auch im Mittelmeer kein Zeitraum für Urlaubstörns mit Yachten.

● Für Yachten wird allgemein die Ausrüstung mit Rundfunkempfänger und UKW-Seefunkgerät empfohlen, um die mehrmals täglich für Küstenschiffahrt, Fischerei und Yachtsport verbreiteten Wetterberichte empfangen zu können. Die Yacht einer Segelschule, die fremde Segler gegen Entgelt und zu Übungszwecken an Bord transportiert, sollte also erst recht mit beiden Empfangsgeräten ausgerüstet sein.

● Ein Törn mit mehrköpfiger, zahlender Crew, auf dem in einer begrenzten Zeit eine bestimmte Distanz gesegelt werden muß, bedingt die Aufnahme von Wetterberichten von mehreren Stationen und mehrmals täglich. Sie ist nicht nur möglich, sondern auch erwünscht, weil das Abhören (auch fremdsprachiger) Wettervorhersagen und das Zeichnen von Wetterkarten Bestandteil der Ausbildung ist und von den Segelschülern in diesem Fall bereits theoretisch gelernt wurde.

● Auf jeder Fahrtenyacht ist der Koppelkurs Bestandteil einer sicheren Navigation. Er läßt sich bei einer Küstenfahrt nicht nur aus den Elementen „Kurs" und „Fahrt" (durch Schätzen oder Messen) einfach zeichnen, er kann durch zahlreiche Landmarken entlang des Kurses auch auf nahezu stündlich beobachtete Orte verbessert werden. An Bord der TAHITI gab es sieben Personen, die einen solchen Koppelkurs allein oder unter Aufsicht zeichnen und somit dafür sorgen konnten, daß jederzeit ein ziemlich genauer Schiffsort aus der Seekarte ersichtlich war, wenn man nur gewollt hätte. Die entsprechende Organisation solcher Verantwortung obliegt dem Yachtskipper.

● Es ist unverständlich, warum das Lot nicht in Betrieb genommen wurde, obwohl die Wassertiefe der etwa 2 sm vor der Küste verlaufenden 50-m-Tiefenlinie gleichmäßig bis zur etwa 200 m vom Ufer entfernten 10-m-Linie ansteigt und aus den charakteristischen Lotungen von zum Beispiel 20 oder

40 m gut zu erkennen gewesen wäre, wo sich die Yacht tatsächlich befand und wie weit ab sie von der Felsenküste stand.

● Der Leuchtturm Cozzo Spadero erhebt sich 82 m über Wasser. Er ist ein gewaltiges, markantes Bauwerk mit einem weitreichenden Feuer und konnte viele Stunden lang für die Schiffsortbestimmung benutzt werden. Zwei weitere kleinere, benachbarte Feuer erlaubten Standortbestimmungen mit Kreuzpeilungen zu jeder Zeit und fortlaufend. Auch Einzelstandlinien mit Lotungen hätten zuverlässige Schiffsorte ergeben.

● Die Auswahl möglicher Nothäfen gehört zur Vorbereitung eines Langtörns im Küstenbereich oder über See. Dabei ist es ratsam, sich nicht nur auf ein Handbuch zu verlassen, sondern alle erdenklichen Informationsquellen zu Rate zu ziehen.

● Niemals versuche man die Ansteuerung eines unbekannten, kleinen Hafens, bevor man einen absolut zuverlässigen Schiffsort ermittelt hat, und niemals gehe man von einer Position auf Einlaufkurs, die bei Tage nicht mindestens 1 sm, bei Nacht nicht mindestens 2 sm vor der Hafeneinfahrt liegt. Im Falle der TAHITI war eine Zielfahrt von See aus mit nahezu Nordkurs zum Feuer Cozzo Spadero möglich und im Handbuch sogar (mit dem grünen Hafenfeuer in Deckung) empfohlen worden.

● Unbeschränkt gültig bleibt die Maxime: „Im Zweifelsfalle − bleibe draußen!", auch wenn sie für manchen Segler unvorstellbar ist. Zugegeben, es ist kein erwärmender Gedanke, bei Nacht im Seegang gebeutelt zu werden und festgekeilt in seiner Koje keinen Schlaf zu finden, wenn eine Bauernnacht im Hafen so nahe ist. Und man muß auf See nicht unbedingt (wie es die TAHITI ursprünglich vorhatte) eine Nacht lang weiterlaufen. Man kann auch in den Stunden der Dunkelheit unter kleinen Segeln beidrehen oder vor Topp und Takel auf Drift gehen, dabei Kondition und Nerven der Besatzung schonen und weitere nautische Entscheidungen bei der ersten Helligkeit des Tages treffen.

Der Fall TAHITI zeigt, daß zwischen dem glücklichen Ende und dem tragischen Mißlingen einer Fahrt tatsächlich nur Meter und Sekunden liegen. Was bedeutet der Verlust einer Yacht dabei, wenn drei Segler den Tod durch den Strand fanden? Oder verloren sie ihr Leben durch den Strang − einen zu gut haltenden Sicherheitsgurt oder einen nicht ausreichend kräftigen Karabinerhaken in seiner Befestigung?

Und noch ein aktuelles Nachwort

Ein deutsches Gericht konnte sich nicht dazu entschließen, das Verhalten des Skippers als „grob fahrlässig" zu bewerten, so daß eine deutsche Versicherungsgesellschaft der Alpensee GmbH, deren Geschäftsführer der ums Leben gekommene Bootsführer war, den Verlust der TAHITI ersetzen mußte.

Einen nicht geringen Einfluß auf die Urteilsfindung werden auch die schriftlichen Zeugenaussagen der überlebenden Crewmitglieder gehabt haben.

Es mutet daher befremdlich an, daß die von mir Inge Hamann genannte Seglerin in den „Nautischen Nachrichten" der Kreuzer-Abteilung Heft 3/83 anonym („Der Name ist der Redaktion bekannt") schwere Vorwürfe gegen ihren toten Skipper erhebt: „Es handelt sich hier um einen Unfall, der nicht auf höhere Gewalt zurückzuführen ist, sondern auf ein unverantwortliches Verhalten. Ich betrachte das Verhalten des Skippers als grob fahrlässig. Es hat immerhin drei Tote gegeben."

In ihren schriftlichen Zeugenaussagen hatte sie diese Vorwürfe nicht erhoben. Ihre Ausführungen waren im Gegenteil loyal und ohne anklagende Bewertung. Und letztlich war es der damaligen, mehr entschuldigenden Bewertung von Inge Hamann mit zu verdanken gewesen, daß man den Vorwurf grober Fahrlässigkeit fallen ließ.

Der negative Hattrick von Bernard Moitessier

Der weltbekannte und auf allen Weltmeeren erfahrene Einhandsegler verlor die MARIE THÉRÈSE, die durch seinen groben Navigationsfehler strandete, und die MARIE THÉRÈSE II durch Strandung, während er schlief. Am Ankerplatz strandete schließlich die von allen Meerwassern gewaschene JOSHUA. Aber mit solchen Gefahren muß nicht nur ein erfahrener Einhandsegler rechnen.

Das Stranden und der dadurch verursachte Totalverlust einer Yacht muß nicht immer durch nachlässige Navigation oder schlechte Seemannschaft bedingt sein. Auch unerwartet schweres Wetter und unvermeidbare Havarien können zu diesem Ereignis führen. Wer aber öfter strandet und sein Boot nicht durch einen Notfall an Bord, sondern einfach durch Unachtsamkeit verliert, muß sich schon den Vorwurf leichtfertiger Seemannschaft und fahrlässiger Navigation gefallen lassen, selbst wenn er sein Boot an fernen Küsten und in entlegenen Blauwasserrevieren verlor.

Bernard Moitessier, der vielgepriesene „Vagabund der Meere", der den „logischen Weg um Kap Hoorn" fand und schließlich, scheinbar unbegreiflich, nach dem „verschenkten Sieg" für viele Jahre in die Südsee emigrierte, verlor drei seiner Yachten durch Strandung. Ist dieser dreimalige Verlust ein Anzeichen dafür, wie riskant abenteuerliches Blauwassersegeln sein kann? Zeigen diese wiederholten Strandungen vielleicht, daß selbst erfahrene Hochseesegler mit sehr viel leichterer Hand navigieren und sehr viel sorgloser schippern, als es gemeinhin den Seglernachwuchs gelehrt wird? Oder ist diese Schadenshäufigkeit ganz einfach durch die größere Anzahl von Meilen bedingt, die Langfahrtschipper absegeln?

Nun, urteilen Sie selbst:

Die MARIE THÉRÈSE verlor Bernard Moitessier in einer Septembernacht des Jahres 1952 vor Diego Garcia, der südlichsten der Chagos-Inseln im Indischen Ozean, auf dem Wege von Singapur zu den Seychellen. Das Boot war „eine schöne Dschunke aus dem Golf von Siam, wohlriechend von natürlichem Öl", in deren klare und stämmige Linien sich der französische Einhandsegler verliebt hatte. Aber seine nautische Ausrüstung auf dieser ersten, nur drei Monate währenden Hochsee-Kreuzfahrt war mangelhaft.

Moitessier bekennt: „Alles, was ich an Navigationsinstrumenten hatte, waren ein Kompaß und ein Sextant – gerade genug, um eine Mittagsbreite auszuarbeiten. In den letzten beiden Monaten hatte ich mich immer nur auf eine geschätzte Länge verlassen, da ich keinen Chronometer an Bord hatte. Ich besaß nicht einmal ein Log, geschweige denn einen Batterie-Empfänger für den Empfang von Zeitzeichen, mit deren Hilfe ich nötigenfalls meinen Wecker als Chronometer gebraucht und so eine Länge erhalten hätte. Eine solche Zeit wäre sicher genau genug gewesen, um die Seychellen anzusteuern und die große Chagos-Bank, die zwischen MARIE-THÉRÈSE und ihrem Ziel lag, sicher zu umrunden."

Da Moitessier diese notwendigen Hilfsmittel für eine genaue Standortbestimmung fehlen, will er sich auf die berühmte „Seemannsnase" verlassen, die Landnähe nicht nur „riechen", sondern auch spüren und an bestimmten Anzeichen erkennen kann: an Wolkenbildung und Duft, schwimmendem Seegras und Häufung von Fliegenden Fischen, verändertem Rhythmus der Dünung, an Fregattvögeln oder anderen Seevögeln, die sich nie weiter als 40 sm von der Küste entfernen.

Man kann indessen auf der freien See nicht immer nur „der Nase nach" segeln: Nach seinem Besteck steht Moitessier am 4. September noch 500 oder gar 600 sm östlich von Diego Garcia, doch warnt ihn sein Instinkt zugleich, die Augen offenzuhalten: „Aber trotz aller Wachsamkeit konnte ich kein Anzeichen von Land erkennen", erzählt er, „und die See trug das geringschätzig bedrohliche Pokergesicht, das sie annehmen kann, wenn sie sich entschlossen hat, sich nicht zu verraten. Obwohl ich nicht ernsthaft beunruhigt war, hielt doch etwas in mir hartnäckig die Warnung wach."

Noch vor Sonnenuntergang läßt der Einhandsegler daher einen besonders aufmerksamen und langen Blick über den Horizont schweifen. Aber es ist nichts zu sehen, kein Fregattvogel, kein Seegras. Moitessier geht in die Koje und kommt nach einer Stunde wieder an Deck. Er korrigiert den Kurs, er zögert einen Augenblick: Soll die Pinne festgesetzt bleiben, wie sie ist, oder soll der Kurs ein paar Grade verändert werden? Dann geht er wieder in die Koje und schläft.

„Der Mond hatte gerade seinen Abstieg nach Westen begonnen, als ein plötzliches, heftiges Überholen mich gegen das Steuerbordschott der Kajüte warf", berichtet er schließlich. „In der nächsten Sekunde war ich an Deck und packte den Besanmast, um nicht von der festen Wasserwand fortgerissen zu werden, die gerade mit der ganzen Wucht eines Brechers, der sich auf das Ufer wirft, das Boot vom Bug zum Heck überschwemmte.

MARIE-THÉRÈSE legte sich wieder auf die Seite unter der Wucht der See, die breitseits über das Riff zog, auf dem nur ein Meter Wasser stand. Da lag sie nun, eine halbe Kabellänge vom Atoll Diego Garcia entfernt. Zugleich stieg ein fader Geruch auf von zermalmten Korallen und losgerissenen Algen.

Eine dritte See von schrecklicher Gewalt brach sich am Rumpf, der schon stark gekrängt war, zu einer Wolke von Gischt, die der Passat davontrug. Ein langes, klagendes Ächzen kam aus dem Holz, als die Korallen, über die die MARIE-THÉRÈSE gezogen wurde, da hineinbissen. In einem Meer von weißem Schaum, dachte ich, wird der Todeskampf meines schönen Schiffes kurz sein."

Er war kurz: Bei Tagesanbruch war die MARIE-THÉRÈSE tot. Der Kiel war fort, die Bodenwrangen und die unteren Planken waren zertrümmert. „Und ich weinte um meine Erinnerungen, meine Bücher, um den Verlust einer Welt ohne Grenzen, in die ich so hineingewachsen war, daß ich mir eine andere Welt gar nicht mehr vorstellen konnte. Aber vor allem weinte ich um mein Schiff", schließt Moitessier diesen Bericht von seinem ersten Schiffbruch.

Die MARIE-THÉRÈSE II, ein Seekreuzer von 8,36 m Länge und 3,14 m Breite, entstand wenige Monate später auf Mauritius. Mit Hilfe örtlicher Handwerker wurde der ketschgetakelte Langkieler mit schrägem Plattgatt, der 1,50 m Tiefgang hatte, hier aus Holz gebaut. Doch auch dieses wiederum „schönste Boot der Welt" hatte nur ein kurzes Leben: Die MARIE-THÉRÈSE II segelte nur von Mauritius in die Karibik und strandete am 8. April 1958 vor der felsigen Nordwestküste von St. Vincent, wiederum in einer Nachtfahrt und als der Skipper schlief:

Moitessier ist von Trinidad nach Martinique gesegelt, um die MARIE-THÉRÈSE II aufzuslippen und ihr einen neuen Unterwasseranstrich zu geben. Nach getaner Arbeit will er eiligst nach Trinidad zurückkehren. Sowohl bei den Überholungsarbeiten als auch auf dem ersten Teil der Rückfahrt mit Südkurs westlich von St. Lucia entlang hat der Einhandsegler sich wenig ausruhen können.

„Bei Einbruch der Nacht frischte der Wind auf Stärke 3 bis 4 aus Osten auf, und MARIE-THÉRÈSE II hielt hoch am Wind ihren Kurs", berichtet er. „Auf der Nordspitze der nächsten Insel, St. Vincent, war kein Leuchtfeuer. So kam meine dritte Nacht ohne Schlaf – nichts Ernstes, oh nein! Aber trotz der warmen, tropischen Nacht fühlte ich mich kalt bis in die Knochen: Ich hatte seit einigen Tagen nichts Richtiges gegessen." Wichtige Bemerkungen des damals noch nicht so erfahrenen Hochseeseglers, der erst durch Schaden klug wird. „Um zehn Uhr abends bedeckte sich der Himmel. Die ganze Nacht über folgte eine Regenbö der anderen. Die Nacht war schwarz wie Tinte. Kaffee und noch mehr Kaffee, um gegen den Schlaf anzukämpfen. Warum hatte ich eigentlich nie eine Packung Weckamin-Tabletten in die Bordapotheke aufgenommen?"

Als Moitessier sich endlich nicht mehr wachhalten kann, stellt er schließlich die Selbststeueranlage noch einmal genau ein, schrickt die Schoten und zieht den Wecker auf. Er soll den Einhandsegler in einer halben Stunde wecken, falls er einschläft – und wie gern würde er schlafen!

Dieses Wecksystem scheint in dieser tragischen Nacht auch einige Male funktioniert zu haben; denn um 0100 Uhr ist noch nichts in Sicht. Aber die Nacht ist auch so pechschwarz, daß man unmöglich Land erkennen könnte.

„Es war fast zwei Uhr, als mich ein heftiger Stoß weckte", schildert Moitessier seine zweite Strandung. „Ich sprang an Deck, entfernte die Blockierung meines Steuerrades und versuchte zu halsen. Ich hatte den Wecker auf halb zwei gestellt – er mußte inzwischen geklingelt haben.

Ein zweiter Stoß schüttelte das Boot. Und dann gleich ein dritter, begleitet von einem kläglichen Stöhnen des gepeinigten Holzes. MARIE-THÉRÈSE II balancierte mitten auf einem Felsen, und Deck und Kajüte wurden von einer See überschwemmt. Das Ruder war gebrochen. Es war aus seinen Beschlägen gerissen worden und schwamm auf der See, mit dem Boot nur noch durch die Steuerdrähte verbunden. All das geschah in einigen Sekunden."

Moitessier klammert sich an den Großmast und wirft den an dessen Fuß gehalterten Anker mit Kette und Trosse über Bord. Aber es ist zu spät. „Es war das Ende", schließt Moitessier seinen Bericht. „Wie schon gewohnt, kam ich ohne Kratzer davon – Unkraut vergeht nicht. Doch für mein unschuldiges Boot hatte die Totenglocke geschlagen. Ich aber hing dort, stumpfsinnig an den Mast geklammert, und umfaßte zum letztenmal, was meine MARIE THÉRÈSE gewesen war: das schönste Boot der Welt."

Die nächste Strandung Moitessiers erfolgt 22 lange Jahre später, mit der inzwischen weltberühmt gewordenen stählernen Ketsch JOSHUA, deren Baupläne unmittelbar nach der Strandung der MARIE-THÉRÈSE II in Trinidad entstehen. Das 12,07 m lange und 3,68 m breite Boot ist am Kiel mit 12 mm dicken, am Kielgang mit 7 mm dicken und in den Bordwänden mit 5 mm dicken Stahlplatten geplankt. Deck und Aufbauten sind 3 mm dick. Das schwere Schiff hat eine Verdrängung von 13,5 t. Auch das Rigg, das 100 m^2 Segelfläche trägt, ist ungewöhnlich fest.

80

Die JOSHUA hat lange, bemerkenswerte Blauwasserreisen hinter sich: in den Jahren 1963 bis 1966 von Marseille über den Panamakanal in die Südsee und rund Kap Hoorn nach Frankreich zurück sowie 1968/1969 eine Einhand-Weltumseglung von Plymouth um alle berühmten Kaps und zweimal durch die Südsee nach Tahiti, in einer Regatta der Einhandsegler nur gegen die Uhr. Und mit der Verleihung der „Blue Water Medal" hat ihr Skipper 1966 auch die höchsten Weihen sportlichen Langfahrtensegelns erhalten.

Nach 1970 war Moitessier in der Südsee geblieben, praktisch ein „Aussteiger im Heimatland". Aber er hatte nicht nur an den Ankerplätzen der französischen Inseln gelegen, sondern auch immer wieder die amerikanische Küste besucht, und er war auch nicht nur einhand gesegelt, sondern auch mit seiner Frau und vielen Freunden.

Am 21. November 1982 läuft er, diesmal in Gesellschaft des deutschen Schauspielers Klaus Kinski, von San Francisco zum mexikanischen Cabo San Lucas aus. Dieser vielbesuchte, menschenferne Ankerplatz am südlichen Eingang des Golfes von Kalifornien, an der Südspitze der Baja California, ist eine weite Bucht mit weißem Sandstrand.

Als die JOSHUA am 3. Dezember und zwölf Tage nach dem Auslaufen aus Frisco die Bucht erreicht, liegen hier bereits etwa 100 Boote mit Bug- oder Heckanker und langen Leinen zum Land. Dadurch wird kostbarer Liegeplatz gespart. Die Boote können sich nicht anrempeln, wie es beim freien Schwojen auf einem dichtgedrängten Ankerplatz zwar unerwünscht, aber doch oft unvermeidlich ist. Aber die Ankerlieger können bei einer auflandigen Winddrehung in der engen Nachbarschaft anderer Yachten und dem nahen Strand auch zum Freikommen im Gefahrenfall nicht manövrieren. Die weite Bucht ist nach Osten völlig offen, doch die Eigner der ankernden Yachten sind sicher: Die Hurrikansaison mit Sturm aus dieser Richtung ist vorbei.

Am 6. Dezember 1982 gibt es keinen Wetterbericht, denn der Wettersatellit hat Sendestörung. Der Himmel ist zwar blau, Moitessier gefällt das Wetter jedoch nicht. Er legt vorsichtshalber einen zweiten Anker, einen 20 kg schweren CQR-Anker, mit Kettenvorlauf und Nylontrosse auf dem Vordeck bereit.

Und dann dreht der Wind doch, völlig unerwartet, nach Osten.

Moitessier berichtet: „Bei Sonnenuntergang weht es aus SE, und der Wind wird stärker. Ich bin ganz froh, den zweiten Anker bereitgelegt zu haben. Denn irgendein Gefühl warnt mich. Als der Wind später in der Nacht noch weiter zunimmt, geht eine hohe Dünung in die offene Bucht hinein. Ich stehe an Deck und mache mir Sorgen. Da bricht plötzlich der 25 kg schwere Pflugscharanker aus dem groben Sand, und ich lasse schnell den zweiten Anker fallen. Gehorsam dreht JOSHUA ihre Nase wieder in den Wind."

Doch dann fällt eine sehr starke Bö ein, die gar nicht aufhören will, und auch der zweite Anker hält die Yacht nicht. JOSHUA driftet wieder und immer schneller – und wenig später setzt die Stahlyacht auf den Strand auf. Schnell legt sie sich quer zur Brandung, die auf ihre Flanken hämmert. Moitessier: „Mein Gehirn sträubt sich einfach, das zu glauben! Aber es ist die harte, rauhe Wahrheit!"

„Mach deine Augen auf, du alter Blödmann!", schimpfte er mit sich selbst. „Dein Schiff sitzt auf Legerwall, du Dummkopf, und nun tu nicht so, als hättest du nicht wissen können, was hier passiert!"

Moitessier schickt seinen Mitsegler an Land, um ihn in der gestrandeten Yacht nicht zu gefährden. Er selbst muß an Bord bleiben – sein Verlassen der Yacht könnte die Aufgabe der JOSHUA bedeuten, mit allen juristischen Konsequenzen. In dem Stahlrumpf droht ihm auch jetzt noch keine Gefahr. Aber das Boot wirft sich in der Brandung von einer Seite auf die andere, und der Skipper muß sich auf dem Kajütfußboden festkeilen, wo er sinniert:

„Ich sehe nun jene Dinge klar, die ich vorher nicht habe begreifen wollen: Ich sah, daß die Wolken aufzogen. Schon zu Joshua Slocums Zeiten gab es keine Wettersatelliten. Damals mußte der Seemann sein Wetterauge stets offenhalten. Ich aber habe nur geguckt, ohne richtig zu sehen. Zwar streikt der Satellit seit zwei Tagen, aber am Himmel hat es an deutlichen Zeichen nicht gefehlt. Ich habe auch zu dicht an der Küste und zu dicht neben den anderen Booten geankert. So hatte ich keinen Raum zum Manövrieren, als es noch Zeit war, mit der JOSHUA auf die freie See zu flüchten. Nun sitze ich blinder, dummer Affe auf den Bodenbrettern meines schönen Bootes und denke Löcher in die Luft."

Und dann geschieht etwas, womit Moitessier im sicheren Käfig seiner gestrandeten Yacht überhaupt nicht gerechnet hat: Die FRELING, eine etwa 14 m lange Yacht vom Typ Petterson 44, ist neben der JOSHUA an den Strand getrieben, und jetzt hämmert der Rumpf mit jedem anrollenden Brecher gegen die bisher noch unversehrte JOSHUA. Noch schlimmer: Das Rigg der fremden Yacht verhakt sich in der Takelage der JOSHUA, und was die See und der Strand bisher weder bei der JOSHUA noch bei der FRELING geschafft haben, besorgen nun die Yachten selbst: Sie zerstören sich wie Gladiatoren, die um ihr Leben kämpfen, gegenseitig.

„Ich schließe meine Augen und versuche mir vorzustellen, was da draußen los ist", schildert Moitessier diese Minuten, als er die ersten metallischen Schläge vernimmt, so als ob ein riesiger Tiger mit seinen stählernen Pranken auf die Bordwand der JOSHUA einschlägt. „Nun weiß ich, daß das Ende bald kommt. Die Boote krachen aufeinander und rasieren sich gegenseitig Rigg und Deck sauber. Schwere Teile eines Aluminiummastes donnern auf das Deck herab. Dann kommt der Topp von JOSHUAS Holzmast von oben.

Schließlich geht der Besanmast über die Seite, und zum Schluß fängt der ganze Wirrwarr aus zertrümmerten Spieren und Teilen von stehendem und laufendem Gut auf dem Deck an, das Niedergangsluk zu blockieren. Minuten später ist JOSHUA erledigt. Sie ist eine tote Hulk geworden, auf die die Brandung einhämmert."

Im Morgengrauen zählt Moitessier 26 gestrandete Yachten, die sich in den Brechern wälzen, und er ist froh, daß er den Strand noch unversehrt erreicht. Als er beim nächsten Niedrigwasser wieder in die Kajüte seiner JOSHUA kriecht, schießt das Wasser durch die zertrümmerten Bulleyes herein, und er kann in seiner Yacht, die voller Sand ist, mit Bodenbrettern, Matratzen, Büchern und Benzinkanistern um die Wette schwimmen. Das Durcheinander und der Schaden sind unvorstellbar. „Mein Boot ist ein Wrack, und ich bin auch eins", zieht er am 7. Dezember das Fazit.

Aber es gibt hilfreiche Leute an Land und junge Segler an der Küste, die nicht wollen, daß die berühmte JOSHUA hier ein so klägliches Ende findet. Hundert Hände und ein halbes Dutzend Baumaschinen befreien das Wrack zuerst von der darübergestürzten FRELING, graben es dann aus dem Strand, lenzen mit Eimern und Schaufeln die Sandmassen aus der Kajüte und bringen es dann tatsächlich fertig, die schwere Stahlketsch wieder in ihr Element zu ziehen. Als sie endlich vor drei Ankern auf tiefem Wasser liegt, stellt Moitessier überrascht fest: Der Rumpf hat keinen Schaden genommen. Er ist pottendicht.

Aber Moitessier scheut die immense Arbeit und vor allem auch die beträchtlichen Kosten, die zur Instandsetzung notwendig sind. Er verkauft seinen braven Salzbuckel oder, besser gesagt, das, was nach der Strandung noch von ihm übriggeblieben ist, und beschließt, eine neue Stahlyacht zu bauen: kleiner, handiger und billiger als die alte.

In über einjähriger Arbeit aber hat eine Gruppe junger Segler die JOSHUA innen und außen gründlich überholt und ihr ein neues Rigg gegeben. Seit dem Sommer 1984 segelt sie wieder − weil im Strandsand eben doch besser stranden ist? Oder weil eine Stahlyacht auch bei einer Strandung mehr aushalten kann als Yachten aus anderen Werkstoffen? Oder nur, weil sie die berühmte JOSHUA ist?

Im Strandsand ist gut stranden – wenn eine Bergung möglich ist

Der Fall des kleinen Seekreuzers HENRIETTE zeigt, wie man sich bei einer nicht vermeidbaren Strandung seemännisch richtig verhält und welche Möglichkeiten es gibt, ein im weichen Strandsand hoch und trocken liegendes Boot wieder in sein Element zurückzubringen. Der Skipper zieht noch weitere nützliche Lehren aus dieser Strandung.

Die HENRIETTE ist ein kleiner Seekreuzer von 9 m Länge, wie er in der DDR sehr selten ist. Sie wurde aus GFK in Sandwichbauweise mit gewachsenem Kiel gefertigt und wird von Werner Gilde geführt, der als langjähriger Direktor des Instituts für Schweißtechnik in Halle für sich sowie seine segelnden Familienangehörigen und Mitarbeiter schon mehr als einen „Versuchsbau" dieser Art herstellen konnte. So ist die HENRIETTE nicht nur sehr solide, sondern auch sehr sorgfältig gebaut. Nur schade, daß sich die kleine, seetüchtige Yacht nur innerhalb der Territorialgewässer der DDR bewegen darf und diese Bewegungsfreiheit dazu noch an seltene Sondergenehmigungen wie zum Beispiel für die Teilnahme an DDR-Meisterschaften oder für Regatten mit sowjetischen oder polnischen Yachten in der östlichen Ostsee gebunden ist.

So ist die HENRIETTE auch im Sommer 1984 von Stralsund aus auf dem Wege zur 34. Ostseewoche in Warnemünde, aber sie muß bei ihrer Kurswahl gegen den Westsüdwestwind von 7 bis 8 die Dreimeilenzone vor der mecklenburgischen Küste berücksichtigen. Das bedeutet einen Kreuzkurs in einem imaginären engen Schlauch mit kurzen Schlägen, immer 2 sm bis an die Grenze der Territorialgewässer der DDR und dann zurück bis 1 sm vor die Küste. „Näher wollten wir nicht herangehen", berichtet Werner Gilde. Aber sich bis auf nur 1 sm an die weit seewärts flach auslaufende Strandküste zwischen dem Fischland und der Rostocker Heide heranwagen zu müssen, ist seemännisch eigentlich kaum vertretbar.

„Um 1200 Uhr werde ich abgelöst", erzählt Werner Gilde. „In der Kajüte ist es warm und trocken. Vier Stunden Ruhe liegen vor mir, und bis dahin werden wir hoffentlich in Warnemünde sein. Ich krieche unter die Decke und döse im Halbschlaf vor mich hin. Henni liegt in der Backbordkoje, und Hannes hat sich ein Polster auf den Fußboden gelegt. Die HENRIETTE kreuzt nur unter der kleinen Fock IV. Sie macht wenig Fahrt und gewinnt wohl kaum noch Höhe. Aber ich hoffe, daß sich der Wind gegen 1600 Uhr etwas legen wird und wir dann wieder mehr Segel setzen können."

Doch es kommt anders: Bei einer der nächsten Halsen, die die HENRIETTE fahren muß, wenn sie wieder auf den anderen Bug gehen soll – mit der Fock allein läßt sich im Seegang nicht mehr wenden –, reißt der Fallenschäkel aus. Die Fock fällt, der Wind rüttelt in der Takelage, und das Boot richtet sich im Seegang auf, anstatt sich auf dem anderen Bug wieder auf die Seite zu legen.

Werner Gilde hört in seiner Koje, wie die beiden Wachgänger auf das Vorschiff kriechen und am Fall arbeiten – aber offenbar ohne Erfolg. Gleichzeitig spürt er an den Bootsbewegungen, daß die HENRIETTE mit hoher Fahrt vor Topp und Takel vor dem Wind läuft. Und dabei schreckt er auf: Der Kurs führt direkt auf die nahe Küste zu!

Der Skipper streift einen Pullover über und stürzt in die Plicht. „Vergebens versuche ich, das Schiff mit dem Ruder auf einen anderen Kurs zu bringen", berichtet er später. „Die flatternde Fock und die zwei Mann auf dem Vorschiff wirken aber wie eine Windfahne. Das Ufer kommt schnell auf uns zu. Ehe wir versuchen können, das Großsegel zu setzen, steigt ein Brecher in die Plicht und bringt gelbes Wasser mit. Wir sind also schon in der Brandung! Nun dreht sich alles nur ums Überleben."

Die Crew legt Schwimmwesten an, doch die beiden Freiwächter bleiben klugerweise in der Kajüte, wo sie am sichersten sind. Die Wache macht die Rettungsinsel klar, Waldemar übernimmt die Reißleine.

„Dann steuere ich vierkant auf das Ufer zu", erzählt Werner Gilde weiter. „In dieser Richtung liegt HENRIETTE gut auf dem Ruder. Wir surfen mit einem Wellenkamm vorwärts. Zwischen zwei Buhnen scheint ein Sandstrand zu sein. Hart setzt das Schiff auf die äußere Sandbank auf, kommt aber sofort frei und ist noch steuerfähig. Dann schlagen wir auf der zweiten Sandbank quer. Hier hilft nur noch, sich eisern festzuhalten. Drei, vier Brecher gehen über uns hinweg. Ihre Wucht ist unheimlich. Dann sind wir im flachen Wasser. HENRIETTE liegt einen Meter vom Ufer entfernt auf der Seite. Die Mannschaft ist noch vollzählig, und am Schiff sind keine Schäden zu erkennen."

Die Bewohner der umliegenden Häuser helfen der Crew beim Ausräumen des Bootes, und eine halbe Stunde nach der Strandung erscheint eine Gruppe des Seenotrettungsdienstes aus Wustrow zur Unterstützung. Mit Hilfe einer Winde wird die HENRIETTE, die hoch und trocken am Strand zwischen Dierhagen und Neuhaus liegt, mit dem Bug gegen die See gedreht. Hier liegt die kleine Yacht eine Woche und wird dann über den Sand ins Wasser zurückgeschleppt.

Die HENRIETTE ist durch die Strandung nahezu unbeschädigt geblieben. Nur auf einem kurzen Stück der Außenhaut ist das äußere Laminat durchgescheuert. Wasser ist nicht in den Verbundwerkstoff eingedrungen. Der Schaden läßt sich mit etwas Kleber und Glasmattenstückchen schnell beheben.

Sicher wäre es nicht zu dieser Strandung gekommen, wenn beim Segeln nicht die komplizierten Bedingungen des begrenzten Seeraumes bestanden hätten und es nicht das verständliche Bestreben der Crew gewesen wäre, in jedem Falle und zeitgerecht Warnemünde zu erreichen. Denn nur dort winkte die Möglichkeit, die Erlaubnis zu weiteren Seetörns im Rahmen der einzigen Regattaveranstaltung der DDR für Seekreuzer erhalten zu können. Bei starkem oder stürmischem Wind aus West hätte sie anderenfalls auch weiter auf die freie See hinauslaufen oder anstatt aufzukreuzen ablaufen können.

Werner Gilde zieht aber noch weitere, auch für uns Segler ohne begrenzte Fahrbereiche nützliche Lehren aus dieser Strandung:

● „Wir segelten nur mit der Fock, weil das Großsegel so stark gerefft werden mußte und dadurch keinen Vortrieb mehr brachte. In Zukunft würde ich aber immer einen Fetzen vom Sturmsegel stehen lassen, um eine größere Sicherheit zu haben, falls ein Segel ausfällt.

● Es ist unmöglich, mit einem vorschriftsmäßigen Schwimmkragen im Sturm an Deck zu arbeiten.

● Wenn die Strandung nicht mehr zu vermeiden ist, sollte man möglichst direkt auf den Strand zuhalten. Dann besteht die Aussicht, Buhnen oder sonstigen Hindernissen auszuweichen." (Diese Erfahrung gilt aber wohl nur für Kunststoffyachten mit gewachsenem Kiel oder Stahlboote, weil bei den üblichen Serien-Seekreuzern aus jollenähnlichen Kunststoffrümpfen mit untergebolzten Ballastflossen aus Stahl der Kiel abreißen könnte und der so beschädigte Rumpf mit Lebensgefahr für die Crew weit vor dem rettenden Strand sinken würde.)

● „Die Sandwich-Konstruktion der Henriette bewährte sich großartig. In schwerer See dämpft diese Bauweise die Geräusche und gibt der Freiwache Ruhe. Bei der harten Beanspruchung in der Brandung traten überhaupt keine Schäden auf."

Eine gut gebaute Kunststoffyacht bleibt also auch bei einer Strandung auf weichem Untergrund die gleiche „verkorkte Flasche", als die sie auch auf See sicher ist.

In der Grundsee gestrandet — in der Brandung ertrunken

Am Wattrand der deutschen Nordseeküste liegt eine gefährliche Tiefenschwelle. Die Fahrrinne durch dieses Flachwassergebiet ist zwar betonnt. Aber bei schwerem Wetter und dunkler Nacht findet nicht jede Crew die Einsteuerung sofort. Der belgische Skipper Guellette verlor bei einem solchen Einlaufversuch nicht nur seine Yacht. Auch seine Frau und sein fünfjähriger Sohn fanden in der Brandung den Tod.

Das Dovetief ist ein rechtwinklig verlaufender Grund von weniger als 1 m Tiefe bei Niedrigwasser, der etwa 1 sm nordwestlich von Norderney liegt, genau zwischen der ausgetonnten nordöstlichen und nordwestlichen Zufahrt zum Inselhafen. Unmittelbar seewärts von ihm liegt das 10 m tiefe Fahrwasser der Nordsee, und bei auflandigem Wind wie bei starkem Tidenstrom steht an der Tiefenschwelle natürlich eine steile Grundsee, die in Küstennähe schnell in eine Brandungskette übergeht.

Der belgische Skipper Francis Guellette aus Namur war am Morgen des 10. August 1982 mit seinem kleinen Seekreuzer von etwa 8 m Länge aus Helgoland ausgelaufen, um nach Hause zurückzusegeln. An Bord waren seine Frau Annemarie (37), Tochter Dominique (10) sowie die Söhne Fabien (5) und Pierre (12).

Nach Meinung der Wasserschutzpolizei auf Norderney war die Yacht ein durchaus seegängiges Schiff, das 27 m^2 Segel führte und mit einem Außenborder ausgerüstet war. Auf seiner Rückreise hatte das Boot am Vormittag die Tide, am Nachmittag den Wind gegen sich. Der Nordwest blies am Abend mit Bft 4 bis 5 gegen den Strom, so daß die See steil wurde.

Es ist nicht geklärt worden, ob der belgische Skipper Norderney als Zwischenhafen anlaufen oder während der Nacht in Küstennähe weiter westlich segeln wollte, als die Yacht gegen 2100 Uhr nördlich des Dovetiefs in eine aufkommende Grundsee geriet, die den Seekreuzer flach aufs Wasser drückte, dann kentern ließ und schließlich überrollte. Der Skipper hatte zum Zeitpunkt des Unglücks bereits die Besegelung eingeholt. Alle Mitglieder der Crew waren bei dem aufkommenden schweren Wetter an Deck und überstanden die Kenterung unverletzt.

Der Skipper bemühte sich anschließend, mit dem havarierten Seekreuzer weiter in die Brandungskette vor Norderney zu kommen. Dort verließ die Besatzung das Boot und versuchte, mit angelegten Schwimmwesten an den rettenden Strand zu gelangen. Der Vater hatte dabei seinen fünfjährigen Sohn im Arm.

Dominique erreichte kurz vor Mitternacht als erste das Ufer und löste Alarm aus. Polizei, Rotes Kreuz und SAR-Hubschrauber wurden zur Suche und Rettung eingesetzt. Der Vater erreichte Norderney etwa 20 Minuten später. Der kleine Fabien in seinen Armen war jedoch bereits tot. Gegen 0630 Uhr fand man Pierre am Strand. Er lebte noch und wurde zu Vater und Schwester ins Krankenhaus gebracht. Zehn Minuten später entdeckten die Rettungsmannschaften auch die Mutter. Alle Wiederbelebungsversuche aber waren erfolglos.

Es bleibt unverständlich, warum Skipper Francis beim Stranden keine roten Notsignale gab. Dann hätten die Rettungsmaßnahmen eher eingeleitet werden können. Waren die Raketen naß geworden – oder gar keine an Bord?

Reffe die Segel und meide die Kaps!

Ein erfahrener französischer Langfahrtskipper gab mir vor vielen Jahren einmal das Wort mit auf den Weg: „Willst du als Segler alt werden, dann reffe die Segel rechtzeitig und meide die Kaps." **Eine gewichtige Forderung, die auch die Vorsicht vor der Gefahr der Strandung einschließt.** Betrachten wir unter diesem Gesichtspunkt die Strandung von Seglern, beginnend mit der wohl frühesten Schilderung durch den Apostel Paulus um das Jahr 60 unserer Zeitrechnung, die wir in der Bibel finden, bis hin zur Auszeichnung eines Seglers mit der „Blue Water Medal", die er in unseren Tagen nicht für schnelles und abenteuerliches Segeln, sondern für die zähe und verbissene Reparatur seiner gestrandeten Yacht erhielt.

Von der ersten Strandung berichtet die Bibel

Den ersten Bericht über einen Sturm und eine Strandung verdanken wir dem Apostel Paulus und seiner Beschreibung in der Apostelgeschichte, Kapitel 27. Um das Jahr 60 unserer Zeitrechnung wurde Paulus als Staatsgefangener von Palästina nach Rom gebracht. Eine solche Segelreise dauerte damals nicht nur lange, sie fand auch in verschiedenen Etappen statt. Kurze Strecken wurden dabei mit kleinen, längere mit größeren Schiffen zurückgelegt, und auch aus Gründen der Verproviantierung mußte man mehrfach Station machen. Vielfach gab es auch einen „Zubringerverkehr" zu den Haupthäfen, von denen aus ein „Linienverkehr" mit der Hauptstadt des römischen Reiches bestand. Wenn Gegenwinde die Fahrt verzögerten oder gar die Reise in die Winterzeit fiel, suchte man für kürzere oder längere Zeit einen passenden Schutzhafen auf.

Der Kapitän des alexandrinischen Seglers, auf dem der Apostel Paulus fuhr, wollte in Kreta überwintern. Er wollte jedoch nicht den nächstgelegenen Hafen anlaufen, sondern mit dem günstigen ablandigen Südwind noch ein Stück an der Nordküste der Insel entlangsegeln.

Als der Wind jedoch wieder auf Nordost drehte, die hier eigentlich vorherrschende Windrichtung, lag der Segler vor Kretas Küste nicht nur auf Legerwall, er konnte auch ohne Gefährdung keinen Ankerplatz mehr anlaufen. Mit Mühe holten daher die Seeleute ihren „Kahn", das Beiboot, an Bord, bargen die Segel und ließen sich treiben. Am dritten Tag warf die Mannschaft einen Teil der Ladung und Ausrüstung über Bord, um das Schiff zu leichtern und den Freibord zu erhöhen. Die Drift ins Ungewisse bei schwerem Wetter und ohne Sicht von Sonne oder Sternen dauerte dann noch weitere zehn Tage, und die aus Fahrgästen, Soldaten und Seeleuten bestehende Besatzung von 276 Personen litt unter der Seekrankheit, so daß sie Paulus ermahnen mußte, zu ihrer Stärkung endlich wieder Nahrung zu sich zu nehmen.

In der 14. Nacht ihrer Drift, im „Adria-Meer", wähnten sich die Seeleute in Landnähe und „senkten den Bleiwurf ein". Die Lotungen ergaben zunehmend flacheres Wasser, und da sich alle vor einer Strandung bei Nacht fürchteten, „warfen sie hinten vom Schiffe vier Anker und wünschten, daß es Tag würde".

Als es dann hell wurde, versuchten die Seeleute, das Beiboot zu Wasser zu lassen und sich damit an Land und in Sicherheit zu bringen. Paulus erkannte, daß er mit den Soldaten, die ihn bewachten, und den übrigen Passagieren auf dem Schiff zurückbleiben sollte und dann wahrscheinlich ertrinken würde. Deshalb überredete er die Soldaten, die Flucht der Matrosen zu verhindern. Sie kappten den Festmacher des Beibootes und ließen es treiben. Dann warfen sie die restliche Ladung ins Meer, kappten auch die Ankertaue, lösten die Zurring des Ruders, trimmten die Segel und fuhren in eine Bucht hinein, wo sie strandeten. „Das Vorderteil des Schiffes blieb fest und unbeweglich stehen, aber das Hinterteil zerbrach von der Gewalt der Wellen."

Die Schiffbrüchigen erreichten schwimmend oder an die Trümmer des Schiffes geklammert den rettenden Strand. „Und da wir gerettet waren, erfuhren wir, daß die Insel Melite hieß", berichtet Paulus, das heutige Malta. Mindestens 600 sm muß Paulus vor fast 2000 Jahren in der vierzehntägigen Irrfahrt gedriftet sein; das ist eine Driftgeschwindigkeit von knapp 2 kn. Und wie das Leichtern in solchen Notfällen zum Tagewerk der Seeleute gehörte, gab es Strandläufer und Taucher, die Ladung und Geräte gestrandeter Schiffe sammelten und bargen und an einigen berüchtigten Kaps oder gefährlichen Inselbuchten sicher nicht schlecht davon lebten.

Strandung im Wintersturm

Die FIGARO III war eine der bekanntesten Hochsee-Rennyachten in den 60er Jahren. Unter Führung ihres damaligen Eigners William Snaith gewann die 14,35 m lange Yawl das Rennen Bermuda − Marstrand 1960 und zahlreiche andere Seewettfahrten.

Im Februar 1979 strandete die inzwischen verkaufte und in FOOLSCAP umgetaufte Yacht auf ihrer Überführungsfahrt von Europa nach Amerika an der marokkanischen Atlantikküste, während sie dort einen Wintersturm unter Motor abwettern wollte. Die zweiköpfige Überführungscrew erreichte den Strand auf einem Rettungsfloß und wurde dort von Angehörigen einer gegen das Königreich Marokko kämpfenden Befreiungsbewegung verhaftet. Durch die kriegerischen Verhältnisse war ein Abbergen der Yacht nicht möglich. Die berühmte Yawl wurde ein Opfer der See.

89

Totalverlust vor Helgoland

In der Nacht zum 4. Oktober 1981 strandete vor Helgolands Düne die 10 m lange englische Segelyacht HONESTLY MAID aus Portsmouth. Nach Angaben der beiden jungen britischen Segler, die von einem Seenotkreuzer geborgen wurden, fiel der Motor beim Einlaufen aus. Die Yacht trieb manövrierunfähig auf die Düne, streifte dabei die Mole und wurde mit schweren Beschädigungen in der Kunststoff-Außenhaut zum Totalverlust. Beide Besatzungsmitglieder wurden unverletzt geborgen.

Die „Blue Water Medal" für eine Rettung nach der Strandung

Der Schwede Gösta „Guss" Eriksen aus Göteborg (übrigens Schlagmann des Universitäts-Achters aus Washington, der bei den Olympischen Spielen 1936 in Berlin die Goldmedaille gewann) verlor seine 12-m-Kunststoffketsch SISANG im Januar 1976 im Randgebiet des Pazifiks. Sie strandete auf der Insel Palawan nördlich von Borneo in einem Taifun und wurde von den riesigen Wellen 500 m von der Wasserscheide entfernt über die Korallenriffe hinweg in einen kleinen Palmenwald verschlagen. Die Yacht wurde ein Opfer des nicht vorhergesagten Wirbelsturms, der über 800 Menschenleben forderte. Nachdem ihn sein Miteigner verlassen hatte, reparierte Gösta Eriksen nicht nur seine beschädigte Yacht. Er brachte es auch fertig, sie mit Hilfe der einheimischen Bevölkerung wieder den weiten, beschwerlichen Weg ins Wasser zu bringen und sie anschließend zu einer nahen Schiffswerft zu verholen, wo die SISANG wieder so gut instand gesetzt werden konnte, daß Eriksen sie nach Schweden zurücksegeln konnte.

Hierfür verlieh dem in Seattle (USA) geborenen Skipper der Cruising Club of America (CCA) die „Blue Water Medal" 1977. Es war nicht die erste Rettungstat, die die amerikanische Blauwasser-Jury auszeichnete, aber die erste Rettung, die ausschließlich einer havarierten Yacht und nicht gleichzeitig auch ihrer geretteten Crew galt.

Ein folgenschwerer Navigationsfehler

Einer der größten Seekreuzer der Welt, die englische CONDOR OF BERMUDA, deren Großmast die stattliche Höhe von 35 m hatte, strandete am 1. Juli 1981 auf dem kleinen Riff Teti Aroa im Pazifik, vor dem Atall, das Marlon Brando gehört. Mit einer Crew von elf Personen war die Slup nach einer mehr als feuchtfröhlichen Abschiedsfeier am Abend aus Papeete ausgelaufen und hatte das ungewöhnliche Kunststück fertiggebracht, auf ihrem

2700 sm langen Schlag von Tahiti zu ihrem Ziel Hawaii bereits nach kurzer Zeit das einzige kleine Riff vierkant zu rammen, das auf diesem Kurs gefährlich werden konnte. Wie durch ein Wunder wurde bei dieser Strandung, die als „echtes Massaker" bezeichnet wurde, niemand der Crew ernsthaft verletzt.

Ohne Zweifel war es ein schwerer, unverzeihlicher Fehler der Navigation, und man muß sich wohl fragen, in welchem zweifelhaften Zustand der Navigator und der Skipper nach all den Festlichkeiten waren, wenn ihnen das passieren konnte. Die Außenhaut der Yacht war auf einer Länge von 15 m und einer Breite von 2 m vollkommen zerstört. Die schweren Beschädigungen des Rumpfes reichten bis tief in die Kajüte hinein. Den Mannschaften der Bergungsschlepper Aito und Aute gelang es jedoch, den Innenraum der mit nahezu 90° Schlagseite auf dem Riff liegenden Riesenyacht zunächst mit 200 Auftriebskörpern zu füllen, ehe sie vom Riff in tiefes Wasser gezogen und zurück nach Papeete geschleppt wurde. Hier wurde die Condor of Bermuda für umgerechnet eine Million Mark wieder instand gesetzt – ein teurer Spaß für Eigner Robert Bell.

Die Condor of Bermuda. Die Außenhaut wurde auf einer Länge von 15 m und einer Breite von 2 m vollkommen zerstört.

Drei Tote und drei Richter

In Zeitdruck liefen drei Segler am Silvestertag bei ungünstigen Wetterverhältnissen von Ibiza nach Genua aus. Ihre große Yacht strandete wenige Tage später vor Sardinien. Sie selbst wurden irgendwann und irgendwo im kalten Wintersturm des rauhen Mittelmeers über Bord gewaschen und ertranken. Taten die drei Richter recht daran, den Wintertörn einer üblichen Sommerreise gleichzusetzen und die Entscheidung des Skippers, angesichts der Wettersituation überhaupt auszulaufen, nicht als „grob fahrlässig" zu bewerten?

Florian Zeh ist gar nicht so wohl in seiner Haut, wie er es nach außen zur Schau trägt, als er am 29. Dezember 1980 zum letztenmal mit seiner Frau telefoniert. Er steht im Büro des vornehmen und teuren Yachthafens von Ibiza, von wo man die in langer Reihe an den Stegen liegenden Segel- und Motoryachten gut übersehen kann. Selbst hier drinnen ist das Heulen des Windes in der Takelage zu hören, vor allem aber das wilde Schlagen der Fallen gegen die Aluminiummasten, das sich nur im Sommer wie das unaufhörliche Läuten kleiner Glöckchen anhört. Mit den Augen sucht er seine Yacht, die ALPHA, während er gedankenverloren den schrillen Wiederholungen des Rufzeichens im Hörer lauscht.

Endlich meldet sich eine Frauenstimme. „Ja, hier auch", sagt Florian Zeh und fährt dann schnell fort: „Hier weht es immer noch Schusterjungen, und es ist kalt. Wir haben 30 bis 40 kn gemessen, und der Wind kommt nahezu unverändert aus Nordost, nur zeitweise etwas östlicher oder nördlicher, aber immer noch unverändert von vorn."

„Ich habe die Wetterberichte verfolgt", schaltet sich die Frau ein. „Das Sturmtief aus dem Löwengolf wandert jetzt über euch hinweg nach Nord-Algerien. Es soll sich langsam auffüllen. Überstürze nichts, Liebling, warte noch einige Tage ab."

„Wir werden kaum noch warten können", fällt ihr der Mann ins Wort. „Bis Genua sind es 500 Meilen direkter Kurs, man mag es drehen wie man will. Und am 5. Januar um zwölf Uhr mittags fällt der große Hammer, dann läuft unsere Bootsversicherung aus. Zu dieser Zeit müssen wir im Zielhafen sicher festliegen; denn dann tragen wir das Risiko allein, wie wir es abgesprochen und gewollt haben."

„Und wenn ihr dennoch den Küstenweg nehmt über Barcelona, Toulon und Nizza?" wirft die Frau ein. Ihre Frage klingt ängstlich, fast bittend.

„Die Distanz ist kaum länger, da hast du recht", entgegnet der Mann. „Aber wenn Mario und Antonio so viele Häfen in der Nähe wissen, werden sie immer wieder für eine Bauernnacht im Hafen plädieren, und dann werden wir am 5. Januar unser Reiseziel Genua nicht einmal in Sicht haben."

Als von der anderen Seite der Leitung keine Entgegnung kommt, fährt Florian Zeh fort: „Du weißt, Liebling, ich habe die Welt umsegelt und den Atlantik überquert, ich habe den C-Schein gemacht und einige Monate mit der Alpha im Mittelmeer gesegelt. Mario und Antonio, unsere italienischen Freunde, kennen die Segelei und das Seegebiet. Mach dir keine Sorgen!"

„Aber ihr seid jetzt nur zu dritt", versucht es die Frau noch einmal. „Im Sommer bis du mit einer Zehnmann-Crew gefahren. Du hattest genügend Hände für unsere fast 200 m^2 Segelfläche. Und ihr habt nur Tagestouren gemacht. Jetzt wird auch nachts gesegelt und gerefft werden müssen, und nur einer wird die Wache allein gehen. Soll ich nicht lieber doch die 4000 Mark Versicherungsprämie überweisen, damit du nichts überstürzen mußt?"

„Nein, bitte nicht", sagt der Ehemann nicht barsch, aber deutlich. Und er fügt dann versöhnlich hinzu: „Ich danke dir für deine Sorge. Aber Ibiza ist ein zu teures Pflaster, auch für die Alpha, und ich muß mich wieder dringend um die anderen Geschäfte kümmern. Spätestens morgen werden wir auslaufen, wie auch immer das Wetter dann sein wird. Denn unterwegs müssen wir ja auch mit den Wetterverhältnissen fertig werden, die auf uns zukommen. Erwarte uns am 5.! Ich freue mich! Und überlege dir, was wir mit der gesparten Versicherungsprämie machen können."

Und damit hängt er, wenn auch nicht leichten Herzens, so doch kurz entschlossen auf.

Anschließend bezahlt Florian Zeh die restlichen Hafengelder, läßt sich für das Ausklarieren durch den Zoll vormerken und geht den weiten Weg rund um das Hafenbecken zum Steg der großen Yachten zurück, wo auch die Alpha liegt. Einige Minuten lang läßt er seinen Blick über das auffällige Schiff gleiten: Mit seinen 16,45 m Länge und 4,08 m Breite gehört das Mahagoni-verleimte Holzboot zu den größten Yachten im Hafen. Man sieht der Alpha den Tiefgang von 2,10 m und ihren langen Kiel mit angehängtem Ruder in dem auch hier vom Seegang bewegten Wasser nicht an. Mit ihren 25 t Verdrängung ist sie ein schweres Schiff, und Florian Zeh war eigentlich nie klargeworden, warum die 1969 in Italien gebaute Yacht acht Jahre lang nutzlos auf Land gelegen hatte, ehe sie 1977 erstmals gesegelt wurde. Seit Anfang 1979 gehört sie Anja Zeh, und Florian ist ihr Skipper. Die Alpha ist kuttergetakelt und fährt ein Roll-Vorsegel. Ihr Sechs-Zylinder-Dieselmotor leistet 100 PS.

Florian Zeh wird durch das Geräusch eines aufgeschobenen Luks in seiner Betrachtung gestört. Es ist Mario, der seinen schwarzen Kopf herausstreckt und fragt: „Nun, was ist?"

„Ich habe den Zoll bestellt", ruft der Skipper hinüber. „Dann schlafen wir uns aus, und nach dem Hellwerden geht es ab."

Und so geschah es: Am 31. Dezember 1980 gegen 0730 Uhr lief die Alpha mit dem deutschen Skipper Florian Zeh und seinen italienischen Mitseglern Mario Mangini und Antonio Quinci in Richtung Mallorca aus dem Yachthafen von Ibiza aus.

Die Deutsche Welle hatte am 30. Dezember abends folgende Vorhersage bis 31. Dezember mittags verbreitet:

Golfe du Lion: Nordost 5 bis 6, gute Sicht
Balearen: Nordost bis Ost 7 bis 8, meist gute Sicht
Ligurisches Meer: östliche Winde um 5, gute Sicht
Westlich Korsika und Sardinien: östliche Winde um 6, gute Sicht
Tyrrhenisches Meer: östliche Winde um 6, später etwas abnehmend,
meist gute Sicht

Und dazu die Stationsmeldungen genannt:
Palma de Mallorca: Ostnordost 6, Lufttemperatur 12 °C
Marseille: keine Meldung
Genua: Nordost 5, 7 °C
Ajaccio: keine Meldung

Anja Zeh hielt in den folgenden Tagen von Genua aus vergeblich nach der ALPHA Ausguck. Es herrschten Winterstürme über dem Mittelmeer, aber sie wurde noch nicht unruhig. Schließlich kann keine Nachricht auch eine gute Nachricht sein, dachte sie, und wenn die ALPHA in diesem vorhersehbaren schlechten Wetter nicht hätte weiterlaufen können, würde sie vielleicht beigedreht oder ihr Fahrtenziel geändert haben.

Das hatte die Yacht auch, aber offenbar ohne die lenkende Hand ihrer Crew: Am 4. Januar sah gegen 0845 Uhr der Handelsvertreter Calderini, der mit seinem Wagen nahe der Stadt Iglesias an der Südwestseite Sardiniens unterwegs war, rein zufällig eine Yacht, die dicht vor der Küste mit Bug oder Heck gegen den sehr stark wehenden Wind lag.

Um 0930 Uhr des 4. Januar 1981 bemerkte die Hausfrau Ponti, als sie aus einem Fenster ihrer Wohnung in einem Vorort der Stadt Iglesias blickte, „einen runden, ziemlich umfangreichen Gegenstand, der auf dem Wasser schwamm und vom offenen Meer her in Richtung der Bucht von Porto Banda unterwegs war". Sie sah, wie dieser Gegenstand in heftigem Seegang gegen die Felsen an der Südküste der Bucht trieb, konnte aber auf diesem schwimmenden Gegenstand keine Personen erkennen.

„In der Tat dachte ich, daß es sich um eine treibende Boje handelte", sagte sie am 8. Januar vor einem der Carabinieri von der italienischen Polizeistation in Nebida bei Iglesias aus und antwortete auf eine weitere Frage: „Das Meer war furchtbar bewegt, und es wehte ein sehr starker Wind."

Der Facharbeiter Corticelli fuhr am 4. Januar gegen 1500 Uhr am Friedhof von Nebida entlang nach Hause, als er die vor der Küste angekommene

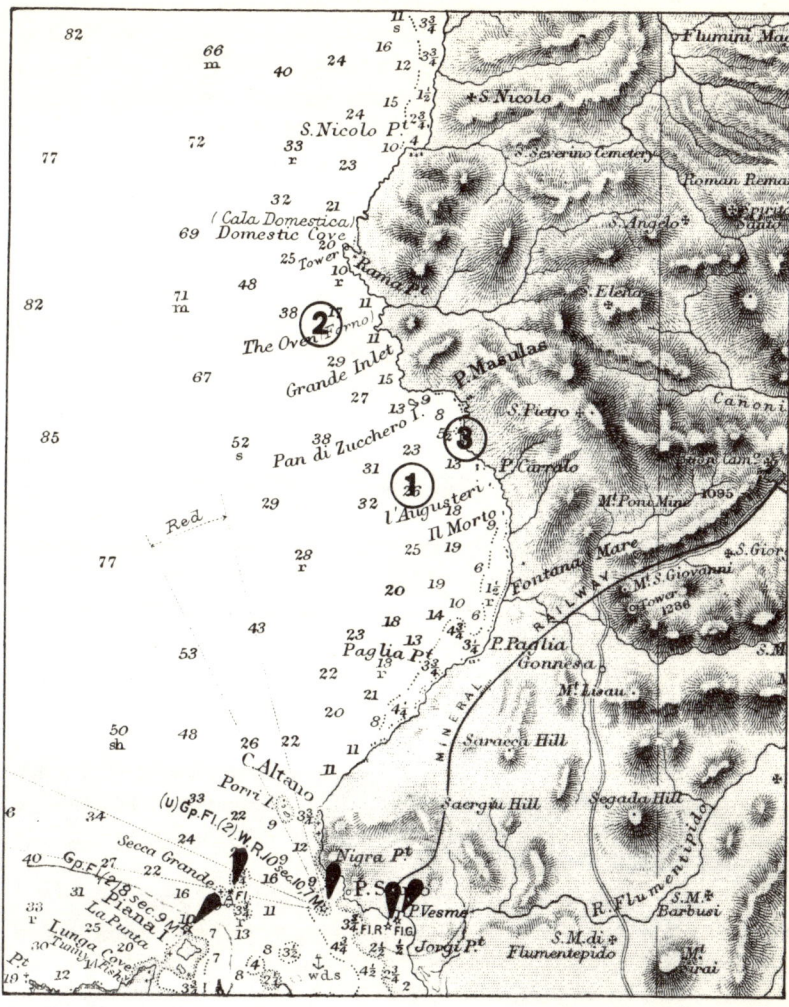

Die Strandungsstelle an der Westküste von Sardinien auf der britischen Seekarte 161.
① Der Standort der am 4. Januar 1981 um 0845 und 1500 Uhr gesichteten Yacht, Wassertiefe etwa 40 m.
② Der Standort der von einem Zeugen am 4. Januar um 1700 Uhr gesichteten Yacht, Wassertiefe etwa 40 m.
③ Die Strandungsstelle, die von einem Zeugen am 5. Januar um 1620 Uhr entdeckt wurde.
Die Position 1 liegt südlich der kleinen Insel Pan di Zucchero, die Position 2 etwa 2 sm nordwestlich der Insel, die Position 3 etwa 1 sm südöstlich von ihr. Die Wassertiefe unmittelbar an den Felsen, an denen die Yacht strandete, beträgt noch 10 m.

Yacht ebenfalls sichtete. „Es war ein hellfarbenes Schiff", sagte er am 8. Januar vor derselben Polizeidienststelle aus, „und mir kam es vor, als ob es ganz oder fast steht, wobei der Bug in Richtung Meer zeigte. Da ich am Steuer meines Autos saß, konnte ich nichts Weiteres beobachten." Das aber konnte der Rentner Angusto Ratti, der am 4. Januar gegen 1700 Uhr einen Spaziergang am Strand entlang machte: „Bei dieser Gelegenheit beobachtete ich etwa 2 km entfernt im Norden einen Mast, der offensichtlich zu einem Schiff gehörte, das ich aber wegen der Entfernung und wegen der stürmischen See nicht sah", gab er am 9. Januar zu Protokoll. „Ich blieb fast eine Stunde in dieser Gegend und wunderte mich, daß der Mast stets in der gleichen Position, aber in senkrechter Stellung blieb. Trotz der Dunkelheit waren die Lichter nicht eingeschaltet. Aus diesem Grunde bezweifle ich, daß sich Personen auf dem Schiff befanden."

Als am 5. Januar der Arbeiter Gianoli aufgeregt in der Carabinieri-Station Nebida erschien und dort von einer an der Küste gestrandeten und bereits schwer zerstörten hölzernen Yacht berichtete, nahm der Carabinieri-Marschall Horricino ein Protokoll auf und gab es sofort an das Seeamt in Carloforte, das Amtsgericht in Iglesias und seine übergeordnete Dienststelle weiter. Hierin heißt es:

„Am 5. Januar 1981 um 1620 Uhr meldete der Arbeiter Gianoli aus Iglesias, daß am Felsenriff Porto di Masua (Masulas) ein Schiff gestrandet und in viele Teile zerbrochen sei. Die ersten Ermittlungen ergaben keine Möglichkeit, die Herkunft des Schiffes sowie die Anzahl der Besatzungsmitglieder oder die Art der eventuell beförderten Waren festzustellen. An Schiffsteilen sind der Name Alpha und ihr deutscher Heimathafen zu erkennen. Es laufen Suchaktionen zur Rettung von Personen oder zur Bergung von Leichen und zur Sicherstellung von Materialien. Die Behörde des Heimathafens ist von der hiesigen Dienststelle verständigt worden."

Als auch in den folgenden Tagen weder die Besatzung noch ein Rettungsfloß gefunden wurden, wurde die Akte für das italienische Strandamt geschlossen.

Dafür meldet sich am 12. Januar 1981 Anja Zeh bei ihrer Versicherung, teilt ihr den Totalverlust der Alpha durch Strandung an der Südwestküste Sardiniens mit und bittet, für die umgehende Auszahlung der Versicherungssumme in Höhe von 150000 DM zu sorgen. Am gleichen Tage übergibt sie ihrer Bank den Auftrag, nachträglich 5000 DM als erhöhte Versicherungsprämie für den Zeitraum vom 5. Januar 1981 bis 5. Januar 1982 zu zahlen, das heißt verspätet nicht nur die Prämie der ursprünglichen, ausgelaufenen Versicherung, sondern die erhöhte Prämie für eine im Sommer 1980 von der Versicherung neu vorgeschlagene, von Anja Zeh aber bisher weder akzeptierte noch unterschriebene Neuversicherung.

Die deutsche Versicherungsgesellschaft lehnt jedoch die Zahlung der Versicherungssumme aus zwei grundsätzlichen Gründen ab: Zum einen macht sie geltend, daß die ALPHA erst *nach dem 5. Januar 1981, 1200 Uhr,* verunglückt sei, weil die Strandung erst am gleichen Tage *um 1620 Uhr* von dem Zeugen Gianoli bei der Polizei gemeldet wurde und der Totalverlust damit *nach Ablauf* des Versicherungszeitraumes eingetreten sei. Zum anderen sei sie entsprechend den Bedingungen von Wassersport-Kasko-Versicherungen für Sportboote von der Leistung frei, weil die Besatzung der Yacht ALPHA deren Totalschaden durch grobe Fahrlässigkeit verursacht habe.

Uns sollen hier nicht die versicherungsrechtlichen Überlegungen interessieren, die sich um das Datum der tatsächlichen Strandung und um vorangegangene, aber abgebrochene Vertragsgespräche drehen. Es mag genügen, daß das Gericht in seinem Urteil feststellte: „Die Havarie bzw. der Schadensfall hat sich *vor dem Ablauf* des entsprechenden Versicherungsvertrages, das heißt *vor dem 5. Januar 1981, 1200 Uhr,* ereignet."

Als der Zeuge Gianoli die genannten etwa vier Stunden nach 1200 Uhr die gestrandete Yacht entdeckt habe, „habe bereits so viel Kleinholz auf dem Strand herumgelegen, wie es gewöhnlich in mehr als vier Stunden nach der Strandung eines Holzschiffes entstehe". Die Versicherung wurde daher zur Zahlung der vollen Summe verurteilt.

Wir wollen uns hier nur mit den nautischen Aspekten einer Winterreise durch das Mittelmeer beschäftigen, die von der Versicherung als grob fahrlässig eingestuft wurde. Auch diese Begründung wies das Gericht zurück. Nach seiner Meinung war der Totalschaden der ALPHA nicht durch grobe Fahrlässigkeit verursacht worden. Bei dieser Entscheidung stützte sich das dreiköpfige Gericht allein auf eines seiner Mitglieder, das „insbesondere im Mittelmeerraum aktiver Fahrtensegler mit entsprechender Erfahrung und Qualifikation und als solcher Obmann für das Seesegeln im Vorstand eines auf diesen und anderen Gebieten hervortretenden Segelvereins war, so daß dieser Richter seinen Kammerkollegen seine Sachkunde in dem für diesen Rechtsstreit interessierenden Umfang vermitteln konnte".

Natürlich liegt es uns Seglern am nächsten, jeden anderen Skipper vom Vorwurf einer groben Fahrlässigkeit freizusprechen, weil dadurch finanzieller Schaden von einem Mit-Skipper und seinen Angehörigen abgewendet und der wesentlich finanzkräftigere Konkurrent, nämlich die Versicherung, zum Aderlaß verurteilt wird. Aber handeln wir dadurch wirklich im Sinne aller anderen Segler?

Lassen wir einmal dahingestellt, daß die ausgezahlten Versicherungssummen auch durch unsere Prämien angesammelt werden und daß von uns desto mehr zu zahlen ist, je mehr Geld in einem Schadensfall für eine erfolgreich bestrittene grobe Fahrlässigkeit auszuschütten ist. Bedenken wir aber, daß wir durch sichere Törnplanung und nautisch einwandfreie Durchführung von Langfahrten die Schwelle der groben Fahrlässigkeit mitbestimmen.

Je später (juristisch gesehen) solches schuldhaftes Verhalten eines Yachtskippers, dem sich oft mehrere Personen vertrauensvoll unterordnen, beginnt, desto mehr regen wir unsere Führerschein-Skipper zur Nachahmung solcher riskanten Reisen wie die der ALPHA an. Je früher wir diesen juristischen Begriff der groben Fahrlässigkeit setzen, auch wenn dies in manchen Einzelfällen finanzielle Einbußen (meistens für die Erben oder Hinterbliebenen) bedeutet, desto mehr legen wir diesen kritischen Grenzbereich des Yachtsegelns in eine besser begreifbare Nähe aller derjenigen, die sicherheitsbewußt segeln wollen und nach entsprechenden Maßstäben (auch in einer tragischen Unfallpraxis) für verantwortungsbewußtes Handeln suchen. Nur in diesem Sinne möchte ich meine folgenden Überlegungen verstanden wissen. Es gibt viele vereidigte Sachverständige für das Yachtsegeln, vorwiegend Ingenieure für den technischen und Kapitäne der Berufsschiffahrt für den nautischen Bereich. Sie sind für diesen Unglücksfall nicht befragt worden. Meines Wissens hat das Gericht auch keine erfahrenen Segler (mit oder ohne die obengenannten Qualifikationen) gehört, um tatsächlich alle relevanten Ursachen des Totalverlusts der ALPHA zu erforschen.

So heißt es beispielsweise, für mich in vielen Passagen unbegreiflich, im Landgerichts-Urteil über die ALPHA-Strandung: „Nach Auffassung der Kammer ist es *nicht bereits grob fahrlässig,* im fraglichen Seegebiet in der weiteren Umgebung des Golfe du Lion zwischen den Balearen und Sardinien *im Winter zu segeln.* Zugunsten der Auffassung der beklagten Versicherungsgesellschaft läßt sich zwar eine in der Literatur von einem bekannten hiesigen Segler (Joachim Schult, Yachtunfälle und wie man sie vermeiden kann, 1982, Seite 155 ff, 159−160) vertretene Ansicht anführen, wo es heißt: *‚Der Löwengolf ist eines der wenigen Entstehungsgebiete von Tiefdruckgebieten und Sturmtiefs auf beiden Seiten des Atlantiks, insbesondere in den Wintermonaten. Er gehört damit zu den in dieser Jahreszeit gefährlichsten Revieren der Welt. Eine Yacht sollte in seiner Nähe zu dieser Jahreszeit auch kurzzeitige Törns nicht unternehmen.'*

Diese in Vorsichtsaspekten begründete Ansicht ist jedoch nicht Allgemeingut oder allgemein nachvollziehbar für diejenigen, *die mit entsprechender Erfahrung und Qualifikation (mindestens BK-Schein des Deutschen Segler-Verbandes) vor der Entscheidung stehen,* im Winter einen Törn in dem hier fraglichen Seegebiet zu unternehmen. Die für die Beurteilung dieser Frage maßgebliche Sachkunde der Kammer ist bereits festgestellt worden.

Ebenso wie andere Sportler *nehmen auch Segler gewisse Gefahren in mehr oder weniger großem Umfang in Kauf, zum Beispiel die Sturmgefahren durch den Meltemi in der Ägäis,* die Bora in der Adria und den Mistral im Umkreis des Golfe du Lion. Eine gewisse Sturmhäufigkeit in bestimmten Monaten mit den entsprechenden Auswirkungen auf den Seegang und den daraus resultierenden Gefahren steht einer seglerischen Betätigung nicht von vornherein oder generell entgegen. *Speziell im westlichen Mittelmeer wird trotz der bekannten Sturmgefahren auch im Winter gesegelt, wobei es sich nicht um Fälle einzelner handelt, die sich über die einleuchtenden und bekannten Regeln der Seemannschaft hinwegsetzen,* sondern um vernünftige, diese Regeln beachtende, teilweise sogar ausgezeichnete Segler.

Soweit von der Versicherung die langjährige *Sturmhäufigkeit im Dezember in Prozent aller Windbeobachtungen in diesem Gebiet (12,5 %)* vorgetragen wird, kommt es hierauf nicht an, da die ALPHA *erst am 31. 12. 1980 den Hafen von Ibiza verließ.* Vielmehr mußte der Skipper der ALPHA erst *für die Zeit im Januar mit deren Sturmhäufigkeit rechnen, die nur bei 6,5 % aller Windbeobachtungen* und damit sehr viel niedriger lag, *ähnlich wie im Mai (7 %) oder im Juni (6,5 %).* Es handelt sich somit um generell von allen Seglern in den zahlreichen Yachthäfen im Bereich des Golfe du Lion, denen nicht allesamt Verstöße gegen die Seemannschaft vorgeworfen werden können, in Kauf genommene Werte.

Auch in bezug auf Eigenschaften und Ausrüstung der Yacht, *die Erfahrung, Qualifikation und Stärke der Mannschaft und die Törnverlaufsplanung kann die Entscheidung des Skippers nicht als grob fahrlässig angesehen werden. Die ALPHA übertrifft schon von ihren Maßen her weit das übliche und für derartige Törns mit Sturmrisiko für erforderlich gehaltene Maß.*

Entsprechendes gilt für ihre dargelegte Ausrüstung einschließlich *des von der Leistung her überdimensionierten Maschinenantriebs,* wobei eine *bessere Ausstattung mit Funkanlagen für Wettervorhersagen auf der zeitlich überschaubaren Distanz* bis zum möglichen Erreichen von Landnähe im Raum Sardinien/Korsika *seemannschaftlich nicht allgemein zu verlangen ist.*

Die von ihrer Erfahrung und *Qualifikation her spitzenmäßige Besatzung war auch ausreichend.* Die Stärke von drei Mann kann zwar in Anbetracht der ungefähr zu erwartenden Gesamtlänge des Törns, der wettermäßigen und der jahreszeitlich bedingten niedrigen Außentemperaturen nicht als optimal angesehen werden im Hinblick auf wünschenswerte Freiwachen nach personeller und zeitlicher Einteilung. Hierbei handelt es sich jedoch nicht um die Nichtbeachtung von Regeln der Seemannschaft mit allgemeiner Verkehrsgeltung. *Vielmehr sind die Ansichten und Differenzen über Crewgrößen in Seglerkreisen höchst unterschiedlich,* wenn man zum Beispiel an Einhandsegler denkt, die allerdings mit Selbststeueranlage ausgerüstet sind, oder an Zwei-Personen-Crews unter schwierigsten äußeren Bedingungen, die in Fachkreisen trotz *im größeren Umfang in Kauf genommener Risiken sogar ausgezeichnet werden (vergleiche beispielsweise den Bericht ‚Mit der SCI-*

ROCCO II über die Nordsee', ‚Nautische Nachrichten' der Kreuzer-Abteilung des DSV, 2/83, Seite 39−41).

Die Törnverlaufsplanung selbst erscheint vertretbar, unabhängig von der Frage, wie diese Planung im Detail aussah. Sie beinhaltet demnach auch die Möglichkeit, nach Verlassen des Landschutzes von Menorca den Kurs bei eventuell auftretenden Schwierigkeiten in Richtung auf die Südwestküste von Sardinien abzusetzen, die sich in der kürzest möglichen Entfernung von Menorca aus befindet (und nicht das ursprüngliche Fahrtenziel Genua anzusteuern).

Auch bei zusammenfassender Würdigung der dargelegten gefahrbeeinflussenden Momente − hier insbesondere zahlenmäßig nicht optimale Mannschaftsstärke bei jahreszeitlich niedrigeren Außentemperaturen, nicht auszuschließender Sturmgefahr und Länge des mindestens ohne Landschutz zurückzulegenden Etmals − *stellt sich das Überführungsvorhaben nicht als grob fahrlässig dar.*

Entsprechendes gilt unter Berücksichtigung der konkreten Wettersituation bei der Entscheidung über das Auslaufen am 31. 12. 1980 und bei der danach erfolgten Entscheidung über das Verlassen des Landschutzes bei Menorca. *Es kann sich nicht als grob fahrlässig darstellen, wenn die hervorragend spezifiziert aufgegliederten einschlägigen Wettermeldungen und Vorhersagen der Deutschen Welle keinen besonderen Anlaß zur Besorgnis bieten. Die Besatzung der ALPHA war nach den Regeln ordentlicher Seemannschaft nicht verpflichtet, die Wetterberichte (einer anderen Station) zu hören, die ersichtlich den engeren und weither sturmbetroffenen Bereich des Golfes du Lion betreffen.*

Auch hinsichtlich des Verhaltens der Besatzung im Sturm ist der Vorwurf der groben Fahrlässigkeit nicht begründet. Die von der Beklagten ausgeführten Sturm-Verhaltensmaßregeln wie zum Beispiel vor Topp und Takel lenzen usw. entstammen zwar dem in Verkehrskreisen allgemein bekannten seemannschaftlichen Wissen. *Konkrete Anhaltspunkte, in welcher Weise die Besatzung der ALPHA unbegründet solche Regeln der Seemannschaft mißachtet haben soll, liegen jedoch nicht vor.* Ebenso steht nicht fest, ob ein Unfall oder eine Havarie nicht bereits lange vor der Strandung des Schiffes beispielsweise durch Beschädigung wichtiger Teile des Schiffes erfolgte, die die anschließende Hilflosigkeit von Besatzung und Schiff sowie dessen weitere Zerstörung zur Folge hatte."

Die hier vertretenen persönlichen Ansichten eines segelnden Richters haben „im Namen des Volkes" durch ein Urteil Rechtskraft erlangt. Dennoch bedürfen die von Richtern getroffenen Entscheidungen eines kritischen Kommentars, um vor allem andere Skipper im Mittelmeer davon abzuhalten, eine ähnliche, tödliche Fehlentscheidung bei einer winterlichen Törn-

planung zu treffen wie Florian Zeh, die ihm die Richter als „seemännisch vertretbar" bescheinigten:
● Segeln ist ein Sport, der im Sommer betrieben wird. Dabei sind Reisen vertretbar, die sowohl zur Zeit des nördlichen Sommers bis nach Grönland, Island oder Spitzbergen unternommen werden als auch im südlichen Sommer rund um Kap Hoorn, weil sie hier wie dort unter den typischen Wetterbedingungen des Sommers ablaufen können. Ihnen stehen die gefährlicheren Wetterbedingungen des Winters gegenüber.

Die möglichen Fahrtgebiete im Sommer sind zum Beispiel durch die Freibordzonen der Berufsschiffahrt international gesetzlich geregelt. Der Freibord ist bekanntlich hinsichtlich der Schwimmfähigkeit und Stabilität eines Schiffes von wichtiger Bedeutung für die Sicherheit auf See. Dementsprechend darf der Freibord im Sommer niedriger sein, das heißt, das Schiff darf mehr laden. Im Winter hingegen und für den dann üblichen höheren Seegang muß der Freibord, das heißt der Abstand zwischen der Ladewasserlinie und dem obersten wasserdichten Deck, größer sein. Jeder Segler kennt die Freibordmarken am Rumpf eines Handelsschiffes. Dementsprechend endet die übliche Segelsaison im Herbst und beginnt erst wieder im Frühjahr nach der Winterzeit.

Die Abbildung zeigt die Jahreszeitengebiete der Schiffahrt, die sinngemäß auch für Yachten gelten. Man erkennt, daß das Mittelmeer in der Zeit vom 16. Oktober bis 15. April zum Jahreszeitengebiet „Winter" gehört und dementsprechend auch für Segler als ein Gebiet zu beachten ist, in dem während

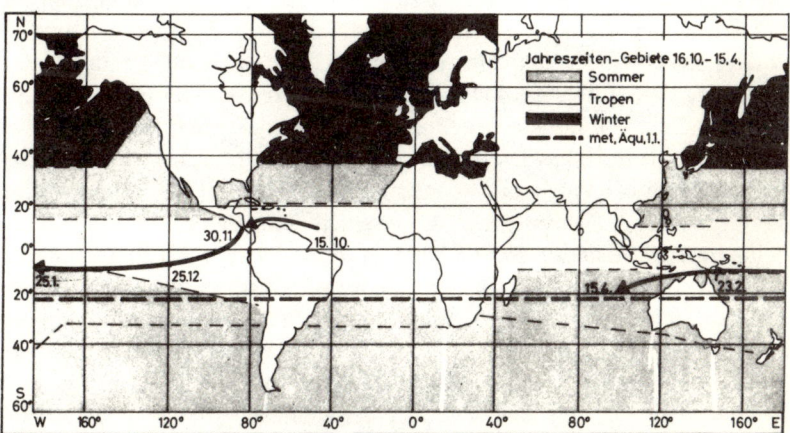

Eine Übersicht über die Jahreszeitengebiete der Schiffahrt zeigt, daß auch das Mittelmeer vom 16. Oktober bis zum 15. April als Wintergebiet zählt. Die in der Passatregion eingezeichnete Route eines Weltumseglers verläuft demgegenüber hauptsächlich in der Tropen-, nur selten in der Sommerzone, aber niemals im Wintergebiet.

dieser Zeit ein sicheres Fahrtensegeln nicht möglich ist. Die klimatischen Bedingungen am 1. Januar im Seegebiet zwischen Mallorca und Genua sind denen vom 10. November oder 25. Februar in der Nordsee vergleichbar. Kein Segler käme auf den Gedanken, zu diesen Zeiten gegen starken Nordwestwind zu den Shetlands auszulaufen. Müßte man eine solche Entscheidung nicht als grob fahrlässig bewerten? Nicht anders handelte unter den vergleichbaren Bedingungen der Skipper der ALPHA. Mehr darüber lesen Sie im Kapitel „Gefährliches Wintersegeln im Mittelmeer" ab Seite 344.

● Es ist unseemännisch und von größtem nautischem Risiko, bei einer Sturmtief-Wetterlage und bei einer für den Auslauftag vorhergesagten Windstärke 7 bis 8 eine Langfahrt über eine Distanz von etwa 500 sm anzutreten, und es ist meines Erachtens grob fahrlässig, selbst dann auszulaufen, wenn der stürmische Wind aus der Richtung weht, wo das Ziel ist, wenn also die Strecke von Beginn an aufgekreuzt werden muß. Die Nordsee mag bei einer Reise zu den Shetlands Ende Februar noch ein harmloses Seegebiet sein, weil sie nur geringe Wassertiefen um 50 m hat und sich ein sehr hoher Seegang nicht aufbauen kann. Bei vergleichbarer Windbahn ist der Seegang in dem zwischen Mallorca und Genua 2800 m tiefen Mittelmeer nicht nur erheblich höher und gefährlicher, sondern meistens für Segler tödlich, wie allein die im Kapitel „Gefährliches Wintersegeln im Mittelmeer" (Seite 344) geschilderten tödlichen Vorfälle zeigen. Ein Kreuzkurs belastet nicht nur Rumpf und Rigg besonders stark, er zehrt durch die Bewegungen im Seegang und die entsprechend schwierigere Arbeit auf dem gekrängten, nassen Deck die Kondition der Crew auch sehr viel schneller auf, als wenn man mit achterlichem Wind ablaufen würde.

● Der Risikofaktor Windkälte, der bei den meisten Unfällen zum Tod der Crew und zum Totalverlust des Bootes führt, ist vom Gericht überhaupt nicht beachtet worden. So bedeuten die Wettervorhersage für den 31. Dezember für die Balearen „Nordost bis Ost 7 bis 8" und die entsprechende Stationsmeldung von Palma am 30. Dezember „Ostnordost 6, Lufttemperatur 12 °C" und am 31. Dezember „5 °C" beispielsweise, daß die windbedingten Temperaturen zu dieser Zeit an Bord der ALPHA etwa − 4 °C betrugen und auf etwa − 7 °C anwachsen würden. Die Wassertemperatur lag zu dieser Zeit bei etwa 10 bis 11 °C auf der freien See − durch die bis in große Tiefen reichenden Umwälzungen der Wassermassen in den Winterstürmen nahezu die gleiche Temperatur wie in normalen Ost- und Nordsee-Wintern.

● Es spricht nicht für die Sachkunde der Kammer, wenn man mit Ablauf des 31. Dezember 2400 Uhr die Sturmhäufigkeit im Dezember = 12,5 % zu den Akten legt und vom 1. Januar 0000 Uhr an nur noch die sehr viel geringere Januar-Häufigkeit von 6,5 % in Ansatz bringt. Es ist auch nicht vertretbar, die Sturmhäufigkeit in einem Sommermonat ganz selbstverständlich mit dem gleichen statistischen Wert in einem Wintermonat gleichzusetzen. Einmal bewirkt der Faktor der Windkälte, daß ein Sommersturm von vergleichbarer Stärke mit einer Ausgangstemperatur von 25 °C (bei stehender Luft) nur zu einem geringfügig verminderten, aber vielleicht sogar angenehmen Wärmeempfinden von 22 °C führt, während man bei einem gleich starken Wintersturm das obengenannte Wind-Kälte-Gefühl von $-$ 4 bis $-$ 8 °C hat. Zum anderen besagen ja die Prozentwerte nur, daß man zum Beispiel im Monat Dezember an 93 Stunden und im Monat Januar an 47 Stunden mit Wind von über 8 Bft oder 35 kn rechnen muß. Das kann natürlich übergreifend sein, und schon wenige Stunden mit mehr als 8 Bft können tödliche Folgen haben. Tatsächlich herrschte (nach einem Gutachten des Deutschen Wetterdienstes) am 1. Januar 1981 im Seegebiet Balearen $-$ Sardinien Starkwind Stärke 7 und im benachbarten Golfe du Lion Sturm von Stärke 8. Dieses sich von Nordwest nach Südost verlagernde Sturmgebiet brachte spätestens am 4. Januar auch westlich von Korsika und Sardinien einen Nordnordwest-Sturm von Bft 8 bis 9.

● Diese negative oder sich nach ungünstigen Ausgangsverhältnissen schnell verschlechternde Wetterlage ist von der ALPHA durch mangelhafte Ausrüstung mit Rundfunk- oder Wetterempfängern offenbar nicht aufgefaßt worden. Oder die Yacht hatte von Beginn an keine Möglichkeit mehr, nach Norden Distanz zu gewinnen, und mußte aus diesem Grunde nach Osten ablaufen. Die etwa 340 sm lange Distanz nach Sardinien legte sie in etwa 100 Stunden, das heißt mit einer Fahrt von 3 kn zurück.

● Es ist müßig, an diese rechnerische Tatsache weitere Überlegungen zu knüpfen. Es muß hier nur auf Überlegungen aus dem Urteil hingewiesen werden, wo es heißt: „Die Überführung des Schiffes sollte nicht über den großen Umweg an der spanischen Küste entlang, wohin nur eine geringere Distanz über die offene See zurückzulegen gewesen wäre, sondern von den Balearen aus nach Italien führen. Möglicherweise wurde ein direkter Kurs nach La Spezia (Genua) abgesetzt, vorbei an den Balearen-Inseln Mallorca und Menorca und von da ab außerhalb des Landschutzes 44° Kartenkurs über Grund. Dieser nordwestlich an Korsika vorbeiführende, etwa 520 sm lange Weg ist beispielsweise bei Geschwindigkeiten von 5 kn in 104 Stunden, bei 6 kn in 87 Stunden, bei 7 kn in 74 Stunden, bei 8 kn in 65 Stunden, also in jedem Fall nur in mehreren Tages-Etmalen zurückzulegen."
Es zeugt wirklich nicht von Sachkunde, wenn man angesichts der herrschenden stürmischen Gegenwinde eine Durchschnittsfahrt von 8 kn über Grund zum Ziel annimmt und eine Reise von nur 65 Stunden als Möglichkeit in Betracht zieht. Absolut unrichtig ist es, die Überführung der ALPHA beispielsweise auf dem küstennahen Wege Ibiza $-$ Barcelona $-$ Port Vendres $-$ Toulon $-$ Nizza als „großen Umweg" zu bewerten. Tatsächlich ist diese Distanz

von 570 sm nur weniger als 10 % länger als der direkte Seeweg Balearen –
Genua, und es hätten an fast allen Reisetagen Häfen oder Nothäfen im Abstand
von oft nur drei bis vier Segelstunden zur Verfügung gestanden. Ein
verantwortungsbewußter Skipper hätte sich zweifellos nur für diesen Weg
entschieden, vor allem, wenn er tatsächlich die Erfahrung besaß, die dem Inhaber
eines DSV-Führerscheines seitens des Gerichts unterstellt wird.

● Als wichtigstes Argument für eine grobe Fahrlässigkeit muß jedoch gelten,
daß die ALPHA angesichts ihrer Größe, der Länge des beabsichtigten
Törns und der Jahreszeit unterbesetzt war. Die vom Gericht herangezogenen
Vergleiche mit (ausgezeichneten) Sommerreisen mit kleiner Besatzung,
die ohne Zeitdruck, meistens bei achterlichem Wind und vorwiegend auf der
Passatroute gesegelt wurden, sind hier nicht angebracht. Die ALPHA besaß
keine Selbststeueranlage. Dies bedeutet, daß sie rund um die Uhr von Hand
gesteuert werden mußte. Das sind rechnerisch täglich zwölf Stunden Arbeit
für jeden Mann an Bord, wenn man Wache, Navigation, Kochen und einige
wenige tägliche Segelmanöver auf drei Personen umlegt. Das System bricht
jedoch schnell zusammen, wenn eine Person ausfällt oder durch Leck, Havarie
oder andere unerwartete Ereignisse nur zwei Personen für das Schiff zur
Verfügung stehen. Immerhin hatte allein das Großsegel eine Fläche von
etwa 80 m², die kaum von zwei harten Männern bei diesem Wind und Seegang
bewältigt werden konnten. Es ist auch unerfindlich, wie die Richter die
umgekommenen Segler von ihrer angeblichen Erfahrung und Qualifikation
her als „spitzenmäßige Besatzung" bewerten konnten, obgleich sie keinen
der drei kannten.

● Wenn das Gericht die Reise der SCIROCCO II zitiert, wo ein „im größeren
Umfang in Kauf genommenes Risiko sogar ausgezeichnet" wurde, dann
kann ich darin nur sein Unvermögen bestätigt sehen, die riskante Winterreise
der ALPHA nautisch angemessen zu bewerten. Zugegeben, es gibt zwischen
mancher sportlich ausgezeichneten und mancher durch Sinken, Strandung
oder Tod nicht beendeten Reise auf den ersten Blick keinen Unterschied
als diesen: Die Reise mit der einen Yacht wurde erfolgreich beendet,
und die andere Yacht erreichte niemals ihr Ziel. Aber bekanntlich ist es immer
nur ein Schritt von „abenteuerlich" zu „tödlich". Und diese Spanne
hängt nicht nur von Glück oder Pech der Besatzungen, sondern meistens
auch von physischer und psychischer Kraft auf der einen und menschlichem
Versagen auf der anderen Seite ab. Die Übergänge sind fließend, und das
Glück beschränkt sich oft nur auf einen einzigen Fall, wie die tödlichen Unfälle
auch mit Medaillen ausgezeichneter Segler, die an anderen Stellen dieses
Buches beschrieben sind, nachhaltig beweisen.

● Wie man nicht Äpfel mit Birnen vergleichen kann, ist auch der Erfolg der
SCIROCCO II nicht mit dem Mißerfolg der ALPHA in Beziehung zu setzen: Die

kleinere SCIROCCO segelte vom 13. Juni bis 3. Juli 1981 mit zwei Personen und einer Selbststeueranlage von Scheveningen zu den Orkneys und zurück. Es war eine Reise, an der die gelegentliche Starkwindstärke West 6 bis 7 den vergleichenden Richter besonders beeindruckt haben mußte. Er übersah jedoch, daß es eine *Sommerfahrt* war, bei der sich die Temperaturbeschreibung des Skippers „kalt" auf übliche Sommertemperaturen bezog. Ihn beeindruckte auch nicht, daß der Törn *an einer Küste entlang* (wenn auch vielleicht in einem Abstand von gut 50 sm) führte und daß Not- oder Zwischenhäfen angelaufen werden konnten und wurden. Und er bewertete wenig, daß die SCIROCCO II *meistens raumschots oder zumindest mit halbem Wind* unter den Seebedingungen eines *flachen* Randmeeres lief. Ein gravierender Unterschied beider Reisen liegt besonders darin, daß *die Nächte während der Reise der SCIROCCO II nur etwa 6 Stunden 37 Minuten, unter Abzug der Dämmerung sogar nur 4 Stunden 41 Minuten lang waren, bei der ALPHA aber 14 Stunden 37 Minuten bzw. 13 Stunden 37 Minuten,* ihre Crew also in der dreifachen Zeit in der Dunkelheit segeln und arbeiten mußte. Der als Segler beratende und entscheidende Richter hat nicht verstanden, daß der Skipper Florian Zeh mit seinem Entschluß, am 31. Dezember 1980 auszulaufen, die Entscheidung traf, *eine Fahrt von der voraussichtlichen Dauer einer Woche unter den Wind-Kälte-Bedingungen um den Gefrierpunkt gegen einen von vorn kommenden stürmischen Wind während 60 % der Zeit in dunkler Nacht auf einem gefährlichen Tiefwasserrevier zu unternehmen.* Den letzten Beweis für die Tragik dieser Entscheidung, die auch seine beiden Mitsegler als „Abhängige" das Leben kostete, lieferte letztlich das Ergebnis: keine glückliche Heimkehr wie bei der SCIROCCO II und somit keine Goldmedaille, sondern die Yacht gesunken und das Leben vertan.

„Grob fahrlässig" kann ein dehnbarer und absolut strittiger Begriff sein. Nur wenn man den (vielen Seglern unsympathischen) Mut hat, eine leichtfertig geplante und nur aus diesem Grunde unglücklich verlaufene Reise als „grob fahrlässig" zu bezeichnen, werden wir Wiederholungen ähnlicher Unternehmungen verhindern. Ich verkenne nicht, daß zwischen einer gelungenen Fahrt, die hinterher als „riskant" bezeichnet wird, und einer mißlungenen Reise, die zum Verlust der Yacht und zum Tod ihrer Besatzung führte, oft nur ein winziger Unterschied besteht. Aber dieses Wenige an mehr Vorsicht, nachdenklicherer Planung, sichererer Navigation und besserer Seemannschaft müssen wir genauso herausarbeiten wie die Kettenreaktion möglicher kleinerer Mängel, die ja nicht nur zum Tod eines verantwortlichen Skippers (hier: Florian Zeh), sondern auch ganz zwangsläufig zum Tod der Besatzungsmitglieder (hier: Mario Mangini und Antonio Quinci) führen müssen.

In einer Stunde strandeten 28 Yachten

Ein Windsprung oder ein auflandiger und auffrischender Wind sind die häufigsten Gründe für Strandungen am Ankerplatz. Außer unter den Bedingungen tropischer Wirbelstürme sind solche Totalverluste von Yachten aber meistens vermeidbar. Unglücklich strandeten Nova Idea, Arcona und Kensho sowie in wenigen Stunden 28 Yachten am Cabo San Lucas im Pazifik. Die Skipper der Miracle und der White Cloud II berichten, warum sie von dieser Massenstrandung verschont blieben. Erich Neidhardt erzählt, wie er seinen Elefant nach einer Wirbelsturm-Strandung wieder herrichtete, Joe Pachanegg, wie er seine Sunrise im Schlaf verlor. Die gestrandete Firecrest rettete sich ohne ihren Skipper selbst.

Man könnte sich zur Regel machen: Ein Ankerplatz ist sicher, solange die Küste in Luv liegt, der Wind seine Richtung beibehält und das Wasser nicht tiefer als 10 m ist. Aber Fallböen von hohen Bergen in Luv oder eine nahe Leeküste schränken diese Regel bereits wieder ein, und wenn der Wind sich plötzlich dreht und dann noch See oder Dünung in eine Ankerbucht hineinstürmen, wird ein vorher gut gewählter und ursprünglich sicherer Ankerplatz schnell zu einer untentrinnbaren Falle.

Ich selbst habe in den vergangenen zehn Jahren in 367 verschiedenen Buchten und Häfen geankert (die Anzahl habe ich aus seemännischem Interesse genau festgehalten); gut ein dutzendmal bin ich mit meiner Frau dabei nur hart an einer Strandung vorbeigeschrammt – einer durch plötzlichen Windsprung, schlierende Anker in stürmischem Wind und gefährliche Winddrehung verursachten Gefahr, bei der uns glücklicherweise immer einige Sekunden mehr Zeit für Entscheidungen oder einige Meter mehr Raum zum Manövrieren blieben. Denn in indifferenten Situationen gingen wir auch mit unserer Zweimann-Crew lieber Ankerwache und verzichteten statt dessen auf etwas Schlaf, als in einer gemeinsamen warmen Bauernnacht mit dem Risiko des Erwachens bei Schiffbruch rechnen zu müssen.

Es gibt viele Beispiele von Strandungen am Ankerplatz, nach denen die Eigner und Skipper das Gefühl nautischen und menschlichen Versagens bis hin zu Selbstmordgedanken erleiden mußten. Bernard Moitessier hat es nach seiner ersten Strandung mit dem Verlust der Marie-Thérèse in die Worte gefaßt: „Ich fühle mich wie ein Einsiedlerkrebs, dem man sein Haus zertreten hat. Ich habe mich an meinem Schiff versündigt und die ewigen und unveränderlichen Gesetze der See übertreten. Ich habe in meinem Beruf versagt."

Nur die Versicherungen können manchem Skipper bei der Verarbeitung einer selbstverschuldeten Niederlage helfen, wenn sie ihm den durch höhere Gewalt eingetretenen Verlust seiner Yacht wieder ersetzen. Aber nicht alle

Eigner sind versichert, und nicht alle Strandungen erfolgen unverschuldet. So lagen beispielsweise in der Nacht vom 18. auf den 19. Juni 1985 der deutsche Seekreuzer EISBÄR II und die italienische Yacht NUOVA IDEA in einer Bucht an der Nordküste der griechischen Insel Othonoi nahe der Straße von Otranto vor Anker, als der bisherige Südwind, wie es beim Durchzug eines Sturmtiefs der Fall ist, plötzlich auf Nordwest drehte und schnell wieder auf 7 Bft auffrischte. In wenigen Sekunden wurde die Luvküste zur Leeküste, und im Schwojekreis der Yachten verringerte sich die Entfernung zur Küste von zuerst gut 100 m auf plötzlich nur noch eine Steinwurfweite.

Skipper Guldin von der EISBÄR II, einer Dufour 31, der allein an Bord war, gelang es trotz der Dunkelheit, sich unter Segel und Motor von der Küste freizukreuzen − allerdings mit dem Verlust seines Pflugscharankers samt 45 m Kette.

Dem Skipper der 22 m langen und mit 13 Personen besetzten NUOVA IDEA gelang dieses Notmanöver nicht mehr. Zwar versuchte er noch, einen zweiten Anker auszubringen und die Yacht unter Motor von dem felsigen Steilufer freizuhalten, aber alle eingeleiteten Manöver klappten in Hektik und Dunkelheit nicht mehr, und der italienische Schoner wurde innerhalb weniger Minuten zum Totalverlust. Die Crew war glücklich, wenigstens das nackte Leben gerettet zu haben.

Das gleiche Pech hatte Hein Mastmeyer, der aus meiner Heimatstadt stammt und neben dessen 10-m-Seekreuzer ARCONA wir während unserer gemeinsamen Fahrenszeit in der Karibik mit unserem CORMORAN gelegentlich geankert hatten. Er hatte die Honeymoon Bay auf Water Island südlich von St. Thomas späterhin zu seinem ständigen Ankerplatz gemacht, und hier lag die ARCONA auch am 7. November 1984, als − entgegen langjähriger Wetterprognosen − der Hurrikan „Klaus" über die Virgin Islands tobte.

„Nach dem routinemäßigen Abhören des Wetterberichtes um 0800 Uhr Ortszeit am 6. November schloß dieser mit dem Hinweis: Keine Stürme oder Hurrikane zu erwarten", berichtet Mastmeyer. „Nur eine etwa 200 sm südlich Puerto Rico gelegene und nordwärts ziehende kleine Depression sollte für den folgenden Tag zu erwarten sein." Und er fügt hinzu: „Mein erster Fehler: Ich glaubte dem Wetterbericht!"

Ein am Abend des 6. November zunehmender Ostwind mit gleichzeitiger Westdünung macht den ARCONA-Skipper jedoch mißtrauisch. Dazu fällt das Barometer. Er ist auf der Hut − aber in der westlichen Dünung bricht um Mitternacht die Steuerbord-Muringleine. Mastmeyer startet den Motor und bringt den sicherheitshalber bereitgelegten 60-kg-Pflugscharanker mit 12 m Vorlauf einer schweren Kette und 40 m Ankertrosse auf 7 m Wasser aus. Bei diesem Manöver unter Motor fängt die ARCONA jedoch mit dem Propeller die an einer Ankerboje befestigte Leine eines anderen Bootes ein. Dabei

wird nicht nur die Propellerwelle vom Motor gerissen, sondern Schwanz-
welle und Propeller rutschen auch achteraus und blockierten das Ruder, das
Mastmeyer selbst nach stundenlangem Arbeiten nicht wieder betriebsklar
machen kann.

Am Morgen wird ihm klar, daß der stürmische Westwind immer mehr in die
nach Westen offene Bay hineinweht, und Mastmeyer greift zu seinem 25-kg-
Stockanker mit Kettenvorlauf und Leine, dem „Hurrikan-Ankergeschirr".
Den Stockanker verkattet er noch mit einem kleineren Pflugscharanker. Wie
üblich sollen die Flunken des Stockankers in aufgeklappter Stellung durch
den kräftigen, rostfreien Bolzen mit Mutter gesichert werden.

„Aber jetzt machte ich meinen zweiten Fehler, der schließlich zum Verlust
des Bootes führte", berichtet Mastmeyer weiter. „Obgleich ich weiß, daß
man rostfreie Schäkel und Bolzen immer mit Marlspieker oder Zange anbie-
gen soll, drehte ich die Mutter nur mit der Hand fest. Ich sparte mir die Minute Zeit, um nach achtern zu kriechen und eine Zange zu holen."

Als der Westwind am Nachmittag zum Orkan wird, hat die Arcona die erste
Grundberührung, weil das Ankergeschirr nicht hält. Hein Mastmeyer kappt
schließlich die Ankerleinen, damit die Arcona nicht langsam auf die Felsen
kaputtgeschlagen wird, und die gewaltigen Grundseen setzen den auf so
vielen Langfahrten diesseits und jenseits des Atlantiks bewährten hölzernen
Seekreuzer hoch und trocken auf die Rocks.

*Der Versuch, die gestrandete Arcona zu reparieren, scheiterte im Januar 1985 durch
eine neuerliche überraschende Depression aus West mit hohem Schwell. Alle mühsame
Arbeit wurde zunichte gemacht.*

Hein Mastmeyer: „Wie wir später feststellten, hatte sich die Mutter am Stokkanker aufgedreht. Der Bolzen war schließlich herausgefallen, und der Stockanker war beigeklappt. Mit der enormen Windbelastung im Hurrikan wurde auch der schwere Pflugscharanker nicht allein fertig." Nach drei Monaten harter Arbeit unter den widrigsten Verhältnissen und ohne elektrischen Strom war die Arcona bereits nahezu wiederhergestellt und fast schon wieder im Wasser, als sie durch eine ähnlich harte See innerhalb von sechs Stunden vollkommen in Splitter geschlagen wurde. „Wir standen dabei und konnten nichts tun. Kannst du dir denken, wie uns zumute war?" Hein Mastmeyer schließt seinen Bericht: „Ich will nichts beschönigen. Trotz meiner langen Erfahrung als Segler habe ich Fehler gemacht. Vielleicht können andere davon Nutzen ziehen. Die See gibt und die See nimmt."

Hatte da Jack Bordon mehr Glück, der seine 47-Fuß-Yacht Kensho im Herbst 1984 in einem Taifun auf den Philippinen verlor, als der Wirbelsturm unerwartet seine Richtung änderte? Jack Bordon wartete mit der Kensho an seinem Ankerplatz auf Chartergäste, als der Taifun die Yacht überfiel, die Anker brachen und der 14-m-Seekreuzer über ein Riff geworfen und dann unendlich weit auf den weißen Sandstrand hinauf verschlagen wurde.

Jack Bordon macht das Beste aus dieser Situation: Unweit seiner gestrandeten Yacht und nicht weit von einem Touristenzentrum entfernt baut er sich zuerst eine Hütte, heiratet dann eine junge Eingeborene und eröffnet schließlich auf dieser unbewohnten Insel eine Strandbar, die offensichtlich gut besucht wird. Ob er sich jedoch in ewiger Sichtweite seiner gestrandeten Kensho, mit der ihn 70000 sm glückliches Blauwassersegeln verbinden, wirklich wohlfühlt, hat er bisher niemandem verraten. So schön auch der Sonnenuntergang jedes Tages aus der immer gleichen Strandperspektive aussieht — Segler kreuzen nun einmal über die Meere, um an jedem neuen Abend an immer anderen Orten unvergleichlich schöne Sonnenuntergänge erleben zu können.

Auch vom Ankerplatz Cabo San Lucas an der Südspitze der Baja California kann man erleben, wie allabendlich die blutrote Sonne am fernen Horizont des Pazifiks ins Meer taucht. Aber mehr noch wegen seines weiten Sandstrands in einer außerhalb der Hurrikanzeit gut geschützten Ankerbucht ist dieser Platz ein beliebtes Ziel der Fahrtensegler an der Pazifikküste. Berühmt-berüchtigt wurde dieser Ankerplatz im Dezember 1982, als hier ein unerwarteter, auflandiger Sturm das Feld der Ankerlieger zerschlug und 28 Yachten auf den Strand warf, darunter auch die Joshua von Moitessier, über deren Strandung auf Seite 80 berichtet wird.

Wenn eine so große Anzahl von Yachten gewiß nicht unerfahrener Skipper mit einem Schlage das Opfer von Wind und See wird, muß man sich über

Hergang und Folgerungen eines solchen Massenunfalls schon etwas mehr Gedanken machen. Denn zur Eigenart der Seemannschaft gehört es ja, daß jeder Skipper auch in einer mehreren Yachten gemeinsamen Gefahrensituation auf seinem Boot ganz individuelle Maßnahmen ergreift, die seinen Fertigkeiten und seiner persönlichen Erfahrung, aber auch der Größe seiner Yacht und der Art ihrer Ausrüstung besonders angemessen sind. In dieser einen Nacht vom 6. auf den 7. Dezember 1982 erwies sich offenbar eine Vielzahl von Maßnahmen aus der weiten Palette möglicher seemännischer Handlungen als falsch, und nur eine verschwindend geringe Zahl von nautischen Entscheidungen war richtig. Überlassen wir es zwei der beteiligten Skipper, deren Yachten nicht strandeten, das Fazit zu ziehen.

Das Wetter:
1700 Uhr. Der Himmel ist dunkel und bedrohlich.
1800 Uhr. Südostwind, 10 kn
1900 Uhr. Südostwind, 30 kn, See 1,50 m hoch
2000 Uhr. Wind 50 − 70 kn, See 3,50 m hoch
2100 Uhr. Wind unverändert, 70 kn, See 5−6 m hoch,
        gefährliche Brecher über Deck und über der Plicht.

Nach dieser späten Abendzeit begann das Desaster: Die sehr früh gestrandete JOSHUA von Moitessier wurde durch die später auf den Strand geworfene FRELING entmastet, eine Petterson 44, und um 0200 Uhr lagen 28 Yachten auf dem Strand, von denen später 22 zum Totalverlust wurden.

Und so rettete sich die MIRACLE, ein kuttergetakelter 11,50-m-Seekreuzer mit 1,80 m Tiefgang nach dem Bericht ihres Eignerpaares Dick und Angie Connell:

„Als sich in der kurzen, brechenden See der nahen Brandung die Plicht mit Wasser füllte, ließen wir den Motor laufen, um das Anrempeln an andere Boote zu verhindern und einer Kollision mit ihnen vorzubeugen. Dabei sahen wir einmal in der pechschwarzen Nacht den Bugspriet eines großen Schoners nur wenige Meter über unseren Köpfen schweben. Mehrere Male stießen wir mit unserem Kiel auf Grund, und immer wieder krängten wir in der Instabilität der Brandung so weit zur einen oder anderen Seite, daß die Salinge in das Wasser tauchten. Wir hatten zahlreiche Kollisionen mit anderen Yachten, und mehrmals verhakten sich fremde Ankergeschirre mit dem unsrigen.

Um 0300 Uhr gab unser Motor schließlich seinen Geist auf, und wir erwarteten das Schlimmste. Aber eine Minute später sprang der Wind plötzlich um und kam aus der entgegengesetzten Richtung. Aus einem auflandigen Orkan wurde ein ablandiger Sturm. Wir konnten nichts mehr tun, als unter Deck zu gehen und auch auf unsere Strandung zu warten.

Doch zu unserer Überraschung strandeten wir nicht, und als der Tag graute, schwamm die MIRACLE noch immer. Die Höhe der Brandung war unverändert, aber die Seen brachen jetzt zur entgegengesetzten Seite."

Am Strand bietet sich das Bild einer Verwüstung: Segel und Persenninge, Beiboote und Riemen, Anker und Leinen sowie vieles andere Seglereigentum liegt kilometerlang am Strand verteilt. Die mexikanische Bevölkerung versorgt die schiffbrüchigen Segler mit Essen und Kleidung.

„Rückblickend gibt es unserer Meinung nach drei hauptsächliche Gründe, warum so viel Schaden verursacht wurde", werten Dick und Angie Connell diese Schreckensnacht aus:

„Die Boote hatten in zu flachem Wasser geankert.

Sie hatten ihre Anker zu nahe beieinander ausgebracht.

Die Besatzungen hätten ihre Yachten in tieferes Wasser verholen oder ankerauf gehen und hinaus auf die See laufen sollen, als sie die Wetterverschlechterung bemerkten.

Wir jedenfalls sehen einen Ankerplatz seit diesem ‚Cabo-Sturm' mit anderen Augen an."

Auch Paul und Susan Mitchell blieben mit ihrem 17-m-Schoner WHITE CLOUD II von der Strandung verschont, weil sie nicht im flachen, sondern im 12 m tiefen Wasser der halbmondförmigen Bucht und gut 300 m vom Strand vor zwei schweren Ankern mit 60 m Kette bzw. 60 m Trosse lagen. Den Entschluß, den auflandigen Sturm auf See abzuwettern, faßten sie zu spät, so daß sie ihn nicht mehr verwirklichen und statt dessen nur noch einen dritten Anker fallen lassen konnten – mit jenem unsympathischen Gefühl, wenn man auch noch das letzte Ankergeschirr einsetzen muß.

Auch sie ließen während des Höhepunktes des Orkans den Motor mitlaufen – bis so viele Leinen und Fremdkörper durch das Wasser wirbelten, daß der Kühlwassereintritt verstopft wurde und der Diesel stehenblieb. Aber die drei Ankergeschirre hielten sie schließlich auch ohne Gegenandampfen sicher fest.

So werten sie die Ereignisse dieser Orkannacht am Ankerplatz und das Schicksal von 45 anderen Yachten aus:

● „Zwei Yachten überlebten, weil sie von Beginn an im kleinen, inneren Fährhafen vor Anker lagen.

● Drei Yachten kamen ungeschoren davon, weil sie noch vor Beginn des Sturmes von der Außenreede in den Innenhafen verholten.

● Sechs Yachten gingen noch während der Nacht ankerauf und segelten unter kleinstem Tuch auf die freie See hinaus.

● Zehn Yachten ritten den Orkan an ihren Ankern ab.

● Zwei Yachten wurden vor der Strandung gerettet und eingeschleppt.

● 22 Yachten wurden auf den Strand geworfen."

Die von den beteiligten Seglern unterschiedlich angegebene Anzahl der gestrandeten Yachten habe ich bewußt nicht verändert. Denn es gibt keine einvernehmliche „amtliche" Zahl.

Paul und Susan Mitchell ermitteln dann die Selbstgefälligkeit der Segler, die große Zahl der Yachten am Ankerplatz und die Brandung als Hauptursachen für den Verlust so vieler Yachten, und sie stellen fest:
Die meisten von uns vertrauen zu sehr dem Wetterbericht und der üblichen Wetterlage. Sie glauben nicht, daß es auch anders kommen kann. Einige Besatzungen mißachteten die bedrohlichen Wetteranzeichen, weil sie gerade erst angekommen und nach der langen Reise naß und müde waren. Aus diesem Grunde gingen sie nicht frühzeitig ankerauf, als sie plötzlich auf Legerwall lagen.
Eine große Anzahl von Yachten konnte gar nicht mehr auslaufen, als der auflandige Wind gefährlich auffrischte, weil sie mit Leinen zum Land und zu dicht Bord an Bord lagen. Als es zwölf Yachten schließlich versuchten, schafften es nur sechs, und auch diese nur, weil sie ihr Ankergeschirr kappten. Die übrigen sechs törnten sich bei ihren Versuchen zum Ankerlichten eigene und fremde Ankergeschirre in den Propeller und waren anschließend hilfloser als vorher.
Von den 22 Yachten, die zum Totalverlust wurden, lagen 18 innerhalb einer Brandungsgrenze, die der Sturm gezogen hatte und die ungefähr entlang der 10-m-Tiefenlinie verlief.
Von den zehn Yachten, die den auflandigen Sturm am Ankerplatz abreiten konnten, lagen nur zwei innerhalb, aber acht außerhalb dieses Brandungsgürtels. Es waren die steilen Brecher der Brandung, die zum Bruch der Ankerketten führten und die Anker aus dem Grund rissen. Gutes und schweres Grundgeschirr half zum Überleben, aber allein war es keine Bootsversicherung."
Als die Überlebenden dieser Sturmnacht am Cabo San Lucas nehmen sie sich vor, in Zukunft folgendes zu beherzigen:

● Den Ankerplatz künftig so auszuwählen, daß sie ihn immer und bei allen Bedingungen unter Segeln verlassen können.
● Die bisherige Ausrüstung mit Ankern, Ketten und Leinen zu verdoppeln, so daß auch bei Aufgabe mehrerer Ankergeschirre immer noch genügend Gerätschaften zum Ankern an Bord sind.
● Auch künftig zur Entlastung des Ankergerschirrs den Motor mitlaufen zu lassen.
● An jedem Ankerplatz, der nicht allseitig wettergeschützt ist,noch mehr auf die Wetterentwicklung an der offenen Seite zu achten.

Viele Segler verloren ihre Fahrtenyachten am Ankerplatz durch Strandung in einem tropischen Wirbelsturm. Nur wenige von ihnen hatten aber so viel Energie wie Erich Neidhardt, ihre fast zum Totalverlust gewordene Yacht auf einer weltentfernten Insel aus eigener Kraft wieder segelklar zu machen: Erich Neidhardt und seine junge Frau Britta, die mit ihrem selbstgebauten 12 t schweren Seekreuzer ELEFANT in einer Bucht östlich von Neiafu im Tonga-Archipel liegen, hören am 2. März 1983 zufällig den Wetterbericht: „Tropischer Zyklon ‚Isaac' 170 sm entfernt, mit Zugrichtung Süd und 5 kn Zuggeschwindigkeit. Schwere Sturm- und Regenböen für Nord-Tonga in der kommenden Nacht.

Ihnen sträuben sich die Haare, denn der Kurs von „Isaac" zielt genau auf ihre Inselgruppe. Das deutsche Segler-Ehepaar beginnt gleich mit den Vorsichtsmaßnahmen: Das Beiboot wird auf das Hochufer an Land gebracht, die Spritzkappe über der Plicht entfernt und auf 6 m Wasser mit bestem Ankergrund der Zweitanker mit Kettenvorlauf und 50 m Ankertrosse ausgebracht. Außerdem läßt Erich Neidhardt alle 60 m Kette des Hauptankers aus dem Kettenkasten rattern. Das ergibt eine Verankerung von zweimal 1 : 10! Obwohl gegen 2000 Uhr der Wirbelsturm nur noch 100 sm entfernt ist und schon volle Stärke erreicht hat, ist von den in Büchern beschriebenen Anzeichen eines nahenden Zyklons noch nichts zu erkennen. An Deck des ELEFANT kann man sich nur noch kriechend bewegen, und gegen 2300 Uhr ist auch keine Verständigung mehr möglich.

„Es donnert, als ob man im D-Zug bei voller Fahrt mitten im Tunnel das Fenster herunterdreht", schildert Erich Neidhardt die Situation sehr anschaulich. „ELEFANT zerrt am Anker, die Kette kommt steif. In mir steigt Katastrophenstimmung auf. Verzweifelt versuche ich, einen kühlen Kopf zu behalten."

Das Seglerpaar zieht mehrere Kleidungsstücke an und Ölzeug mit Schwimmwesten darüber. Die Brustbeutel enthalten Pässe, Bootspapiere und Geld. Neidhardt läßt den Motor voll gegen Wind und See laufen, aber die Ankerkette wird kaum entlastet. Sie ruckt immer häufiger ein.

Der Skipper berichtet weiter: „Große Kakerlaken kommen zu Dutzenden aus allen Ecken und Winkeln des Schiffes und krabbeln auf die Steuerbordseite zwischen Kajütdach und Schränke. Von Ratten hat man ja häufig gehört, daß sie plötzlich in Scharen im Hafen ein Schiff verlassen, das tatsächlich später sinkt. Aber daß Kakerlaken denselben Instinkt haben, ist mir neu."

Er beobachtet kritisch die wenigen anderen Yachten am gleichen Ankerplatz. Noch hält auch deren Geschirr. Als schließlich der Vordermann am ELEFANT vorbei auf die Felsenküste driftet, sich innerhalb von wenigen Minuten auf die Seite legt und im 4 m tiefen Wasser versinkt, fühlt Neidhardt, daß er auch mit seinem ELEFANT unterliegen wird. Ihn überkommt Bitterkeit:

Muß er hier, im gleichen Seegebiet, wo 1971 die BEACHCOMBER mit Walen kollidierte und sank, zum zweitenmal seine Yacht ohne eigenes Verschulden verlieren? Es sieht so aus – denn plötzlich stottert der Motor, fängt sich noch einmal, aber verreckt dann kläglich.

„Und da: Ein Knall wie ein Pistolenschuß – die Kette des Hauptankers ist gebrochen", registriert Neidhardt. „Eine Minute vergeht, dann fängt der Zweitanker an zu driften. Und dann noch eine Minute: ELEFANT treibt quer auf die Steilküste. Er schlägt gegen den Felsen. Der Mast kommt in zwei Teilen von oben. Das Ruderblatt wirbelt wie ein Propeller durch die Luft. Aber alles wie im Stummfilm, weil das Donnern des Orkans jedes Geräusch übertönt." Bittere Feststellungen des Chronisten.

Als der Seekreuzer mit dem Rumpf gegen die Felsen und gleichzeitig mit dem Kiel auf Grund schlägt, springen Britta und Erich Neidhardt auf die Steilküste hinüber, suchen Halt an Baumwurzeln und Bodenspalten und beginnen, sich mit Leinen in Sicherheit zu ziehen.

Britta schreibt später in ihr Tagebuch: „Es ist dunkel. Ich versuche, mich an der Leine hochzuhangeln. Aber ich hänge fest. Überall sind Wanten und Stage und Holzsplitter. Der Mast drückt mich gegen die Felsen. Ich habe Angst, daß ich zwischen Schiff und Felsen falle. Habe plötzlich Erichs Hand zu fassen. Er zieht mich rauf, bis ich Halt für meine Füße habe."

Als beide endlich oben sind, der Sturm unter schützenden Büschen schwächer wird und sie einen Baum zum Ausruhen umklammern können, fragt Britta: „Der arme ELEFANT, ob er noch lebt?" Eine bange Frage, die sie bis zum Morgengrauen bewegt.

Ja, er ist noch da, als sie nach dem Hellwerden wieder bis zur Wasserscheide abwärts schlittern. Aber wie sieht er aus.

„Unter uns liegt der ELEFANT mit der Backbordseite auf den Felsen", berichtet Erich. „Die Kakerlaken wußten also, warum sie nach Steuerbord krochen. Ein etwa einen Kubikmeter großer Stein hat sich mittschiffs durch die Bordwand und den Wassertank gebohrt. Zwischen Wanten und Vorsteven ist die Deckskante durchgeraspelt. Stevenbeschlag, Bugkorb und Ankerwinde sind eingestampft. Alle Relingsstützen sind im rechten Winkel verbogen. Der Mast steht in zwei Stücken senkrecht zwischen Felsen und Schiff. Ich könnte weinen. Denn unter Deck sieht es genauso trostlos aus. Fast die gesamte Kajüte steht unter Wasser."

Das Seglerpaar schafft einige wertvolle Gegenstände auf das Steilufer und baut sich dort mit den Resten der Segel ein Zelt. Dann verrammeln sie ihre Yacht so gut es geht und hoffen, daß das Wrack des ELEFANT in der Dunkelheit nicht von Strandräubern heimgesucht wird. Erschöpft löffeln sie schließlich Thunfisch aus der Dose und essen trockenes Brot dazu.

Neidhardt in dieser dunklen Stunde: „Wir haben keinen Mut mehr, keine

Hoffnung, sind müde und zerschlagen. Wir sind der Meinung, daß wir das Schiff hier nicht mehr reparieren können. Am liebsten würden wir alle wertvollen Dinge und uns selbst dazu in einen Container stecken und ab nach Deutschland verfrachten. Aber was ist, wenn wir das Schiff hier lassen? Verkaufen kann man es hier nicht. Und liegenlassen und zusehen, wie die Eingeborenen Stück für Stück herausbrechen? Das können wir auch nicht. Und was ist zu Hause? Ich bekomme mit Sicherheit keine Arbeit. Die Wohnung verkaufen? Gedanken über Gedanken und keine Lösung. Es ist zuviel auf einmal."

Zu allem Übel kommen mit der Dämmerung auch wieder die Moskitos, unter denen besonders Britta leidet. Es ist ein physischer und psychischer Tiefpunkt im Leben von Britta und Erich Neidhardt.

Aber mit dem neuen Tag kommt auch die Hoffnung wieder und anderntags die Energie, die Erich Neidhardt ganz besonders auszeichnet. Britta und er machen sich an die Arbeit, erhalten Wochen später in 14 Paketen aus der Heimat lebensnotwendige Materialien für die Reparatur von Boot und Ausrüstung – und drei Monate nach der Strandung segelt der ELEFANT wieder. Zuerst geht es nach Neuseeland, wo die restlichen Instandsetzungsarbeiten gemacht werden, und später setzt Erich Neidhardt seine Weltumsegelung fort, die er am 23. August 1985 in seiner Heimatstadt Flensburg glücklich beendet.

Eine Strandung im Hurrikan mag noch als „höhere Gewalt" hingenommen werden müssen, und sie wird durch Abbergen und Reparatur der Yacht auch ihre Tragik verlieren können. Büßt man sein Schiff hingegen durch eine simple Winddrehung ein, wird man sich mit Recht sein Leben lang bittere Vorwürfe machen müssen. Das gilt zum Beispiel wohl für Joe Pachanegg.

Die SUNRISE des gebürtigen Österreichers war 1951 die Reisegefährtin unseres ersten CORMORAN. Joe Pachanegg hatte den stählernen Seekreuzer von etwa 8 m Länge aus einem Rettungsboot in Schweden gebaut. Pachanegg war ein Einzelgänger, der sich längst für seine Weltumsegelung entschieden hatte. Wir an Bord waren zwei, ein frischverlobtes Paar, das zwar einen nicht minder ozeantüchtigen Seekreuzer von 7,50 m Länge aus abgelagerter deutscher Eiche selbst gebaut, aber sich noch nicht entschieden hatte, ob es nun in die weite Welt segeln oder erst, unter den wahrhaftig nicht paradiesischen Lebensverhältnissen im Nachkriegs-Trümmerdeutschland, eine Familie gründen sollte – mit den Möglichkeiten des nur zeitlich begrenzten Hochsee- und Küstensegelns.

Mit unserer starken Bindung an Heimat, Eltern und Freunde entschieden Ruth und ich uns für die letztgenannte Alternative, und nach Jahr und Tag waren wir glücklich, daß für unsere Kinder an Bord die Seereling unseres CORMORAN mit Netzwerk undurchlässig gemacht werden mußte.

Joe Pachaneggs Eintragungen in unserem damaligen Logbuch sind uns bis heute gelegentlich wehmütige Erinnerung geblieben. Denn unsere guten Wünsche, die wir der SUNRISE in ihrem Logbuch mit auf den Weg gaben, reichten nur bis zu jenem tragischen 23. Juni Ende der 50er Jahre, als die SUNRISE an ihrem Ankerplatz in der Bahia Las Palmitas im Gebiet der Galapagosinseln strandete – unerwartet und unfaßbar für den Einhandsegler Joe, der noch tags zuvor in sein Tagebuch geschrieben hatte:

„Ist es wirklich ratsam, allein und ohne Motor in diese von Gott und der Menschheit verlassene Bucht einzulaufen, nur mit Segeln und einem so schweren Boot? Allein an Bord sein heißt ständige Wachsamkeit. Fast jeder entwickelt in der gleichen Situation eine besondere Abneigung gegen Land und Häfen. Schließlich bleibt man besser in weitem Abstand von der Küste und begnügt sich mit der sicheren Weite des Meeres. Bestimmt ist diese Abneigung in vielen Fällen der Grund dafür, daß manche Segler so lange Passagen über Meere und Ozeane ohne Unterbrechung zurücklegen."

Joe Pachanegg ist ein hervorragender Segler, ein Seemann von Beruf, kräftig, intelligent und überaus empfindsam. „Der Tag geht zu Ende, und mit eherner Unberührtheit rollt eine dunkle, blutrote Sonne dem abendlichen Horizont entgegen", stellt er fest. „Purpurne und schmutzigrote Strahlenbündel brechen durch die Wolkendecke. Sonnenuntergang auf Galapagos! An diesem Abend ist es ein eindrucksvolles, in seiner Großartigkeit fast erdrückendes Erlebnis. An dem leichten Anker treibt die Yacht vor der übriggebliebenen, sanften Brise herum und liegt dann ruhig da."

In dieser Idylle geht der Einhandsegler in die Koje. Ein Ankerplatz wie viele andere auch, mag er denken. Traumhaft schön – aber gefährlich? Die Gefahr kommt jedoch so lautlos wie die Dünung – so unvermeidbar wie dieses ewige mal leise, mal tiefere Atmen des Meeres.

Joe: „Ich kann keine zwei, drei Stunden geschlafen haben, als ich plötzlich mit einem unruhigen Gefühl die Augen aufreiße. Ich bin benommen. Um mich herum ist es stockdunkel. Die Yacht rollt leicht, und oben von Deck her vernehme ich ein langgezogenes Sausen. Wind ist aufgekommen! Ich springe hoch und stecke meinen Kopf durch den Niedergang. Der Mond ist verschwunden. Ich starre ins Rigg empor, um dort die Ursache dieses Sausens zu entdecken. Nichts!

Aber dann sehe ich zum Land hin. Du lieber Gott! Vor Schreck bleibt mir der Atem weg. Nicht der Wind verursacht das Sausen, sondern die Brandung. Das Boot kann keine Kabellänge mehr von den Steinen entfernt sein."

Joe stürzt in rasender Eile an Deck und setzt in wilder Hast die Segel. Aber die unscheinbare Brise kann der SUNRISE nicht genug Fahrt geben, um dem

Ruder zu gehorchen, und es ist schon kein Platz mehr zum Abfallen. Auch voraus entdeckt Joe Brecher. In fliegender Hast geht der zweite Anker über Bord, und er weiß kaum mehr, was er zuerst unternehmen soll. Nur eins wird deutlich: Die Brandung hat die SUNRISE bereits erfaßt. Joe: „Mit Bitterkeit in den Augen und einer kalten Leere im Herzen erkenne ich, daß das Schicksal meiner SUNRISE besiegelt ist." Armer Joe!

Auch eine andere, in den 50er Jahren weltbekannte Yacht strandete vor diesen weltentfernten Inseln: die Colin-Archer-Ketsch VIKING, in der Sten und Britta Holmdahl vom 17. Juni 1952 bis 22. Juni 1954 rund um die Welt segelten und dafür im Jahre 1954 die „Blue Water Medal" erhielten. Ein amerikanischer Einhandsegler, der die bewährte Yacht in Amerika kaufte, verlor sie wenig später in einer anderen Galapagos-Bucht vor Anker: In einer Nacht und während er schlief, schamfilte die Ankertrosse und brach. Auch hier driftete die VIKING auf den Strand, und die hölzerne Ketsch zerbrach auf den Felsen, ehe der Einhandsegler irgend etwas tun konnte. Der Mast der VIKING diente Gus Angermeyer, dem allen Seglern stets hilfsbereite „Statthalter" der Insel, viele Jahre lang als Mast seiner kleinen, selbstgebauten Slup.

Unvorstellbares Glück im Unglück hatte demgegenüber der französische Einhandsegler Alain Gerbault, der 1926 mit seiner FIRECREST auf einem Riff zwischen den Wallisinseln nördlich von Fidschi strandete, als hier seine Ankerkette brach. Nachdem die gestrandete FIRECREST eine Stunde lang gegen das Riff gehämmert worden war, legte sie sich endlich auf die Seite, und der Einhandsegler verließ seine als Totalverlust vermutete Yacht, um zum nahen Ufer zu schwimmen.
Als er sich unterwegs noch einmal umsah, bemerkte er, daß die FIRECREST hinter ihm herschwamm. Ein Geisterschiff? Nein: Durch das immer neue Aufsetzen der Yacht auf die Felsen waren nach und nach alle Kielbolzen gebrochen, und der Ballastkiel fiel in das tiefe Wasser, gleich nachdem Gerbault an Land zu schwimmen begann. Das schmale Boot, das jetzt praktisch nicht mehr auf seinen Füßen stehen konnte, kippte um und trieb über das flache Riff zum sandigen Strand, wo es bald neben seinem Skipper landete.
Auch Gerbault schaffte es, den Rumpf der FIRECREST wieder zu einer seefähigen Yacht zu machen. Die schwerste Arbeit war dabei, ihren 4 t schweren Bleikiel auf dem Grund des Meeres wiederzufinden und über die Lagune zu transportieren. Mit zehn neuen, bis zu 1 m langen geschmiedeten Bolzen wurde der Bleikiel wieder exakt wie ehedem mit dem Holzkiel der Yacht verbunden. Behilflich waren dabei 50 Eingeborene, zwei chinesische Zimmerleute und einige Matrosen eines französischen Kriegsschiffes. Schließlich konnte Gerbault seine Weltumsegelung mit der FIRECREST, mit der er in die Geschichte der Einhandsegler einging, doch noch abschließen.

Übrigens hatte er bereits 1923 als erster Segler die vom Cruising Club of America (CCA) für die beste internationale Leistung im Hochseesegeln geschaffene „Blue Water Medal" erhalten, nachdem er den Nordatlantik von Gibraltar nach Fort Totten auf Long Island in 100 Tagen einhand überquert hatte – eine heutzutage fast alltägliche Leistung.

Vermeidbare Strandung – fehlerhafte Bergung – großer Schaden

Der Skipper der Arcadia traf eine unglückliche Entscheidung, als er bei Nacht den Seegang an seinem Liegeplatz voller Gefahren wähnte und auf Legerwall vor Anker ging. Eine Ankerwache ordnete er nicht an; vielmehr legten er und sein Mitsegler sich in die Koje. Er erwachte auf einer gestrandeten Yacht. Der lehrreiche Bericht zeigt, wie durch winzige Ursachen ein vermeidbarer teurer Unfall entsteht, der alle Beteiligten viel Zeit, noch mehr Arbeit und vor allem sehr viel Geld kostet.

Die Arcadia ist ein Kunststoff-Seekreuzer, der im Frühjahr 1985 von seiner Bauwerft in Frankreich über Athen zu seiner künftigen Charterbasis in Fethiye an der türkischen Küste überführt wird. Der Neubau ist 8,85 m lang und 3,15 m breit, hat einen Tiefgang von 1,72 m und verdrängt 3 t. Wenn man davon ausgeht, daß die Langfahrt in einzelnen Tagesetappen von einem Hafen zum nächsten vor sich geht, ist die Yacht mit einer Zweipersonen-Crew ausreichend besetzt.

Am 8. April liegt die Arcadia in der Marina Alimos von Athen auslaufklar für die letzte Etappe, die über Kap Sounion an der markanten Südspitze von Attika über die Inseln Seriphos, Mykonos und Amorgos in den Kykladen nach Kos und von hier aus in weiteren Etappen bis nach Fethiye führen soll. Der junge Skipper Andrasch, mit BR- und Sportbootführerschein, beginnt die Reise schulmäßig. Er trägt in sein Logbuch ein: „Vor Auslaufen aus der Alimos-Marina erfolgte Einweisung an der Pier und Sicherheitsanweisung. Zusätzlich erging folgende Anweisung des Skippers: Grundsätzlich sind bei Schlechtwetter und in der Nacht Lifebelts und Rettungswesten zu tragen." Er läßt diesen Vermerk von seinem Mitsegler Glukowski unterschreiben und zeichnet selbst gegen. Weiter vermerkt er im Logbuch: „Anweisung des Eigners am 7. April 1985, 1620 Uhr: Alle Seeventile offen fahren. Erst in Fethiye schließen."

So genau nimmt er es mit seinen weiteren Logbucheintragungen ebenfalls, jedoch lassen sie auch den Schluß zu: Andrasch ist ein zumindest in griechischen Gewässern nicht erfahrener Skipper; denn er widmet der typischen

Wuling an der Pier von Mykonos und dem oft unvermeidlichen Ankersalat der mit Bug oder Heck zur Pier festgemachten Yachten sowie dem typischen Ärger mit hilflosen oder unerfahrenen Besatzungen auf anderen Charterbooten unendlich viele Zeilen in seinem Schiffstagebuch. Es gehört nun einmal zum Yachtsegel-Alltag in griechischen Gewässern (und nicht nur dort), daß man beim Überliegen am Kai verfangene Anker klarieren muß und daher gelegentlich lieber in sicherem Abstand von der Pier allseitig frei schwojend mit seinem Boot vor Anker geht. Und es ist übliche Praxis, daß man zwischen beiden Arten des Überliegens bei einem mehrtägigen Hafenaufenthalt gelegentlich wechselt.

Das geschieht einige Tage später, als die ARCADIA am Abend des 15. April in der Kamari-Bucht der griechischen Insel Kos nicht weit vom türkischen Festland an dem günstigsten Innenplatz der Außenmole festmacht. Die Mole verläuft vom Ufer im Westen seewärts nahezu genau in östlicher Richtung, und der Liegeplatz bietet bei allen Winden von Südost über Südwest bis nach Nordwest sicheren Schutz. Vor der ARCADIA liegen, ebenfalls hintereinander mit eigenem Kontakt zum Kai, zwei andere kleine Seekreuzer, die YESTER II und YESTER III.

Skipper Andrasch wird am 16. April kurz nach Mitternacht wach und unruhig, obwohl nach Lage der Dinge alles in Ordnung ist, wenn man von dem Schwell absieht, den der Südostwind von Bft 5 in die Bucht einlaufen läßt. Die ARCADIA liegt in Lee des Wellenbrechers eigentlich völlig sicher, und der Seegang, der sich nicht nur durch die Schutzmauer vermindert, sondern auch fast genau in Kielrichtung läuft, ist zwar unsympathisch, aber nicht gefährlich. Die beiden Nachbarboote müssen sich mehr belästigt und auch unsicherer fühlen, denn sie liegen mehr in Luv. Aber sie tun es nicht. So nimmt denn das vermeidbare Schicksal der ARCADIA seinen Lauf. Skipper Andrasch stellt das in seinem Logbuch so dar:

„16. April 1985, 0015 Uhr: Wecken der Mannschaften von YESTER II, YESTER III und ARCADIA. Beratung hinsichtlich des Verhaltens in der Nacht bei möglicher Verstärkung des Windes (bis jetzt Bft 5 aus SE) und Drehung nach West bzw. Südwest oder möglicher Verstärkung des Seegangs. 0130 Uhr: Liegeplatz (mit Steuerbordseite an der Pier) verlassen und über Bug geankert. Lage: siehe Skizze. Einteilung der Nachtwachen durch die Skipper: 0145 bis 0400: YESTER II. 0400 bis 0600 Uhr: YESTER III.“

Die ARCADIA tauscht also ihren sicheren Liegeplatz an der Pier gegen einen unsicheren Ankerplatz auf Legerwall ein, auf dem sie nur etwa fünf Bootslängen oder kaum 50 m vor einem steinigen Strand liegt. Sie ist hier dem Wind und dem Seegang sehr viel gefährlicher ausgesetzt als in Lee des Wellenbrechers. Skipper Andrasch verankert seine Yacht auch nur mit einem Anker, und er geht mit seinem Mitsegler nach Beendigung des Manövers in

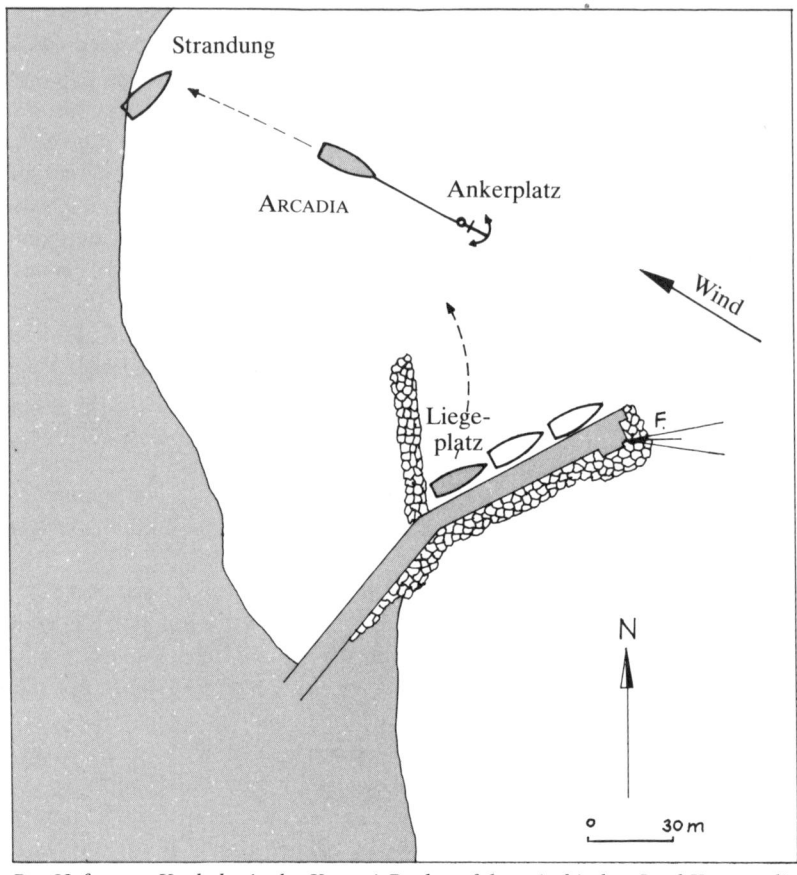

Der Hafen von Kephalos in der Kamari-Bucht auf der griechischen Insel Kos, wo die ARCADIA *am Ankerplatz strandete.*

die Koje, weil ja die Besatzungen der beiden anderen, fast 100 m entfernt an der Pier liegenden Yacht mit auf ihn aufpassen sollen. Im Logbuch heißt es dann auch wenig später:

„0445 Uhr: Crew der ARCADIA stellt Grundberührung fest. Grund: Bruch der Ankerleine an der Bugrolle. Sofortiges Anlassen des Motors und Versuch, die Yacht vom Strand (Legerwall) unter Ausnutzung größtmöglicher Krängung freizubekommen. Ohne Erfolg.

0500 Uhr: Rettungsaktion durch Fischer läuft an. Ein Fischerboot versucht, die ARCADIA freizuschleppen, beschädigt aber sein Ruder (wegen Grundberührung) und seine Schraube. Liegt selbst fest und wird durch ein zweites Fischerboot freigeschleppt. Wind Südwest 6.

Die ARCADIA *am Strand der griechischen Insel Kos: Durch simple nautische Fehler des Skippers entstand großer Schaden.*

0700 Uhr: Caterpillar-Erdbewegungsmaschine zieht ARCADIA an den Strand.
1330 Uhr: Caterpillar-Erdbewegungsmaschine zieht ARCADIA höher an den Strand. Begründung: Wind und Seegang könnten zunehmen.
0930 Uhr: Eigner benachrichtigt. Aufnahme des Vorfalles durch die Polizei."
Während YESTER II und YESTER III zu gleicher Zeit mit ihren ausgeruhten Besatzungen die Leinen loswerfen und einen neuen Segeltag beginnen, liegt die ARCADIA nicht nur hoch und trocken auf den Steinen, sie hat auch schweren Schaden genommen: Ein Teil der Ruderblattfläche ist beim Auflaufen abgerissen. Das Ruder ist entlang der Achse gesplittert. Beim Auflaufen und Hochziehen auf die Steine wurde der Kiel an seiner Verbindung zum Rumpf abgerissen, und durch das weitere Hochziehen auf die Steine ist die Backbordseite des GFK-Rumpfes über eine Fläche von 2 m^2 eingedrückt und eingerissen. Verbogene Relingsstützen, abgerissene Fußleisten, Kratzer auf dem übrigen Unterwasserschiff kommen hinzu. Zur Beseitigung der Schäden wird ein Teil der Inneneinrichtung ausgebaut werden müssen.
Durch die unverständliche nautische Entscheidung von Skipper Andrasch ist nicht nur großer materieller Schaden in einer hohen, fünfstelligen Summe entstanden, den natürlich die Versicherung zu regulieren hat. Es ist auch schwierig, einen GFK-Rumpf auf einer abgelegenen griechischen Insel zu

reparieren und Bootsbauarbeiten an den Metallteilen von Kiel und Ruder auszuführen. Aber die agilen Inselbewohner schaffen die Notreparatur, und so wird die Strandung der ARCADIA für die Fischer, die beim Bergungsversuch in Schwierigkeiten kamen, für die Handwerker und selbst für die Personen, die die Yacht wochenlang bewachten, ein fetter Fischzug. Die endgültige Fein-Reparatur muß später in Fethiye erfolgen, wo sich türkische Bootsbauer noch einmal eine goldene Nase verdienen.

War der Schaden vermeidbar? Wohl in jedem Falle, und er hätte auch in Grenzen gehalten werden können, wenn Skipper Andrasch bedacht hätte:

● Nicht auf Legerwall ankern. Und wenn dieser Ankerplatz tatsächlich unvermeidlich war, immer Ankerwache (gegebenenfalls mit startklarem Motor) bei auflandigem Wind gehen!

● Eine Ankertrosse stets in der Rolle gegen Schamfilen sichern oder sie gegebenenfalls durch eine Sicherungsleine zusätzlich abspannen.

● In einem solchen Gefahrenfall grundsätzlich einen zweiten Anker ausbringen.

● Nach dem Stranden wäre es besser gewesen, einen (zweiten) Anker auszubringen oder sich gegebenenfalls das Ankergeschirr eines Fischerbootes zu leihen, um das Boot in flachem Wasser an Ort und Stelle zu halten.

● Durch das brutale Heraufziehen der Yacht noch höher auf den Strand ist der Schaden vervielfacht worden.

Ein Streit vor Trümmern: Ist „Trockenfallen" wie „Ankern"?

Die Crew der GUST wollte ihren Katamaran im Tidengebiet der Kanalinseln trockenfallen lassen, und dazu brachte sie natürlich auch die Anker aus. Bei auflaufendem Wasser und der damit verbundenen Brandung strandete jedoch der Kreuzer-Kat und wurde zum Totalverlust. Nahezu tatenlos mußte die Besatzung dem Zerstörungswerk der See zusehen. Sie war überrascht von dieser tragischen Entwicklung, denn sie glaubte sich auf diesem „Ankerplatz" so sicher wie im Watt. Ein Gericht mußte den interessanten Streitfall klären, ob „Trockenfallen" wie „Ankern" ist und ob der Skipper bei seiner tragischen Entscheidung schuldhaft handelte.

Sie war ein schönes Fahrzeug, die GUST: ein Kreuzer-Katamaran von 9,00 m Länge und 4,20 m Breite vom Serientyp Catalac, mit einem Rumpftiefgang von nur 0,80 m und zwei Einbaumotoren von je 7 PS. Das Kunststoffboot war 1979 gebaut und von seinem Eigner Ulf Wille bereits 1982 und 1983 von seinem Heimathafen im Rheingebiet zu mehrwöchigen Urlaubstörns im Ärmelkanal benutzt worden. Der auch von den Briten gern gesegelte Doppelrumpf-Typ hat nicht nur viel Platz an Deck, wenn man an der Boje oder vor Anker liegt, er eignet sich im Tidengebiet auch gut zum Trockenfallen. Wenn das Wasser weggelaufen ist, steht das Doppelrumpfboot mit seinen langen, flachen Schwimmern auf Schlick oder Sand so sicher wie ein Schlitten auf seinen Kufen.

Am 9. Juli 1984 ist Ulf Wille auf der GUST mit seinem Freund Jörn Becker bei schönem Sommerwetter und einer leichten Vollzeugbrise im Seegebiet der Kanalinseln unterwegs. Gegen 1200 Uhr gehen sie in der Bucht La Grande Grève der Insel Sark vor Anker. Sie wählen diesen Ankerplatz recht nahe an dem etwa 100 m hohen, zur See steil abfallenden Ufer, dem im Bereich der Wasserscheide ein breiter, nur schwerlich begehbarer Klippenrand vorgelagert ist. Hier fällt der erste Anker, im Bereich jenes gut 100 m breiten vorgelagerten Sandstreifens, der bei Hochwasser befahrbar ist, aber bei Niedrigwasser trockenfällt. Der Katamaran wird mit dem Bug zum Ufer festgelegt; hierzu haben die beiden Segler schließlich in V-Form in Richtung auf die Klippen zwei Anker von 25 und 15 kg Gewicht mit kurzem Kettenvorlauf und etwa 40 m langer Ankertrosse ausgebracht. Sie werden den Katamaran bei ablaufendem Wasser festhalten.

Zwei Stunden nach dem Ankern ist Hochwasser, und bei einem Tidenhub von fast 6 m − es ist etwa drei Tage vor Vollmond − hat die GUST jetzt gut 2 m Wasser unter dem Kiel. Die Crew ruht sich während dieser Hochwasserzeit an Bord aus und geht gegen 1700 Uhr, etwa zwei Stunden nach Hochwasser und bei fallendem Wasserstand, zum Abendessen an Land. „Weder Wind noch Seegang veränderten sich in den letzten fünf Stunden", berichtet hierzu Ulf Wille. „Innerhalb der nächsten 30 Minuten nach unserem Weggang würde die GUST wie geplant problemlos trockenfallen."

Ich weiß nicht, ob ich als Eigner der GUST das Boot in dieser Situation ohne einen Mann an Bord so ganz allein hätte auf dem Strand aufsitzen lassen. Beruhigt wäre ich wahrscheinlich erst von Bord gegangen, wenn ich gesehen hätte, wie mein Boot sich nicht nur in seiner waagerechten Lage, sondern auch in Richtung auf das später ja wieder zulaufende Wasser legen würde. Aber das mag persönliche Ansicht über seemännische Verantwortung und nautische Vorsicht sein. Lassen wir Ulf Wille weiterberichten: „Als wir gegen 2400 Uhr an Bord zurückkehrten, lag die GUST auf hartem Sand trocken. Wir reinigten Schrauben und Wellen vom Seetang. Dabei bemerkten wir, daß der Seegang erheblich zunahm, ohne daß sich Windstärke und Windrichtung verändert hatten. Uns überraschte diese Entwicklung um so mehr, weil wir vorher keinerlei Anzeichen für das Auftreten eines solch erheblichen Schwells erkannt hatten."

Die beiden Segler bringen einen der beiden landseitig ausgelegten Anker vorsorglich so weit wie möglich seewärts aus. Bei der weiteren Entwicklung

müssen sie dann freilich weitgehend tatenlos zusehen. Ulf Wille: „Mit auflaufendem Wasser nahm die Wellenhöhe ungewöhnlich schnell auf
2 bis 3 m zu, und es war abzusehen, daß das Aufschwimmen der GUST problematisch werden würde. Um die Chancen zu vergrößern, möglichst rasch
Hilfe zu finden, gingen Jörn Becker und ich wieder an Land und in verschiedenen Richtungen auf die Suche, zumal wir allein keine weiteren Vorkehrun-
gen ergreifen konnten."
Inzwischen war es nahezu Halbzeit zwischen Niedrigwasser (gegen 2110
Uhr) und Hochwasser (gegen 0310 Uhr) geworden, und als die Crew nach
etwa 30 Minuten unverrichteter Dinge wieder zum Strand zurückkehrte,
hatte die Brandung die GUST gerade erreicht. Der Katamaran lag mit dem
Heck zu den anrollenden Wellen, und offenbar waren der Motorraum und
die Kajüten in den beiden Rümpfen bereits voll Wasser gelaufen.
„An Bord bemerkte ich, daß beide Anker nicht hielten und das Boot durch
die Brecher zwar jeweils kurz aufschwamm, aber gleichzeitig stetig in Richtung der Felsen im Inneren der Bucht versetzt wurde", beendet Ulf Wille seinen Unfallbericht. „Da kurze Zeit darauf die Seen bereits das gesamte Deck
überfluteten, war ein weiterer Aufenthalt an Bord lebensgefährlich. Ich
nahm daher die wichtigsten persönlichen Papiere an mich und verließ die
GUST. Unmittelbar danach trafen die einheimischen Helfer ein. Wir versuchten noch, mit einem Schlauchboot einen weiteren Anker auszubringen. Dieser Versuch schlug jedoch fehl. Vom Strand aus beobachteten wir dann, wie
die GUST von der Brandung immer weiter bis zur Hochwasserlinie auf die
Felsen gedrückt wurde. Gegen 0200 Uhr brach der Steuerbordrumpf etwa in
Höhe der Schiffsmitte auf, kurze Zeit später der Backbordrumpf."
Und nach einer weiteren kurzen Zeitspanne war von der total zerstörten
GUST nur noch ein Haufen Holz, Metall und Kunststoffreste übriggeblieben.
Die Gewalt der See, die den Katamaran zermalmt hatte, kann man daran ermessen, daß einer der beiden Motoren nach Ablaufen des Wassers 5 m entfernt aufgefunden wurde.
Die beiden Anker waren noch mit den Bugresten verbunden. Allerdings hatten sie sich bei der Strandung des Katamarans und der dadurch bedingten
Drift über den Strand verformt.
Für den Besichtiger des Schadens, der auch die Strandungsursache feststellen sollte, schien es nach dem ersten Eindruck, daß die GUST wegen einer
nicht ausreichenden Länge der Ankertrossen auf den Klippen zerschellt sein
mußte. Die Besatzung hatte offenbar weder den Tidenhub von über 5,50 m
noch den außerordentlich hohen Schwell richtig in Betracht gezogen, als sie
an ihrem Ankerplatz die entsprechenden Trossenlängen steckte. Der Besichtiger ging bei dieser Bewertung jedoch davon aus, daß der Katamaran *auch*
bei Niedrigwasser frei schwimmend weit vor dem Strand vor Anker gelegen

hatte und erst durch das Schlieren der Anker unter diesen Tiden- und Wetterbedingungen auf den Strand geschoben und bis an die Klippen gedrückt worden war.

Insoweit konnte der Crew schon ein schuldhaftes Verhalten angelastet werden. Aber diese Beurteilung würde versicherungsrechtlich nur „fahrlässig" bedeuten und die Zahlung der Versicherungssumme nicht aufheben. Bei einer „groben Fahrlässigkeit" oder einem „schweren Verschulden" des verantwortlichen Skippers hingegen würde Ulf Wille für seine GUST nicht einen Pfennig Entschädigung erhalten.

War es fahrlässig oder grob fahrlässig, die GUST an diesem Tage und an diesem Ort trockenfallen zu lassen?

Bewerten wir das Streitgespräch der Kontrahenten. Erster Wortwechsel: „Ulf Wille handelte grob fahrlässig, weil er einige Dinge außer acht ließ, die jedem verständigen Bootseigner ohne weiteres einleuchten. Für die Entwicklung der Seegangsverhältnisse in La Grande Grève sind die aktuellen Windverhältnisse nur einer und nicht einmal der bedeutsamste aller bestimmenden Faktoren. Von wichtigem Einfluß sind vor allem die Dünungsverhältnisse im Seebereich vor der Bucht und die örtlichen Gezeitenströme. Angesichts dieser Situation, in der ganz kurzfristige Änderungen der Seegangsverhältnisse möglich sind, ist es für jeden verständigen Bootseigentümer ohne weiteres einleuchtend, daß man sich in der Bucht nicht trockenfallen läßt."

Gegenrede:

„Das Verhalten von Skipper und Eigner Ulf Wille kann mitnichten als schuldhaft bezeichnet werden. Er hatte bereits 1982 und 1983 jeweils für mehrere Tage in derselben Bucht geankert und war bei vergleichbarer Wetterlage mit dem Katamaran GUST problemlos trockengefallen.

Wille und Becker hatten sogar zwei Anker, darunter einen besonders schweren, ausgebracht, und als der unerwartete und gefährliche Schwell auftrat, haben sie einen der beiden Anker seewärts verfahren.

Der von ihnen benutzte Ankerplatz wird in den einschlägigen Seekarten durch ein Ankersymbol ausdrücklich als Ankerplatz empfohlen. Auch in den entsprechenden Handbüchern ist diese Bucht als Ankerplatz genannt, weil sie von der Nordwestseite über die Nordostseite bis zur Südostseite von Felsen geschützt ist.

Die Wetterberichte sagten zwar für das Gebiet der Kanalinseln südliche Winde von 4 bis 5 Bft voraus, doch mußten diese der Crew keinen Anlaß zur Besorgnis geben. Auch gegen südliche Winde durfte die GUST an ihrem Ankerplatz Schutz erwarten, und es bestand keine Veranlassung für den Skipper, den Ankerplatz La Grande Grève für die bevorstehende Nacht als unsicher einzustufen.

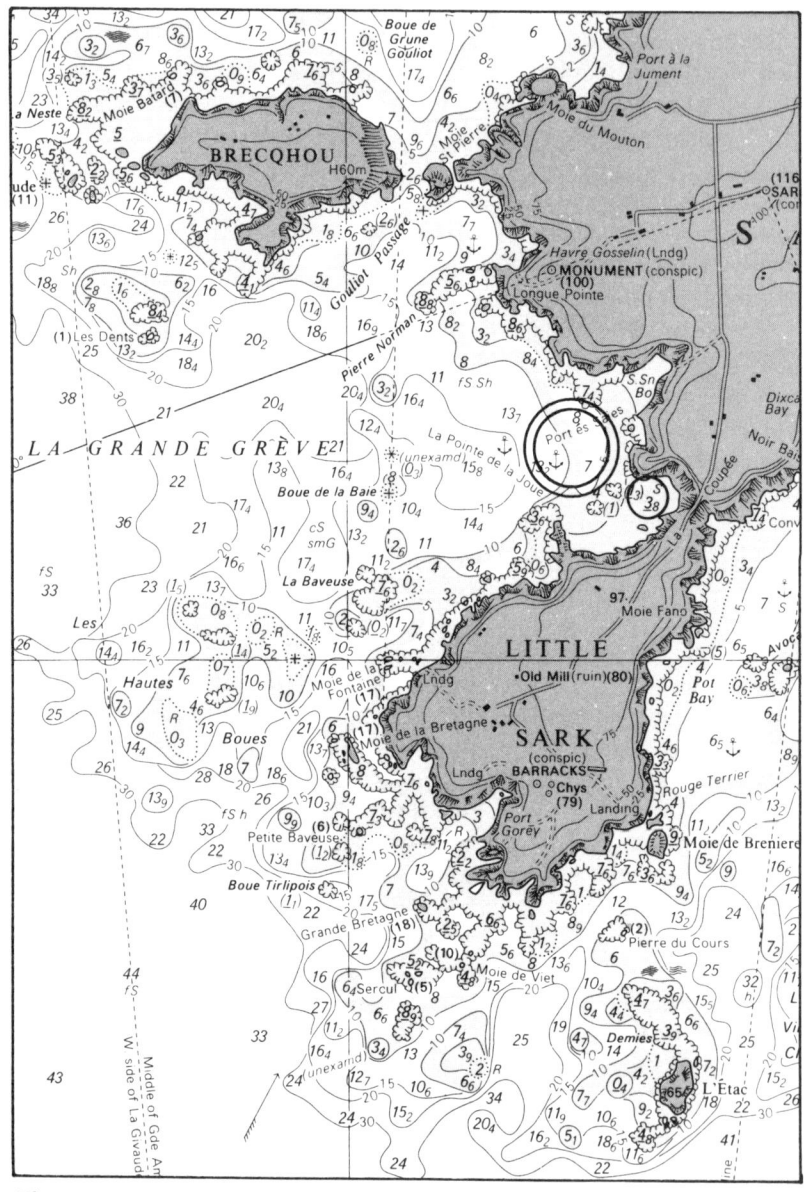

Kleiner Kreis: Ort des Trockenfallens und Strandens. Doppelkreis: Dies wäre ein vertretbarer Ankerplatz gewesen.

Das Trockenfallen wird von der Gegenseite so dargestellt, als handele es sich hierbei um eine besonders gefährliche Form des Ankerns. Dieses ist nicht der Fall, insbesondere nicht für einen Katamaran, der hierbei nicht auf die Seite fallen kann. Nach einer Veröffentlichung in YACHT Nr. 16/84, Seite 23: ‚Hoch und trocken – kein Grund zur Panik‘, besteht eine Gefahr nur beim Trockenfallen direkt am Rande eines Fahrwassers, das von der Berufsschiffahrt benutzt wird, oder auf den seewärtigen Wattensänden bei auflandigem Wind. Als die Gust in die Bucht einlief, wehte nur leichter und kein auflandiger Wind. Da auch die Trossenlängen der beiden schweren Anker für die zu erwartende maximale Wassertiefe von 4 bis 5 m über dem Strandgrund wohl ausreichend waren, kann Ulf Wille in keiner Hinsicht der Vorwurf grober Fahrlässigkeit gemacht werden. Er hat sich bei der Wahl des Ankerplatzes, der Durchführung des Ankermanövers und der Sicherung seiner Yacht durch die Ankergeschirre nichts zuschulden kommen lassen.“

Zweiter Wortwechsel:

„Die Gust ankerte zweifellos auf dem den Klippen unmittelbar vorgelagerten Strandbereich, der (wie in den Seekarten deutlich ausgewiesen) bei Niedrigwasser trocken liegt. Es war ja auch die Absicht des Skippers, hier trockenzufallen, und er hatte sich nicht nur für dieses Manöver entschieden, sondern es auch vorbereitet.“

Nach diesem von niemandem bestrittenen Sachverhalt benutzte die Gust also die genannte Bucht gerade *nicht als Ankerplatz.* Der durch ein *Ankersymbol gekennzeichnete Ankerplatz* in La Grande Grève *liegt auf 6 m Wassertiefe* (bezogen auf Kartennull = niedrigstmögliches Niedrigwasser) *und immerhin mindestens 200 m vor dem Strand.* Damit entfällt auch die Annahme des Schadensbesichtigers, die Anker der Gust seien hier ins Schlieren geraten, wodurch dann der Katamaran auf den Strand getrieben und an den Klippen zerschellt sei. Alle Überlegungen, die zur Rechtfertigung der Skipper-Handlung angestellt wurden und das Thema ‚Ankerplatz‘ betreffen, sind somit hinfällig. Denn *auf diesem Ankerplatz* hat die Gust nie gelegen. Demgegenüber hat der am 10. 7. 1984 gegen 0100 Uhr einsetzende Flutstrom, der mit einer Geschwindigkeit von mindestens 3 kn in die Bucht einlief, einen erheblichen Schwell bewirkt, der ein Aufschwimmen des auf dem Strand liegenden Bootes nicht nur problematisch, sondern unmöglich machte. Ein Blick auf die Gezeitenstromkarten, die jeder Sportskipper in diesem Seegebiet an Bord hat, hätte nicht nur die im Wechsel der Spring- und Nippzeit stark differierenden Tidenhubwerte (8,60 m bei Spring- und 3,50 m bei Nippzeit), sondern auch die ausgeprägten Gezeitenströme mit Geschwindigkeit, Richtung und Wechsel deutlich erkennbar gemacht.

Ulf Wille hat dieser Anforderung nicht Rechnung getragen und diese elementaren Grundsätze der Seemannschaft nicht beachtet. *Er verhielt sich statt dessen so, als sei er nicht im Gebiet der Kanalinseln, sondern im Wattenmeer auf einem geschützten Sand fernab der See und des Fahrwassers,* wie er selbst zu seiner Entlastung vorträgt. An seiner grob fahrlässigen Handlungsweise kann somit gar kein Zweifel bestehen."

Zweite Gegenrede:
„Nun, da bin ich ganz anderer Meinung: Sie konstruieren hier einen Gegensatz zwischen ‚Ankerplatz' und ‚Trockenfallenplatz', der nicht besteht. Von den fraglichen Manövern haben Sie sicher keine Ahnung. *‚Ankern' und ‚Trockenfallen' sind keine Gegensätze. Das Trockenfallen bedingt vielmehr den Gebrauch von Ankern.* Wenn Sie eine entsprechende Erläuterung benötigen, daß das Trockenfallen eine überaus sachgerechte, übliche und angemessene Methode des Landens an Küsten ist, lesen Sie einmal in dem ‚Führer für Sportschiffer, Die Nordseeküste, Band 1', auf den Seiten 68–72 nach. Dort wird das Manöver des Trockenfallens allgemein und unabhängig vom Revier beschrieben.* *Im übrigen ist auch die Küste der Kanalinseln, die bei Ebbe trockenfällt, als ‚Watt' zu bezeichnen.*

Ulf Wille hat an seinem Platz, der für das Trockenfallen empfohlen wird, alle richtigen seemännischen Maßnahmen ergriffen. *Das Symbol eines Ankers in der Seekarte bringt zum Ausdruck, daß es sich um eine geschützte Bucht mit festem Grund handelt. Ein so ausgewiesener Ankerplatz ist daher in Wattengebieten – wie den Kanalinseln – auch als Platz zum Trockenfallen empfohlen.*

Über den Einfluß von Tidenhub und Gezeitenstrom, Windrichtung und Windstärke, Windsee und Dünung könnte man uferlos streiten. Es traten eben anormale Seegangsverhältnisse ein, die nicht vorhersehbar waren und daher Ulf Wille auch nicht für sein Verhalten angekreidet werden können."

Halten wir hier die Diskussion an und stellen fest:
Natürlich besteht ein grundlegender Unterschied zwischen „Trockenfallen" und „Ankern" und damit auch zwischen den Plätzen, an denen entweder das eine oder das andere Manöver möglich ist. Wie die Begriffe „in Fahrt" und „festgemacht" *für ein schwimmendes Boot über ausreichend tiefem Wasser* gelten, bezieht sich „Ankern" auf den Schwimmzustand. Es ist seemännisch und seerechtlich eine typische Eigensituation, in der sich das Boot nur geringfügig und begrenzt bewegen kann, aber dabei auch sicher festgelegt ist. Demgegenüber gehören „Trockenfallen" wie „Festkommen" und „Stranden" zu den Zuständen, in denen das Boot einen gewollten oder ungewoll-

---

* Das betraf eine ältere Auflage. Der Autor nimmt sich des Themas „Trockenfallen" jetzt in einem Sonderband mit dem Titel „Seemannschaft in Wattengewässern" an.

1-2 Bergung gelungen, gerettete Yacht wertlos – so könnte man die Maßnahmen bezeichnen, die nach der Strandung der YIN & YANG auf den Tuamotus eingeleitet wurden. Wie ein waidwundes Tier im Todeskampf bäumt sich der Seekreuzer auf, als ihn ein Hochseeschlepper vom Korallenriff zieht, aber seinen Rumpf dabei fast tödlich verletzt.

4

Das traurige Ende der KENSHO sieht wie ein
Urlaubsidyll unter Palmen aus, aber eine Yacht
kann ihren unwiderruflich letzten Liegeplatz
auch auf einer tropischen Trauminsel finden.

Von dem riffgespickten Strand auf den Visayas
im Südosten der Philippinen, auf den die KENSHO
von einem Taifun geworfen wurde, wird sie
niemals wieder in tiefes, blaues Wasser gelangen.

5

6

5-6 Die 9-m-Stahlyacht ANDIJK strandete in der
Nacht zum 7. 9. 1985 auf der Fahrt von
Dänemark nach Holland bei NW 10 und
Flutstrom an der Küste von Juist. Die drei-
köpfige deutsche Crew blieb unverletzt. Die
beschädigte Yacht konnte ausgegraben,
aufgerichtet und „an der Angel" eines großen
Krans landwärts abtransportiert werden.

7-8 Der 12-m-Kunststoff-Seekreuzer Venus V strandete 1985 nach einer Atlantiküberquerung von Gambia nach Brasilien an der Küste von Rio de Janeiro, weil das Ruder durch verklemmte Steuerseile blockiert war und das Ankergeschirr verlorenging. Ein kräftiger Schlepper konnte die unbeschädigte Yacht wieder in ihr Element ziehen.

9

10

12

13

14

9-14 Im Dezember 1982 strandeten mehr als zwei Dutzend Seekreuzer am Cabo San Lucas vor der mexikanischen Pazifikküste, darunter die berühmte JOSHUA von Bernard Moitessier. Durch eine Winddrehung waren die Yachten am Ankerplatz auf Legerwall geraten. In der hohen Brandung wurden sie übereinandergeworfen und zerstörten sich so gegenseitig. Für den verzweifelten Bernard Moitessier ist es der dritte Totalverlust eines seiner Langfahrtkreuzer.

11

15

15-17 Die Gefahren der Strandung bestehen überall,
auch im Heimatrevier, sogar
vor dem Heimathafen.
Dieser Seekreuzer verpaßte
an der italienischen Adria-
küste die Hafeneinfahrt
und geriet auf Legerwall in
die Brandung. Aber
schon nach Ende des kurz-
lebigen Sommersturms
waren glücklicherweise
die Berger zur Stelle, um
die Yacht zu retten.

16

ten, aufhebbaren oder andauernden Kontakt zum Meeresgrund hat, *also nicht schwimmt*. Dabei ist Trockenfallen nach dem von einem der Kontrahenten zitierten Buch „das beabsichtigte Aufsitzenlassen des Bootes bei fallendem Wasser in geschütztem Revier", wie es Ulf Wille beabsichtigte, und bei auflaufendem Wasser tritt für das aufgeschwommene Boot entweder (zuerst) der Zustand des „Ankerns" oder (wenig später) der Zustand „in Fahrt" wieder ein. „Ankern" und „Trockenfallen" sind also zwei ganz verschiedene seemännische Manöver für unterschiedliche Küstenplätze, auch wenn das Boot von einem Zustand in den anderen übergeht und beim Trockenfallen erfahrungsgemäß die Anker unbelastet im Wattboden stecken.

„Festkommen" nennt man demgegenüber das „unbeabsichtigte Auflaufen des Bootes auf den Grund in geschütztem Revier", einen Zustand der Bewegungslosigkeit, aus dem sich eine Yacht entweder durch entsprechende Anstrengungen ihrer Besatzung oder nur mit fremder Hilfe wieder befreien kann.

„Stranden" ist schließlich das „unbeabsichtigte Festkommen des Bootes in ungeschütztem, gefährlichem Revier". Eine Strandung bedeutet meistens tödliche Gefahr für Boot und Besatzung, und sie kann natürlich auch nach dem Trockenfallen wie nach dem Ankern eintreten.

Im Gegensatz zur letzten vorgetragenen Meinung gibt es also gewichtige Unterschiede zwischen „Ankerplatz" und „Trockenfallenplatz", und auch die entsprechenden Manöver gleichen sich keineswegs, auch wenn bei beiden vielleicht ein Anker eingesetzt wird.

Ebenfalls ist es eine irrige Meinung, daß man die schmalen Sandstreifen am Rande der felsigen Kanalinseln als „Watt" bezeichnen und sich hier ähnlich wie im geschützten, breiten Wattgebiet der deutschen Nordseeküste verhalten kann. Das Watt ist ein großflächiges Gebiet, wo festes Land ins Meer übergeht und in dem man, wie der Name sagt, „waten" kann. Wie man im Wattenrevier nicht auf den Sandrändern, die zur See hin zeigen oder wohin der Schwell der See reicht, trockenfallen darf, bei schlechtem Wetter auch nicht an den Innenkanten der Watten, so kann man natürlich auch nicht an den seewärtigen Kanten eines schmalen Sandstrandes trockenfallen, der an der Küste der Kanalinseln nur bei Niedrigwasser sichtbar und begehbar wird. Beim Trockenfallen in Wattengewässern fährt man meistens vom tiefen Wasser (in einem Priel) mit langsamer Fahrt auf das Watt, bis das Boot festkommt, und legt dann das Boot gegen den Wind. Anker sind dann nicht erforderlich, und das Boot ist nicht gefesselt, wenn das Wasser wiederkommt.

Es trifft auch nicht zu, daß ein in der Seekarte mit einem Ankersymbol bezeichneter Platz (nicht nur bei den Kanalinseln) als Platz zum Trockenfallen empfohlen wird. Das Ankersymbol gilt nur für den Zustand des „Ankerns", siehe oben. Ob und wo ein Schiff trockenfallen kann, kann ein dritter einem Skipper nicht empfehlen. Er muß es selbst entscheiden.

Natürlich sieht auch die Bucht La Grande Grève so aus, als sei sie „bei südlichen Winden" selbst ordnungsgemäß vor Anker noch ein sicherer Platz. Aber auch diese Ansicht ist trügerisch, denn diese ungefähre Windrichtung schließt ja auch einen Südwestwind ein, der in La Grande Grève immer eine gefährliche Legerwall-Situation schafft, und durch die Küstenablenkung des Seegangs sowie den Tidenstrom (aus welcher Richtung auch immer) sind an jeder Küste Schwell und Brandung gefährlich.

Als dieser Meinungsstreit, bei dem es – wie immer beim Totalverlust einer Yacht – um eine hohe Summe ging, vom Gericht entschieden werden mußte, wurde auch der Sachverständige noch einmal gehört, der am Tag nach der Strandung Schaden und Unfallort besichtigt hatte. Er sagte: „Als wir die GUST an den Klippen zerschellt fanden, ging ich davon aus, daß sie *in tiefem Wasser verankert gelegen hatte* und der Totalverlust *durch schlierende Anker* entstanden sei. In dieser Weise informierte uns auch der deutsche Eigner. Bei dieser meiner ersten Stellungnahme war mir nicht bekannt, daß die GUST so dicht vor den Felsen und *auf diesen schmalen, nur bei Niedrigwasser begehbaren Strand freiwillig zum Trockenfallen hingefahren war.* Wenn die GUST auf diesem offenen Strand mit dem Heck zur See freiwillig trockenfiel und dort dann in diesem Zustand von der Crew mehrere Stunden lang unbeaufsichtigt liegengelassen wurde, ist dieses *eine grob fahrlässige und wirklich bedauerliche schlechte Seemannschaft.*

Wenn die GUST tatsächlich dort verankert worden wäre, wo in der Seekarte das Ankersymbol ist, am gleichen Platz, den mir die Crew auch bei der Ortsbesichtigung zeigte *und wo auch bei Niedrigwasser noch eine Wassertiefe von 4 bis 5 m* herrscht, dann wäre sie dort am 9. wie am 10. Juli unter allen Bedingungen schwimmfähig geblieben, und es wäre weder zu einer Strandung noch zu diesem Totalverlust gekommen."

Trotz dieser Bewertung hatte Ulf Wille Glück: Ein Gericht billigte ihm die Hälfte der Versicherungssumme zu, und wie so häufig endete der Streit mit einem Vergleich. Zwar neigte das Gericht eher zu der Wertung, daß hier die Schwelle zur groben Fahrlässigkeit bereits überschritten sei. Aber es stufte dann den Notfall GUST doch als einen Grenzfall ein. Der Wertungsspielraum bei Anwendung des Begriffs der groben Fahrlässigkeit ist eben immer noch weit.

Hätten Sie nach Anhörung beider Seiten genauso geurteilt?

Sinken

Wenn ein Kielschwerter ungewollt achteraus fährt

Wenn eine Yacht unter Segeln eine leichte Grundberührung hat, so muß das nicht folgenschwer sein. Wenn aber ein Kielschwerter ungewollt achteraus treibt und sein Schwert dabei mit der Rückseite gegen eine Untiefe stößt, kann es zu unerwartetem und gefährlichem Wassereinbruch kommen, der sich weder durch Leckbekämpfung noch durch Lenzpumpen bewältigen läßt. Die FREIZEIT sank hierbei nicht nur. Noch größeren Schaden erlitt sie bei ihrer Bergung.

Willi Koopmann hatte sich sein Traumschiff FREIZEIT im Jahre 1978 als besonders seetüchtigen Kielschwerter außergewöhnlich solide aus Stahl bauen lassen. Der flache Boden des 12,50 m langen und 4,00 m breiten Motorseglers war 15 mm stark dimensioniert. Die Kimm hatte eine Dicke von 8 mm, die Seiten waren in 6 mm Stärke ausgeführt. Die Bodenplatte nahm einen Schwertkasten auf, in dem ein 4 t schwerer Schwenkkiel vorn drehbar in einem Bolzen hing und durch eine im Vorderteil des Kastens installierte Hydraulik bewegt wurde. Eine zusätzliche Versteifung brachte der im Bereich des Schwertkastens eingebaute Doppelboden, der über die volle Schiffsbreite als Dieseltank diente. Als Antrieb der 15 t schweren Yacht wurde ein 130-PS-Mercedes-Dieselmotor benutzt.

Das Heimatrevier von Willi Koopmann und seiner FREIZEIT ist das Insel- und Wattengewässer der deutschen Nordseeküste. Hierfür ist die Yacht konstruiert und gebaut worden; denn der Eigner lebt in Ostfriesland.

Anfang August 1982 befindet er sich mit einem Mitsegler auf einer Wochenendfahrt bei NNE-Wind von Stärke 4 bis 5, leicht bewölktem Himmel und guter Sicht, einem schönen Sommer-Segelwetter also. Die Risiken dieses Reviers aber liegen, wie es nur die einheimischen Segler am besten wissen, in der kurzen, groben See, wenn Wind gegen Strom steht, und den zusätzlichen Grundseen, wenn der Seegang vom tiefen ins flache Wasser aufrollt. Auch der FREIZEIT, die ihr Schwert auf 2,70 m Tiefe voll aus dem 0,90 m tiefgehenden Rumpf ausgefahren und ihre 80 m^2 Segelfläche gesetzt hat, macht diese harte See an diesem Sommertag zu schaffen: Sie fällt gegen 2000 Uhr eine knappe Seemeile nördlich der Tonne 10 in der Minsener Rinne vor Wangerooge beim Wenden hart in ein Wellental. Anlaufende Grundseen lassen sie gleichzeitig am Rand einer Untiefe mehrfach hart mit dem Schwert auf den Grund stoßen. Der Eigner findet danach jedoch kein Wasser im Schiff.

Wie sich später herausstellte, erfolgte dieses harte Aufstoßen zuerst bei Achterausfahrt und dann bei Vorausfahrt des Motorseglers – eine wichtige Erkenntnis für alle Unbilden, die folgen sollten. Wenn man beim Wenden nicht durch den Wind kommt oder das Boot bei der hohen, steilen See nur mit Mühe wenden kann, steht es schon einmal auf der Stelle oder sackt sogar achteraus. Beim Segeln im Strom muß diese Achterausfahrt über den Grund gar nicht erkennbar sein; denn die Crew sieht und spürt nur die Fahrt durchs Wasser, die das Boot beim Wenden macht.

So setzt Willi Koopmann seine Fahrt fort, im Vertrauen darauf, daß sein starker stählerner Kielschwerter schon mal ein solches Aufbrummen vertragen kann. Als der Mitsegler jedoch etwas später in die Kajüte hinabsteigt, steht das Wasser schon über den Bodenbrettern. Willi Koopmann setzt einen Notruf ab und nimmt die Lenzpumpe in Betrieb. Die FREIZEIT liegt jetzt nördlich des Fahrwassers. Der Wassereinbruch kann mit eigenen Mitteln jedoch nicht mehr eingedämmt werden.

Der bald eintreffende Rettungskreuzer WILHELM KAISEN setzt seine elektrische Tauchpumpe über und schleppt gleichzeitig die FREIZEIT westwärts. Beide Besatzungen glauben schon, daß man aus dem Schneider ist; denn die Pumpe des Seenotkreuzers zeigt sichtbaren Erfolg. Aber da reißt das Stromkabel. Das eindringende Wasser behält die Oberhand, und die Crew muß ihre sinkende Yacht verlassen. Auf 53° 50' N und 007° 50' E geht die FREIZEIT auf 14 m Tiefe. Nur der Großmast bleibt noch 1 m über Wasser sichtbar. Es wird eine Warnmeldung an die Schiffahrt abgegen und das Setzen einer Wracktonne beantragt.

Solche Untergänge von Yachten auf See sind teure Angelegenheiten: Die Kosten für die Hilfeleistung des Rettungskreuzers halten sich mit 500 DM noch in Grenzen. Das Auslegen und Einholen der Wracktonne wird vom Wasser- und Schiffahrtsamt jedoch bereits mit 10 400 DM angesetzt. Die Bergung des Schiffes kostet mehr als das Doppelte. Aber wenn man eine seeklar gesunkene Yacht unbeschädigt heben und lenzen kann, muß sie nicht zu einem Totalverlust werden; der Motor läßt sich wieder fahrklar machen, und die durch Wasser unbrauchbar gewordenen elektronischen Geräte kann man ersetzen.

So dachte wohl auch Willi Koopmann, als er Bergungsofferten einholte und seine Versicherung einer Spezialfirma den Auftrag zum Heben der FREIZEIT erteilte. Die Yacht stand immer noch mit unbeschädigtem Rigg in der Nordsee, wenn auch drei Stockwerke unter dem Wasserspiegel.

Die Bergung erfolgte bereits eine Woche später. Ein Kranschiff war von Hooksiel zur Unfallstelle ausgelaufen, wo es sich mit zwei Ankern in der Strömung vor das Wrack legte. Ein Taucher erkundete die Lage der FREIZEIT, die sich jetzt zur Seite geneigt hatte, wie man es auch an dem schräg stehenden Großmast erkennen konnte. Das Vorschiff war eingesandet, das Achterschiff hing frei. Die Berger entschlossen sich daraufhin, mit Drahtstropps anstelle von Nylonstropps zu arbeiten.

Trotz ruhigen Wetters herrschte noch ein sich abschwächender Schwell von 1,50 m Höhe. Er ließ es nur zu, die FREIZEIT bis nahe an die Wasseroberfläche aufzuheißen. Gegen 1400 Uhr erschien das Heck über der See, während das Vorschiff noch in einem Winkel von 45° unter Wasser hing. Bisher war die FREIZEIT noch unbeschädigt, und der Tonnenleger, der gerade von einem Einsatz nach Hause fuhr, konnte die Wracktonne gleich (kostengünstig) mitnehmen.

So hievte das Bergungsschiff seine Anker ein und trat mit der schräg im Wasser hängenden FREIZEIT die Heimreise an. Als der Berger auf der Höhe von Mellum jedoch in flacheres Wasser kam, stieß der Bug der FREIZEIT auf Grund, und dabei wurde nicht nur der Bugspriet deformiert, sondern auch der Besanmast zerbrochen. Weitere Schäden entstanden an der Seereling. Nachdem der Berger die havarierte Yacht weiter anheißte, konnte man mit Hilfe einer elektrischen Tauchpumpe das Gewicht fortlaufend vermindern. Es stellte sich jedoch bald heraus, daß der Kran des Bergungsschiffes nicht kräftig genug war, um die Yacht an Deck zu stellen. Man schleppte die nur

Wasser schießt aus dem Schwertkastenschlitz, als die gesunkene FREIZEIT an der Pier gehoben wird – eine nicht verstandene Warnung für die Berger: Sekunden später brechen die Haltegurte des randvoll gefüllten Rumpfes, und die Yacht stürzt aus dem Kran auf die Pier. Aus einer schon fast gelungenen Bergung wird doch noch ein Totalverlust.

noch halb mit Wasser gefüllte FREIZEIT längsseits am Haken hängend weiter und forderte gleichzeitig einen Schwerlastkran zum Hafen Hooksiel an, der die Yacht übernehmen sollte.

Als der Schwerlastkran die nunmehr in Nylongurten hängende Yacht gegen 2000 Uhr anhievte, breitete sich bei allen Beteiligten bereits Zufriedenheit über den Bergungserfolg aus, und niemand machte sich Gedanken, daß angesichts der 240 mm breiten Gurte noch irgend etwas schiefgehen könnte.

Langsam kam bereits der Boden mit dem ausgefahrenen Hubkiel über die Wasseroberfläche, und aus dem Schwertkasten strömte die Restmenge des Wassers in starkem Strahl aus, als der vordere Gurt plötzlich an einem Auge ausriß und das Vorschiff mit seiner Steuerbordseite hart auf den Kai schlug. Das Achterschiff rutschte zur Wasseroberfläche zurück. Bei dem enormen Druck brach der Großmast in mehrere Teile, und auch die andere Reling wurde nach hinten weggeknickt. Zu den Beschädigungen im Innern des Rumpfes kam die Havarie der Außenhaut, und aufgrund des zusätzlichen Schadens am Rigg war die FREIZEIT zum Totalverlust geworden. Kleine Ursachen – große Wirkung.

Es war Sache der Yachtversicherung, für die eingetretenen Folgeschäden die Versicherer von Bergungsschiff und Kranfahrzeug heranzuziehen. Für uns von wichtigem Interesse ist die Schadensursache, die zu allererst zum Untergang der FREIZEIT führte und die der vereidigte Sachverständige Wilhelm Hauck in Emden so ermittelte:

„Nach Angaben des Eigners erlitt das Schiff beim Wenden unter Segel eine Grundberührung in einer Rückwärtsbewegung. Der Kiel wurde in diesem Augenblick nach vorn gegen die Frontwand des Schwertkastens gedrückt. Eine Kerbung im Blei ist von diesem Anschlag zurückgeblieben. Gleichzeitig ist durch die Überdehnung die Sicherung am Ende der Kolbenstange abgerissen. Der Kolben konnte aus der Zylinderführung herausfallen und gleichzeitig verbiegen.

Der Schipper Koopmann warf nach der ersten Grundberührung sofort den Motor an und hatte in dieser Hektik nochmals Grundberührung, deren Heftigkeit ihm nicht mehr voll bewußt ist. In dieser nochmaligen Grundberührung bei Vorwärtsfahrt wurde der wie ein Scharnier wirkende Kiel durch das schwere Schiffsgewicht übersegelt und achtern hochgedrückt. Herr Koopmann sprach von einem lauten Knall, der in diesem Moment den Riß des Schwertkastens betraf."

Es wurde also festgestellt, daß die Kolbenstange aus dem Bugzylinder des Schwertes herausgerutscht war. Der Hubzylinder hatte sich mit dem freien Ende nach unten gesenkt, und der eingefahrene Kiel konnte mit seiner vorderen Rundung bei etwa 45° den Zylinder erreichen und Druck auf den Kasten ausüben. Die Gewalteinwirkung auf den Zylinder war derart, daß

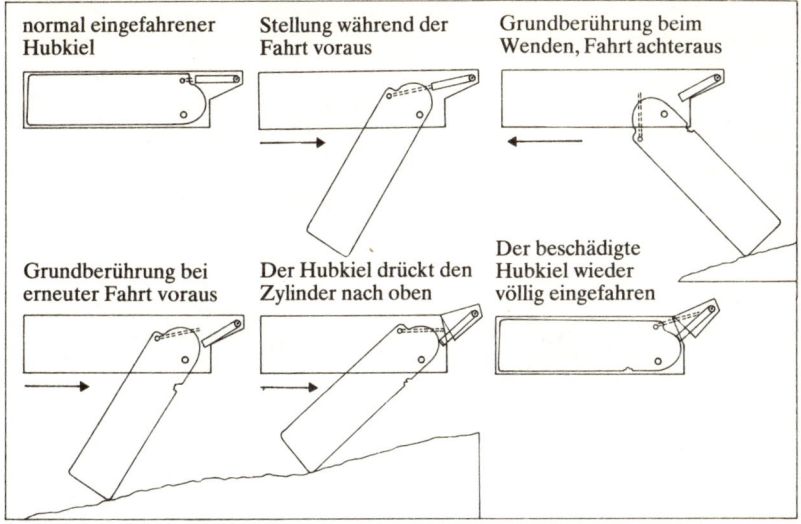

normal eingefahrener Hubkiel

Stellung während der Fahrt voraus

Grundberührung beim Wenden, Fahrt achteraus

Grundberührung bei erneuter Fahrt voraus

Der Hubkiel drückt den Zylinder nach oben

Der beschädigte Hubkiel wieder völlig eingefahren

der nasenförmige Kastenanbau für die Hydraulik nach oben gedrückt wurde und vom Schwertkasten abriß. „Es entstand wahrscheinlich eine Öffnung von 200 cm^2", heißt es in dem Gutachten des Sachverständigen.

Ich glaube nicht, daß eine so große Leckstelle von Beginn an zum Sinken der Yacht führte. Denn bereits ein Leck von 20 cm^2 sorgt bei einer Wassertiefe von 50 cm für 400 l/min Wassereintritt, der sich von Hand nicht mehr lenzen läßt. Bei einem Leck von 200 cm^2 wäre die FREIZEIT mit der zehnfachen Menge eingedrungenen Wassers schon in weniger als vier Minuten auf Tiefe gegangen. So schnell wird der Seenotkreuzer sicher nicht am Unfallort gewesen sein. Geht man hingegen von nur 20 cm Tiefe aus, kommen nur 250 l/min ins Boot. Gelingt es, 100 l/min zu lenzen, geht die Yacht in etwa 80 Minuten auf Tiefe. In der Hälfte dieser Zeit ist die WILHELM KAISEN wohl an Ort und Stelle gewesen.

Kann man Erfahrungen aus dem Yachtunfall ziehen? Vielleicht diese: Kielschwerter sind in Deutschland beliebte Yachttypen, oder sie waren es zumindest. Als es auf kleinen Seekreuzern noch keine Motoren gab, waren sie praktisch; denn man konnte auch schmale und flache Fahrwasser aufkreuzen, weil bei einer Grundberührung zuerst einmal nur das Schwert einzuholen war.

In Wattengewässern erscheinen sie auch heute noch praktisch, weil man mit ihnen besser trockenfallen kann und auf See nicht nur der größere Lateralplan, sondern auch der mit einem Hubkiel tiefer gesenkte Ballast von Vorteil ist. Der Unfall der FREIZEIT zeigt jedoch, welche Risiken mit diesen Hubkiel-

Versionen einhergehen. Aus diesem Grunde sind in England, wo man noch viel mehr in Wattengewässern segelt, Kielschwerter nahezu unbekannt. Man gibt hier den Kimmkielern oder Dreikielern den Vorzug. Sie haben die gleiche gute Abdrift-Gegenwirkung wie ein tiefer gehendes Kielboot und können im Watt trockenfallen, wobei sie sich mit ihren zwei oder drei Beinen bequem auf den Grund stellen oder sich von ihm lösen können. Die Risiken, denen man mit einem Kielschwerter ausgesetzt ist, sind bei diesen Kielversionen unbekannt.

Vor Australien ein Hindernis gerammt und gesunken

Die Pepina hatte auf ihrer Weltumseglung Glück und Pech: Vor der Straße von Gibraltar wurde sie von einem Frachter gerammt und schwer beschädigt, doch die Versicherung regulierte den Schaden. Dann lief sie vor der australischen Küste auf ein Unterwasserhindernis und sank. Aber der Eigner überstand beide Unfälle unbeschadet.

„Durch eine günstige finanzielle Konstellation war ich in der Lage, mir mein Traumschiff kaufen zu können, eine Nordia 45", erzählte Kurt Priester, der damals 48 Jahre alt war, im Sommer 1979, als er gerade begonnen hatte, auch den zweiten Teil seines Traums zu verwirklichen, eine Weltumseglung. Der erste Anlauf des Düsseldorfers endete jedoch bereits wenige Tage später in der Straße von Gibraltar:

„Gegen 0300 Uhr sichtete ich die ersten Feuer an der afrikanischen Küste. Meine Position stand fest, und das Boot lief mit halbem Wind ruhig und schnell. Kurze Zeit später traten einige Nebelfelder auf. Ich hielt mich an der Steuerbordseite des Schiffahrtsweges und lief unter vollen Segeln mit normalen Navigationslichtern und zusätzlich im Masttopp Rot über Grün. In den einzelnen Nebelfeldern gab ich auf meiner Pepina die vorgeschriebenen Schallsignale.

Als ich wieder einmal nach Backbord tutete, nahm ich rechts eine Bewegung wahr. Ein Alptraum wurde Wirklichkeit: Ein riesiger Bug tauchte, das Fahrwasser von Afrika her querend, aus dem Nebel nur 20 m vor mir auf. Bevor ich den Autopiloten ausgeschaltet hatte, knallte meine Pepina kurz hinter dem Bug in einem Winkel von 90° gegen die rote Wand. Das Boot wurde herumgerissen und schrammte nun an der Bordwand entlang. Während Segel, Salinge, Radargerät, Wanten und kiloweise rote Farbe auf das Deck fielen, startete ich den Motor und konnte mich damit langsam von der Schiffswand lösen. Wassereinbruch war nicht festzustellen. Ich war froh, auf einem Stahlboot zu sitzen.

In einiger Entfernung sah ich meinen Unfallgegner, der mittlerweile beigedreht hatte. Seinen Namen konnte ich in der Dunkelheit nicht ausmachen. Daher ging ich unter Deck, um ihn über Kanal 16 anzurufen. Das war mein Fehler. Als er nämlich merkte, daß ich ihn nicht identifizieren konnte, gab er Fersengeld. Wieder im Cockpit, sah ich ihn gerade noch mit voller Kraft im Dunst verschwinden. Unter Maschine lief ich in einige Stunden später in Gibraltar ein."

Die Versicherung regulierte nicht nur den mit 60000 DM sehr hohen Schaden, sie stellte sogar eine Crew zur Verfügung, um die PEPINA zur Reparatur nach Holland zurückzusegeln.

Beim zweiten Anlauf zur Weltumseglung erreichte Kurt Priester am 22. November 1979 Barbados und lief im Jahr darauf mit der 15 m langen Stahlketsch PEPINA weiter in den Pazifik. Hier endete die Weltumseglung am 4. August 1981 abrupt: Um 2115 Uhr australischer Zeit rammte die Einhandyacht etwa 90 sm nordöstlich der australischen Küste zwischen Brisbane und Sydney ein Unterwasserhindernis, wahrscheinlich ein Riff.

Der Wassereinbruch war so stark, daß die Pumpen das Boot nicht halten konnten, und Kurt Priester mußte einen Notruf aussenden, der von der Coast Guard gehört wurde. Daraufhin warf ein Wasserflugzeug Notgeräte ab, ehe der Skipper um 2340 Uhr in seine Rettungsinsel ging und seine Yacht kurz darauf sank. Kurt Priester verbrachte zehn Stunden in der Insel, ohne nasse Füße zu bekommen. Er wurde 10 sm südlich vertrieben und am nächsten Tag von einem Tanker aufgenommen, den die Coast Guard an die Unfallstelle geleitet hatte.

Einmal gerammt und einmal gesunken – kein Wunder, daß Kurt Priester wenig Lust hatte, sich noch einmal aufs Wasser zu wagen. Oder segelt er doch wieder?

Wenn man eine herrenlose Yacht als Kreisläufer sichtet

Die Besatzungen von Fischereifahrzeugen und Schiffen sind es, die auf hoher See als erste manchen Yachtunfall entdecken. Gegebenenfalls unterbrechen sie die Fahrt, um verunglückte Segler zu suchen oder eine treibende Yacht zu bergen. Wir erleben hier die Bemühungen, die herrenlose Einhandyacht TINA einzuschleppen, aus der Sicht einer Schiffsbesatzung. Der mehrere Tage dauernde Rettungsversuch blieb jedoch erfolglos.

Fritz Heimann ist ein Segler, der Bootshändler geworden ist, weil er vorher viele Jahre lang eine kleine Werft betrieben hat. Er ist somit ein seglerisch und handwerklich besonders erfahrener Mann. Für den Sommer 1984 hat er sich einen langen und recht sportlichen Törn vorgenommen: Er will einhand zu den Färöer und zurück segeln. Seine Tochter und ihr Mann werden in dieser Zeit die Geschäfte führen, so daß er keine Eile haben muß.

Die TINA, seine Yacht, ist ein seriengefertigter englischer Kielschwerter von 9,95 m Länge und 3,60 m Breite, mit einem Rumpftiefgang von 0,60 m und einem Schwerttiefgang von 1,80 m. Das Boot verdrängt 5 t, ist mit 46 m^2 Tuch besegelt und mit einem 36-PS-Bukh-Dieselmotor ausgestattet. Am 22. August 1984 liegt es auslaufklar in einem kleinen Nordseehafen.

„Also tschüs dann, sei vorsichtig, und Mast- und Schotbruch!" Das sind die letzten Worte, die Gabi Landgraf mit ihrem Vater wechselt, als sie die Leinen loswirft – wie schon zu vielen Einhandfahrten ihres Vaters in den vorangegangenen Jahren.

Und Fritz Heimann antwortet wie bei jedem Auslaufen, während er nach dem Verstauen der Leinen in die Plicht geht: „Mach dir keine Sorgen, Gabi, in meinem Alter ist Vorsicht erste Pflicht! Ich will kein Risiko eingehen!"

Und dann hebt der 55jährige Einhandsegler die Hand und ruft noch einmal: „Tschüs! Und auf Wiedersehen!", ehe er sich ganz auf sein Schiff konzentriert und es mit wenigen Bewegungen am Ruder unter Motor aus dem Hafen führt.

Weder Vater Fritz noch Tochter Gabi wissen in diesem Augenblick, daß sie einander zum letztenmal gesehen, gehört und einander zugewinkt haben...

Sechs Tage später, am 28. August, passiert TINA die Bohrplattform DF 97, die sich auf fast 58° N und 140 sm von der schottischen Küste entfernt in der Nordsee befindet. Die Männer auf der Plattform unterbrechen ihre Arbeit für einige Minuten, um zu dem kleinen, einsamen Segler zu ihren Füßen herunterzublicken, und sie erwidern das Winken von Fritz Heimann, der in der Plicht der TINA steht. Es ist sein letztes Lebenszeichen.

Knapp zwei Tage später, am 30. August, sichtet der dänische Fischkutter AUSKERRY aus Esbjerg, der das Kennzeichen E 739 an seinem Bug führt, den kleinen Seekreuzer. Skipper Jens Mose Jensen, der selbst am Ruder steht, schenkt der kleinen Yacht zunächst wenig Beachtung; denn Fischer und Segler begegnen sich oft auf der Nordsee, und da genügt dann ein flüchtiger Blick, wenn man sich zwar in Sichtweite, aber nicht in Rufweite hat.

Aber Skipper Jensen sieht dann doch noch ein wenig länger über die von einem stürmischen Wind bewegte See zu der offenbar vor Topp und Takel liegenden Yacht hinüber. Ein Boot ganz ohne Segel ist selbst bei diesem Wetter etwas Ungewöhnliches. Jens Mose Jensen bemerkt dabei, daß die Yacht viel Fahrt macht und ihren Kurs eigenartig schnell ändert, mal gegen die See, mal quer zu den Wellen, mal vor dem Wind.

Er nimmt daher den Kieker an die Augen, den er eigentlich selten benutzt; denn er kennt sowohl die See als auch das Revier, in dem er schon seit vielen

Jahren fischt. Aber erst durch die Vergrößerung des Glases sieht er deutlich: Die kleine Yacht liegt nicht vor Topp und Takel, sondern sie läuft mit geborgenen Segeln unter Motor, und sie läuft im Kreise. Personen kann er nicht entdecken.

Routinemäßig blickt Schipper Jensen auf die Borduhr, als er im kleinen Steuerhaus den Fahrthebel weit nach vorn schiebt und gleichzeitig das Steuerrad für eine Kursänderung dreht: Es ist fünf Minuten nach acht Uhr morgens an einem zwar stürmischen, aber hellen Sommertag.

Erst als die Auskerry dem herrenlosen Kreisläufer näher kommt, erkennt Jensen: Auch die Positionslaternen brennen. Das Ruder ist tatsächlich unbesetzt, aber es läßt sich noch nicht ausmachen, ob es festgesetzt ist oder sich von selbst in diese Hartlage mit einem anhaltenden, unveränderten Drehkreis brachte. Und bei diesem forschenden Blick über das verlassene Deck macht Jens Mose Jensen noch eine andere Entdeckung: Eine Leine der Yacht hängt achteraus und ein kurzes Stück in das Kielwasser hinein.

Aufgeschreckt durch die unerwartete Kursänderung und die plötzlich höhere Fahrt, sind jetzt auch zwei andere Fischer an Deck gekommen. Der Schipper macht ihnen mit wenigen Worten und Handbewegungen klar, was er vorhat: an der Yacht längsseits zu gehen und dabei festzustellen, was hier eigentlich vorgeht.

Aber dieser Versuch mißlingt. Ohnehin ist es schwierig, einen Kreisläufer gefahrlos anzusteuern, ohne hierbei weniger den eigenen, robusten Kutter als vielmehr die kleinere und verletzlichere Yacht zu beschädigen. In dem etwa 5 m hohen Seegang ist Schipper Jensen das Risiko zu groß, und so beschließt er, die britische Küstenwacht zu verständigen.

Als die Dringlichkeitsmeldung der Auskerry gegen 0930 Uhr über Seefunk ausgesandt wird, wird Schipper Jensen erst bewußt, wie lange Zeit er versucht hat, die kleine Yacht zu bergen, und wie mager das Ergebnis seiner Bemühungen ist: Nur den Namen Tina hat er erkennen können, sonst nichts. Aber immerhin ist es eine wichtige und detaillierte Meldung, die die Auskerry abgibt: „Sichten in Position 58° 25' N und 000° 48' E offenbar unbemannte Segelyacht Tina. Durch das eingerückte Getriebe macht die Yacht Fahrt voraus und läuft im Kreis. Die Navigationslichter brennen. Eine Leine der Yacht hängt achteraus."

Die Küstenfunkstelle bestätigt den Empfang, und als sie anschließend nach dem Wetter im Seegebiet fragt, ergänzt der dänische Fischer seine Meldung: „Wind Westsüdwest, 42 kn, See 16 Fuß, mittlere Sicht."

Damit ist der Fall für die Auskerry vorerst abgeschlossen. Sie kann ihre Fangreise fortsetzen, denn nun ist die Küstenfunkstelle am Zuge, und diese informiert die Küstenwacht, die den Seenotfall Tina zu übernehmen hat.

Die Coast-Guard-Leitstelle in Peterhead an der schottischen Küste ist eine faszinierende Einrichtung. Sie ist im obersten Stockwerk eines hohen Hafengebäudes untergebracht, mit Blick über den zu ihren Füßen liegenden riesigen Fischereihafen bis hin zur meilenweit entfernten Kimm.

In der Leitstelle werden die Standorte und Kurse nahezu aller Fischereifahrzeuge, Bohrinselversorger und anderer Schiffe in Seegebiet der mittleren und nördlichen Nordsee bis nahe an die Festlandküste registriert. Der mächtigen Fensterfront gegenüber hängt eine gigantisch vergrößerte Seekarte, die wie ein Kartentisch von hinten beleuchtet ist. Auf ihr haften an die 200 in Farbe und Form unterschiedliche Marken, die die verschiedenen Schiffe auf ihren gemeldeten Standorten darstellen.

So kann die Küstenwacht bei einem Seenotruf die Position eines gefährdeten Fahrzeugs mit einem Blick erkennen. Aber sie kann im Seenotfall eines nicht registrierten Fahrzeugs auch sofort eines der am nächsten gelegenen Schiffe zu unverzüglicher Hilfeleistung an die Unfallstelle beordern.

Dies geschieht auch am 30. August 1984 um 1050 Uhr: Von seiner Warteposition in der Nähe der Bohrinsel Piper A auf dem Fladengrund wird der norwegische Versorger NORTHERN CLIPPER zur angegebenen Position der kreislaufenden deutschen Yacht TINA geschickt.

Das Logbuch und der Bericht des Kapitäns der NORTHERN CLIPPER an seine norwegische Reederei sind lesenswerte Zeugnisse für die Mühen, die Yachtsegler den Berufsseeleuten bereiten können, wenn sie das ganz selbstverständliche Bestreben haben, Hilfe zu leisten, Menschen zu retten oder Yachten vor ihrem Verlust zu bewahren. Nach den Logbuchaufzeichnungen spielte sich folgendes ab:

„Donnerstag, 30. August 1984, 0755 Uhr. Längsseits Piper A. Beginn der Ladungsübergabe.

0830 Uhr. Ladungsübergabe beendet und in Warteposition.

1050 Uhr. Erhalten von der britischen Küstenwacht die Aufforderung, von Piper A zu einer Position 17 sm östlich zu laufen , wo ein Segelboot verlassen treibt.

1052 Uhr. Verlassen die Warteposition. Volle Kraft voraus. Wetter SW 7 Bft, Seegangshöhe 12 bis 15 Fuß.

1210 Uhr. Haben die Segelyacht erreicht. Der Motor der Yacht läuft, und das Boot fährt im Kreis.

1220 Uhr. Es ist möglich, einen Mann an Bord überzusetzen. Entsprechend den Wetterverhältnissen ist es schwierig, eine Schleppleine festzumachen. Nach zwei vergeblichen Versuchen entscheiden wir uns, einen weiteren Mann unserer Besatzung auf die Yacht zu übergeben. Er soll ein Sprechfunkgerät mitnehmen, da die Segelyacht kein Seefunkgerät hat.

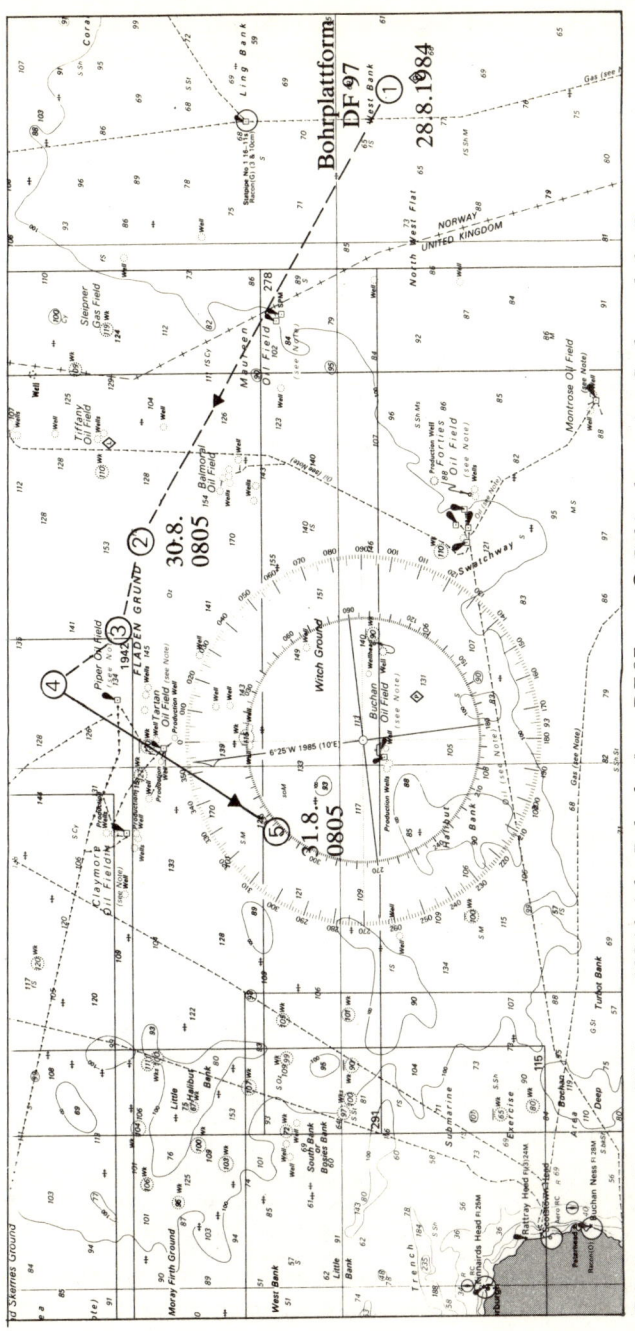

① Sichten der TINA am 28. August 1984 bei der Bohrplattform DF 97.
② Sichten der unbemannten Yacht am 30. August um 0805 Uhr.
③ Gebiet der ersten Suche nach der vermißten Besatzung.
④ Gebiet der zweiten Suche nach der Besatzung.
⑤ Untergang der TINA am 31. August um 0805 Uhr.

Die Positionen 1 und 2 liegen etwa 60 sm auseinander. Das könnte bedeuten, daß die TINA mit gesetzten Lichtern schon mehr als 24 Stunden unter Motor im Kreis gelaufen war.

149

1400 Uhr. Der zweite Mann ist übergesetzt. Wir unternehmen einen dritten Versuch, eine Schleppleine zu befestigen. Sie bricht jedoch, und wir bekommen einen Teil der Schlepptrosse in unseren Steuerbord-Propeller. Daher entscheiden wir uns, die Yacht mit eigener Kraft laufen zu lassen. Hierzu muß jedoch Dieselkraftstoff übergeben werden. Die Brennstoffübernahme dauert bis gegen 1500 Uhr.

1510 Uhr. Wir setzen den Kurs nach Piper A mit 278° ab. Die Distanz beträgt jetzt 26 sm. Wir folgen der Yacht, die mit einer Fahrt von 3 kn läuft. Von der Berge-Crew hören wir, daß die Yacht durch eine Beschädigung im Vorsteven Wasser macht. Das Deck hat sich dort vom Rumpf gelöst. Das Drahtvorstag scheint diesen Schaden am Bug verursacht zu haben. Während der Fahrt ständiger Ausguck nach Überlebenden.

2000 Uhr. Die Suche nach Überlebenden wird abgebrochen.

2250 Uhr. Wir erreichen die Position von Piper A. Wir lassen die Segelyacht TINA mit zwei Leuten an Bord außerhalb des 500-Yard-Bereichs treiben, während wir längsseits der Bohrplattform gehen.

2350 Uhr. Legen von Piper A ab, um die Yacht nach Peterhead zu schleppen.

2400 Uhr. Wir können die Yacht längsseits nehmen und versuchen, eine neue Schleppleine zu befestigen. Jetzt haben wir Glück. Die Schleppleine wird um den Mast belegt mit einer zusätzlichen Sicherungsleine durch das Vorluk, die unter Deck um den Mast nahe der Mastspur auf dem Kiel belegt wird.

Freitag, 31. August 1984, 0050 Uhr. Wir holen die beiden abgesetzten Leute auf die NORTHERN CLIPPER zurück und beginnen mit dem Schleppen Richtung Peterhead. Das Wetter ist ruhiger geworden. Wind West 5 Bft, Seegangshöhe 8 bis 10 Fuß.

0350 Uhr. Die Yacht sinkt während der Schleppfahrt immer tiefer ins Wasser.

0500 Uhr. Bei Tageslicht entschließen wir uns, drei Mann überzusetzen, um die Yacht zu lenzen. Die Männer haben jedoch keinen Erfolg: Der Mast hat sich von der Mastspur im Kiel losgerissen, und durch das entstandene Leck strömt seit mehreren Stunden Wasser ein.

0600 Uhr. Wir haben es geschafft, die Yacht längsseits zu nehmen, und wollen sie mit dem Schiffskran anheben. Aber wegen des immer noch herrschenden Seegangs ist es nicht möglich, sie sicher längsseits zu halten. So müssen wir mehrere eingeleitete Hebeversuche abbrechen.

0730 Uhr. Es wird eine neue Schleppleine an der Yacht festgemacht, um so zu versuchen, den Vorsteven höher aus dem Wasser zu heben, während wir mit dem Schleppen beginnen. Nach etwa 15 Minuten ist die Yacht jedoch so tief gesunken, daß sie unterschneidet.

0805 Uhr. Sinken der deutschen Segelyacht TINA auf 58° 05' N und 000° 14' W. Die NORTHERN CLIPPER setzt ihre Reise nach Peterhead fort.

1500 Uhr. Einlaufen in Peterhead. Taucher inspizieren unsere Propeller und finden Tauwerk um den Steuerbord-Propeller gewickelt. Das Tauwerk wird entfernt. Schäden am Propeller werden nicht festgestellt. Einige persönliche Gegenstände, die von der Yacht geborgen wurden, ehe sie sank, übergeben wir der Polizei."

Parallel zu diesen Hilfsmaßnahmen für die Yacht hat die Seenot-Leitstelle gegen 1100 Uhr am 30. August Seenotalarm gegeben und alle in der Nähe der gesichteten Yacht befindlichen Schiffe zur Suche und Rettung der bis dahin zahlenmäßig unbekannten Besatzung aufgefordert. Auch Luftfahrzeuge werden eingesetzt. Insgesamt suchen sieben Schiffe, drei Hubschrauber und zwei Flugzeuge das Seegebiet um den gesichteten Kreisläufer ab, ehe am 31. August gegen 0900 Uhr die Suche eingestellt wird.

Über den Unfallhergang gibt es nur Mutmaßungen: Fest steht lediglich, daß Fritz Heimann allein segelte und damit alle Risiken bewußt in Kauf nahm, die mit der Einhandsegelei verbunden sind. Er fiel wohl bei Decksarbeiten über Bord, wahrscheinlich in der Nacht vom 29. zum 30. August. Zumindest für die Zeit sprechen die noch brennenden Positionslaternen.

Daß die Yacht nicht unter Segeln, sondern mit Maschinenkraft lief, könnte durch die Beschädigung an der Vorstagverbindung zum Bug begründet sein. Der Einhandsegler hatte vielleicht versucht, den Schaden zu reparieren. Das Öffnen der Rumpf-Deck-Verbindung am Vorschiff wiederum könnte durch die hohe Belastung des Riggs verursacht worden sein, als die TINA in starkem oder stürmischem Wind auch mit kleinsten Sturmsegeln noch eine hohe Windlast an der Takelage aushalten mußte, der die Vorstagbefestigung offenbar nicht gewachsen war.

Was für uns bleibt, ist die Feststellung, daß es einem größeren Schiff erfahrungsgemäß nicht gelingt, eine kleine Yacht abzuschleppen, selbst wenn das Großschiff in der Lage ist, seine Geschwindigkeit auf die maximale Rumpffahrt einer kleinen Yacht von etwa 5 kn zu vermindern. Kaum eine Serienyacht ist mit Beschlägen ausgestattet, an denen man die durch den Wert der Verdrängung gegebene Zuglast unbedenklich angreifen lassen kann, von den kurzzeitig noch größeren Druckbelastungen beim Anschleppen und im Seegang ganz zu schweigen. Einem Retter solide erscheinende Bauteile einer Yacht wie hier die Unterdeckverbindung des Mastes mit dem Kiel, die ausschließlich für eine vertikale Krafteinleitung gebaut sind, halten so starke Zugbelastungen in horizontaler Richtung selten aus.

Vermutlich hätte die Überführung der Yacht auf eigenem Kiel mit der Berge-Crew an Bord Erfolg gehabt und nicht zum Totalverlust geführt. Wahrscheinlich wäre es auch möglich gewesen, das Leck im Vorstevenbereich so weit zu dichten, daß ein Wassereintritt in Fahrt unter Motor weitgehend gestoppt worden wäre. Aber Seeleute sind keine Segler, und es ist für einen Berufsseemann sicher kein Vergnügen, seinen Arbeitsplatz auf den soliden Stahlplanken eines hochbordigen Großschiffs mit Deck und Kajüte einer dünnwandigen, kippligen Yacht auf der Höhe der überbrechenden Wellen zu vertauschen – und sei es auch nur für eine Fahrt von 20 bis 30 Stunden Dauer.

Das Anbordnehmen der Yacht und ihr sicherer Transport an Deck des Versorgers ist sowohl wegen nicht vorhandener Hebevorrichtungen als auch aufgrund der herrschenden Wetterverhältnisse genausowenig möglich gewesen wie ein gefahrloses Abschleppen.

Was bleibt, sind wenige, aber bedauerliche Tatsachen:

● Für die Fischer der AUSKERRY, die die TINA gefunden haben, gab es keine finanzielle Anerkennung.

● Die Bemühungen der Besatzung der NORTHERN CLIPPER blieben ohne finanzielle Entschädigung. Denn ein möglicher Bergelohn entfiel in dem Augenblick, als die TINA in der Nordsee versank.

● Für den Totalverlust der TINA wurden von der Versicherung die Erben Fritz Heimanns entschädigt. Für mich ein makabrer Beigeschmack: Sie konnten es gar nicht erwarten, die Versicherungssumme so schnell wie möglich ausbezahlt zu bekommen – entgegen Vereinbarungen und Gepflogenheiten.

Ich finde daher die Versicherungsbedingung gut, die ich selbst für mein Boot abgeschlossen habe – und nicht nur wegen der dadurch gegebenen günstigeren Prämiensätze:

Geht der Skipper mit seinem Schiff unter, das zur Zeit des Totalverlustes unter seiner Führung gestanden hat, dann ist die Versicherung von einer Zahlung befreit, und die Erben erhalten vom Wert der Yacht keinen Pfennig. Das mag für die Hinterbliebenen finanziell schmerzlich sein. Aber die Regelung enthebt gegebenenfalls beide Teile einer verständlichen Verpflichtung, die Ursachen des Totalverlustes durch Sachverständige aufklären und ein mögliches Verschulden des Eigners an seinem Tode und am Verlust seines Schiffes vielleicht durch „grobe Fahrlässigkeit" gerichtlich feststellen zu lassen – damit entweder die Auszahlung der Versicherungssumme erzwungen oder die entsprechende Leistung verhindert werden kann. Eine Seeamtsverhandlung kann einen solchen Schuldspruch nicht fällen. Gegen tote Yachtskipper kann der Vorwurf eines schweren Verschuldens von seiten der Behörden nicht mehr erhoben werden. *De mortius nil nisi bene!*

Der mutmaßliche Tod des Skippers Fritz Heimann in der Nordsee steht in keinem Zusammenhang mit dem Verlust seiner Yacht. Zumindest schwamm die TINA noch, als er über Bord fiel.

Der Versuch einer Bergung ist das Risiko aller Beteiligten. Gelingt sie, werden die Berger belohnt, und die Erben behalten die Yacht. Die Versicherung muß nur die Bergekosten zahlen, nicht aber die volle Summe eines Totalverlustes.

Mastbruch und Zäpfchen

Es gibt ungemütliche Situationen an Bord, zum Beispiel beim Beiliegen in dunkler Nacht und in schwerem Wetter fernab von Schiffahrtstracks und Küsten. Begeht ein Segler, der dann mit Hilfe von Schlaf- oder Beruhigungstabletten Abstand und Vergessen sucht, „Fahnenflucht" gegenüber den anderen Mitseglern? Und wie wirken sich Tranquilizer auf die Leistungsfähigkeit eines Seglers aus, wenn es im Falle einer Havarie auf jede Hand ankommt? Drei Segler in zwei solcher Situationen auf zwei Yachten bieten viel Stoff zum (nicht nur seemännischen) Nachdenken.

Die jährliche Winterversammlung deutscher Hochseesegler an der Küste ist ein Kreis, in den man nur durch eigene sportliche Leistung auf den sieben Meeren hineingewählt werden kann. Es ist ein kleiner Kreis, der sich jährlich nur einmal trifft, und es ist eine größtenteils nur aus Männern bestehende Versammlung. Denn sportliches Hochseesegeln war und ist (leider) immer noch hauptsächlich eine Männerangelegenheit. Natürlich sind auch Seglerinnen willkommen, und sie stehen als bunte Farbtupfer im einheitlichen Dunkelblau der Männerwelt sogar im Mittelpunkt, wenn sich die traditionsbeladenen hohen Räume mit den riesigen Ölgemälden aus Kaiser Wilhelms Zeiten zum sogenannten „Herrenessen" füllen. Aber nur eine Seglerin, die sich tatsächlich durch eine ebenbürtige Seglerleistung dem kleinen Blauwasserclub und seinen geladenen Gästen zugehörig fühlt, wird sich darin auch wohlfühlen.

So ist die Zahl der Seglerinnen im Kreis der oft mehrfach ausgezeichneten Langfahrtsegler immer noch sehr klein geblieben. Doch jeder Segler, für den der dunkle Anzug meistens ungewohnter als die Schipperjacke mit dem Lifebelt ist, weiß beim Anblick einer Dame (vielleicht sogar mit schulterfreiem, langem Kleid und modischer Frisur), daß sie ihr Regenzeug mit Sicherheitsgurt an Bord wohl genauso lange getragen hat wie er selbst und nicht weniger selbstverständlich anzulegen weiß.

Bärbel Bahlcke ist eine dieser wenigen deutschen Hochseeseglerinnen. Zusammen mit ihrem Mann machte sie eine weltweite Fahrt in einem nur 9 m langen Seekreuzer, die seemännisch wie sportlich gleichermaßen vorbildlich war.

Bärbel Bahlcke ist eine schöne und intelligente Frau mit akademischen Weihen, und sie ist sicher auch ein prächtiger Bordkamerad, wie ich aus vielen gemeinsamen Stunden und langen persönlichen Gesprächen weiß.

Und in diesen Unterhaltungen fiel einmal ein Satz, den Bärbel Bahlcke wie beiläufig und selbstverständlich bei der Schilderung eines Erlebnisses in schwerem Wetter fallenließ und den meine Frau und ich noch einmal nachfragten, weil er uns so überraschte. Bärbel Bahlcke sagte nämlich sinngemäß: „Wenn das Wetter zu schwer wird oder wenn wir in eine kitzlige Situation kommen, dann nehme ich eine Valium-Tablette und lege mich in die Koje."

Nachfrage: „Du nimmst eine Schlaftablette und legst dich hin, wenn es brenzlich wird?"

„Ja, dann lege ich mich schlafen, damit ich solche kritischen Situationen, die ja auch längere Zeit andauern können, nicht miterleben muß."

„Und dein Mann?"

„Er wird damit auch allein fertig – und vielleicht besser."

Unser fragender Blick suchte die Augen von Bärbels Mann und Skipper – und dieser nickte wortlos.

Für mich ist es ein unbegreiflicher Entschluß, in einer unklaren Situation auf hoher See in die Koje zu gehen, und zwar nicht zum Ausruhen oder zum Sammeln neuer Kräfte, sondern um die gefährliche Umwelt zu vergessen. Und ich kann es mir auch nicht denken, daß meine Frau, selbst wenn sie Angst hätte, mich auf meiner Wache in der Plicht zum Einhandsegler machen würde, weil sie auf See von einer gewissen Zeit an einfach nicht mehr mitmachen wollte. Von Beginn unserer gemeinsamen Segler-Lebensreise an weiß ich, daß sie nur ängstlich war, einem von uns beiden könnte etwas passieren, weil der andere vielleicht nicht hilfsbereit in seiner Nähe wäre. Und es war für mich immer ein unendlich glückliches Gefühl, wenn ich oft viele gefährliche, dunkle, nasse oder kritische Stunden lang in der Plicht wachen, steuern, reparieren, arbeiten oder einfach nur mit winzigen Lappen segeln mußte, während sie mich unterdessen von der Kajüte aus mit warmer Suppe und belegten Broten, Informationen von Log und Lot, einem trockenen Schal oder einem frisch geputzten Fernglas versorgte oder einfach nur unter dem geschlossenen Schiebeluk stand, gesprächsbereit oder nur hilfsbereit-stumm bei dem gemeinsamen Erlebnis der entfesselten Elemente.

Wir konnten es uns jedenfalls nicht vorstellen, daß einer den anderen insbesondere dann allein ließ, wenn es auf jeden von uns ganz besonders ankam.

Vor langer Zeit hatte uns unser Pastor ja auch einmal gesagt: „Jeder trage des anderen Last!" Und daran hielten wir uns auch an Bord. Man mag Bärbels Verhalten noch verstehen, nicht nur weil sie die Freude am Hochseesegeln behält, indem sie einfach die dunklen und gefährlichen Stunden mit Valium aus ihrem Bewußtsein tilgt, sondern weil sich vielleicht gleichzeitig ihr Mann und Skipper in seinen nautischen Entscheidungen freier fühlt und somit notwendige seemännische Maßnahmen schneller einleiten kann. Unverständlich bleibt für mich jedoch ein Fall, in dem sich *beide* Mitglieder einer Ehepaar-Crew, die Ehefrau *und* der Ehemann, in einer lebensgefährlichen Situation für Boot und Besatzung durch Tranquilizer, wie man die mehr oder weniger kräftigen Beruhigungsmittel nennt, von ihrer Angst zu befreien versuchen, sich dabei aber gleichzeitig und bewußt sowohl physisch wie psychisch amputieren.

Denn wer sich mit Medikamenten beruhigt, reguliert seinen Kreislauf auf eine Art Sparschaltung herab, und er wird dadurch nicht nur seine Fähigkeit zu geistesgegenwärtigen Reaktionen und seinen Leistungs- bzw. Überlebenswillen bewußt einschränken, er setzt die körperliche Leistungsfähigkeit beim Pützen, bei Decksarbeiten und anderen Notmaßnahmen zwangsläufig mit herab.

Aber hören wir uns zuerst einmal an, was Herbert Beckröge von der TEDJE schreibt, mit dem mich das um ein Jahr versetzte Erlebnis der paarenden Wale auf den Silver Banks vor Hispaniola verbindet. Er berichtet von zwei Segelfreunden, Gundi und Werner, bei deren Mast- und Schiffbruch er für sich einige seemännische Folgerungen zieht, während ich noch eine ganz andere, vielleicht viel mehr ursächliche Konsequenz aus diesem Seeunfall ziehen möchte, die er mehr beiläufig und kommentarlos erwähnt. Aber beschränken wir uns vorerst auf die nüchternen nautischen Tatsachen:

Mit ihrem 8,25-m-Kunststoff-Seekreuzer FORTUNA hatten Gundi und Werner viele Jahre lang Regatten auf deutschen Revieren gesegelt, ehe ihre Kreuzfahrten im Mittelmeer begannen. Auch an dessen Küsten waren sie inzwischen heimisch geworden. Im Winter 1982/83 lag die FORTUNA in einem Hafen an der Südküste Spaniens. Nach der Frühjahrsüberholung starteten sie an einem Tag im Mai 1983 mit Generalkurs Süd, um die afrikanische Küste um Melilla zu besuchen. Das Wetter war ruhig, der Wetterbericht gut. Für die Nachtfahrt sollte die spanische Insel Alboran mit ihren starken Feuern zur Orientierung dienen.

Aber der Wetterbericht erwies sich als nicht zuverlässig: Der Westwind von Bft 3 des Morgens frischte am Nachmittag auf 5 bis 6 und in der Nacht auf 7 bis 8 auf. Außerdem drehte er auf Südwest, so daß der erwünschte Südkurs nicht mehr zu halten war. Bald segelte die FORTUNA nur noch unter Sturmfock, und als der Crew schließlich in der Dunkelheit nichts anderes übrigblieb, als vor dem Wind abzulaufen, ging die FORTUNA nicht mehr durch den Wind.

Werner wollte den Motor starten, um dem kleinen Seekreuzer beim Wenden zu helfen. Nach der langen Nachtfahrt, auf der offenbar viel Energie für das Betreiben der Positionslaternen verbraucht worden war, sprang er jedoch nicht mehr an. So blieb der Crew nur die Möglichkeit, durch Halsen auf den anderen Bug zu gehen. Obwohl das Manöver einwandfrei ablief, kamen unmittelbar danach die beiden Achterstagen von oben. Der Mast bog sich natürlich wie ein Flitzbogen, aber er brach nicht. Erst als Werner die Großbaumdirk achtern als Notstag anschlagen und durchsetzen wollte, fiel der Mast, der sich inzwischen aus dem Mastlager gearbeitet hatte, der Länge nach zur Seite und lag plötzlich neben dem Boot im Wasser.

Werner versuchte jetzt, den von Deck gestürzten Mast längsseits an den Relingsstützen festzumachen. Diese Arbeit gelang jedoch nicht vollkommen, weil er sich dabei das Handgelenk verrenkte. Für eine Person allein ist ein solches Laschen im Notfall auch sehr schwierig. Mit Gundi als Helfer hätte das Festmachen der langen Aluminiumspiere mit Baum und Salingen entlang der Außenhaut und Reling bestimmt besser geklappt; denn vier Hände sind in einer so unerwarteten und vorher niemals geübten Situation bekanntlich immer besser als zwei, selbst wenn die beiden zusätzlichen Hände schwächer sind. Und vielleicht wäre durch das gemeinsame, bessere Laschen des Mastes verhindert worden, daß anschließend die Außenhaut beschädigt wurde und ein Leck im Rumpf entstand, und es wären wohl auch nicht alle weiteren Komplikationen in einer tragischen Kettenreaktion herbeigeführt worden.

Aber Gundi stand in dieser kritischen Nachtstunde nicht zur Verfügung. Während Werner sich an Deck mit dem umgestürzten Mast und seinem Rigg abquälte, hatte sie in der Kajüte aufgeräumt und versucht, in dem Durcheinander Tabletten und Zäpfchen zu finden, die der Crew nach diesem schrecklichen Erlebnis zur Beruhigung dienen sollten. Es muß nicht lange gedauert haben, bis Gundi diese (an Bord schon oft benutzten?) Medikamente fand.

„Die Einführung der Dinger bei dem Wetter und dem Seegang, wenn man einen einteiligen Overall trägt und darüber noch Lifebelts und Schwimmweste, dauert jedoch seine Zeit", schreibt Herbert Beckröge.

Man muß sich das einmal vorstellen: Da steht eine Seglerin in der dunklen Kajüte ihres entmasteten Bootes, das im Seegang ungewohnte wie unkontrollierbare Bewegungen macht, und bemüht sich um einen sicheren Stand, während sie gleichzeitig die bis zu den Schultern übergezogene nasse Pelle abstreift, um dann den Notfall-Striptease unterhalb des Nabels fortzusetzen, ein Beruhigungszäpfchen einzuführen und sich anschließend wieder anzukleiden und zu gürten. Alles mit zitternden Händen und natürlich in schrecklicher Angst.

Und in der Zwischenzeit schlägt der Mast ein Leck in die Bordwand. Auch Spritzwasser kommt bei dem achterlichen Wind durch das nicht ganz geschlossene Kajütluk in das Boot. Aber das Wasser in der Kajüte steigt erst langsam.

Als Gundi mit ihrer Behandlung fertig ist, nimmt Werner den gleichen Eingriff vor. Das bedeutet für den verantwortlichen Skipper: Deck und den nur bedingt gesicherten Mast verlassen. Festen Stand in der Kajüte suchen. Die gesamte Schlechtwetter-Bekleidung vom Overall bis zur Unterhose ablegen. Zäpfchen nehmen und einführen. Neuerlich wasserdicht anziehen. Und während dieser Prozedur viele Minuten lang zuhören müssen, wie der längsseits gebändselte Mast pausenlos an der gleichen Stelle gegen den Rumpf schlägt, genau an einer Stelle hinter der Verkleidung eines Schapps, die man ohnehin von innen schlecht erreichen kann, wenn man zum Dichten dieses Lecks denn endlich Zeit gefunden hat.

Inzwischen steigt das Wasser im Boot nicht mehr langsam, sondern erschreckend schnell, und Werner hat wenig später kaum noch Kraft, die Innenverkleidung zu entfernen, um an das vermaledeite Leck heranzukommen. Er fühlt sich geschwächt und führt das auf die verletzte Hand zurück. Aber verursacht wirklich das verrenkte Handgelenk die beginnende Lethargie?

Gundi lenzt inzwischen mit der Pütz ins Cockpit, und Werner benutzt statt Hammer und Meißel die Lenzpumpe. Da der Wind genau auf das Luk steht, kommt beim Auspützen bald mehr Wasser in die Kajüte zurück als durch die Lenzrohre der Plicht abläuft, und als das Wasser über den Bodenbrettern weitersteigt, geben die beiden Menschen auf. Ihre Lage erscheint ihnen lebensgefährlich und hoffnungslos.

Im Morgengrauen schießen sie Seenotraketen ab und machen die Rettungsinsel klar. Diese weitere körperliche Anstrengung erschöpft das Ehepaar vollständig. Zwei Dampfer, die in der Nähe gestoppt haben, verheißen jedoch Sicherheit und Rettung.

Gundi steigt vor Werner in das kipplige Seenotfloß. Aber es treibt an einer langen Leine schnell und weit ab. „Die Nervosität verursacht Fehler." Gundi kann die um ihre Hand gewickelte Leine nicht loswerfen, weil das Eigengewicht der Insel zu groß ist, und Werner kann die Leine nicht kappen, weil er kein Seglermesser in der Tasche hat. „Nun versuchten sie mit ihren Zähnen, die in der Rettungsinsel befindliche Plastiktasche zu öffnen, denn darin befand sich ein Messer. Erst dann kamen sie vom Boot frei."

Jetzt liegt die sinkende FORTUNA zwar zunehmend weiter entfernt, aber auch auf einem Rettungsfloß hat man keinen festen Boden unter den Füßen. Das merken Gundi und Werner schnell. Sie erleben noch mehr Unbilden: Der

Treibanker des Rettungsfloßes liegt auf der Seite des Einstiegs. Er hält somit die Öffnung des Floßzeltes immer in Richtung auf die Wellen, so daß Gischt und Spritzwasser ungehindert eindringen können. In kurzer Zeit sitzen beide bis zum Bauch im Wasser. Öffnen sie den Reißverschluß, so kommt neues Wasser über. Schließen sie den Einstieg, können sie die Gummiwanne nicht lenzen. Denn das Auspützen ist nur durch das geöffnete Luk möglich. Als sie den Treibanker, der (offenbar serienmäßig) an der falschen Einstiegsseite befestigt ist, zur anderen Seite umbändseln wollen, merken sie, wie sehr sie schon in ihrer körperlichen Leistungsfähigkeit gehemmt sind. Diese Tatsache wird ihnen noch mehr bewußt, als sie schließlich mit ihrem Rettungsfloß an der hohen Bordwand des in Ballast fahrenden Schiffes hängen, das die beiden schiffbrüchigen Segler aufnehmen will. „Die Schiffsbesatzung dachte, die beiden Segler würden die an der Bordwand befestigten Jakobsleitern benutzen können. Bei dem Wellengang war es ihnen jedoch unmöglich, die lose an der Bordwand hängenden Jakobsleitern zu ergreifen. Die Insel bewegte sich viel zu schnell auf und ab, und die erschöpften Menschen waren einfach nicht in der Lage, sich daran festzuhalten."

Als die Schiffsführung des Retters diese Tatsachen registriert, fährt sie ein neues Manöver, und danach liegt das Floß in Lee des Dampfers, der jedoch schnell auf das Schwimmfloß zutreibt. „Zwei Mann der Besatzung faßten sich ein Herz und zogen und hoben Gundi unter sehr großen Anstrengungen die Jakobsleiter nach oben. Werner warf man einen Rettungsring zu, der an einer Sorgleine befestigt war. Er hakte mit seinem gesunden Arm in den Ring, fiel dann jedoch ins Wasser. Infolge seiner Handverletzung mußte auch er die Bordwand hochgehievt werden."

Die Rettungsinsel trieb anschließend schnell ab, und die FORTUNA war offenbar schon gesunken, als Gundi und Werner an Deck des Frachters standen, der sie wenige Stunden später in einem spanischen Hafen absetzte.

Hier wurden sie von Arzt und Krankenträgern in Empfang genommen. „Zur Belebung der Herztätigkeit bekamen sie Spritzen verpaßt und wurden dann in das örtliche Krankenhaus zur genauen Untersuchung eingeliefert."

Herbert Beckröge hat als Ursache für den Mastbruch bzw. das Umstürzen des Mastes die mangelhafte Befestigung der Achterstage am Masttopp ermittelt, wo sie durch ein gemeinsames Verbindungsblech zur einzigen Topplasche gehalten wurden. Als das Blech durch die ständige Bewegung materialmüde geworden war, mußten notgedrungen beide Stützen des Mastes brechen. In Sinne der Sicherheit der doppelten Stagen muß natürlich jedes Stag getrennt am Topp befestigt sein.

Der TEDJE-Skipper hat die Lehre daraus gezogen, künftig auf seiner Yacht zwei Drahtscheren mit Haltebändsel am Niedergang zu befestigen, um das Rigg in einem solchen Notfall kappen zu können. Und er hat dafür gesorgt, daß bei der nächsten Wartung seiner Rettungsinsel der Treibanker von der Einstiegsseite entfernt und der entsprechende Beschlag auf der entgegengesetzten Seite anvulkanisiert wurde.

Aber hierauf wollen wir jetzt nicht Bezug nehmen. Uns soll folgende Frage beschäftigen:

Ist es sinnvoll, ist es gefährlich oder ist es vielleicht sogar leichtfertig und fahrlässig, wenn sich eine Crew in einem Notfall an Bord, wo es doch auf geistesgegenwärtige schnelle Handlung und auf den vollen körperlichen Einsatz unter besonders schwierigen Bordbedingungen ankommt, durch Zäpfchen und Tabletten „beruhigt", durch die Einnahme von Medikamenten ihre Leistungs- und Entscheidungsfähigkeit einschränkt, selbstverständliche Maßnahmen unterläßt oder sogar vielleicht unbegreifliche Fehlhandlungen begeht?

Ich habe dazu drei Freunde befragt, die sowohl mit Arzneimitteln als auch mit dem Segeln auf kleinen Schiffen vertraut sind, Ärzte und Skipper. So meint zum Beispiel Dr. Bernd von der NADINE: „Tranquilizer wirken zentral dämpfend. Sie verlangsamen die Reaktionen, und man erlebt nach ihrer Einnahme die Ereignisse wie hinter einer Glaswand aus einer gewissen Distanz. Eintritt und Intensität der Wirkung hängen auch von der Dosis und der Gewöhnung an solche Medikamente ab. Im vorliegenden, konkreten Fall können möglicherweise auch Tablettensucht-Probleme eine Rolle spielen, weil es sonst kaum vorstellbar ist, daß man im Notfall als erstes zum Tranquilizer greift.

In kritischen Situationen verändern Tranquilizer die Urteilsfähigkeit ähnlich wie Alkohol. Scherzhaft erzählt man sich in Medizinerkreisen schon, daß Tranquilizer nun auch bei Durchfallerkrankungen eingesetzt werden sollten: Die Darmerkrankung würde man damit zwar nicht heilen, aber das Gefühl, die Hose voll zu haben, sei einem nach Einnahme von Tranquilizern weniger peinlich."

Und der VARICON-Skipper Dr. Jürgen meint: „Grundsätzlich sollte man davon ausgehen, daß Medikamente zur Behandlung von Krankheiten oder zur Vorbeugung gedacht sind. Die modernen Beruhigungsmittel (Tranquillantien) eignen sich natürlich sehr gut zur Behandlung von Angst-, Spannungs- und Verstimmungszuständen. Selbstkritisch wird leider oft zu wenig geprüft, ob die Beschwerden tatsächlich Krankheitswert haben oder ob es nicht auch ohne Medikamente geht.

Unter den extremen Bedingungen des Segelns in schwerem Wetter oder bei Notfällen an Bord muß man sich klar sein, daß man mit der erwünschten Beruhigung auch die Sicherheit und Schnelligkeit eigener Reaktionen mindert. Die Zuversicht, nach Einnahme solcher Mittel auf besondere Belastungen besser reagieren zu können, ist fehl am Platz.

Außerdem sind Angst- oder Verstimmungszustände häufig Folge körperlicher Erschöpfung durch Unterkühlung, Anstrengungen oder lange Wachen. Bei einem erschöpften Organismus wirken Beruhigungsmittel wesentlich stärker. Auch bei eigener Erfahrung mit Wirkungen und Nebenwirkungen des gewählten Medikamentes kann man dann unliebsame Überraschungen erleben."

Und Dr. Walter, Skipper der SHANGRI LA, sagt dazu: „Ganz allgemein gesprochen dienen Medikamente bekanntlich dazu, verlorengegangene Leistungsfähigkeit wiederherzustellen oder den Verlust derselben zu verhindern. Eine solche Wirkung kann von Tranquilizern unter den hier geschilderten Verhältnissen nicht erwartet werden. Die Gebrauchsinformation aller Tranquilizier weist nachdrücklich auf die mögliche Beeinträchtigung der (fein)motorischen Tätigkeit und des Urteilsvermögens hin. Wer sich seglerisch und menschlich in geeigneter Umgebung, zum Beispiel in einer größeren Crew, auf die Bedingungen des Hochseesegelns vorbereitet hat, wird in kritischen Situationen keine Medikamente benötigen. Ohne solche Vorbereitung wird man besser nicht das Risiko der kleinen Crew auf sich nehmen.

Vor allem das Verhalten von Bärbel ist vom menschlichen Standpunkt nur sehr schwer zu begreifen. Es grenzt für mich auch dann noch an Fahnenflucht, wenn sich ihr Mann mit ihrer Reaktion abgefunden hat. Manche Situationen erfordern eben drei Hände und nicht nur zwei. Sind nur zwei Hände vorhanden, dann kann man das nicht ändern. Ist die dritte Hand jedoch leichtfertig verhindert, wird man sich gegebenenfalls einmal schwere Selbstvorwürfe machen müssen."

Und zum Schluß noch einmal der Arzt Dr. Jürgen zu den Medikamenten im einzelnen: „Am häufigsten werden hierfür wohl Benzodiazepine gewählt. Bei Valium, das ja ein Diazepam ist, muß noch die lange Halbwertzeit von 20 bis 40 Stunden beachtet werden. Das heißt, daß die Wirkung nach einer erwarteten Beruhigung länger, wenn auch geringer weiterbesteht. Oxazepam (zum Beispiel Adumbran) hat eine Halbwertzeit von sechs bis zwölf Stunden und wirkt schwächer. Alkohol potenziert übrigens die Wirkung von Benzodiazepinen.

Sollte ein Crewmitglied durch solche Medikamente ruhiggestellt sein, ist es zwar in einem Notfall jederzeit wieder aufzuwecken. Es bedarf dann aber (zum Beispiel auf einem Rettungsfloß) besonderer Überwachung. Ein Mitsegler, der Schlaf- oder Beruhigungsmittel eingenommen hat, stellt für die Restcrew eine Belastung dar, die einkalkuliert werden muß."

Besonders dankbar bin ich dem VARICON-Skipper, wenn er in seiner gleichzeitigen Eigenschaft als Bordarzt eine abschließende Empfehlung gibt: „Wenn es in einem Notfall überhaupt um Medikamente geht, dann ist eher die Einnahme von pflanzlichen Beruhigungsmitteln, beispielsweise Baldrian-Tropfen, mit oder ohne Äther, oder Baldrian-Dispert-Dragees zu verantworten. Die Wirkung ist wesentlich geringer, aber dafür sind die Mittel praktisch nebenwirkungsfrei, das heißt, Schwindel, Koordinationsstörungen oder Muskelschwäche, womit man bei Einnahme von Tranquillantien rechnen muß, treten nicht auf.

Am besten aber ist für den Fahrtensegler sicherlich, sich gedanklich auf zu erwartende Schwierigkeiten durch die Entwicklung von Notprogrammen vorzubereiten. Insbesondere ist auch das autogene Training zu empfehlen, das nach längerer Übung beinahe von jedem beherrscht werden kann. Vielfach genügt dann das formelhafte Wiederholen bestimmter Sätze, um einen Beruhigungseffekt zu erzielen."

Bleibe beim Boot, bis es sinkt!

Es hört sich gut an, wenn man liest: „Sieben Stunden lang in Seenot: überlebt!" Denn man verbindet diese Nachricht mit dem tröstlichen Gedanken, daß zwar eine Yacht gesunken, aber die Crew nach vielen Stunden aus ihrem Rettungsboot geborgen wurde. Doch darin liegt nur ein Teil der tatsächlichen Ereignisse.

Am 22. April 1985 war Gerhard Schulze mit seinem 6,50-m-Seekreuzer vom Typ Saran, einem älteren Kunststoffboot, gegen 1400 Uhr in Arnis an der Schlei zu einem Törn nach Fehmarn ausgelaufen − einhand.
„Bis gegen 0200 Uhr verlief der Törn auch nach Plan", berichtete er später. „Dann erschütterte ein Schlag gegen den Bug mein Boot, dem ich zunächst keine Beachtung schenkte."
Aber dann bemerkte er doch, daß sein Schiff Wasser machte. „Ich weiß nicht, wodurch das Leck entstanden ist, aber ich vermute, es war Treibholz", erzählte er weiter. „Ich konnte das Leck nicht ausmachen, denn es war von den eingebauten Schränken verdeckt. Da das Wasser förmlich in mein Boot schoß, kam ich mit dem Lenzen nicht mehr gegenan und mußte mich entschließen, das Schiff aufzugeben. Ich ging in mein Schlauchboot, das innerhalb von fünf Minuten mit dem Kompressor aufgepumpt war, warf meine Notausrüstung hinein, dazu warme und wasserdichte Kleidung, und setzte von meinem Seekreuzer ab."
Daß Gerhard Schulze nach sieben Stunden von einer SAR-Hubschrauber gefunden, glücklich hochgewinscht und nur mit einer Unterkühlung abgeborgen wurde, verdankt er nicht nur seinem Faserpelz und dem wasserdichten Overall, die ihn bei den Luft- und Wassertemperaturen von 4 °C warm hielten, sondern in erster Linie seinem aufgegebenen Boot.

Es ging nämlich nicht auf Tiefe, wie der Skipper befürchtet hatte, sondern wurde vier Stunden nach dem Unglück von einem dänischen Motorschiff entdeckt.

Der kleine Seekreuzer trieb kieloben, aber er schwamm noch, und seine Sichtung löste den Seenotalarm aus, dem Gerhard Schulze seine Rettung verdankt. Das gekenterte Boot hätte mit etwas mehr Glück sogar vom Seenotrettungskreuzer THEODOR HEUSS eingeschleppt werden können. Auf Tiefe ging die Yacht erst nach einer längeren Schleppfahrt.

Zwischen dem Ort der Rettung von Gerhard Schulze, etwa 8 sm südöstlich von Kiel Leuchtturm, und dem Ort der Sichtung des Bootes lagen mehrere Meilen – eine so lange Distanz, daß Schiffe und Hubschrauber, die im Seegebiet des gekenterten Bootes nach dem schiffbrüchigen Segler suchten, dessen Notsignale gar nicht bemerkten.

Wie groß auch immer man die Gefahr beim schnellen Sinken eines Bootes einschätzt, es bleibt die wichtige Regel gültig:

Bleibe beim Schiff, solange es schwimmt – gegebenenfalls auch noch in deinem (zum schnellen Loswerfen mit sehr langer Leine daran festgemachten) Rettungsboot!

Kappen des Riggs – ein seemännisches Kavaliersdelikt?

Verhalten sich zahlenmäßig große Besatzungen von Rennyachten bei Havarie in Küstennähe anders als kleine Besatzungen von Seekreuzern auf den Weltmeeren? Ist es richtig, ein umgestürztes Rigg grundsätzlich zu kappen? Ist es falsch, mühsam so viele Teile wie möglich von Mast, Baum, stehendem und laufendem Gut sowie von den Segeln zu bergen, um sie wiederzuverwenden? Oder hilft man damit nur der Versicherung, die weniger zahlen muß? Und schädigt sich selbst, weil man mit dem alten Geschirr weitersegeln muß? Drei Mastbrüche mit unterschiedlichem Verhalten der Crew, über die man reden sollte.

Ein schöner Spätsommernachmittag auf der Flensburger Binnenförde und eine Regatta der Eintonner. Rassige, schnelle und seetüchtige Yachten mit einer mehrköpfigen Crew kräftiger junger Segler an Deck und erfahrener alter Hasen in der Plicht sind um die Tonnen unterwegs. Es weht ein frischer Ostwind mit einem böigen Eckeneffekt in der Holnis-Enge. Die LATERNA MAGICA unter Führung ihres Eigners Wilhelm Albrecht rundet gegen 1430 Uhr die Bahnmarke etwa 0,5 sm nordwestlich der Tonne Holnis 8 und halst mit ungerefftem Großsegel und Spinnaker. Beim Übergeben des Großbaums bricht das Achterstag, und der Mast kippt oberhalb der zweiten

Saling nach vorn, bevor das gesamte Rigg mit Großsegel und Spinnaker über Bord geht.

Die Crew schafft es mit ihren Dutzend Händen nicht, den dreifach gebrochenen Mast und die Segel zu bergen. Um die angebliche Gefahr einer Beschädigung der Außenhaut zu bannen und gleichzeitig zu verhindern, daß beim Unklarkommen der Schraube durch Segel und Leinen die Laterna Magica auf Legerwall und dabei vielleicht sogar auf Grund gerät, wird das gesamte Rigg gekappt. Mast und Baum, flexible Wanten und Stabwanten, Großsegel und Spinnaker sinken (als Schiffahrtshindernis) auf den Grund der Förde. Die Yacht läuft unter Motor nach Hause.

Der im Wasser treibende Spinnaker wird wenig später von einem Fahrtenboot geborgen. Der Skipper erhält 1200 DM Bergelohn dafür. Zur Bergung des Riggs macht sich einige Tage darauf ein anderes Boot auf den Weg. Der Skipper findet den Mast mit seinen Beschlägen sowie Baum und Großsegel und liefert das Ganze für 4500 DM Bergelohn an die Versicherer aus.

Die Laterna Magica erhält kurze Zeit später für etwa 60000 DM einen neuen, etwa 13,50 m langen Mast mit neuem Rigg. Die nahezu unbeschädigten Segel müssen nur gereinigt werden.

Ein anderer Mastbruch:

Der 10,70 m lange, slupgetakelte Stahlseekreuzer Ghost hat am 1. Juni 1976 Cuxhaven verlassen und ist mit der aus Dietmar Sommerfeld (39), Marianna Wehde (35) und Wolfgang Goerke (38) bestehenden Crew bis nach Neuseeland gesegelt. Am 11. April 1978 verlassen die Segler die Insel, um das 1200 sm entfernte Brisbane in Australien anzulaufen. Bei einer Vollzeugbrise aus Nordost hat die Ghost bis zum 14. April etwa 350 sm gutgemacht. Sie segelt mutterseelenallein auf See, fern der Küste und außerhalb der Schiffahrtswege – nicht anders als bei ihren vielen anderen weiten Distanzen über den Atlantik und den Pazifik. Der Barometerstand beträgt 1034 hPa. Die weiteren Ereignisse beschreibt Skipper Dietmar Sommerfeld so:

„Freitag, der 14. April 1978, wird für uns ein schwarzer Tag. Wind NE 5 bei ungewöhnlich hoher See. Das Barometer ist seit Stunden gleichmäßig gefallen und zeigt jetzt 1014 hPa. Ich setze Fock 2. Plötzlich bricht die Dirk, und so wird das Großsegel erst einmal geborgen. Um 1500 Uhr hat die zunehmend auffrischende Wind NE 8 erreicht. Das Barometer ist auf 1010 hPa gefallen. Es regnet, und wir liegen beigedreht unter Sturmfock.

2200 Uhr, NNE 10, Barometerstand 1003 hPa. Starker Regen. Der Sturm hat in Böen Orkanstärke. Die Sturmfock ist eingeholt und eine 50 m lange Heckleine mit Autoreifen ausgebracht. Ich versuche, das Schiff mit dem Heck zum Wind zu halten, was mir aber nur zum Teil gelingt. Der Winkel des Hecks zu den Wellen beträgt etwa 45°. Der Sturm nimmt weiter zu.

Um 2330 Uhr beobachte ich eine anrollende Freak Wave mit einem ständig brechenden Kamm. Es ist eine gewaltige Wasserwand, und ihr Winkel zum Schiff beträgt nur etwa 20°, da diese Monsterwelle nicht wie die übrige See aus der gleichen Richtung kommt. Ich ziehe die Pinne herum, aber da wir vor nacktem Mast laufen, reagiert die GHOST nicht.

Ich sehe noch, wie der Schaumkamm unterhalb der Saling angreift – unser Edelstahlmast ist 13,50 m lang. Wir werden wie ein Spielzeug emporgehoben. Ich werde aus der Plicht herausgeschleudert. Wir kentern durch. Ich werde an der Sicherheitsleine unter das Schiff gezogen. Jetzt spüre ich, daß die Yacht für einen kurzen Moment zum Stillstand kommt. Wir liegen mit dem schweren Kiel nach oben. Dann richtet die GHOST sich mit großer Geschwindigkeit wieder auf, so daß ich mich in der Plicht wiederfinde. Ich hatte instinktiv, als ich im Wasser war, meine Sicherheitsleine dichtgeholt. Jetzt sitze ich völlig bewegungsunfähig auf dem Plichtboden und halte die wild schlagende Pinne fest.

Der Mast ist weg! Die Wantenspanner haben dem Druck nicht widerstehen können und sind gebrochen. Ich schreie in der sich wild gebärdenden See nach Wolfgang und dem Bolzenschneider. Es kommt mir wie eine Ewigkeit vor, bis er mit ihm im Luk erscheint. Wolfgang kämpft sich aufs Vorschiff, um gegebenenfalls die Wanten zu kappen. Als er zurückkommt, berichtet er, daß der Mast senkrecht neben dem Schiff hängt und durch den Baum gehalten wird, der sich zwischen dem Kajütaufbau und der Seereling eingeklemmt hat.

Wir kappen nichts und sichern alles mit Leinen. Dann kriechen wir in unser Schiff zurück, in dem sich ein furchtbares Durcheinander bietet. Gläserne Teile sind zerbrochen, elektrische und elektronische Geräte beschädigt und nicht mehr betriebsklar.

Da der Mast stabilisierend wirkt, liegt die GHOST jetzt etwas ruhiger. Die Nacht ist sehr lang und das Tageslicht schließlich eine Erleichterung. Wir bergen die stark beschädigte Genua. Die Sturmfock hängt unter dem Schiff und geht verloren. Gegen Mittag des 15. April bricht der Mast unterhalb der Saling noch einmal, und das Toppstück fällt ab.

Der Sturm hat auf Nord gedreht und bläst mit Bft 9 bis 10 bei einem Barometerstand von 993 hPa. Wir schlagen das noch verbliebene Maststück vom Baum ab und hängen es an die Ankerkette, die wir 5 m auslassen. So driften wir fünf Tage, bis sich der Wind und die See beruhigt haben.

Am 19. April setzen wir bei Bft 6 aus West den Baum als Mast und laufen unter Fock 2 mit achterlichem Wind nach Neuseeland zurück. Nach fünftägiger Fahrt unter Notrigg sichten wir Land. Zwei Wochen nach dem Auslaufen erreichen wir mit dieser Notbesegelung wieder unseren Ausgangshafen. Der GHOST sieht man den erfolgreichen Kampf deutlich an."

Zwei Fälle von Mastbruch, und beide vielleicht exemplarisch für zwei Gruppen von Seglern. Da sind auf der einen Seite die Besatzungen der Transozeanyachten, die sich bei einem solchen Unfall auf See selbst helfen müssen, weil es dabei letztlich ums nackte Überleben geht. In der Praxis gelernt hat diese Maßnahmen nach einem Mastbruch – Bergung der beschädigten Riggteile und Aufrichten eines Notriggs mit entsprechendem Segel – kaum jemand. Wer noch nicht hart gegen sich selbst sein mußte, wird diese Härte zur Selbstüberwindung spätestens in einem solchen Seenotfall erfahren. Aber sich gedanklich vorbereiten und Improvisationen überdenken kann und muß jeder Fahrtensegler.

Auf der anderen Seite die satte Bequemlichkeit des Rennseglers im Küstengebiet, für den die mäßig bewegte See der Flensburger Förde nur ein Spielfeld für wenige Stunden ist. Für den Fall des Mastbruchs hat man durch Abschluß einer Versicherung weitgehend vorgesorgt, und für dessen Folgen will man nur bedingt Handarbeit leisten. So sind die Gefahren von Legerwall durch das Risiko, einen Tampen in die Schraube zu bekommen, auch wohl nur Schutzbehauptungen gegenüber der Versicherung.

Natürlich hätte man in diesem Revier überall risikolos ankern können und somit Zeit gehabt, das beschädigte Rigg zu klarieren, bevor man (mit ihm im Schlepp) auch unter Motor heimwärts gelangt wäre. Oder man hätte es mit Hilfe der vielen Hände an Bord, wenn auch vielleicht erst nach mehrstündiger Arbeit am Ankerplatz, sicher an Deck bringen können.

Ist es die unterschiedliche Mentalität von zwei Gruppen von Seglern, die uns hier begegnet? Ist es die Diskrepanz zwischen Theorie und Praxis, die uns allerorten begegnet – hier die führerscheinträchtigen Segler, die in unerwarteten Situationen der rauhen Praxis ihr Wissen nicht in die Tat umsetzen können, und dort die erfahrenen Praktiker, für die Seemannschaft einfach der Anfang und das Ende ihres Denkens und Handelns ist?

Daß auch Rennsegler die Seemannschaft hervorragend beherrschen, wurde in einem Pazifikrennen deutlich, als gleich fünf große Yachten ihr Rigg verloren und mit einem Notrigg über 1000 sm weit nicht nur bis in den Hafen, sondern sogar durchs Ziel gingen.

Es ist vielleicht nur der Wille zur Selbsthilfe, den wir fördern müssen, und es ist der Hang zur Bequemlichkeit oder zum kampflosen Aufgeben, den es zu verurteilen gilt. Allein draußen auf See und fern von Seenotdiensten oder einer nahen Küste hilft nur der Vorsatz, es schaffen zu wollen oder schaffen zu müssen.

In einer deutschen Segelzeitschrift wurde im Oktober 1985 von einem Mastbruch berichtet, den die 10 m lange ARIANE im Sommer in der Lübecker Bucht erlitt: Ein zu schwach dimensionierter Haltebeschlag des Oberwants am Masttopp führte dazu, daß der Aluminiummast oberhalb der Saling brach. Die vierköpfige Crew unter Führung des Zahnarztes Henry D. bemühte sich darauf nach Kräften, das beschädigte Rigg zu bergen und den geknickten Mast mit seinem stehenden Gut und seinen Segeln an Deck zu legen. Das war nicht nur ein hartes Stück Arbeit; die ARIANE driftete während der Zeit der Bergung auch in die Nähe der zur Seegrenze der DDR ausgelegten Tonnen, ohne jedoch den Tonnenstrich zu überlaufen.

Dafür tadelte der Redakteur in dieser Serie „Aus Fehlern lernen" die Crew, anstatt ihr für die seemännische Bergeleistung Anerkennung auszusprechen. Er schreibt nämlich:

„Um den Schaden am Großsegel so gering wie möglich zu halten, hat Dr. D. nicht nur sich selbst, sondern auch die Crew und das Schiff in Gefahr gebracht, indem er die ARIANE weit abtreiben ließ und versuchte, den verbogenen Mast an Bord zu nehmen. Das Schiff wäre schneller wieder manövrierfähig gewesen, wenn die Crew den Mast gleich über Bord geworfen hätte. Die Schäden müssen Masthersteller oder Versicherer ohnehin ersetzen".

Mit diesem Rat hat der Kommentator jedoch allen anderen Yachten, die die Lübecker Bucht mit ihrer geringen Wassertiefe täglich befahren, einen Bärendienst erwiesen. Das aufgegebene Rigg hätte sich mit seinen vielen sperrigen Einzelteilen zu den anderen gefährlichen Fremdkörpern gesellt, an denen nicht nur die Ostsee reich ist und die nachweislich zu Kollisionen und damit zu neuem Unglück führen. Ein Kappen des Riggs ist meines Erachtens nur dort vertretbar, wo ein schwergewichtiges Metall-Rigg schnell in große Wassertiefe absinken kann.

Yachten als Geisterschiffe

Verlasse nicht deine Yacht, ehe sie dich verläßt!

In vielen historischen Berichten von tragischen Schiffbrüchen lesen wir den fast immer gleichen und offenbar selbstverständlichen Satz: „Und dann verließ der Kapitän als letzter sein sinkendes Schiff, das wenig später unterging." Dementsprechend gingen früher auch Segler erst von Bord ihrer sinkenden Seekreuzer, wenn diese sich auch durch noch so verzweifeltes Pumpen oder nach vergeblichen Reparaturversuchen nicht mehr über Wasser halten ließen.

Heutzutage scheint eine andere Gewohnheit vorzuherrschen: Wenn es nach Meinung mancher Fahrtensegler brenzlig wird und ein größeres Schiff in ihre Nähe kommt, lassen sie sich abbergen. Und sie verlassen ihre noch schwimmfähige Yacht, die Tage oder gar Wochen später, unverändert seefähig, irgendwo aufgefunden wird.

Sind unsere modernen Funkeinrichtungen, die verbesserten Rettungsflöße und die Seenotdienste schuld an dieser Entwicklung? Oder sind die Segler selbst trotz ihrer allseitig hochgelobten Ausbildung zum Durchstehen wetterbedingter Gefahrensituationen einfach nicht hart genug erzogen worden?

Die Deutsche Gesellschaft zur Rettung Schiffbrüchiger verspricht ihren Kunden, den Yachtseglern: „SOS... wir kommen!", und die deutschen Yachtsegler fördern nicht nur die Arbeit dieser über 130 Jahre alten gemeinnützigen Vereinigung durch Spenden und Beiträge, sie verlassen sich auch auf prompte Hilfe – ja, sie erwarten sie sogar. Denn die DGzRS wirbt für ihren Einsatz auch durch den Erfolg. Sie schreibt in ihren Prospekten: „Jedes SOS, jedes Mayday ist ein Hilferuf und eine Herausforderung an uns alle."

Zweifellos sind Yachtsegler in den letzten Jahrzehnten immer häufiger, aber auch stets dankbare Kunden dieses deutschen Seenotdienstes geworden, der in einem Seenotfall gegebenenfalls selbst mit ausländischen Such- und Rettungsdiensten zusammenarbeitet. Und die über 300 festangestellten und freiwilligen deutschen Rettungsmänner haben jährlich manches Seglerleben vor dem Tode durch Ertrinken oder Unterkühlung gerettet und zahlreiche Yachten vor dem Sinken oder Stranden bewahrt. Diese gefährliche Arbeit und der vielfältige persönliche Einsatz der beteiligten Rettungsmänner soll hier vorbehaltlos und dankbar anerkannt werden.

Auf seiten deutscher Yachtbesatzungen hat dieser schnelle und prompte „Kundendienst" jedoch gelegentlich dazu geführt, sich bei riskanten Seefahrten von Beginn an auf einen möglichen Notruf „Mayday" oder „SOS" zu verlassen und sogar darauf zu vertrauen, daß eine solche Hilfe nahezu fahrplanmäßig-prompt gewährt werden kann, wo auch immer ein Notfall eingetreten ist. Nicht alle Fahrtensegler denken bei ihren Reisen in fremde Reviere daran, daß es auf der freien See oder an fernen Küsten ein solches dichtes Netz technisch modern und neuzeitlich ausgestatteter fliegender, schwimmender und ortsgebundener Seenothelfer nicht gibt. In fast allen anderen Teilen der Welt ist auf so prompte Rettung wie in deutschen oder mitteleuropäischen Küstenrevieren niemals Verlaß.

Auch deutsche Segler müssen sich daher anderswo in der Welt auf Selbsthilfe einstellen. Zum einen dürfen sie bei Mastbruch oder einem Leck nicht schnell und kopflos auf ihr Rettungsfloß gehen, nachdem sie eine Seenotmeldung ausgestrahlt haben. Vielmehr müssen sie länger und härter darum kämpfen, auf und mit ihrer Yacht zu überleben und sie sicher in den nächsten Hafen zu bringen, der nicht unbedingt ihr ursprüngliches Fahrtenziel sein muß. Und wenn sie tatsächlich nach dem Totalverlust ihrer Yacht auf See eine vermeintlich sichere Zuflucht auf ihrem Rettungsfloß gefunden haben, müssen sie sich darauf einstellen, in diesem kippligen Schwimmzelt nicht nur Stunden, sondern Tage, wenn nicht gar Wochen zuzubringen.

Als ich mit meinem Sohn unsere gemeinsame Atlantik-Überquerung auf der Wikinger-Route von Neufundland an Grönland vorbei nach Island und Norwegen in unserem 9-m-Seekreuzer CORMORAN für den Sommer 1979 plante, wußten wir, daß wir uns nicht nur auf einen harten sportlichen Segeltörn einließen, sondern auch auf die Risiken von Havarie und Schiffbruch in einem menschen- wie schiffahrtsfernen Seegebiet vorbereitet sein mußten. Und wir prüften hierzu neben den einschlägigen Seehandbüchern auch die Erfahrungsberichte von Seglern, die vor uns in dieses rauhe Revier vorgestoßen waren. Es war nur eine Handvoll.

Darunter war auch „Die letzte Reise der JOAN", einer nur 6,80 m langen, yawlgetakelten hölzernen Yacht, die Skipper Sinclair und sein Bordkamerad Jackson am 7. September 1927 etwa 350 sm ostnordöstlich der Belle-Isle-Straße zwischen Labrador und Neufundland aufgeben mußten, nahe unserer geplanten und später gesegelten Kurslinie.

Die 2,30 m breite Yacht mit 1,80 m Tiefgang hatte eine selbstlenzende Plicht, aber kein Vorluk und kein Oberlicht, so daß Wasser nur durch das Kajütluk nach innen eindringen konnte — aber natürlich auch durch die Plankenstöße, entlang der Kielbolzen und auf den anderen, üblichen Wegen herkömmlicher, besonders betagter und insbesondere im mörderischen Seegang des Nordatlantiks hochbelasteter Holzrümpfe.

Die JOAN war jedoch ein nach dem Standard des Jahres 1927 gut gebauter, seetüchtig ausgerüsteter und mit einer Zweimann-Crew richtig bemannter kleiner Seekreuzer, als sie von London aus zuerst nach Reykjavik segelte und am 12. August 1927 von dort mit Ziel St. John's auf Neufundland auslief. Die folgenden drei Wochen waren nicht nur hartes Segeln in dem erwarteten schlechten Wetter. Auch der Aufenthalt auf einer Yacht von der Größe einer Etap 22, Sunbeam 23 oder Sprinta-Sport mit dem begrenzten Lebensraum, den unruhigen Bewegungen im Seegang und dem geringen Freibord ist ja, wie sich jeder Segler vorstellen kann, in einer wochenlangen Fahrt nur etwas für hartgesottene Männer. Dazu war die Nußschale noch mit der persönlichen Ausrüstung für dieses arktische Seegebiet, mit Trinkwasser für 80 Tage und allein 100 kg Hartproviant für den Notfall beladen.

„Segeltage" bei gutem Wetter, an denen nur zur Zeit des Wachwechsels am Morgen und am Abend für eine gemeinsame Mahlzeit beigedreht wurde, wechselten sich ab mit „Tagen des Beiliegens", an denen der Wachgänger nur als Ausguck in dem ein wenig geöffneten Kajütluk saß und der Freiwächter neben ihm stundenlang tief ausschlafen konnte.

„Nach einigen Tagen anstrengender Segelei war es immer wieder schön, wenn wir dann die gleiche Anzahl von Tagen zwar beiliegen mußten, aber ausschlafen konnten", berichtet Meredith Jackson von dieser Atlantiküberquerung, und er fährt dann fort: „Am 1. September lagen wir vor Seeanker und hofften darauf, endlich einmal wieder einen angenehmeren Seetag zu bekommen. Aber darauf warteten wir vergeblich. Denn der Sturm wehte so hart und gefährlich, wie ein Sturmwind nur blasen kann, und die von ihm gepeitschte See war ein solches Inferno, wie es gefährlicher nicht sein konnte. Gegen Abend nahm der Sturm noch zu, und die Seen wurden noch chaotischer. Ich habe später gehört, daß es der Ausläufer eines Hurrikans war, in den wir hier hineingeraten waren, aber an diesem September-Abend habe ich auch unter diesen schier unvorstellbaren Orkanbedingungen nicht damit gerechnet, daß uns irgend etwas passieren könnte. Sobald ich also meine Wache übergeben hatte, legte ich mich in die Koje und schlief auch bald ein. Ich erinnere mich nicht mehr genau, wie ich eigentlich gegen zehn Uhr nachts wieder wach geworden bin. Es war ein wahnsinniges Krachen um mich herum, und ich fand mich außerhalb meiner Koje an einem völlig unerwarteten und nicht zu beschreibenden Platz in der Kajüte wieder. Um mich herum war pechschwarzes Dunkel. Dies ist der Tod, dachte ich. Fast wurde ich ungeduldig, weil ich noch nachdenken konnte, aber nichts weiter geschah.

Dann kehrte irgendwie mein Bewußtsein zurück, und als ich schließlich versuchte, daß Kajütschiebeluk aufzuziehen, griffen meine Hände durch ein offenes Loch im Deck.

Sinclair war bereits in die Plicht geklettert und sagte, daß der Großmast weg sei. Ich sah, wie das Rigg gefährlich neben der Backbordseite schwamm. Schnell begannen wir, die Takelage zu kappen, ehe sie den Rumpf weiter verletzen konnte, und das einen halben Meter über den Bodenbrettern stehende Wasser in den Atlantik zu pützen. Gegen ein Uhr war das Deck klariert und das Boot endlich gelenzt. Aber die JOAN leckte so stark, daß einer von uns bis zum Abend weiterpützen mußte, während der andere mit Dekken und Segeltuch die Außenhaut, das Deck und das Kajütdach zu vernageln begann."

Die JOAN war hier, wie manche Yachten vor ihr und eine große Anzahl von Seekreuzern überall in der Welt in späteren Jahren, über Kopf gegangen. Sie hatte beim Wiederaufrichten jedoch nicht nur ihren Großmast verloren, sondern auch tiefe, klaffende Wunden in Rumpf und Deck erhalten. Obwohl sie sehr kräftig gebaut war, hatten sich beim Durchkentern sogar die schweren eisernen Kielbolzen verbogen, so daß das Wasser tief von unten durch den gesplitterten Holzkiel und die ausgeweiteten Bohrlöcher der Kielplanke eindrang – an Stellen, die man auf See nicht dichten konnte.

Als alle Notreparaturen am 4. September einigermaßen beendet waren, überfiel der nächste Orkan den kleinen Seekreuzer, und in den entstehenden Kreuzseen leckte die JOAN noch lebensgefährlicher als vorher. Das Boot war weder durch Seeanker noch durch ein Fitzelchen Segel in seinen wilden Bewegungen etwas abgestützt. Dennoch mußten die beiden Segler unter nahezu unvorstellbaren Bedingungen an Bord leben und pützen. Aber sie hielten durch. Was blieb ihnen auch anderes übrig? Die nächste Küste lag in Luv, und sie war noch dazu 350 sm entfernt.

„Aber wir hatten genug Material für ein Notrigg und genügend Lebensmittel", berichtet Jackson weiter. „Das ein wenig rationierte Wasser würde immer noch für 80 Tage reichen. Und als es sich ausgeweht hatte, setzten wir unser kleinstes Vorsegel vom Bug zum Topp des Besanmastes und krochen langsam, doch merklich mit Südwestkurs weiter.

Es war uns jedoch noch nicht gelungen, den Rumpf völlig abzudichten, und so konnten wir auch nicht rund um die Uhr durchsegeln. Vor jedem Wachwechsel mußte das Segel geborgen werden, und der Wachgänger mußte für eine gute Stunde in die Kajüte steigen, um das Boot wieder zu lenzen. Erst dann weckte er den Freiwächter, der das Segel wieder setzte und am Ende seiner Wache ebenso wieder zu pumpen begann, nachdem er unser Notsegel abgeschlagen hatte, ehe er seinerseits die Ablösung purrte.

So kam der Abend des 7. September heran, als wir bei der Wachablösung zufällig beide in der Plicht waren und südlich von uns einen Dampfer sichteten. Es war uns beiden klar, was wir tun mußten. Die JOAN hatte zu viel Schaden genommen. Sie hatte kaum noch einen Wert, und wir würden sicher noch zwei Wochen benötigen, um sie als schwimmendes Wrack an die Küste zu segeln. Also zündeten wir unsere Notsignale und ließen uns von dem wohl einzigen Schiff, das uns in dieser weltenfernen Einöde der See getroffen hatte, an Bord nehmen. Die JOAN wird kurze Zeit später wegen ihrer Lecks und des offenen Kajütluks auf Tiefe gegangen sein."

Fast vier Wochen mit einer kleinen Yacht unterwegs und in diesen 27 Seetagen Sturm und schweres Wetter, Kreuzseen gigantischer Höhe mit gefährlichen Brechern, Durchkentern und Mastbruch, ein leckendes Schiff und tagelanges Pützen – das sind schon schier unmenschliche Bedingungen für das Durchhalten von zwei Seglern. Sicher hätten sie auch die kanadische Küste erreicht, wenn sie nach dem tagelangen Überlebenskampf auf der zum Wrack gewordenen JOAN nicht den „bequemeren Weg" gewählt hätten, als sie sich von einem zufällig in der Nähe laufenden Frachter aufnehmen ließen.

Jackson verschweigt aber einige für die Beurteilung dieser Entscheidung wichtige Fakten, die uns beim Durchsegeln des gleichen Gebietes mit unserem CORMORAN neben den bereits genannten harten Anforderungen mindestens vor die gleichen Schwierigkeiten stellten:

● die Wassertemperatur von nur 5 bis 8 °C in Verbindung mit der ähnlichen Lufttemperatur, was zu einer unglaublichen Kondenswasserbildung in unserer Kajüte und zu ungeahnten Anforderungen an die körperliche Leistungsfähigkeit führte,

● die Nähe der Eisberge, die auch im Sturm und in hoher See einen regelmäßigen Ausguck sowie Kursänderungen durch Segelmanöver erforderten,

● und die dortige Ortsmißweisung von über 30° mit ebenfalls ganz anderen Anforderungen an die Richtungsorientierung und die Navigation.

Insoweit war die Aufgabe der JOAN eine vertretbare seemännische Entscheidung. Der finanzielle Verlust traf den Eigner und Skipper allein.

Wie leichtfertig wird demgegenüber heutzutage manche Yacht aufgegeben, bei der weder der Mast gebrochen noch ein Leck feststellbar ist, und wie scheinbar selbstverständlich läßt sich die Mannschaft von einem vorbeifahrenden Schiff aufnehmen, nur weil sie zu bequem zum Weitersegeln auch unter ungewohnten und bisher nicht erlebten harten Bedingungen ist, weil vielleicht ein mögliches Beiliegen über Stunden oder gar Tage nicht in ihren „Fahrplan" paßt oder weil sie einfach nur Angst (fast hätte ich gesagt „Schiß") hat.

Natürlich werden solche „Sonntagssegler" hinterher genügend Argumente finden, um ihr kopfloses Tun zu rechtfertigen – jeder Segler ist erfahrungsgemäß intelligent genug, um eine solche Entscheidung auch seemännisch-nautisch zu rechtfertigen. Wenn aber die aufgegebene Yacht später noch Tage oder Wochen allein weitersegelt, ja wenn sie am Ende einer solchen Irrfahrt ohne Besatzung sogar „weich" strandet, ohne dabei Schaden zu nehmen, ist von ihr selbst ganz unstreitig der Beweis erbracht worden, daß Skipper und Crew falsch gehandelt haben, als sie ihre Yacht ohne ausreichenden Grund verließen.

Dies trifft zum Beispiel auch für jene Charteryacht zu, die im Spätsommer 1985 auf der Reise von Bornholm nach Klintholm auf Mön auf der freien See segel- und fahrklar aufgegeben wurde. Der Skipper befand sich mit drei Mitseglern auf dem gecharterten Seekreuzer vom Typ Vindö 45, einem kräftigen Kunststoff-Langkieler von 10,28 m Länge und 3,33 m Breite, mit 45 m^2 Segelfläche und einem 34-PS-(25 kW-)Dieselmotor, auf der Rückreise von Gotland in die westliche Ostsee. Die Segler hatten in Rönne Station gemacht und liefen hier am Mittag eines frühen Septembertages bei einem vorhergesagten Südwest- bis Westwind von Stärke 6 bis 7 mit Schauerböen zu ihrem etwa 80 Seemeilen entfernten Fahrtenziel aus. Natürlich wußten sie, daß sie bei Westkurs gegen westlichen Starkwind hart aufkreuzen mußten und ihnen gut 50 Segelstunden bevorstanden – bei Zunahme des Windes etwas mehr, bei einer günstigen Winddrehung etwas weniger.

Der Wind drehte auch bald, wie vorhergesagt, „recht" auf West bzw. Westnordwest, und die Schauerböen erreichten in der Nacht die ebenfalls vorausgesagte Stärke 8. Die Vindö segelte schließlich nur noch unter dreifach gerefftem Großsegel und kleiner Fock so gut es ging gegenan – aber etwas anderes durften die vier Männer an Bord auch wohl nicht erwartet haben.

Als der Wind am anderen Morgen weiter auffrischte und bei Sturmstärke die Fock reißt, nimmt die Crew Funkverbindung zu einer dänischen Küstenfunkstelle auf. Einen angebotenen Rettungshubschrauber lehnt der Skipper jedoch ab.

Was ist auch gefährlich? Die Vindö ist (bis auf eine gerissene kleine Fock) unbeschädigt. Die Küsten in Luv und in Lee sind mindestens 20 sm, vielleicht sogar 50 sm entfernt. Vom Land droht also keine Gefahr. Und bei der Winddrehung auf Nordwest während des Vormittags hat die seetüchtige Charteryacht fast unbegrenzten Seeraum, wenn sie beidrehen oder ablaufen will. Natürlich muß sie dabei den Plan aufgeben, ihr Fahrtenziel Klintholm in der beabsichtigten Zeit zu erreichen.

Aber der Skipper meint, er könne ein weiteres Verbleiben der Crew wegen der gegebenen Verletzungsgefahr nicht mehr verantworten. So ruft er einen in Sicht gekommenen polnischen Frachter an und läßt sich mit seinen drei Mitseglern abbergen. Der Charterskipper und seine Crew werden vom Frachter nach Gdynia gebracht. Die aufgegebene und fast unversehrte Yacht läuft unter gerefftem Großsegel und Motor allein weiter und strandet etwa 38 Stunden später an der etwa 77 Seemeilen entfernten polnischen Küste in weichem Sandstrand.

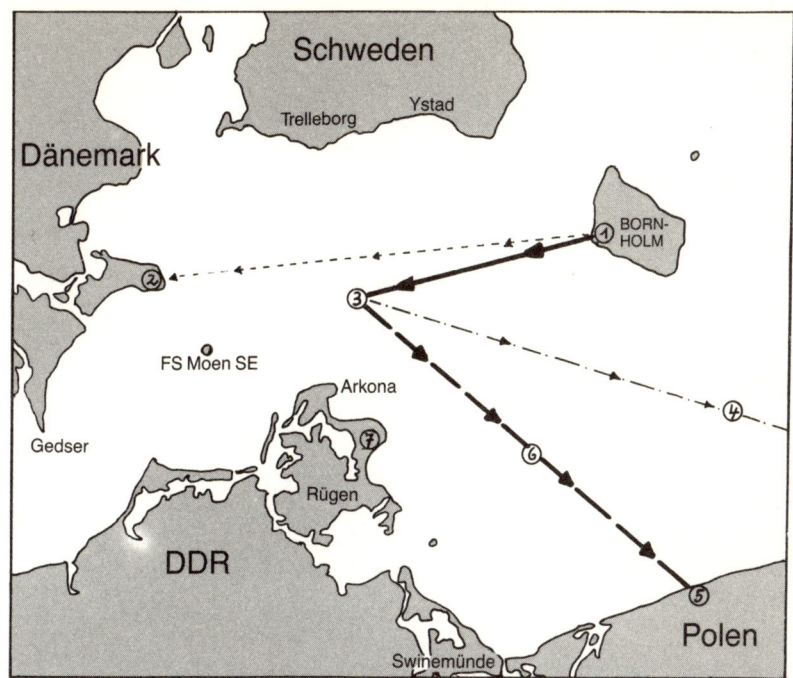

Der Weg der VINDÖ 45: 1. Auslaufen aus Rönne, Bornholm am 5.9.1985 gegen 1300 Uhr. – 2. Geplantes Zwischenziel Klintholm auf Moen, ca. 80 Seemeilen Distanz. – 3. Nach einer Segelzeit von ca. 25 Stunden die Yacht aufgegeben am 6.9.1985 um 1439 Uhr auf 54° 55,1' N und 13° 30,8' E, 42 Seemeilen von Rönne entfernt und ca. 15 Seemeilen nördlich Arkona. – 4. Die vierköpfige Crew der VINDÖ 45 fährt mit dem polnischen Frachter LUCJAN SZENWALD nach Gdynia. – 5. Die Yacht strandet mit gesetztem Großsegel und laufendem Motor westlich Mrzezyno an der pommerschen Küste und wird dort in einem militärischen Sperrgebiet am 8.9.1985 um 0910 Uhr aufgefunden. – 6. Der Weg der führerlosen Yacht ca. 77 Seemeilen in ca. 38 Stunden. Driftgeschwindigkeit ca. 2 Knoten. – 7. Bei Windrichtung Nordwest ab 6.9.1985 vormittags möglicher Schutzhafen der VINDÖ 45 und ihrer Crew Saßnitz, ca. 25 Seemeilen leewärts vom Aufgabeort entfernt.

Man muß wohl an das Durchhaltevermögen der Vindö-Crew nicht unbedingt die gleichen Maßstäbe anlegen wie an die Leistungsfähigkeit von Sinclair und Jackson auf ihrer JOAN, wenn man feststellt: Die seemännische Regel „Verlasse nicht deine Yacht, ehe sie dich verläßt" gilt für alle Besatzungen auf allen Revieren, und wer sich von einer segelklaren, unversehrten Yacht abbergen läßt, kann nicht den Anspruch erheben, als verantwortungsbewußter Skipper gehandelt zu haben.

Bedauerlicherweise ist das Verhalten dieses Yachtskippers nicht das einzige seiner Art. Schon mehrmals haben vor ihm Segler ihre noch segelklaren Yachten aufgegeben und sich von Schiffen aufnehmen lassen, während die

173

nahezu unbeschädigten Seekreuzer wie Geisterschiffe unter Segeln weiter über das Meer schipperten.

Aber nicht alle Besatzungen, die die Sicherheit der rettenden Bordwand eines größeren Schiffes suchten, kamen mit dem Leben davon. So fanden zum Beispiel zwei Segler den Tod, als die Yacht Evolution II im Mai 1977 im Ärmelkanal längsseits des deutschen Motorschiffes Cap San Antonio ging. Nur drei Personen der fünfköpfigen Crew schafften den lebensgefährlichen Absprung.

Im November 1977 wurde ein Crewmitglied der französischen Yacht Algae zwischen deren Rumpf und der hohen Bordwand des Motorschiffes Dragon zermalmt, als es zur rettenden Jakobsleiter übersteigen wollte. Und lebensgefährlich eingeklemmt zwischen dem Rumpf des Frachters Tersö und der Bordwand der längsseits gegangenen, noch segelklaren deutschen Yacht Samos wird am 30. Dezember 1980 die Bordfrau. Ihr Leben kann der Kapitän des Frachters nur retten, indem er die 22-t-Ketsch, was gar nicht beabsichtigt war, sich selbst überläßt.

Nicht einmal der Weg von einer Rettungsinsel zum Deck eines rettenden Großschiffes ist ungefährlich. So hatte während des Fastnet-Rennens im August 1979 die Crew der Ariadne ihre Yacht verlassen und Zuflucht in der Ret-

Von seiner Crew aufgegeben, wurde der kleine Seekreuzer Ariadne im Fastnet Race 1979 zur Geisteryacht. Während Ariadne jedoch den Fastnet-Orkan schwimmfähig überlebte, behielt die See vier der sechs Besatzungsmitglieder, die das Vertrauen zu ihrem Schiff verloren hatten.

tungsinsel gesucht, nachdem die Yacht beim Durchkentern einen Mann verloren und das Rigg eingebüßt hatte. Einige Stunden später mußte der deutsche Frachter NANNA drei Anläufe fahren, um die fünf Überlebenden aus der Rettungsinsel zu bergen. Aber er konnte doch nur zwei von ihnen retten. Mit noch drei Seglern an Bord, die ihre Rettungsgurte zum Übersteigen von dem Gummifloß nicht gelöst hatten, geriet das Seenotgefährt mit dem trügerischen Namen INSEL schließlich in den Sog des Propellers, der Menschen wie Rettungsgerät gleichermaßen zermalmte.

Das Risiko, bei Aufgabe einer Yacht den Tod zu finden, besteht aber auch in nächster Nähe der Küste und sogar dann, wenn die Yacht vor Anker liegt. Es gehört somit viel seemännische Erfahrung dazu, in unerwarteten und gefährlichen Situationen die richtige Entscheidung zu treffen. Nicht immer wird die erste Entscheidung dann auch die beste sein.

Da kein Segler weiß, welche Situationen er mit Boot und Besatzung irgendwann einmal erleben wird, wird er eine lebensgefährliche Situation auch vorher kaum üben können. Es ist also nur das Wissen um die möglichen tragischen Folgen von zunächst als richtig angesehenen, sich nachträglich aber als falsch erwiesenen Entscheidungen, das einen verantwortlichen Skipper in einer vergleichbaren Situation vor ähnlichen Fehlentscheidungen bewahren kann. Im Sinne der Maxime „Bleibe beim Boot, solange es schwimmt" gilt dies auch für den folgenden tragischen Vorfall:

Am 16. Mai 1963 lief die SYLVIA, eine zu einem Seekreuzer umgebaute 12-m-R-Yacht, bei stürmischem Wind und bewegter See nur unter Motor an der in Lee liegenden Küste Korsikas entlang. Die aus vier Männern und einer Frau bestehende Crew hatte wegen des schweren Wetters die Segel noch gar nicht ausgepackt. Das Großsegel war noch unter der Persenning am Baum angeschlagen, die Vorsegel waren in der Last unter Deck verstaut. Als plötzlich der Motor aussetzte, blieb der Crew keine Zeit mehr, die Segel zu setzen und sich von der Leeküste freizuhalten. Sie versuchte daher zu ankern, aber beide Ankermanöver schlugen fehl: Die Trosse des Zweitankers, der zuerst fiel, brach nach dem Steifkommen am Bug, und der Hauptanker konnte nicht halten, weil der Schaft zerbrach.

Als die Yacht scheinbar unaufhaltsam in Richtung auf die Felsenküste driftete und der Crew die Uferbrandung bereits zu gefährlich nahe erschien, legten die fünf Personen ihre Schwimmwesten an, ließen das kleine Beiboot zu Wasser und versuchten, daran angehängt den Strand schwimmend zu erreichen, bevor die Yacht an den Felsen zerschellen würde.

Aber weder die vier Segler noch die Seglerin gelangten lebend an das feste Ufer. Die Autopsie ihrer wenig später angeschwemmten Leichen ergab, daß der Tod in den meisten Fällen durch Schädelbruch und Kopfverletzungen eingetreten war. Ertrinken wurde nur als Folgeursache festgestellt.

Die SYLVIA fand übrigens nicht den Tod auf den Felsen. Nachdem der Schaft des schweren Hauptankers gebrochen war, konnte sich der Stock des Ankers dennoch unter einem Felsen verklemmen und die Yacht in ausreichend sicherem Abstand von der Küste und selbst bei schwerer See auf Legerwall festhalten.

Dieses tragische Beispiel zeigt noch einmal, daß man eine Yacht niemals zu früh aufgeben und verlassen darf. Denn wenige Tage später konnte die SYLVIA von einer fremden Crew von ihrem gefährlichen Ankerplatz aus zu ihrem Bestimmungshafen Cannes gebracht werden, wo sie ohne jeden Kratzer an ihrer Außenhaut festmachte. Niemand, der sie dort so unversehrt liegen sah, mochte annehmen, daß wenige Tage zuvor fünf Segler ihre sicheren Planken verlassen hatten und den Tod fanden, weil sie sich vor dem vermeintlichen Untergang der Yacht noch in Sicherheit bringen wollten.

Das Schicksal von 40 Geisteryachten

Das Schicksal von 40 Geisteryachten, das hier in Unfallberichten beschrieben wird, gibt Stoff zu mannigfaltigem Nachdenken. Haben manche Besatzungen so wenig Vertrauen zu ihren schwimmenden Gefährten oder so wenig Bindung zu ihrem versicherten Eigentum, daß sie es so gefühllos sich selbst überlassen, wenn ihnen die Angst im Nacken sitzt und sie sie nur noch an die Rettung des eigenen, nackten Lebens denken? Oder kennen manche Segler die See und sich selbst zu wenig, um sich dann, wenn sie mit ihrer eigenen menschlichen Kraft am Ende sind, vertrauensvoll in den Schutz ihrer seefähigen Yachten zu begeben, um oft nur wenige Stunden abzuwarten? Oder sind unsere Seekreuzer nur vermeintlich seetüchtig, tatsächlich aber nichts anderes als Plastikschüsseln mit einem steifen Eisenfuß, um die es ohnehin nicht schade ist?
Viele Fragen – wenige Antworten.

Seitdem es Seefahrt über die sieben Meere gibt, sind Seeleute abergläubisch. Es gab in der Vergangenheit und während mehrwöchiger Reisen über die sieben Meere ja auch immer wieder die eine oder andere neue Erscheinung, die man mit Bordmitteln einfach nicht deuten konnte. Zum Teil handelte es sich dabei um echte Erscheinungen, die sich mit zunehmenden naturwissenschaftlichen Erkenntnissen gelegentlich physikalisch erklären ließen, wie zum Beispiel eine durch Luftspiegelungen verursachte Fata Morgana. Zum Teil waren es andere Erscheinungen, die nicht nur auf Sinneswahrnehmungen beruhten, sondern die man auch mit Händen greifen konnte – aber die sich dennoch und auch nicht mit dem schärfsten Verstand erklären ließen.

In die letzte Gruppe fallen auch die Geisterschiffe, zu denen man sowohl spurlos verschwundene Fahrzeuge rechnet als auch solche Schiffe zählt, die unter vollen Segeln oder zumindest segelklar gefunden werden, ohne daß sich irgendeine Menschenseele an Bord befindet.

Das berühmteste Geisterschiff ist der sagenhafte „Fliegende Holländer", der durch Heinrich Heine in die Literatur und durch Richard Wagner in die Musikwelt eingegangen ist. Wahrscheinlich war das Urbild dieser Erscheinung der Kapitän eines schnellen holländischen Seglers, dessen überlegene Geschwindigkeit man sich nur dadurch erklären konnte, daß er mit dem Teufel im Bunde gestanden haben mußte. Als Strafe waren er und seine Männer später dazu verdammt worden, bis in alle Ewigkeit unter vollen Segeln ruhelos über die Meere zu geistern.

Wer den „Fliegenden Holländer" über dem Horizont auftauchen sah, sollte sich auf sein letztes Stündlein vorbereiten. So könnte nach dem Aberglauben der Seeleute beispielsweise auch das Segelschulschiff ADMIRAL KARPFANGER und die KØBENHAVN, die erst in jüngster Vergangenheit mit Mann und Maus auf der Südroute um die Welt verschwanden, wohl nur der „Flying Dutchman" geholt haben.

Von einer ganz anderen Art der Geisterschiffe ist das bekannteste Fahrzeug wohl die MARIE CELESTE, die 1872 unter vollen Segeln, aber von ihrer Besatzung verlassen, im Nordatlantik vor der portugiesischen Küste treibend aufgefunden wurde. Man hat viele Bücher mit den Mutmaßungen über das offenbar plötzliche und überhastete Verschwinden der Besatzung gefüllt, aber da auch das Beiboot verschwand, mit dem die amerikanische Besatzung von Bord ging, konnte keine Version überzeugen.

Wenig bekannt ist der sehr viel spektakulärere Fall der SEA BIRD, der noch dazu in zweifacher Hinsicht mysteriös blieb. Es war ein heller und klarer Tag im Jahr 1750 an der amerikanischen Küste vor Newport, Rhode Island, und es wehte eine herrliche, ablandige Vollzeugbrise, in der mehrere große Clipper und kleinere Frachtsegler an der Küste entlang und auf die freie See hinaussegelten.

Die Einwohner des Ortes Easton's Beach, die diese Segler mit den Augen verfolgten, starrten plötzlich ungläubig auf eine Brigg, die unter Vollzeug lief, aber anstatt nach Newport zu kreuzen, geraden Kurs auf die Sände und Dünen vor der Ortschaft nahm. Aufgeregt winkten die Bauern und Fischer zu dem Segelschiff herüber. War der Kapitän der Brigg verrückt? Was war das für eine Art von Seemannschaft! Jeden Augenblick müßte die Brigg wohl stranden, wenn sie ihren Kurs nicht änderte.

Aber die Brigg kam näher, in der See stampfend und nur wenig krängend, und sie änderte ihren Kurs nicht, bis sie – auf ebenem Kiel – mit lässiger Eleganz auf dem Strand landete. Erst jetzt konnte man ihren Namen lesen:

Es war die SEA BIRD.

Sekundenlang standen die vielen Zuschauer wie hypnotisiert, bis sie an Bord kletterten. Was sie sahen, ließ sie erstarren: In der Kombüse dampfte der Kaffee, das Frühstück für die Besatzung stand bereit. An Bord war alles in Ordnung. An den Logbucheintragungen und Papieren fehlte nichts – aber es war kein Mensch an Bord: Das einzige lebende Wesen war ein Bordhund unbestimmbarer Rasse.

Erst recht unheimlich wurde den Menschen an Land jedoch, als sie die Aufzeichnungen an Bord lasen: Sie besagten, daß die SEA BIRD, unter dem Kommando von Kapitän John Huxham, gerade an diesem Tage der Strandung in Newport hatte eintreffen sollen, um ihre Ladung ihrem Eigner, dem Kaufmann Isaac Stelle, abzuliefern.

Man hat niemals klären können, was mit dem Kapitän und der Mannschaft geschah, die so dicht vor dem Heimathafen, bei idealem Wetter und ruhiger See, vollzählig von Bord der SEA BIRD gegangen waren, während die Brigg ihren unveränderten Kurs mit vollen, richtig getrimmten Segeln als Geisterschiff zu ihrem Heimathafen fortsetzte.

Beim Nachdenken über die Gründe, warum in jüngster Zeit auch zunehmend mehr moderne Segelyachten zu Geisterschiffen wurden, müssen wir uns nicht viel anstrengen. Zum einen sind es Einhandyachten, deren Segler über Bord fielen und ertranken, während die Yachten mit eingestellter Windfahnen-Selbststeueranlage ihren Kurs weitersegelten. Zum anderen sind es Yachten, deren durch die See entnervten Besatzungen ein scheinbar nicht mehr seefähiges Boot mit der trügerischen Sicherheit eines Rettungsfloßes vertauschten, eine nicht minder riskante Sicherheit an der Bordwand großer Schiffe suchten oder sich gar von einem Rettungshubschrauber abbergen ließen, während sie ihre Seekreuzer anschließend sich selbst überließen.

Die meisten der kleinen, braven Salzbuckel überlebten auch ohne ihre Besatzung. Doch nur wenige unserer supermodernen Frachtschiffe haben die technische Möglichkeit und ausreichend Zeit, um alle aufgefundenen Geisterschiffe aufzufischen und in Sicherheit zu bringen.

Auch wenn wir die folgenden, schon über 40 Fälle von Geisteryachten nur als Dokumentation ansehen (einige sind an anderer Stelle ausführlicher behandelt, andere können aus Platzgründen nicht mehr Raum beanspruchen, als nur für eine Datensammlung zur Verfügung steht), werden einige Erkenntnisse deutlich: Segler geben ihre Yachten zunehmend leichteren Herzens auf, wenn sich eine vermeintlich sichere Möglichkeit dazu bietet. Sie sehen ihre Yachten offenbar als weniger geeignet an, auch schweres Wetter zu überstehen. Bei aller positiven Bewertung der Kenntnisse und Fertigkeiten, die man bei uns einem Yachtsegler (von Amts wegen oder freiwillig) beibringt, mangelt es den meisten doch wohl an physischer und psychischer

Kondition, auch mit noch nicht erlebten Situationen und höheren Anforderungen fertig zu werden. Die Bereitschaft zur Selbsthilfe scheint abzunehmen.

Aber urteilen Sie selbst:

CONNEMARA IV

Als man die aus London stammende Yacht CONNEMARA IV im September 1955 ohne Besatzung etwa 400 sm südlich der Bermudas treibend auffand, war sie zwar durch drei Hurrikane, die nach den an Bord gefundenen Logbüchern und Seekarten über sie hinweggegangen waren, arg mitgenommen, aber sie schwamm noch mit voller Ausrüstung. Die Crew mußte sie bereits viele Tage vorher verlassen haben, weil sie sich außerhalb der scheinbar sinkenden Yacht auf ihrem Rettungsfloß offenbar sicherer fühlte. Während die Geisteryacht überlebte, verschwand die Besatzung spurlos.

LITTLE ONE

Die wohl längste Zeit der (zumindest hier genannten) Geisteryachten driftete die kleinste von ihnen, die 3,50 m lange LITTLE ONE. Sie gehörte noch dazu dem gewiß bekanntesten Mann unter den Besitzern der Geisteryachten, der gleichzeitig einer der ältesten von ihnen war: Der 1896 in Hamburg geborene und 1909 in die USA ausgewanderte William Willis lebte sein Leben lang auf und an der See und unternahm viele bemerkenswerte Reisen nach dem Motto: „Es liegt in meiner Natur, das Unmögliche zu versuchen." Weltbekannt wurde er 1954, als er mit einem Floß aus sieben mächtigen Balsastämmen, dem er den bezeichnenden Namen THE SEVEN LITTLE SISTERS gab, von Callao in Peru 6700 sm weit nach Pago Pago in Britisch-Samoa driftete und dabei mit einem kleineren Floß eine größere Distanz auf dem Pazifik bewältigte als Thor Heyerdahl mit seiner legendären KON-TIKI einige Jahre zuvor.

Im Alter von 74 Jahren versuchte Willis, mit dem winzigen Seekreuzer LITTLE ONE einhand über den Atlantik zu segeln. Er mußte jedoch am 7. Oktober 1967, nachdem er zwei Drittel der Distanz von der Neuen zur Alten Welt geschafft hatte, sich und sein Boot von einem polnischen Frachter aufnehmen lassen, weil aller Proviant verbraucht war.

Am 1. Mai 1968 versuchte er es mit nunmehr 75 Jahren noch einmal, in dem Winzling über den Atlantik zu segeln, aber er erreichte die europäische Küste nicht mehr. Am 22. September fand ein sowjetisches Fischereischiff die zwar entmastete, aber normal schwimmende Slup 400 sm westlich von Irland – mit dem Paß von Willis und den Dokumenten seiner Reise an Bord.

179

Von den etwa 150 Tagen, die zwischen dem Start und dem Bergen der Geisteryacht lagen, wird Willis wohl höchstens 60 Tage gesegelt haben. Dann hat er seinen Frieden mit der See gefunden, und die LITTLE ONE hat ohne ihn 90 Tage lang versucht, die europäische Küste zu erreichen. Fast wäre es ihr gelungen.

VAGABOND

Nur fünf Tage lang, aber dafür mit Vollzeug segelte der kleine schwedische Seekreuzer VAGABOND im Juli 1969 allein über den Atlantik. Sein Eigner, der Einhandsegler Peter Wallin, hatte am 1. Mai 1969 seinen Heimathafen Kalmar verlassen und war über Kiel nach Plymouth gesegelt. Dort war er Ende Juni mit Ziel Azoren ausgelaufen. Am 6. Juli sichtete das schwedische Frachtschiff GOLAR FROST die Geisteryacht, und da niemand auf einen Anruf reagierte, schickte der Kapitän einige Leute an Bord. Sie fanden ein gut ausgerüstetes, segelklares Boot ohne Besatzung vor; die letzte Logbuch-Eintragung stammte vom 2. Juli. Als Peter Wallin über Bord gefallen war, mußte die VAGABOND zum Geisterschiff werden.

STELLA MARIS

Zum Geisterschiff wurde auch der Seekreuzer STELLA MARIS, den der schon fast 60jährige Einhandsegler John Pflieger im Sommer 1966 von Bermuda nach Antigua segeln wollte. Er war kein Geringerer als der Gründer und langjährige Sekretär der Slocum Society, der weltweiten Vereinigung der Einhandsegler. Auf seiner Yacht war von den getrimmten Segeln bis zu seiner ausgebrannten Pfeife auf dem Kajüttisch alles in bester Ordnung, als sie verlassen aufgefunden wurde. Am 10. Juli hatte Pflieger auf etwa 20° 26' N und 061° 18' W und 200 sm nördlich von Antigua noch mit dem Kapitän eines Tankers gesprochen, ehe er nicht weit von seinem Ziel entfernt verschwand.

JESSIE W.

Über 50 Tage lang trieb im Frühling und Sommer 1969 der Trimaran JESSIE W. mit seinem toten Skipper an Bord über den Pazifik. Der englische Pastor Frederick Watts, der erst im Ruhestand seine Liebe zur See richtig ausleben konnte, war 82 Jahre alt, als er im April 1969 Suva auf den Fidschiinseln zu seiner letzten Reise ohne Ziel und Wiederkehr verließ. Er hatte schon mehrere Herzanfälle hinter sich, litt an Krebs und wußte, daß seine Tage gezählt waren.

Am 22. Juli sichtete ein Schiff den entmasteten, teilweise vollgeschlagenen

Trimaran etwa auf halbem Wege zwischen Neuseeland und der Inselgruppe. Als man mit einem Boot zur JESSIE W. übersetzte, fand man den Leichnam von Watts in der Kajüte. Das neben ihm aufgeschlagene Logbuch verzeichnete die letzte Eintragung am 29. Mai, sie lag also über 50 Tage zurück. Es war eine alltägliche Kurs- und Windnotiz.

Wahrscheinlich hatte der Trimaran sein Rigg erst verloren, als Watts bereits tot war. Der Frachter-Kapitän entschied, den Einhandsegler mit seinem Trimaran auf See zu bestatten. Man öffnete die Seeventile und ließ die JESSIE W. mit ihrem toten Skipper in der dunkelblauen Tiefe versinken.

TEIGNMOUTH ELECTRON

Ebenfalls eine Geisteryacht besonderer Art war die TEIGNMOUTH ELECTRON, die am Morgen des 10. Juli 1969 unter Selbststeueranlage und vollen Segeln etwa 700 sm südwestlich der Azoren auf 33° 11' N und 040° 26' W entdeckt wurde, in einem Gebiet, durch das selten Yachten segeln. Der Erste Offizier

So sah es in der Kajüte der TEIGNMOUTH ELECTRON aus, als man den verlassenen Trimaran auf dem Atlantik fand.

des Frachters PICARDY, der auf dem Wege von England in die Karibik war, preite den einsamen Segler an. Als er keine Antwort erhielt und auch sonst manches an Bord geisterhaft erschien, purrte er den Kapitän Richard Box.

Dieser ließ sein Schiff den mit belegten Schoten und gefesseltem Ruder dahinsegelnden und nicht gerade kleinen Trimaran von 12,50 m Länge und 6,70 m Breite dreimal umrunden. Dabei drückte er mehrmals kräftig auf das Nebelhorn, mit dem man aus so kurzer Entfernung schon hätte Tote wecken können.

Als sich auf dem Segler, an dessen Heck man neben dem Namen auch den Heimathafen Bridgewater erkennen konnte, dennoch nichts rührte, ließ Box die PICARDY stoppen und ein Boot aussetzen. Der Erste Offizier Clark, der als erster die Geisteryacht betrat, stöberte durch alle Räume, fand jedoch keine Menschenseele.

Dabei machte die Kajüte den Eindruck, als ob sie gerade erst verlassen worden wäre: Schmutziges Geschirr stand in der Spüle, und auf einer Milchdose auf dem Kajüttisch lag ein Lötkolben, mit dem offenbar an einem Funkgerät gearbeitet worden war, dessen Teile ebenfalls auf dem Kajüttisch ausgebreitet waren.

Clark fand auch das aufgeschlagene Logbuch, in dem die letzte Eintragung vom 24. Juni stammte. Der letzte Vermerk im Funktagebuch bezog sich sogar erst auf den 29. Juni. Gut zehn Tage lang war die TEIGNMOUTH ELECTRON also offenbar bei gutem Wetter ohne Besatzung über den Atlantik gesegelt.

Da sich irgend jemand an Bord der PICARDY an die damalige Einhand-Nonstopregatta um die Welt erinnerte, die kurz vor ihrem Abschluß stehen mußte, stellte man einen gewissen Donald Crowhurst als Eigner und Skipper fest und meldete die Sichtung an die Reederei. Weil auch das Wetter die Bergung auf See erlaubte, takelte man einen Schwergutbaum auf und hievte den Trimaran an Deck. Wenig später begann in dem atlantischen Seegebiet eine große Suchaktion nach dem vermißten Skipper, über die ich auf Seite 210 berichte.

Daß die TEIGNMOUTH ELECTRON im wahrsten Sinne des Wortes ein Geisterschiff war, das vorher viele Monate lang unter Angabe immer neuer falscher Standorte ohne Sinn und Ziel hauptsächlich im Südatlantik gesegelt war, ist eine eigene, abenteuerliche und bewegende Geschichte, die aus Platzgründen hier nicht erzählt werden kann. Der erste, der die Fakten dieser Geisterfahrt lesen konnte, war Kapitän Richard Box von der PICARDY, als er sich schon wenige Tage später in die doppelt geführten Logbücher vertiefte − oft geisterhafte Aufzeichnungen.

SOUTHERN CROSS

Unter vollen Segeln strandete am 2. November 1969 der kleine Seekreuzer SOUTHERN CROSS an der amerikanischen Küste etwa 10 sm nordöstlich von Cape May und unweit der Einfahrt in den Delaware. Der 53jährige Einhandsegler George Sosman war einige Tage zuvor mit der SOUTHERN CROSS aus einem Long-Island-Hafen ausgelaufen, um seinen 24jährigen Sohn auf der Marine-Akademie in Annapolis zu besuchen. Die SOUTHERN CROSS segelte zwar nur wenige Tage als Geisteryacht im Küstengebiet. Aber sie manövrierte sich immerhin geschickt durch die zahlreichen Schiffahrtskurse zu den Welthäfen New York und Philadelphia hindurch. Warum Sosman über Bord fiel und seine Yacht allein davonsegelte, blieb unklar.

FRILO

Zur Geisteryacht wurde auch die FRILO, mit der Chris Loehr im Winter 1971 auf der Passatroute den Atlantik einhand überqueren wollte. Loehr fiel über Bord und tauchte nicht wieder auf. Die FRILO wurde, unverändert und uneingeschränkt segelklar, von dem britischen Frachter PORT VINOLES gefunden. Die letzte Eintragung im Logbuch der FRILO stammte vom 31. Januar 1971 und betraf das Geschehen an Bord in schwerem Wetter.

SEEBÄR

Seinen 9,30 m langen Seekreuzer SEEBÄR gab am 25. Juni 1971 der Einhandsegler Dr. Werner Zirpel auf dem Rückweg von Amerika nach Europa auf. Der SEEBÄR war entmastet worden, aber der Skipper hatte ein Notrigg gezimmert, unter dem das Schiff zügig ostwärts segelte. Bei der Annäherung an den norwegischen Frachter GOLAR BORG, bei dem er seinen Proviant ergänzen will, zieht der Skipper sich jedoch eine Handverletzung zu, die das Weitersegeln allein verbietet. Er geht an Bord des Bananendampfers und überläßt das Boot auf 48,5° N und 021,5° W, nur etwa 700 sm von der europäischen Küste entfernt, seinem Schicksal. Der kleine SEEBÄR läßt sich aber nicht unterkriegen und segelt mit seinem Notrigg drei Wochen lang mit Südostkurs weiter. Am 15. Juli wird die Geisteryacht von dem holländischen Frachter LOIRE LLOYD auf 47° 33' N und 019° 27' W aufgenommen und über Neuseeland am 17. Oktober in Hamburg an den Eigner zurückgegeben. Es gibt eben auch „gute Geister"!

NJORD

Seiner entnervten Crew überlegen erweist sich auch der 8 m lange Seekreuzer NJORD, der am 16. September 1972 auf halbem Wege zwischen der französischen Küste und den Balearen und nahezu gleich weit von Spanien und Korsika entfernt von einem jungen Seglerpaar aufgegeben wird. Der kleine, gaffelgetakelte Spitzgatt-Kutter aus Stahl wird drei Tage später von dem britischen Segler Patrick Chilton gesichtet, der sich mit seinem kleinen Seekreuzer ADELINA geschickt an die segelnde Geisteryacht heranmanövriert und auch kurzzeitig übersteigt. Der Versuch, die aufgegebene NJORD in Schlepp zu nehmen und sich vielleicht eine Bergeprämie zu sichern, mißlingt jedoch. So segelt die Geisteryacht noch zehn Tage weiter, ehe sie von dem dänischen Frachter PEDER MOST geborgen wird.

Es hätte nicht viel gefehlt, daß sich die auf ihr Rettungsfloß geflüchtete Crew trotz weit entfernt gesteuerter Kurse wieder mit ihrer verlassenen Geisteryacht getroffen hätte. Denn beide Fundorte lagen nach 13tägiger Geisterfahrt und zehntägiger Seenotdrift kaum 20 sm auseinander.

GALLOPING GAEL

Am 28. Juni 1976 fand man auf den Neufundlandbänken den 11,50-m-Seekreuzer GALLOPING GAEL treibend ohne Besatzung. Er gehörte dem kanadischen Einhandsegler Mike Flanagan, der mit diesem Seekreuzer am 6. Juni 1976 als Teilnehmer des OSTAR in England mit dem Ziel Newport (USA) gestartet war. Mike Flanagan war verheiratet und hatte mehrere Kinder. Als man die GALLOPING GAEL fand, war ihr Großsegel halb gesetzt, so daß man daraus schließen muß, daß der Einhandsegler beim Reffen des Großsegels über Bord gefallen war.

LE STEPH

Als Geisteryacht ohne Rigg trieb der 10,20 m lange Seekreuzer LE STEPH im September 1978 42 Tage lang über den Atlantik. Die in mehreren Stürmen östlich von Neufundland entnervte sechsköpfige französische Crew des Aluminium-Kurzkielers unter Führung von Emile Gaillard geht am 13. September an Bord des Fisch-Fabrikschiffes ARIN FISHER. Der Versuch, die beim Kentern entmastete Yacht, die unter Motor auf dem Rückweg zur kanadischen Küste war, durch das größere Fahrzeug abschleppen zu lassen, muß scheitern. Also überläßt man die LE STEPH mit offenem Kajütniedergang und offenen Luken auf dem Nordatlantik während der Herbststürme sich selbst.

Sechs Wochen lang driftet die Geisteryacht mutterseelenallein über den Atlantik, ehe sie am 25. Oktober etwa 1000 sm vor der irischen Küste von dem kleinen Hamburger Containerschiff CONTSHIP THREE entdeckt wird. Auch der deutsche Kapitän, Klaus Baltzer, versucht sie in Schlepp zu nehmen. Das gelingt auch zuerst. Aber nach 24stündiger Schleppfahrt geht die vollgeschlagene LE STEPH doch auf Tiefe. Schade um den tapferen Salzbuckel!

19 Fastnet-Geisteryachten

Auch die 19 Yachten, die den Fastnet-Orkan im August 1979 ohne Besatzung überstanden, muß man zu den Geisteryachten rechnen. Denn nicht alle waren entmastet, und die meisten von ihnen drifteten mehrere Tage lang im Seegebiet weit vor der irischen und britischen Küste, obwohl täglich immer mehr Fischerboote oder sogar andere Seekreuzer auf diese Geisteryachten Jagd machten – wegen des nicht geringen Bergelohns, den sich die Besatzungen verdienen konnten.

Die Crews der TROPHY, GRIMALKIN und ARIADNE fanden auf tragische Weise in den Rettungsflößen den Tod, während ihre Yachten noch Tage später schwimmend gefunden und sicher eingeschleppt werden konnten. Erinnern wir uns hier nur an diese 19 Yachten, die stärker waren als ihre Besatzungen, was sie durch ihr Überleben auch ohne Crew nachdrücklichst bewiesen. Dazu gehörten beispielsweise noch:

ALLAMANDA	POLAR BEAR
ALVENA	CAMARGUE
APPLE OF THE SUN	CONTESSA 33
GUN	SKIDBLADNER
GUNSLINGER	GOLDEN APPLE
BILLY BONES	FLASHLIGHT
TARANTULA	GRINGO

TOUR DU MONDE

Den Rennyachten-Besatzungen des Fastnet-Rennens mag man noch zubilligen, daß sie zum Teil entmastete und ernsthaft havarierte, manövrierunfähige Yachten verließen und durch diese Entscheidung zumindest die Wettfahrtleitung von der Verantwortung für ihr Leben entbanden. Kein Verständnis aber hat man wohl für die Crew einer ausreichend bemannten Fahrtenyacht, die ihren seetüchtigen Seekreuzer mit intakter Takelage nach einer simplen Havarie auf den Atlantik hinausschickt. Das gilt zum Beispiel für die nagelneue 11,95 m lange TOUR DU MONDE, die nach einer Ruderhavarie und einer anschließenden mehrstündigen Fahrt im Schlepp des Frachters REEFER KNIGHT am 16. Februar 1980 nur wenige Meilen vom Hafen Los Cristianos auf Teneriffa entfernt eigentlich grundlos aufgegeben wird. Der Skipper Dietrich R., ein Segler, der sich durch den Besitz aller Führerscheine natürlich auch im Besitz aller praktischen seemännischen Kenntnisse und Fertigkeiten wähnt, gerät schon an Bord seiner Yacht, sogar schon im Schlepp und noch dazu in Sichtweite der sonnigen Kanaren-Küste in Panik und verläßt schließlich fast in Sichtweite der „rettenden" Mole mit seiner Besatzung die vermeintlich unsicheren Planken seiner Yacht. Diese driftet anschließend zwölf Tage lang 240 sm im Passat in Richtung Karibik, ehe das polnische Motorschiff K. I. GALCZYNSKI die Geisteryacht am 28. Dezember auf 27° 05' N und 020° 26' W sichtet. Sie schwimmt normal und segelklar, und der Kapitän hat keine Schwierigkeiten, sie mit dem Ladegeschirr an Bord zu hieven und eine Woche später in Kiel-Holtenau auf die Pier zu setzen.

Als aufgegriffene Geisteryacht bringt die TOUR DU MONDE gut 40 000 DM Bergelohn. Die Zeiten des „Fliegenden Holländers", als man sich vor Geisterschiffen fürchten mußte, sind vorbei. Geisteryachten machen den Finder glücklich.

SAMOS

Wie lange und wohin der bereits in anderem Zusammenhang genannte 22-t-Stahlseekreuzer SAMOS nach seiner Aufgabe am 30. Dezember 1980 noch als Geisteryacht driften mußte, konnte ich nicht mehr ermitteln. Die Yacht war mit einer zweiköpfigen, erfahrenen Crew am 24. Dezember von Ibiza ausgelaufen, um „nur einmal schnell" in einem Halbtags-Trip den Winterlagerhafen an der spanischen Festlandküste zu erreichen. Das schwere Wetter kam wie aus heiterem Himmel, und drei Tage lang driftete die SAMOS mit beschlagenen Segeln bis in die Höhe von Almeria, wo die Crew teils freiwillig, teils unfreiwillig von dem schwedischen Frachter TERSÖ übernommen wurde. Auf Anweisung des Frachter-Kapitäns wurde der Festmacher zur SAMOS in einer lebensgefährlichen Situation für die Bordfrau gekappt und die SAMOS auf 36° 35' N und 001° 16,5' W sich selbst überlassen.

VALE

Am 10. August 1981 wurde der 10 m lange Seekreuzer VALE im Seegebiet von Bornholm zur Geisteryacht. Dieser ungeklärte tragische Vorfall ereignete sich zur Ferienzeit im Hochsommer. Es ist der erste dieser Art in jüngster

Zeit in unseren heimischen Gewässern, dem zunehmend mehr, aber nicht minder mysteriöse Fälle folgten. Was passierte auf der VALE?

Am Morgen des 10. August sichtet der schwedische Trawler MAINLAND etwa 7 sm vor der Südküste von Schweden einen kleinen deutschen Seekreuzer mit schlagenden Segeln.

„Da dümpelt diese schöne weiße Yacht in der kabbeligen See", berichtet später der Kapitän Nils Jacobsson, „aber kein Mensch ist an Bord, kein Lebenszeichen ist zu erkennen. Wie der Fliegende Holländer treibt sie dahin." Kein Wunder, daß bei diesem Vergleich dem alten Fischdampfer-Kapitän der Schreck noch viele Stunden später in den Gliedern steckt.

Die Besatzung der VALE, Vater Friedrich Jordan (44) und sein Sohn Torald (10), sind nach ihrer letzten Logbuch-Eintragung am 8. August, 0900 Uhr, von Bornholm ausgelaufen und haben auf ihrer Seekarte den Kurs nach Gedser abgesteckt. Höchstens etwa 45 Stunden lang, aber wahrscheinlich nur eine kürzere Zeit ist die VALE als Geisteryacht gesegelt.

Die noch im letzten Hafen durch ihre ausgelassene Fröhlichkeit aufgefallene Vater-und-Sohn-Crew muß durch einen mysteriösen Unglücksfall ihre sichere, gemütliche Yacht verlassen haben. Denn es wurden weder irgendwelche Beschädigungen an Bord entdeckt noch Anzeichen eines dramatischen Aufbruchs festgestellt. Auf dem Kajüttisch lag noch Toralds Malbuch mit der letzten Zeichnung, einem großen Schiff mit der kleinen VALE in seiner Nähe. War Vater Jordan vielleicht aus irgendwelchen Gründen über Bord gefallen, so daß sein zehnjähriger Sohn versuchen mußte, den Seekreuzer in seine Nähe zu manövrieren? Möglicherweise gab der Vater die verzweifelten Anweisungen für ein solches Manöver vom Wasser aus, aber die VALE gehorchte Toralds schwachen Kräften an Schot und Pinne nicht. In einem kurzen Zwiespalt, lebensgefährlich alleingelassen zu sein auf der Yacht, die ihn vielleicht in einer tagelangen Irrfahrt über die Ostsee tragen würde, oder aber scheinbar geborgen zu sein in der Nähe des Vaters, wenn das vielleicht auch den Tod bedeutete, mag er sich schließlich zu einem Sprung über Bord entschlossen haben.

Nur die Geisteryacht selbst kennt das Geheimnis. Aber sie schweigt.

MIREBEL

In Schweigen hüllte sich auch der amerikanische Seekreuzer MIREBEL, eine 9-m-Yacht vom Typ Hunter 30, der am 18. Juni 1984 als treibende Geisteryacht von dem sowjetischen Containerschiff SKULPTOR ZALKANS nordöstlich der Bermudas mitten auf dem Atlantik gesichtet wurde. Auch hier fanden die Seeleute keine Spur der Besatzung, als sie an Bord der Yacht gingen, um nach dem rechten zu sehen, und so setzten sie schließlich das schwerbeschädigte Boot an Deck und übergaben es nach der Rückkehr in die europäischen Gewässer dem Strandamt in Bremerhaven. Erst viele Tage später brachte man eine sechsköpfige Crew, die ein anderes Schiff um den 10. Juni aus dem gleichen Bermuda-Seegebiet aus einer Rettungsinsel geborgen und in die USA gebracht hatte, mit der Geisteryacht MIREBEL in Verbindung. Tatsächlich war die MIREBEL, wie aus den Logbuchaufzeichnungen hervorgeht, am 27. Mai 1984 aus Hampton Roads (USA) zu den Bermudas ausgelaufen und hatte von dort wahrscheinlich am 9. Juni die Rückfahrt zur amerikanischen Küste angetreten. Offenbar in dem schweren Wetter des nächsten Tages tauschten die sechs Segler ihre vermeintlich unsicher gewordene Yacht mit der trügerischen Sicherheit ihres Rettungsfloßes ein und überließen die MIREBEL der See – mit den gleichen Gefühlen, wie man einen leeren Kanister ins Wasser wirft?

Die MIREBEL war nur eine gute Woche unterwegs und hätte sicher noch länger als Geisteryacht gedriftet, wenn sie nicht als Treibgut von nicht unbeträchtlichem Wert gefunden, aufgefischt und abgeliefert worden wäre. Es ist bemerkenswert, daß sich hauptsächlich die Schiffsbesatzungen aus den Ostblockstaaten die Bergemühe machen. Aber der Bergelohn für eine Yacht bringt natürlich wesentlich mehr als das tägliche Devisen-Taschengeld, das diese Besatzungen erhalten.

Maxi 68

Eine Geisteryacht sichteten am 7. Februar 1983 auch die Lotsen, die beim Leuchtturm Cordouan an der französischen Gironde-Mündung mit ihrem Lotsenboot vor Anker auf Station lagen. Plötzlich kam in diesigem Wetter ein kaum 7 m langer Seekreuzer vom Typ Maxi 68 unter vollen, gut getrimmten Segeln auf sie zu. Nur mit Mühe gelang es der Lotsenbesatzung, eine Kollision mit der Geisteryacht zu verhindern, die auf alle optischen und akustischen Warnsignale nicht reagierte. Als die Lotsen das davonsegelnde Geisterschiff schließlich eingefangen hatten, stellten sie fest, daß es unter Autopilot segelte und in einem nicht weit entfernten Hafen beheimatet war. Auch diese Yacht wurde durch das Überbordfallen ihres im Revier bekannten, meist einhand segelnden Skippers zur Geisteryacht.

SEA JAY

Natürlich kann man sich nicht voll und ganz in die Lage einer Crew hineinversetzen, die ihre segelklare Yacht aufgibt und auf eigene Faust auf die See hinaus entläßt, während sie selbst ihr von dem Schiffsdeck, das sie als Rettung gewählt hat, mit langen Blicken nachschaut. Aber oft begreifen die Segler ihre Handlungsweise selbst nicht mehr, wenn sie einige Tage später zum erstenmal über das Geschehene nachdenken können und sich auch in der Zukunft alte und neue Gedanken in Stunden des Nachsinnens immer wieder ablösen.

Marianne Topjian beschreibt bei der Schilderung der Aufgabe ihres 11-m-Seekreuzers SEA JAY im April 1983 auf dem Wege von Mexiko nach Florida besonders eindrucksvoll diesen letzten, zögernden Schritt ihres Skippers Charles Wilson vom Deck seines an der hohen Schiffswand dümpelnden Seekreuzers zur untersten Sprosse der Jakobsleiter, bevor er, seine persönliche und seiner Yacht gleichermaßen ungewisse Zukunft vor Augen, mit weichen Knien aufwärts kletterte. Denn die Panik legt sich meistens mit dem Wetter – gleich schnell. Ist die folgende eine typische Handlungsweise?

Die SEA JAY lief am 12. April 1983 aus Cozumel (Mexiko) mit Ziel Florida aus, da vor einer beabsichtigten Weltumseglung im amerikanischen Heimathafen noch einige Reparaturen und Ergänzungsarbeiten vorgenommen werden sollten. Am ersten Tag und unter Motor kam es zu einem Kabelbrand, der die neue Maschine außer Betrieb setzte. „Aber da Segelyachten ja eigentlich zum Segeln da sind, entschieden wir uns, unsere Reise nach Florida unter Segeln fortzusetzen", berichtet Marianne. Begreifen können diese eigentlich selbstverständliche Entscheidung wohl nur amerikanische Segler selbst, weil ihr liebster Sport eben „Motorsegeln" ist.

In den nächsten 48 Stunden kommt die SEA JAY bei handigem Wetter gut voran. Doch dann geht die Windfahnen-Selbststeueranlage kaputt, und Charles muß im Seegang mehrere Stunden mit dem Kopf nach unten am Spiegel arbeiten, um die Anlage abzubauen. Natürlich ist er anschließend erschöpft. Aber die SEA JAY ist auch mit Handsteuerung gut weitergelaufen und bald nur etwa 200 sm von ihrem Zielhafen entfernt.

Am 15. April preit morgens der Coast-Guard-Kutter YORK die SEA JAY an und fragt, ob die Crew ein Boot in Seenot gesichtet hätte. „Wir erzählten den Coast-Guard-Leuten, wie schlecht es uns ging, da wir keinen Motor, keine Selbststeueranlage und nur begrenzte elektrische Energie in der Batterie zur Verfügung hatten", regt sich Marianne auf. „Und statt dessen fordert uns das Küstenwachboot nur auf, uns um ein anderes, in Seenot befindliches Boot zu kümmern, wenn wir es sichten sollten!" Aber dann versprechen die Küstenwächter doch, die Schwierigkeiten der SEA JAY an die Leitstelle zu melden, und Marianne sagt sich, leider zu spät: „Wir hätten ja einen der Männer bitten können, bei uns an Bord die E-Anlage des Motors zu reparieren."

Doch kann man nicht auch ohne Motor segeln? In der folgenden Nacht bezweifelt die Crew diese Möglichkeit noch einmal, als die SEA JAY zwischen den Kurslinien von zwei Frachtern liegt und das Paar Angst hat, wenn nicht von dem einen, so doch von dem anderen überlaufen zu werden. Aber auch diese Situation klärt sich, weil Charles über UKW mit dem einen Schiff spricht, das er jedoch für das andere hält und dessen zugesagte Kursänderung natürlich gerade zur falschen, gefährlichen Seite erfolgt wäre.

Auch am Sonnabend, dem 16. April, hält das schlechte Wetter an. Die SEA JAY läuft unter gerefftem Großsegel und kleiner Fock mutig gegenan, aber sie macht nach Osten keine Distanz mehr gut. Am Sonntag früh befürchtet die Crew den Bruch einer Saling und dreht deshalb vor Topp und Takel bei. Der Gedanke an ein Abdriften nach Südwest ist unsympathisch. Doch noch mehr fürchten die beiden Menschen einen Mastbruch – obwohl das Rigg immer noch unverändert steht.

Und dann fordern sie, eigentlich ohne ersichtlichen Grund, über UKW Hilfe an. Der 30 sm entfernt stehende Tanker GULF SUPREME ändert sofort seinen Kurs und rät der Crew, ihre Yacht zu verlassen. Da der Kapitän den riesigen Tanker nicht nahe genug an die treibende Yacht heranmanövrieren kann und diese Gefahr läuft, nach dem Übergeben einer langen Leine unter das Heck und in den Propellerstrom zu geraten, setzen Charles und Marianne wieder Segel und legen unter Segeln an der hohen Tankerwand an.

„Charles fuhr ein gutes Anlegemanöver", berichtet Marianne. „Dann warf man uns eine Fangleine zu, und schließlich wurden zuerst unsere persönlichen Wertsachen, dann der Hund und schließlich ich selbst in einem Bootsmannsstuhl hochgehievt. Der Kapitän bedauerte, daß er kein Heißgeschirr an Bord hatte, um auch die SEA JAY an Deck zu nehmen. So folgte schließlich Charles als letzter. Zögernd, fast widerstrebend verließ er unsere Yacht und kletterte auf das Schiffsdeck. Sehr schweren Herzens ließen wir unsere Yacht, unser Heim, unter Segeln davontreiben."

Am 19. April betrat die Crew der SEA JAY in Fort Lauderdale wieder amerikanischen Boden, ohne zu wissen, wohin ihre Yacht in der Zwischenzeit als Geisterschiff gesegelt war. Die SEA JAY fand man am 26. April nach etwa zehntägiger Segel-Irrfahrt 60 sm südwestlich von Tampa (Mexiko). Ein Küstenfrachter aus Belize hatte die herrenlose Yacht gefunden, und Seeleute, die aus St. Lucia stammten, hatten sie in den nächsten Hafen gebracht.

Marianne Topjian macht nur resignierende Andeutungen über den anschließenden Rechtsstreit, der um die Herausgabe der SEA JAY, über Bergekosten und andere Formalitäten entstanden und offenbar noch nicht beendet ist.

Es ist eben oft nur ein kleiner Schritt von der aufgegebenen Yacht zur vermeintlich sicheren Jakobsleiter. Aber meistens folgt danach ein langer Weg mit vielen beschwerlichen Schritten, um eine Yacht nach ihrer verlustreichen Geisterfahrt wieder ausgeliefert zu bekommen. Im Wissen um solche Folgeprobleme hätten Charles und Marianne ihre Sea Jay sicher nicht zur Geister-yacht werden lassen.

Misty

Unter mysteriösen Umständen wurde auch die Misty im Sommer 1982 zur Geisteryacht. Peter Evans, ein städtischer Angestellter aus Worthing (Eng-land), hatte den 7,85 m langen und 2,18 m breiten Seekreuzer mit 1,22 m Tiefgang und 2,5 t Verdrängung im Jahre 1980 in Anlehnung an die bewährte Jester von „Blondie" Hasler bauen lassen und war 1981 von England über die Azoren nach Westindien und im Frühjahr 1982 nach England zurückgese-gelt. Mit seiner deutschen Freundin war Peter im Juli 1982 zu einer neuen Langfahrt gestartet, die ihn bis Nordaustralien bringen sollte.

Aber schon in der Biskaya bremste das Wetter den Trip der Misty. Am 11. Juli gegen 1700 Uhr sichtete der polnische Frachter Buran auf 45° 43' N und 014° 21' W, etwa 270 sm nordwestlich von Kap Finisterre, die kleine, in Wind-stärke 11 entmastete Yacht, die rote Notraketen geschossen hatte. Die See-leute nahmen Peter und seine Freundin an Bord. Aber als Peter an Deck stand, tat ihm dieser Schritt offenbar schon leid, und er kletterte auf das Deck der Misty zurück, wo er verschwand.

Suchte der Skipper nur nach Pässen und Geld? Wollte er nur sein Mädchen in Sicherheit bringen, aber seine Yacht nicht aufgeben? Auf diese oder ähn-liche Fragen wird es wohl keine Antwort mehr geben. Denn der polnische Frachter wartete einen ganzen Tag lang neben der kleinen, entmasteten, von der See gebeutelten und driftenden Yacht, ohne daß deren Skipper an Deck wieder gesehen wurde. Peter Evans blieb verschwunden, und die Buran setzte ihre Fahrt fort.

Fast vier Wochen später, am 6. August, fand ein anderer polnischer Frachter, die Universytet Wroclawski, auf ihrem Wege von Italien nach Kanada die verlassene Misty auf 43° 55' N und 016° 35' W, ungefähr 150 sm südwestlich der genannten Position, und nahm sie als Decksladung an Bord. Rechne-risch ist die Yacht zwar nur 6 sm täglich gedriftet. Tatsächlich wird sie bei den unterschiedlichen Winden jedoch schneller, dafür aber im Kreis getrieben sein, so daß der Erfahrungswert des Treibens mit etwa 1 kn erhalten bleibt. Es ist übrigens interessant, daß die kanadischen Behörden das Anlanden der aufgefischten Geisteryacht nicht erlaubten, weil der damit verbundene See-notfall nicht unter die kanadische Rechtsprechung fiel. So blieb die Misty an Deck des Massengutfrachters Universytet Wroclawski und segelte mit ihr am 18. August nach Polen. Ob hier ihre Irrfahrt endete, konnte ich nicht fest-stellen.

ESCAPE

Der 8,50-m-Seekreuzer ESCAPE, der unter südafrikanischer Flagge am 24. Mai 1984 den Hafen von St. George's auf den Bermudas verließ, wußte natürlich nicht, daß er auf seinem Wege über die Azoren nach England schon bald, jedoch nur kurzzeitig zu einer Geisteryacht werden sollte. Er war das schwimmende Heim der englischen Familie Ivan und Beverly Hatley mit ihrer 13 Monate alten Tochter Joanne und im Vorjahr für den in Südafrika veräußerten Besitz im Wert von etwa 90 000 DM gekauft worden. Von Kapstadt aus war die Bootsfamilie über die Karibik sicher bis zu den Bermudas gelangt, und hier war des Skippers junger Bruder Paul dazugestiegen, damit man auf dem rauhen Nordatlantik im Zweiwachentörn segeln konnte, mit der Mutter zur Kinderbetreuung und zum Kochen als Freiwächter in der sicheren Kajüte.

Bis zum 2. Juni hat die ESCAPE ein gutes Drittel der Strecke bis zur portugiesischen Inselgruppe hinter sich gebracht, als sie ein Sturmtief mit südöstlichen Winden um Bft 7 einholt. Aber das Barometer fällt weiter, und der Windmesser erreicht fast seinen Anschlag. Der ESCAPE-Crew bleibt nur noch die Möglichkeit, vor Topp und Takel auf Drift zu gehen und sich − gegen die Gefahr des Überkopfgehens der Yacht − in der Kajüte zu verbarrikadieren. So vergeht der 3. Juni, ein Sonntag, in gedrückter Stimmung.

Als die vierköpfige Crew am 4. Juni bei abflauendem Sturm wieder aufatmen will, dreht der Wind um 60°, und in kurzer Zeit entsteht eine mörderische Kreuzsee, bei der die ESCAPE durchkentert. Die kleine Joanne landet unter einem Stapel von Konservendosen auf dem Kajütfußboden, bleibt aber wie durch ein Wunder unverletzt. Die beiden Männer tragen Schnittwunden davon. Der Rumpf leckt, weil offenbar die Bolzen am Motorfundament gebrochen sind, und das Ruder klemmt. Aber noch schlimmer: Der Mast ist weit unten gebrochen. Das Rigg hängt im Wasser und schlägt gefährlich gegen die Bordwand.

Mit Bolzenschneidern kappen die beiden Männer die Takelage, und dann beratschlagt die Crew: Soll sie versuchen, den etwa 2000 sm entfernten Hafen Flores auf den Azoren zu erreichen? Oder soll sie um Hilfe funken? Obwohl der Wassereinbruch gestoppt werden kann, der Motor wieder betriebsklar ist und die ESCAPE auch bald wieder dem Ruder gehorcht, und obwohl auch das Wetter bald wieder so windarm wie an den Vortagen wird, entschließen sich die Hatleys doch, über Funk um Hilfe zu bitten.

Die beiden Frachter NANDU ARROW und TFL ADAMS fangen nicht nur ihren Notruf auf, sie können auch den Standort der havarierten Yacht einpeilen, und so schauen die beiden Männer auf ihren Wachen ständig nach den großen Schiffen aus. Aber was sie zuerst sichten, ist eine andere Yacht:

Am 5. Juni gegen 2000 Uhr sehen sie eine unter Sturmsegeln laufende, etwa 11 m lange Yacht, die scheinbar auf sie zuhält. Ivan wirft eine Rauchboje, um der Yacht ihre vermeintliche Suche zu erleichtern. Doch die fremde Yacht bemerkt dieses Notsignal nicht. Offenbar hält ihre Crew auch gar keinen Ausguck. Denn die Hatleys sehen deutlich, wie nun, nur noch gut tausend Meter entfernt, die Crew auf der anderen Yacht an Deck arbeitet, das Großsegel ausrefft und mit hoher Fahrt abläuft.

Ivan ist verzweifelt. Er glaubt seinen Augen nicht zu trauen: Sollte die fremde Yacht die kleine, entmastete ESCAPE tatsächlich nicht gesehen haben? Wütend startet er den Motor, der auch tatsächlich anspringt, und fährt mit Höchstfahrt, gut 6 kn, hinter der fremden Yacht her. Auf der ESCAPE schüttelt sich der Motor an der Welle, und auf der fremden Yacht gehen die Positionslichter an. Als die ablaufende Yacht auch auf weitere Handrotfeuer, ja sogar rote Fallschirmraketen nicht reagiert, stoppt Skipper Ivan entnervt die Maschine.

Aber schon nach einer Stunde erscheinen die Positionslichter eines von achtern aufkommenden Frachters an der Kimm, und wenig später stoppt die NANDU ARROW in Rufweite. Paul startet den Motor, und Ivan geht an der riesigen Bordwand längsseits, wo mehrere Leinen herabgelassen werden. So nahe an dem Frachter zeigt sich erst, wie hoch der Seegang noch ist. Fast 4 m tanzt die entmastete ESCAPE an der Bordwand auf und ab.

Die kleine Joanne wird in einem doppelt gesicherten Tragekorb hochgehievt. Die beiden Männer haben genug Kraft, um beim Aufentern für sich selbst zu sorgen. Nur Mutter Beverley schlägt mit ihrem Körper einige Male gegen die Bordwand und wird fast zwischen den Rümpfen der beiden Schiffe eingeklemmt. Dieser Spalt ist ja auch schon anderen übersteigenden Seglern und Seglerinnen zu einer tödlichen Falle geworden.

Und die ESCAPE? Man überläßt sie mit aller Ausrüstung ihrem Schicksal – ein möglicherweise fetter Brocken für die Berger, wenn man sie als Geisteryacht entdecken wird.

Und die Jäger sind schon nahe: Skipper Knut von der 17 m langen deutschen Charteryacht MIKADO, der erst am 1. Juli 1984 von den Bermudas ausgelaufen war, hat nicht nur auf dem gleichen Wege zu den Azoren eine schnelle Reise gehabt und den stürmischen Wind mit seinem größeren Schiff natürlich unbeschadet überstehen können. Er hat auch den Funkverkehr der ESCAPE mit ihren Rettern verfolgt. Nun steht er zwar noch nicht in Sichtweite der NANDU ARROW, aber er kennt die Position des Unfallortes, auf den er zusteuert.

In der Nacht des 6. Juni kann er die beiden Frachter im Radar erkennen, und gegen 0300 Uhr sichtet er auch das Wrack der ESCAPE durch das Fernglas. In einem Seefunkgespräch mit dem Kapitän der NANDU ARROW läßt sich Knut bestätigen, daß die Escape aufgegeben ist, und er betrachtet sie als „herrenloses Gut". Man beratschlagt auf der Mikado, ob man die Escape in Schlepp nehmen solle. Aber dann verwirft man diesen Plan, weil der Charterkapitän mit einer Yacht im Schlepp seine Segeltermine nicht einhalten kann.

Doch Knut hat Zeit, neben der Escape beizudrehen und zum Ausschlachten des bis auf den Mastbruch unbeschädigten Rumpfes einige Male mit dem Schlauchboot hin- und herzufahren. So werden nicht nur der fast neue Außenborder, der noch (trotz der Kenterung der Yacht) an der Heckreling hängt und das unter Deck gestaute Schlauchboot zu seiner Beute, sondern auch die gesamte Elektronik und alle brauchbaren Ausrüstungsteile. Knut nimmt sich sogar die Zeit, die Winschen rund um die Plicht abzumontieren, den Autopiloten abzuschrauben und natürlich Segel und Leinen zu übernehmen.

Nahezu fünf Stunden dauert die Arbeit. Dann ist die Escape nur noch ein nacktes Wrack, auf dem er die Seeventile aufdreht. Und als vermeintlich „ordentlicher Skipper" bittet Knut sogar den nächsten Frachter um eine Meldung an die Schiffahrtsbehörden, daß das „Schiffahrtshindernis" beseitigt wurde. Arme Hatleys! Arme Escape! Wen hätte sie denn mitten auf dem freien Atlantik gefährden können?

Mehr über diesen Fall lesen Sie im nächsten Kapitel.

TINA

Nicht anders erging es wohl dem Einhandsegler Fritz Heimann, der im Sommer 1984 über die Nordsee zu den Färöer segeln wollte: Man fand seinen 9,95 m langen Kielschwerter Tina am 30. August als herrenlosen Kreisläufer ebenfalls unter laufendem Motor mitten in der Nordsee. Auch die Tina war, wie ich auf Seite 145 ausführlich berichtet habe, schon längere Zeit als Geisterschiff unterwegs gewesen, mit Lichtern sogar für die Nachtfahrt gerüstet.

EUMEL

Zur Geisteryacht in unseren heimischen Gewässern wurde am 13. August 1984 die 11,30 m lange Eumel, ein Seekreuzer vom Typ Oström 37. Sie lief gegen 1330 Uhr mit laufendem Motor allein auf eine Sandbank bei Kronsgård am dänischen Ufer der Flensburger Förde auf. Die Yacht war unbeschädigt und segelklar, aber niemand war an Bord.

194

Einige Stunden später stellte man fest, daß sie dem Flensburger Segler Werner Jacob (46) gehörte, der am gleichen Tage gegen 1130 Uhr unter Maschine den Hafen Gelting-Mole in der Geltinger Bucht verlassen hatte. Er war allein an Bord und erlitt wahrscheinlich das Schicksal wie viele andere allein segelnde oder motorende Skipper: Er fiel über Bord und mußte seine EUMEL als Geisteryacht davonziehen lassen. Man suchte bis in den späten Abend mit Hubschraubern und Seenotkreuzern nach dem Vermißten, entdeckte von ihm jedoch keine Spur.

SHANTY

Von ihrem Einhandskipper allein gelassen wurde auch die SHANTY, die am 4. Oktober 1984 auf ungefähr 48° N und 010° W im Orkantief „Hortensia" ihren Mast verlor. Der Eigner Peter Pereira wurde von seinem entmasteten Boot gespült und konnte sich nicht wieder an Bord holen. Ein vorbeilaufendes Frachtschiff nahm ihn auf, ohne die SHANTY retten zu können. Die Transozeanyacht driftete zehn Tage als manövrierunfähiges Wrack in der Nähe des vielbefahrenen Schiffahrtstracks von Europa nach Afrika und Südamerika. Dort wurde sie am 13. Oktober von einem portugiesischen Marinefahrzeug auf den Haken genommen und nach Porto eingeschleppt. Glück im Unglück für den Skipper: Dank der guten Verbindungen des Vereins TransOcean konnte Peter Pereira in Argentinien entdeckt und die SHANTY in Portugal ausgelöst werden, so daß sie nach dieser Geisterfahrt wieder zu einer normalen Yacht geworden ist.

SKARABÄUS

Ein glückliches Ende fand auch die Geisterfahrt des kleinen Seekreuzers SKARABÄUS im Sommer 1985 im Seegebiet der Liparischen Inseln im Mittelmeer:
Der über Bord gefallene Einhandskipper Egon Purkl sah die Yacht mit eingestellter Selbststeueranlage und gut getrimmten Segeln davonziehen, während er fast nackt im Mittelmeer schwamm. Er trieb unendlich lange Zeit. Seine Geschichte wird auf Seite 334 ausführlich erzählt.
Hier bleibt nur nachzutragen, daß die SKARABÄUS nach einer sechstägigen Geisterfahrt unter Segeln von einem italienischen Yachtskipper vor der sizilianischen Nordküste gefunden und eingeschleppt wurde. Purkl, der alle Boots- und Personalpapiere an Bord gelassen hatte, konnte sein Schiff gegen Zahlung von 3500 DM Bergelohn wieder in Empfang nehmen.

Vindö

Die jüngste Aufgabe einer noch segel- und fahrklaren Yacht ereignete sich im September 1985 in der Ostsee, nur 15 Seemeilen nördlich der Insel Rügen, wie es auf den Seiten 172 bis 173 beschrieben ist: Eine VINDÖ 45 wurde sich selbst überlassen. Die Charterbesatzung stieg in schwerem Wetter auf einen Frachter über.

Nach dieser makabren Bootsparade will ich Sie mit Ihren Gedanken allein lassen. Denn es sieht wohl so aus, daß jährlich mehr Yachten als bisher erwartet, die aus unterschiedlichsten Gründen von ihren Besatzungen verlassen wurden, als Geisteryachten über die Meere segeln. Die nächsten sind schon unterwegs.

Wem gehört eine Geisteryacht?

Viele Frachtschiffe haben segelklare Geisteryachten, die ohne Besatzung auf dem Wege über den Atlantik waren, und havarierte Geisteryachten, die ohne Rigg über das Meer drifteten, eingefangen, an Deck genommen und in einem Hafen an Land gesetzt, wo sie den Eigentümern nach Zahlung eines Bergelohnes zurückgegeben wurden. Etwas anders verhielt sich ein deutscher Yachtskipper, als er eine ausländische Geisteryacht fand, die angeblich „der See übergeben war": Er schlachtete sie aus, versenkte sie anschließend und behielt die Gegenstände für sich selbst. Handelte er korrekt? Wird eine Geisteryacht zu herrenlosem Eigentum? Kann jedermann, der eine verlassene Yacht findet, nach Gutdünken mit ihr umgehen und sie sogar auf den Grund des Meeres schicken? Wir suchen hier Antworten auf diese wichtigen Fragen sowohl für Eigner, die ihre Yachten verlassen mußten, als auch für Yachtskipper, die solche Schiffe finden.

Wir haben gelesen, daß Richard Box, der Kapitän der PICARDY, den von ihm als Geisterschiff entdeckten Trimaran TEIGNMOUTH ELECTRON auf dem Atlantik mit dem Ladegeschirr an Deck holte und auf dem Umwege über die Karibik in England an Land setzte, und daß der holländische Frachter LOIRE LLOYD den deutschen Seekreuzer SEEBÄR ebenfalls mitten auf dem Atlantik an Deck nahm und ihn – sogar über den Umweg Neuseeland – drei Monate später in Hamburg an seinen deutschen Eigner zurückgab. (Übrigens mußte der Eigner des SEEBÄR 4000 DM für Bergung und Frachtausfall zahlen – aber dafür erhielt er das gesamte Inventar seiner Yacht, sorgfältig in Kisten verpackt, mit einer genauen Aufstellung aller geborgenen Teile, wie es sich für einen ordentlichen Frachtschiffer gehört.)

Wir haben auch gelesen, wie der polnische Frachter K. I. GALCZYNSKI den deutschen Seekreuzer TOUR DU MONDE im Atlantik aufpickte und in Kiel ablud, der sowjetische Frachter SKULPTOR ZALKANS die amerikanische MIREBEL aus dem Seegebiet der Bermudas bis nach Bremerhaven brachte und der polnische Frachter UNIVERSYTET WROCLAWSKI den englischen Seekreuzer MISTY, den er nahe der europäischen Küste aus der See geborgen hatte, aus juristischen Gründen nicht in Kanada anlanden konnte, sondern mit in einen polnischen Hafen nehmen mußte, um ihn dort den Eigentümern anzubieten.

Die Schiffahrtskapitäne, die das See- und Handelsrecht von „Ablieferung der Güter" bis zu „Wrack", also von A bis Z kennen, haben somit immer das Eigentum der Besatzung auch an den aufgegebenen Yachten anerkannt, die segelklaren oder havarierten Yachten als „Schiffe" respektiert und ihre eigene Arbeit bei der Sicherung fremden Eigentums nur als „Bergung" betrachtet, für die natürlich ein bestimmter Betrag an „Bergungskosten" zu zahlen ist und für dessen Zahlung sie ein „Pfandrecht" an dem von ihnen geborgenen fremden Schiffseigentum besitzen. Keiner dieser Schiffskapitäne aber hat so gehandelt, wie wir es von einem Yachtskipper in einem ähnlichen Fall gehört haben, von dem Charterkapitän Knut von der MIKADO: Er hat die gefundene Yacht ESCAPE ausgeschlachtet und alle diese vielen wertvollen Teile für sich selbst behalten, ohne sie − gegen den entsprechenden Bergelohn − an die ihm bekannten Eigentümer zurückzugeben. Und er hat die fremde Yacht, die angeblich zum „Schiffahrtshindernis" geworden war, anschließend versenkt. Eine solche „Amtshandlung" haben die Kapitäne der genannten anderen Schiffe, die zwar Geisteryachten sichteten, aber sie nicht an Bord nehmen konnten oder wollten, interessanterweise nicht getan − allesamt nicht, und wahrscheinlich aus gutem Grund.

Das Verhalten des deutschen Yachtskippers Knut von der MIKADO steht auch in deutlichem Gegensatz zu der Handlungsweise des britischen Yachtskippers Patrick Chilton von der ADELINA: Als Chiltons Versuch, den kleinen Seekreuzer NORD in Schlepp zu nehmen, mißlingt, verläßt er die ohne Crew dahersegelnde Geisteryacht, ohne auch nur ein einziges Teil der Ausrüstung mitzunehmen oder gar die nicht minder als „Schiffahrtshindernis" geltende NJORD zu versenken.

Handelte also Knut von der MIKADO moralisch und juristisch korrekt, oder muß sein Verhalten nicht anders bewertet werden als dasjenige der „Strandräuber", die beispielsweise die SONG an der amerikanischen Küste genauso schnell und radikal ausräumten wie die GRAVITA an der afrikanischen oder die NORTHERN LIGHT an der spanischen Atlantikküste? Müßte man also Knuts emsige Geschäftigkeit nahezu noch in Sicht der Crew, die ihre ESCAPE aufgegeben hatte, vielleicht sogar als eine Art Leichenfledderei bezeichnen?

Vor einigen Jahrzehnten, als das Segeln zwar kein exklusiver Sport, aber doch die sportliche Betätigung von Menschen war, die sich auch gesellschaftlich auf gleicher Ebene verbunden und zumindest der Kategorie der Schiffskapitäne und Schiffseigner zugehörig fühlten, hätte eine Crew vielleicht auch, wie im Falle der Mikado-Escape-Beziehung, gerettet, was gerettet werden konnte. Aber niemand hätte sich an der fremden Yachtausrüstung bereichert, und es wäre keinem Schotmann zuzumuten gewesen, seine Hand in den kommenden Jahren bei jedem Manöver des Wendens oder Halsens immer wieder an jene Schotwinde zu legen, die er in einem ähnlichen Falle auf hoher See von einer fremden Yacht abmontiert hatte. Aber Skipper Knut sieht in der mitten auf dem Atlantik verlassen treibenden Escape nur eine fette Beute. Er hat kein Mitleid mit der Familiencrew, die nicht zuletzt wegen ihrer 13 Monate alten Tochter darauf verzichtete, die lange Distanz von 2000 sm zu den Azoren nur mit Schleichfahrt unter Notrigg auf einer havarierten Yacht zurückzulegen, mit nicht ausreichend Proviant vor allem für das Kleinkind für eine nicht absehbare Zeit.

Halten wir uns bei der Wertung an den Text, der (redaktionell) unter der Überschrift „Wrack im Atlantik" im Aprilheft 1985 einer Wassersportzeitschrift abgedruckt ist. Im Vorspann heißt es: „Knut findet die herrenlose Escape. Nachdem er alle Ausrüstung geborgen hat, dreht er die Seeventile auf." Und dann lesen wir:

„Gegen 0300 Uhr (am 6. Juni 1984) ist das Wrack der Yacht durchs Fernglas zu erkennen. Ein Funkspruch mit der Nandu Arrow bestätigt, daß die Yacht der See übergeben ist und damit dem Finder gehört... So fährt er mit dem

Mitten auf dem Atlantik treibt eine von der Besatzung verlassene, entmastete Segelyacht, gesichtet und angesteuert von der Mikado.

Schlauchboot hinüber und montiert die brauchbaren Ausrüstungsteile ab. Außerdem findet Knut das Logbuch der ESCAPE. Um 0800 Uhr dreht er die Seeventile auf und verläßt das Boot. Langsam versinkt die ESCAPE im Atlantik. Über Funk wird ein Frachter gebeten, die Beseitigung des Schiffahrtshindernisses an die US Coast Guard weiterzugeben."

Um zu wissen, was ein „Wrack" ist, müssen wir uns zuerst ansehen, was man als „Schiff" bezeichnet. Nach Ritter-Abraham (im wohl ausführlichsten Werk des Seeversicherungs-Rechtes) sind es „nach dem Sprachgebrauch schwimmfähige Hohlkörper von nicht unbedeutender Größe, die fähig und bestimmt sind, auf oder unter dem Wasser fortbewegt zu werden und dabei Personen oder Sachen zu tragen". Yachten wären also so lange „Schiffe", wie sie schwimmen und sich bewegen können und wie Personen sich auf ihnen aufzuhalten vermögen. Zu einem „Wrack" wird (versicherungsrechtlich) eine Yacht erst, wenn sie „ihre Schiffseigenschaften auf Dauer verloren hat und kein Wille oder keine Möglichkeit mehr besteht, die Schiffseigenschaften zurückzugeben". Nicht einmal die „Reparaturunfähigkeit" reicht jedoch aus, um eine Yacht als „Wrack" zu bezeichnen.

Ein „durch Beschädigung unbrauchbar gewordenes, zerschelltes Schiff" ist ein Wrack in der Umgangssprache (nach dem „Deutschen Wörterbuch" von Wahrig), und es ist nach meiner Definition im „Seglerlexikon" oder nach Claviez, Westphal und Scharnow in anderen Wörterbüchern für die Schiffahrt vorrangig ein „gesunkenes, gestrandetes, zerschelltes oder sonstwie durch Schiffbruch untauglich gewordenes Schiff".

Die ESCAPE war also kein „Wrack" im Sinne dieser Definitionen. Denn sie schwamm noch (wie durch Fotos nachweisbar) auf ihrer normalen Schwimmwasserlinie, und sie ließ sich bekanntlich unter Motor noch einwandfrei an die Bordwand des Frachters heranmanövrieren. Sie hatte zwar ihr serienmäßiges Rigg eingebüßt − aber viele Yachten sind auch ohne Rigg oder mit Notrigg fahrklar. Und die ESCAPE hatte gegebenenfalls auch einen Außenborder zum Manövrieren.

Auf einen einfachen Nenner gebracht: Wenn eine Yacht schwimmt, ist sie kein Wrack. Und: Alles, was ordnungsgemäß auf seiner Schwimmwasserlinie schwimmt, ist kein Schiffahrtshindernis. Würden wir es anders sehen, müßten wir jede Yacht, die wir in einer Regatta nach einem Mastbruch einschleppen, als Wrack bezeichnen. Und auch jede gekenterte Jolle, die nicht mit eigener Kraft wiederaufgerichtet werden kann, würde als „Wrack" gelten müssen.

Selbst gekenterte Katamarane und Trimarane kann man nicht in jedem Falle als „Wrack" bezeichnen, weil sie nach Bergung und Reparatur wieder segel- und seefähig werden können. Aber solange sie über Kopf liegen und wenig aus dem Wasser ragen, sind sie natürlich als Schiffahrtshindernis zu betrachten und nach Möglichkeit zu bezeichnen, zu melden oder zu sichern. Ein gekenterter Frachter hingegen, der nur noch wenig aus dem Wasser ragt, wird mit mehr Berechtigung als „Wrack" gelten, weil sich in seinem Schiffsbauch irreparable Veränderungen ereignet haben und er sich nicht einfach wiederaufrichten läßt.

Mit dem Begriff „Wrack" assoziierte sich früher der Begriff „Wracktonne" und damit ganz zwangsläufig eine Grundberührung oder ein Gesunkensein. Heute sagen wir statt dessen „Hindernis", aber meinen damit nichts anderes, nämlich ein die Schiffahrt behinderndes Objekt, soweit es sich nicht um eine natürliche Untiefe handelt.

Wissen wir nicht alle, daß eine Yacht, die wir unbemannt auf See finden, nicht uns gehört und daß allenfalls nur ein Bergelohn zu erwarten ist, wenn wir sie abschleppen oder Teile von ihr bergen, wie zum Beispiel ein gekapptes Rigg? Und daß dieser Bergelohn zumeist erst später von einem ordentlichen Schiedsgericht oder einem Gericht ausgehandelt werden wird? Ist uns nicht außerdem klar, daß dieser Bergelohn natürlich wesentlich größer sein wird, wenn die Yacht bereits verlassen war? Diese Kenntnisse gehören wohl zur Allgemeinbildung eines Yachteigners und eines verantwortlichen Yachtskippers, wie sie zum Berufswissen eines Schiffskapitäns gehören.

Um es noch einmal ganz klar zu wiederholen: Durch eine Hilfeleistung oder Bergung wird niemals ein Eigentum an dem geretteten „Schiff" oder an Teilen seiner geretteten Ausrüstung erworben. Die Berger haben lediglich ein Pfandrecht an den geborgenen Sachen bis zur Höhe des von ihnen geforderten Lohnes.

Nach unserer Rechtsprechung geht bekanntlich auch das Eigentum an gestrandeten Yachten oder am Strand angetriebenen Ausrüstungsteilen nicht in das Eigentum desjenigen über, der sie findet. Hier übt zwischenzeitlich der Strandvogt den Besitz über die Yacht und ihre Ausrüstung aus. Er wird sie dem Eigentümer aber erst zurückgeben, wenn er die Kosten für die Beseitigung der Yacht vom Strand von diesem zurückerhalten hat.

Und hier setzt vielleicht die rechtliche Verwirrung von MIKADO-Skipper Knut ein. Auch hier besteht keine Haftung des Yachteigners über den Wert einer zum „Wrack" gewordenen Yacht hinaus. Die Versicherungen empfehlen dem Eigner nur, im Falle eines solchen Totalverlustes am Strand und möglicher hoher Bergekosten des „Wracks" über dessen Wert hinaus sein Eigentum an seiner Yacht durch eine schriftliche Erklärung an das Strandamt aufzugeben. Deckt der Wert der Yacht die Kosten der Beseitigung des Wracks nicht, müßte dann die Strandgemeinde oder der Staat für die Kosten aufkommen. Aber diese Möglichkeit bzw. Notwendigkeit der (schriftlichen) Eigentumsaufgabe gilt für ein „Wrack" am Strand, nicht für ein „Schiff" auf See.

Zur Übertragung des Eigentums an einer im Seeschiffsregister eingetragenen Yacht bedarf es außerdem besonderer Formalitäten, die im „Gesetz über Rechte an eingetragenen Schiffen und Schiffsbauwerken" (SchiffsRG) verzeichnet sind. Die Eigentumsübertragung an einem Schiff bzw. einer Yacht ist auch durch BGB (§ 929 und 929 a) geregelt. Ganz so simpel, wie es Knut berichtet, kann der Eigner einer aufgegebenen Yacht sein Eigentum also nicht verlieren, und ganz so simpel kann man eben in einem Notfall auf See auch (in einem Telefongespräch mit dritten) kein Eigentum erwerben.

Wie hätte Skipper Knut von der MIKADO korrekt gehandelt? Er hätte natürlich an Bord der ESCAPE gehen und die Yacht, wie er es tat, konsequent ausschlachten können. Aber er hätte dann, weil er dieses Werk der „Bergung" in internationalen Gewässern ausführte, im nächsten Hafen die geborgenen Gegenstände anlanden und dem dortigen Strandamt übergeben müssen. Dies wäre zum Beispiel in Flores auf den Azoren möglich gewesen, wo man dann in einem „Aufgebotsverfahren" sowohl durch Aushang als auch durch Weitergabe der entsprechenden Mitteilung an den Heimathafen bzw. das Registergericht des Eigners diese Bergung mitgeteilt hätte.

Knut kannte Namen und Heimathafen der Yacht, die er ausschlachtete. Er übernahm auch das Logbuch (und vielleicht noch andere Schiffspapiere), so daß er wohl auch die Anschrift des Eigners kannte. Es wäre somit über das

Skipper Knut von der MIKADO schlachtet die treibende Yacht für sich aus. Selbstverständliches Seerecht oder Leichenfledderei?

portugiesische Strandamt möglich gewesen, den Eigentümern die geborgenen Sachen zurückzugeben und sich selbst dabei einen Bergelohn von etwa 30 % zu sichern. Bei einem Wert von 10000 DM für die Ausrüstung hätte Knut mit 3000 DM noch eine gute Aufwandsentschädigung gehabt. Knut hätte die Sachen auch mit nach Deutschland nehmen können. Dann wäre ein deutsches Strandamt – ähnlich wie das von Bremerhaven im Bergungsfall der amerikanischen MIREBEL – für ihn tätig geworden. Ob nun durch Einlösen durch die Eigner oder durch Versteigerung, sein Geld hätte Knut in jedem Falle erhalten, und bis zur Bezahlung hätte ihm das geborgene fremde Eigentum als Pfand gedient.

Wenn Knut von einem dritten die „Bestätigung" erhält, daß die fremde Yacht „der See übergeben ist und damit dem Finder gehört", so darf er (da er ja Ohrenzeuge der Notfallereignisse geworden ist und im Zweifelsfalle weiß, unter welcher Schockwirkung der Eigner der ESCAPE, wenn überhaupt, eine solche Entscheidung getroffen hatte und inwieweit er sich der juristischen Tragweite einer solchen Antwort auf eine kurze Kapitänsfrage bewußt war) doch die ESCAPE nicht als „herrenlose Sache" betrachten. Jeder „Finder" bringt auch an Land eine verlorene Geldbörse oder einen anderen verlorenen Gegenstand auf das „Fundbüro", oder er setzt sich direkt mit dem Verlierer in Verbindung, wenn seine Adresse am gefundenen Gegenstand ersichtlich ist, und gibt sie für einen „Finderlohn" zurück. Auf See steht dafür sinngemäß der „Bergelohn".

Juristen werden darüber streiten können, ob eine „der See übergebene Yacht" eine „herrenlose Sache" ist, die Knut von der MIKADO sich hätte aneignen können. Erst wenn man diese Frage wider Erwarten bejahen würde, hätte er sich auch wie ein Eigentümer benehmen und die Yacht versenken können. Eigentum muß man nicht nur „kaufen". Knut hat es hier vielleicht durch einfache Inbesitznahme erwerben können.

Aber warum haben dann die zahlreichen, vorher und noch an anderen Stellen bewußt mit Namen genannten Schiffskapitäne ihre aufgefischten „Geisteryachten" nicht als „herrenlose Sache" angesehen und sie nach Gutdünken verkauft, versenkt oder zerstört?

Solange sich noch persönliches Eigentum auf einer Yacht befindet, aus der man Namen und Adresse des Eigentümers ermitteln kann, und solange die Yacht selbst ihren Namen und ihren Heimathafen am Heck trägt, kann sie niemand als „herrenlose Sache" betrachten und sie sich aneignen, auch wenn die Besatzung nicht an Bord ist oder vielleicht zusätzlich die Takelage fehlt oder der Motor unklar ist.

Dann würde zwangsläufig beispielsweise auch die SKARABÄUS nicht mehr ihrem deutschen Eigner Egon Purkl, sondern dem italienischen Geschäftsmann Benedetto C. gehört haben, der sie fand und einschleppte, und er hätte sich nicht mit 3500 DM Bergelohn zufriedengeben müssen. Auch eine „vermutete Aufgabe der Yacht" hätte die Besatzung des schwedischen Trawlers MAINLAND nicht berechtigt, die gesichtete und eingeschleppte VALE in der nächstbesten Marina meistbietend zu versilbern.

Und was Seeleute und Fischer wissen, daß es nämlich auch auf See kein „herrenloses Eigentum" gibt, aber daß jedermann beim Auffischen von Yachten oder Bojen, Übungstorpedos oder meteorologischen Ballons einen Anspruch auf „Bergelohn" hat, sollte auch unter Yachtseglern für Yachten gelten.

Ich habe den Satz, den die Crew des irischen Admiral's Cuppers APPLE OF THE SUN während des Fastnet-Orkans im August 1979 beim Verlassen ihrer havarierten, aber noch schwimmenden Yacht auf einem Zettel auf dem Kartentisch zurückließ, ursprünglich nur als schwarzen Humor bewertet. Sie vermerkte nämlich dort in großer Schrift: „Wir sind nur zum Mittagessen und kommen in fünf Minuten zurück!" Aber juristisch haben sie mit diesem Vermerk zum Ausdruck gebracht, daß sie ihr Eigentum nicht aufgegeben haben und die APPLE OF THE SUN mit allem Drum und Dran nicht aufgeben wollen. Sollte unter uns Seglern ein solcher ausdrücklicher Eigentumsvermerk aus see- und versicherungsrechtlichen Gründen künftig zu empfehlen sein? Nach dem ESCAPE-Fall vielleicht so:

„Wegen lebensgefährlicher Verletzung eines Besatzungsmitgliedes waren wir leider gezwungen, unsere Yacht zu verlassen. Wir haben jedoch unser Eigentum nicht aufgegeben. Bitte melden Sie die Bergung bei Nikodemus Meyerbeer, 3141 Küritz an der Knatter, Am Dorfteich 5, oder bei unserer Versicherungsgesellschaft Pantaenius, Hamburg, Chilehaus."

Wie man das Eigentum an einer aufgegebenen Yacht nach internationalem Seerecht an einen anderen überträgt, zeigt das Beispiel des mit Mastbruch vor Kap Hoorn am 17. Dezember 1982 aufgegebenen 16,77-m-Alu-Trimarans CRUSADER: An Bord des Rettungsschiffes MAIPO unterzeichneten der Trimaran-Eigner Michael Kane und der Kriegsschiffskommandant Jorge Arancibia eine Vereinbarung, nach der Eigner Kane die schwer beschädigte und von ihm aufgegebene Yacht der chilenischen Marine als „Bezahlung für die Rettungsaufwendungen" übereignete. Ob diese sich später um eine Bergung des aufwendig ausgerüsteten Rumpfes bemühte oder ob Fischer ihn irgendwo als Strandgut bargen, ist nicht bekannt.

Und zum Schluß: Auch die Beseitigung der ESCAPE als Schiffahrtshindernis überstieg die Kompetenz von MIKADO-Knut: In den Hoheitsgewässern sind die entsprechenden Schiffahrtsbehörden der Länder für solche Maßnahmen zuständig. Internationale schiffahrtspolizeiliche Maßnahmen dieser Art gibt es nicht. Deutsche Yachtsegler sollten sich nicht das Recht einer (nicht vorhandenen) internationalen Schiffahrtspolizei anmaßen − und insbesondere in diesem Falle nicht, wo die ESCAPE noch immer ein zigtausend Mark wertvolles „Schiff" und weder als „Wrack" noch als „herrenlos" anzusehen gewesen war. Vielleicht hätte ein anderer Frachter den schwimmenden Rumpf später geborgen.

Wir Yachtsegler schätzen uns nach wie vor glücklich, daß uns die internationalen Seenotdienste in einem Notfall kostenlos helfen und auch die Schiffsbesatzungen aller Flaggen der Welt selbstlose und kostenlose Hilfe gewähren, wenn Yachtsegler in Not sind. Die Frage nach Berge- und Hilfeleistungslohn wird nicht immer und wenn, dann erst in zweiter Linie gestellt. Und für uns Yachtsegler untereinander gilt doch wohl nach wie vor die Regel, uns gegenseitig nach dem alten Fischerwort zu helfen: „Man trifft sich zweimal im Leben." In schwierigen Fällen werden wir uns die Unkosten einer Hilfeleistung erstatten lassen. Nur selten werden wir auf Bergelohn bestehen. Aber niemals sollten wir uns persönlich an Besatzungen bereichern, die aus Not oder nur aus Unerfahrenheit oder vielleicht nur aus Angst ihre Yachten aufgeben mußten.

Möge das nach meiner Meinung schlechte Beispiel des MIKADO-Skippers Knut keine Nachahmer finden.

Im Bermuda-Dreieck waren es die grünen Männchen

Ist das Bermuda-Dreieck ein gefährliches Seegebiet für Segler, wie es uns geschäftstüchtige Autoren in der Schilderung mysteriöser Unfälle weismachen wollen? Muß man als deutscher Transozeansegler mit „grünen Männchen" rechnen, die aus „fliegenden Untertassen" auf die Decks unserer Yachten herabschweben? Und haben diese „Außerirdischen" einen Spaß daran, Yachten zu versenken oder nur die Segler zu töten, die Yachten aber als Geisterschiffe weitersegeln zu lassen? Nehmen wir die Yachtunfälle, die hier vorgekommen sind, einmal genauer unter die Lupe und prüfen, ob es nicht auch andere, nicht weniger tragische, aber menschlich einleuchtendere Ursachen für das Verschwinden von Yachten und Seglern gibt.

Vor einigen Jahren erschienen mehrere Bücher, die sich mit mysteriösen Schiffs- und Flugzeugunfällen in jenem „Teufelsdreieck" beschäftigten, das von den geographischen Eckpunkten Bermuda-Inseln im Norden, der Insel Puerto Rico am Rande der Kleinen Antillen im Osten und der Südostküste von Florida bei Miami im Westen gebildet wird (kleines Dreieck in der Abbildung auf Seite 205). Einige Autoren legten auch den Nordostpunkt dieses teuflischen Seegebietes, in dem man seines Lebens nicht sicher sein kann, bis nahe an die Azoren und ließen dann die Grundlinie des Dreiecks von Barbados im Osten bis zur Westspitze von Kuba verlaufen, so daß nicht nur ein großer Teil des Nordatlantiks, sondern das gesamte karibische Inselgebiet zu diesem Gefahrenbereich gehört (gestrichelte Linie in der Abbildung).

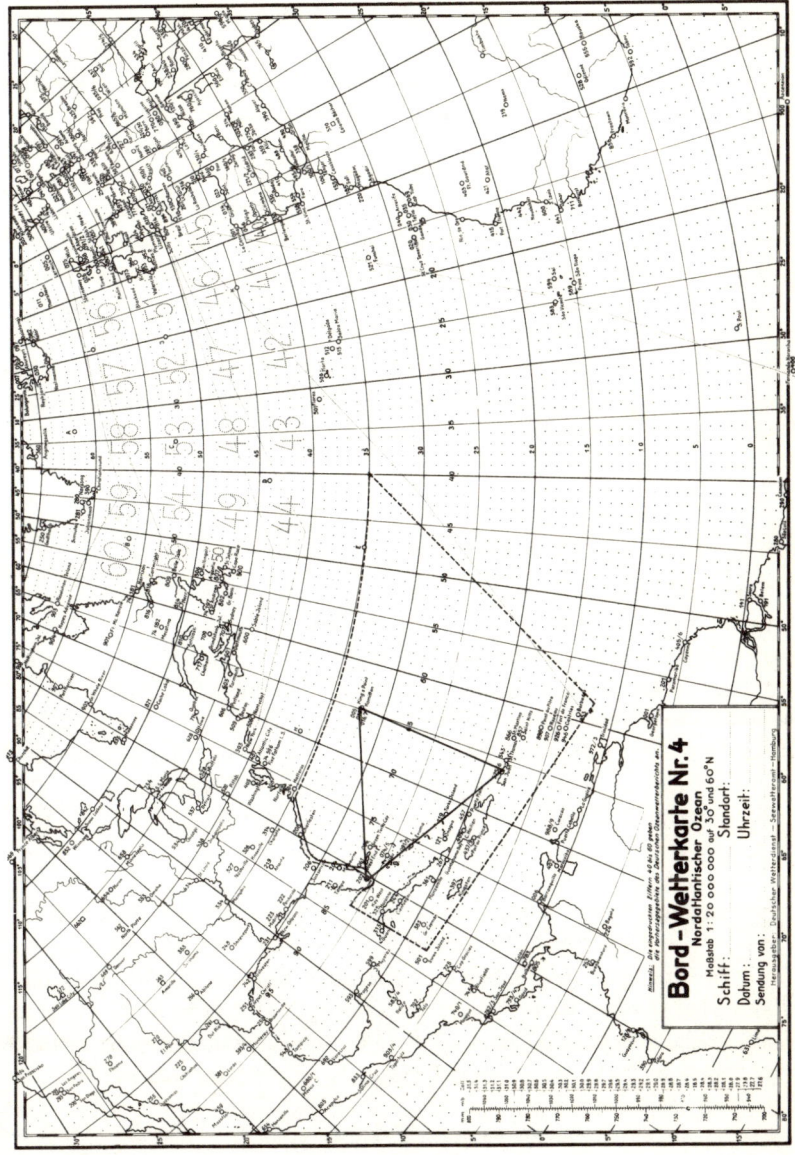

Das „kleine" und das „große" Bermuda-Dreieck.

Auch ich bin − wie viele andere deutsche Yachtsegler jährlich − durch dieses Gebiet gesegelt, ohne mich habe fürchten zu wollen oder zu müssen. Aber gerade darum interessierte es mich, die in den zahlreichen, inzwischen weltweit in Dutzenden von Auflagen verkaufter Bücher geschilderten, von der Verschollenheit her unstreitigen Verluste doch einmal etwas ausführlicher zu prüfen. Dabei wollte ich auch überlegen, ob das Verschwinden von Yachten in diesem übel beleumdeten Bermuda-Dreieck nicht prinzipiell die gleichen Gründe hat wie in anderen Revieren der Welt − jene Gründe, für die auch andernorts zum Beispiel das Überbordpinkeln von Einhandseglern, Kollisionen mit Treibgut, Überlaufenwerden durch Schiffe bei Nacht oder der Weg in die Rettungsinsel im Sturm, wenn sich die überlebende Yacht als stärker erwies, als die tragischen, aber simplen Ursachen ermittelt wurden. Wir betrachten die Yachtunfälle im Bermuda-Dreieck am besten neutral in ihrer chronologischen Reihenfolge und sehen uns nach den gleichen Gesichtspunkten nautischer Tatsachenberichte andernorts die möglichen Ereignisse an, die zur Verschollenheit jener Yachten führten, für deren ominöses Verschwinden die Autoren des Teufelsdreiecks außerirdische Wesen und andere geheimnisvolle Kräfte verantwortlich machten.

Die Connemara IV trieb ohne Besatzung

Im September 1955 fand man die Yacht Connemara IV aus London treibend und ohne Besatzung etwa 400 sm südwestlich der Bermudas. Sie war zwar arg mitgenommen und an einigen Stellen stark beschädigt, aber sie schwamm noch. Als man anhand der an Bord gefundenen Unterlagen ihren in den letzten Wochen zurückgelegten Weg nachkoppelte, stellte man fest, daß sie auf ihrem Kurs von New York nach Süden zuerst in die Bahn des Hurrikans „Connie" und eine Woche später in die Zugbahn des Hurrikans „Diane" geraten war. (Beide Wirbelstürme forderten auf ihrem nahezu gleichen Weg über Land und Meer mit über 100 km/h Windgeschwindigkeit fast 100 Menschenleben.)

Aber damit noch nicht genug: Zwei Wochen später mußte auch der Hurrikan „Ione" noch über die Yacht hinweggegangen sein. Irgendwann wird die Crew in Panik von ihrer scheinbar sinkenden Yacht auf ihr Rettungsfloß übergestiegen sein. Aber während die Connemara IV, wenn auch havariert, überlebte, überstand die Crew auf ihrem Rettungsfloß das Inferno von Wind und Wasser nicht. Denn sie hat sich nirgends wieder gemeldet.

Die überfällige Revonoc gehörte einem renommierten Hochseesegler

Viel Aufsehen erregte das spurlose Verschwinden der 13-m-Kielschwert-Yawl Revonoc (der rückwärts gelesene Name ihres Eigners Harvey Conover, ehemals Kommodore des renommierten Cruising Clubs of America). Die Revonoc war eine neue, seetüchtige Hochseeyawl, ähnlich wie die damals bekanntesten Rennyachten Finisterre, Carina oder Figaro nach der CCA-Formel gebaut und modern ausgerüstet. Nicht weniger erfahren war die Crew aus Vater Harvey Conover mit Frau, Sohn Lawrence mit Frau und einem anderen Blauwassersegler, die am 1. Januar 1958 von Key West an der Floridaküste nach Miami segeln wollten.

Die Yawl Revonoc war ein 13 m langer und 3,60 m breiter, in Langfahrten wie Regatten gleichsam bewährter Seekreuzer, der 95 m² Segel trug und von einem der erfahrensten Hochseesegler an der amerikanischen Ostküste geführt wurde.

207

Die gesamte Crew hatte eine lebenslange Blauwassererfahrung auf dem Buckel, und sie müßte eigentlich mit dem 70-kn-Norder, der nahezu ohne Vorwarnung den leichten Südostwind in der Straße von Florida ablöste, fertig geworden sein. Aber jeder, der die Floridastraße einmal bei einem Nordwind dieser Stärke, der gegen einen Strom von 2 bis 4 kn steht, übersegelt hat, kennt die hohen, tiefen, kurzen, brechenden Seen, die aus allen Richtungen zu kommen scheinen und mit denen auch eine beiliegende Yacht schwer fertig wird, im Gegensatz zur freien See, wo Wind und See aus gleicher Richtung kommen und kein Strom setzt.

Harvey Conover hatte bereits 1956, im ersten Segeljahr mit REVONOC, gerade diese Erfahrungen des Segelns im Golfstrom bei stürmischem Nordwestwind gegen Nordstrom gemacht, und er hatte auch in der amerikanischen Seglerzeitschrift „Yachting" alle Maßnahmen beschrieben, die er erfolgreich zum Abwettern und Überleben einleitete. In diesem Beitrag, der

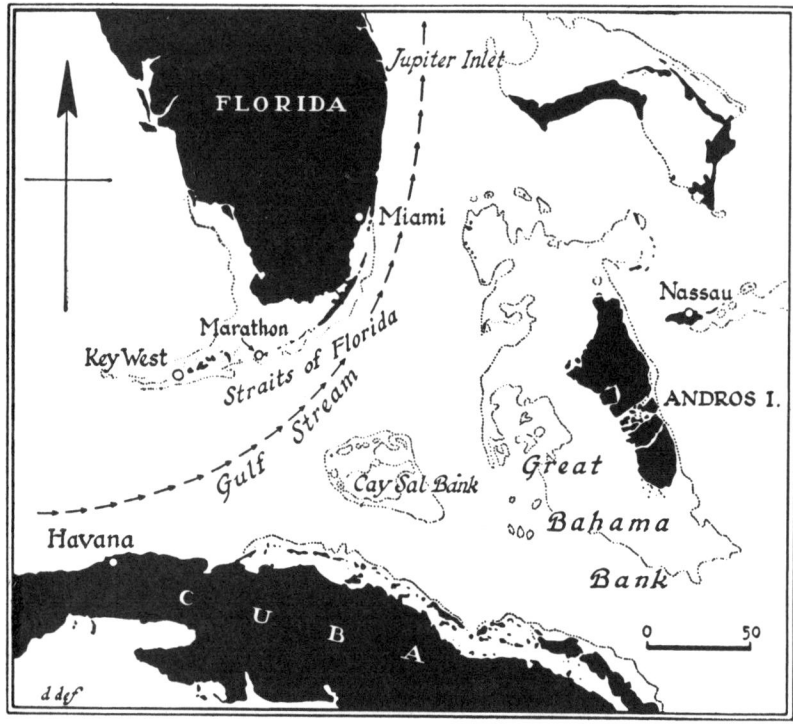

Die Floridastraße, durch die der Golfstrom fließt und gleichzeitig zahlreiche Schifffahrtswege führen. Am Jupiter Inlet an der Küste Floridas wurde das Beiboot der REVONOC angetrieben. Die Yacht selbst verschwand in der Floridastraße spurlos.

auch im britischen „Yachting World Annual 1957" nachgedruckt wurde, befinden sich die bemerkenswerten Sätze:

„Die Wellen erreichten in der Nacht tatsächlich Bergeshöhe, doch fühlte ich, daß wir unter kleinen Sturmsegeln noch sehr viel mehr Wind würden aushalten können, falls wir einmal in noch schlechteres Wetter gerieten. Das Seeverhalten der REVONOC gab mir das größte überhaupt vorstellbare Maß an Vertrauen, und ich bin sicher, daß sie gut bemannt, richtig geführt und mit ausreichendem Seeraum auch den schwersten Orkan sicher überstehen würde."

Die REVONOC war gut bemannt und gut geführt, und sie hatte genügend Seeraum, als sie in den ersten Januartagen 1958 nordwärts segelte.

Als die bekannte Crew, die viele prominente Freunde hatte, auch am 6. Januar 1958 weder irgendwo angelaufen war noch ein Lebenszeichen gegeben hatte, begann eine große Suchaktion auf einem weitflächigen Gebiet. Ein solches Rettungsunternehmen ist jedoch, wie der Chefredakteur William H. Taylor von der „Yachting" feststellt (Larry Conover war einer seiner Mitarbeiter), „als wenn man eine Nadel in einem Heuhaufen sucht. So schwer sind Yachten in der weiten See auszumachen, wenn sie havariert sind." Tatsächlich brachte auch die ganze Suchaktion nichts ein. Die REVONOC blieb verschollen.

Die amerikanischen Yachtsegler haben viele Meinungen über die vermeintliche Unfallursache diskutiert, für die schließlich nur das am Jupiter Inlet, gut 50 sm nördlich des Bestimmungshafens Miami gefundene und fast unzerstörte Beiboot der REVONOC den einzigen konkreten Anhalt bot.

Die meist vertretene Meinung: Mit der See hätte die stabile REVONOC mit ihrer bewährten Crew genauso fertig werden müssen, wie sie vorher ähnlich schweres Wetter auch anderswo überstanden hatte. Wahrscheinlich ist die Yawl von einem Frachter überlaufen worden, als sie bei Nacht in Küstennähe gegen die schwere See kämpfte und vielleicht im Dunkeln trotz ihrer Lichter, hart überliegend, nicht erkennbar war.

Und zur weiteren Rechtfertigung dieser These führte man an: Alle Schiffe, die sich mit Südkurs in der Floridastraße gegen den Golfstrom kämpfen, halten sich so weit wie möglich an der amerikanischen Küste, wo sie wenn nicht mit einem Neerstrom (Gegenstrom), so doch mit geringerer Stromgeschwindigkeit rechnen können.

Schiffe ohne Radar verzichten dennoch auf die früher übliche Bugwache in unsichtigem Wetter, und selbst auf dem Radarschirm würde eine hölzerne Yacht wie die REVONOC erst spät oder − in die See eingebettet − vielleicht überhaupt nicht erfaßt werden. Außerdem mangelt es den Nautikern vieler „Billigflaggen", die hier verkehren, an Kenntnissen und Fertigkeiten der Radarbeobachtung, und schließlich kann ein vollbeladener Tanker eine beigedrehte Yacht nicht nur mit dem Bug überlaufen, sondern sie unglücklicherweise auch (mitsamt ihrer Crew) so in den Propellerstrom ziehen, daß sie hier in tausend nicht mehr identifizierbare Stücke zermalmt wird.

„So bedauerlich der REVONOC-Unfall und ihrer Crew an sich schon ist", stellt William Taylor fest, „ist auch das Ergebnis dieses Nachdenkens. Wir können nichts aus diesem Unfall lernen, was für die künftige Sicherheit von Seglern und Booten nützlich wäre."

Die verschollene EL GATO steuerte ein Einhandsegler

Man sagte dem Yachtmakler Jan Bragg aus Fort Lauderdale (USA) nach, daß er ein hervorragender Yachtskipper war, und er hatte auch nachweislich mit seiner Ketsch FIDDLER'S GREEN erfolgreich Transozeanreisen gesegelt. So war es nichts Ungewöhnliches, als er am 16. Oktober 1965 Florida verließ, um in kurzen Etappen die gut ausgerüstete 45-Fuß-Motoryacht EL GATO von etwa 13,70 m Länge über die Bahamas nach Puerto Rico zu überführen. Die EL GATO lief mit ihrer Einmann-Crew auch mehrere Inseln der Bahamas an. Auf der Etappe von ihrem Exuma-Ankerplatz zur Insel Great Inagua, die sie am 28. Oktober begann, bieb sie jedoch verschollen. Trotz einer ausgedehnten und langanhaltenden Suche der Küstenwacht im Seegebiet südlich der Bahamas fand man weder die Yacht noch Teile von ihr. Während der Überfahrt hatte zwar starker Wind mit 5 bis 6 m hohen Wellen geherrscht, doch halte ich es für wahrscheinlicher, daß auch die einhand geführte EL GATO ein Opfer des Schiffsverkehrs wurde, der auf dem Wege von Nordamerika und Europa zum Panamakanal trichterförmig durch die Mona-Passage zwischen Kuba und Hispaniola führt, genau über den Weg des (vielleicht gerade schlafenden) Jan Bragg. Ich selbst war über diesen unerwarteten Schiffsverkehr erstaunt, als ich 1978/79 mit unserem CORMORAN das gleiche Gebiet befuhr.

Bei der „Schleppnetzfahndung" nach Donald Crowhurst fand man nicht den verschollenen Einhandsegler, aber dafür vier andere Yachten

Zugegeben, Schiffsbesatzungen halten verstärkt Ausguck, wenn eine Suchmeldung an alle Fahrzeuge innerhalb eines bestimmten Seegebietes abgegeben wird. Aber die Besatzungen bemühen sich mit ihrem Ausguck dann auch wohl nicht anders als wir Bürger an Land, wenn uns das Fernsehen ein Fahndungsfoto zeigt. Dem verschollenen Einhandsegler jedoch, der nach einem scheinbar mehrmonatigen Rennen um die Welt, immer allein auf seinem zerbrechlichen Trimaran, so plötzlich und dann noch als der vermeintliche Sieger (dem wenigstens 100 000 DM als Belohnung winkten) offenbar tragisch über Bord gefallen war und vielleicht noch irgendwo in seiner

Schwimmweste hing, galt natürlich das besondere Augenmerk aller Brük-
kenwachen und vielleicht sogar noch einiger Freiwächter an Deck. So ver-
wundert es nicht, daß in Wochenfrist in einer recht kleinen Fläche des Teufelsdreiecks zwischen Bermuda und den Azoren zwar nicht der vermißte
Einhandsegler, dafür aber gleich vier andere Yachten entdeckt wurden:
Zwei von ihnen segelten noch, aber ohne Besatzung. Zwei (offenbar) Mehrrumpfboote trieben über Kopf, ebenfalls ohne ein Lebenszeichen.
Das sind die tragischen Tatsachen:
Als der britische Einhandsegler Donald Crowhurst auf der letzten Strecke
seiner behaupteten Einhand-Weltumseglung mit dem Trimaran TEIGNMOUTH

*Der Einhandsegler Donald Crowhurst auf seinem Trimaran TEIGNMOUTH ELECTRON,
der im Sommer 1969 zur Geisteryacht wurde.*

ELECTRON im angegebenen Seegebiet der Azoren nicht das für den 1. Juli 1969 zugesagte Seefunkgespräch führte und sich auch an den folgenden Tagen nicht meldete, leiteten die britischen Behörden eine große Suchaktion im gesamten Seegebiet des mittleren Atlantiks ein.

Der britische Frachter PICARDY fand am Morgen des 10. Juli 1969 den Trimaran etwa 700 sm südwestlich der Azoren unter vollen Segeln mit seiner gesamten Ausrüstung einschließlich zweier Rettungsflöße, aber ohne den Einhandskipper. Da die letzte Logbucheintragung vom 24. Juni stammte und an Bord keine Anzeichen eines Notfalls zu erkennen waren, muß Donald Crowhurst in der Zwischenzeit über Bord gefallen sein.

Bei der gleichen Suchaktion entdeckte am 1. Juli 1969 das britische Motorschiff MAPLE BANK den weißen Rumpf einer etwa 18 m langen Doppelrumpfyacht, die kieloben 300 sm nordöstlich der Bermudas trieb. Überlebende der Kenterung wurden nicht gefunden.

Am 6. Juli 1969 sichtete das schwedische Frachtschiff GOLAR FROST, das unter liberianischer Flagge fuhr und auf dem Wege nach Italien war, den unter schwedischer Flagge segelnden slupgetakelten kleinen Seekreuzer VAGABOND, der offenbar führerlos mit Vollzeug über den Atlantik segelte. Der Kapitän des Frachters unterbrach seine Reise und sandte ein Prisenkommando an Bord, das folgende Feststellungen treffen mußte:

Die Slup gehörte dem Einhandsegler Peter Wallin, der seine letzte Logbucheintragung am 2. Juli 1969 gemacht hatte und wenig später offenbar verschwand. Das Boot war gut ausgerüstet, segelklar und in einwandfreiem Zustand. Wahrscheinlich ist der Einhandsegler, der den Atlantik übrigens nicht zum erstenmal allein überquerte, über Bord gefallen und ertrunken.

Am 4. Juli 1969 sichtete der britische Dampfer COTOPAXI einen 10,60 m langen Seekreuzer unter vollen Segeln, der im gleichen Seegebiet westlich der Azoren unter seiner Selbststeueranlage einen Ostkurs steuerte. Eine Crew wird nicht gesehen. Der Frachter läßt das Geisterschiff weitersegeln.

Am 8. Juli 1969 sichtet der britische Tanker HELISOMA eine etwa 11 m lange über Kopf gegangene Segelyacht (wahrscheinlich einen Mehrrümpfer) im Seegebiet zwischen den Azoren und der portugiesischen Küste. Der Tankerkapitän meldet den mit vielen Miesmuscheln besetzten Rumpf als „Hindernis der Schiffahrt" an die Küstenfunkstellen.

Man kann sich vielschichtige Gedanken über diese fünf Sichtungen während nur einer Woche machen, beispielsweise diese:

● Wenn die Wachen der Frachtschiffe, die auf den Weltmeeren verkehren, etwas mehr und sorgfältiger Ausguck halten, werden sie mehr Yachten besser erkennen und sich natürlich von ihnen freihalten können, als es in der allgemeinen Alltagsroutine auf See geschieht.

Oder diese:

● Es treiben sehr viel mehr Wracks von gekenterten Mehrrumpfbooten oder Teile gesunkener Yachten als gefährliche Hindernisse für andere Yachtsegler auf den Weltmeeren, als manche fröhliche Yachtbesatzung es gern hören mag.

Oder diese:

● Einhandsegeln ist ein gefährlicher Sport. Ein Einhandsegler ist immer in Gefahr, von einem Schiff überlaufen zu werden, wenn er im Schlaf sein Boot mit eingestellter Selbststeueranlage seine Kurse ziehen läßt. Er ist bei einem Sturz über Bord auch fast immer zum Tode auf der menschenfernen See verurteilt.

Auch die SOUTHERN CROSS segelte ohne ihren Einhandsegler allein weiter

Der 2. November 1969 war ein kalter und windiger Sonntag, als man den Seekreuzer SOUTHERN CROSS mit vollen Segeln ungefähr 10 sm nordöstlich vom Cape May an der amerikanischen Küste von New Jersey gestrandet entdeckte. Der Eigner und Skipper George Sosman (53), der einige Tage zuvor aus einem Hafen an der Connecticutküste ausgelaufen war, um seinen Sohn in Annapolis zu besuchen, war nicht an Bord. Eine sofort eingeleitete Suche der Coast Guard im gesamten Küstengebiet bis zum 4. November blieb ohne Erfolg. Wahrscheinlich ist der Einhandsegler auf See über Bord gefallen.

Von der IXTAPA fand man wenigstens das Kajütdach

Am 25. Dezember 1971 war der Eigner und Skipper John Danton mit seinem 16-m-Motorsegler IXTAPA aus einer der Südeinfahrten des Intracoastal Waterways von Florida ausgelaufen, um außen herum nach Key West zu segeln. Als Danton mit drei Freunden trotz des ruhigen Wetters auch am 28. Dezember sein Ziel noch nicht erreicht hatte, löste die Coast Guard eine Suchaktion aus. Wenig später fand ein Fahrzeug Teile des Kajütaufbaus der IXTAPA schwimmend in der See, aber keine weiteren Wrackstücke in der Nähe. Offenbar ist der seetüchtige Motorsegler in der von der Schiffahrt vielbefahrenen Florida-Straße von einem Frachtschiff überlaufen und mitsamt seiner vierköpfigen Crew versenkt worden. Anzeichen von Feuer oder einer Explosion konnten an dem geborgenen Wrackteil nicht festgestellt werden.

Talmadge Riggens sah den Scheinwerfer und überlebte

Nur mit Glück (und vielleicht durch einen guten Radar-Beobachter auf dem Schiff) überlebten Talmadge Riggens und seine Crew in einem kaum 6 m langen Boot am 25. Februar 1972 die Kollision mit einem Tanker, nachdem ihr Motor vor Floridas Keys stehengeblieben war und sie bei Nacht vom Wind in die Schiffahrtstracks des Golfstroms hinausgetrieben worden waren.

„Wir wurden fast von einem Tanker überlaufen, dessen Brückenwache uns mit dem Scheinwerfer anleuchtete", berichtet Riggens. „Auch achtete der Tanker nicht auf unser Rufen und das Schwenken der Arme als Zeichen eines Notfalls. Offenbar wertete er es als Schimpfen oder Grüßen. Jedenfalls schaukelte er uns durch sein Kielwasser und verschwand." Die Angeleuchteten hatten tatsächlich Glück. Denn ohne den Weg zum Scheinwerfer hätte der Wachhabende auf der Brücke sie glatt überlaufen können, und Riggens mit Boot und Crew wären ohne eine Spur auf See verschwunden wie alle anderen verschollenen Yachten mit ihren Besatzungen.

Die SABA BANK wurde ein Opfer der Floridastraße

Am 10. März 1974 lief der große Seekreuzer SABA BANK unter seinem Skipper Cy Centner (32) mit drei Mitseglern zu einer Erprobungsfahrt aus dem Hafen Nassau, Bahamas, aus, an deren Ende Miami angelaufen werden sollte. Als voraussichtliche Dauer hatte der Skipper drei Wochen angegeben. Nach drei Wochen kam die Yacht jedoch nicht an. Als die SABA BANK auch am 8. April weder an ihrem Bestimmungsort eintraf noch anderswo gesichtet wurde, leitete die Coast Guard eine „Nachrichten-Suche" ein, das heißt, sie gab auf den in dem entsprechenden Seegebiet benutzten Seefunk- und Luftfahrtfrequenzen an alle Fahrzeuge und Landstellen Suchmeldungen ab. Die SABA BANK meldete sich jedoch nicht, und da auch andere Fahrzeuge nichts über ihren Verbleib aussagen konnten, wurde sie als verschollen erklärt.

Wenn auch die Floridastraße zeitweilig ein gefährliches, rauhes Revier ist, falls starker Wind gegen den kräftigen Strom weht und eine hohe, gefährlich steile See auf über 1000 m tiefem Wasser entsteht, so ist doch wahrscheinlicher, daß die SABA BANK nicht im Seegang sank, sondern dem starken Schiffsverkehr in diesem Seegebiet zum Opfer fiel.

Zweifellos werden die Autoren, die einem weltweiten, breiten Leserpublikum die teuflischen Gefahren des Bermuda-Dreiecks schilderten, noch mehr tragische Yachtunfälle in diesem Teil des Nordatlantiks ermitteln, wenn sie die seglerischen Tagesereignisse gründlicher verfolgen. Und sie werden selbst in diesem Buch noch viele andere für sie geeignete rätselvolle Ereignisse finden, an die sie ihre Mutmaßungen anknüpfen können. Das Seegebiet der Karibik ist nun einmal ein großflächiges Revier, in dem sich nicht nur ständig Tausende von Yachten tummeln, sondern durch das auch vielbefahrene Schiffahrtsrouten hindurchführen und über das jährlich viele tödliche Wirbelstürme ihre verheerenden Zickzackkurse steuern. Nicht zuletzt ist es ja auch das soziale Gefälle zwischen den Menschen im Norden und im Süden und es sind die gefährlichen Wege der Rauschgiftschmuggler von Süden nach Norden, die in diesem Gebiet für Überfälle auf Yachtsegler sorgen.

Diese Gefahren des Bermuda-Dreiecks und viele andere tödliche Unfälle in diesem Revier, über deren Hergang man auch als Yachtsegler nur mutmaßen kann, finden Sie an anderer Stelle dieses Buches.

Seglerunfälle in der DDR

Durch Strandung Befähigungsnachweis aberkannt

In der DDR gilt der vom Bund Deutscher Segler, einem unserem Deutschen Segler-Verband vergleichbarer Landesverband, herausgegebene A-, B-oder C-Schein nicht nur als „freiwilliges", sondern auch als „amtliches" Papier. Dementsprechend kann es nicht nur „verliehen", sondern auch „aberkannt" werden, wenn man einem Schiffsführer ein Fehlverhalten nachweist. Mußte der Skipper für die nur ihm angelastete Strandung eines volkseigenen Seekreuzers wirklich so hart bestraft werden, wie es im vorliegenden Fall durch eine ehrenamtliche Verbandskommission erfolgte?

Der Seglerverband der DDR fackelt nicht lange, wenn durch nautisches Fehlverhalten eines Yachtführers ein (volkseigenes) Boot verlorengeht. So wurde beispielsweise nach einer Strandung im Mai 1955 folgender „Spruch" von den ehrenamtlichen Organen gefällt und veröffentlicht:

„Vor dem Bezirksfachausschuß Berlin und der zentralen Prüfungskommission der DDR wurde gegen den Schiffsführer des 30-m^2-Seefahrtskreuzers FRIEDRICH ENGELS, Karl Ernst Leuschner, verhandelt.

Spruch:

1. Dem Sportfreund Leuschner wird die Befähigung als Schiffsführer eines volkseigenen Seekreuzers im Bereich der ortsnahen Küstenfahrt und der Seefahrt für dauernd aberkannt.

2. Die Befähigung zum Sportseeschiffer wird für dauernd aberkannt.

3. Der Befähigungsnachweis für ortsnahe Küstenfahrt wird bis auf weiteres eingezogen. Bei Bewährung und Nachweis einer Fahrzeit von 60 Tagen auf See wird der B-Schein wieder ausgehändigt.

Begründung:

Nach Bruch der Ankertrosse in den Abendstunden des 18. Mai 1955 wurde mit dem Boot FRIEDRICH ENGELS bis gegen Mitternacht bei WSW 6 an der Küste bei Dranske (Rügen) auf Legerwall auf und ab gekreuzt, anstatt mit kleinem Zeug auf See zu laufen und Kurs auf den nächsten Hafen Saßnitz zu nehmen. Dieses Verhalten widerspricht jeder seemännischen Erfahrung. Durch sein planloses Auf- und Abkreuzen auf Legerwall, ohne sich Gedanken über den Schiffsort zu machen, geriet das Boot gegen Mitternacht in eine Reuse.

18-20 Glück im Unglück hatte
die Christine II auf ihrer Weltumseglung beim nächtlichen
Einlaufen nach Barcadera
(Aruba). Sie verpaßte die
schlecht befeuerte Einfahrt
und strandete daneben am
Riff. Eine örtliche Bergungsfirma hatte jedoch nicht nur
starke Schlepper, sondern
auch riesige, robuste Auftriebskörper zur Verfügung. So gelang
es, den 12-m-Seekreuzer
trotz seiner schweren Schäden
am Rumpf dem Riff zu ent-
reißen, getaucht schwimmend
einzuschleppen und zur Reparatur an Land zu setzen.

20

21

22

21 21 m weit fuhr der Motorkreuzer
MEDUSA bei klarer Nacht im be-
leuchteten Fahrwasser auf die steile
Steinböschung der Trave hinauf.
Wurde dieser „Unfall des Jahres"
grob fahrlässig verursacht?

22 Der Hurrikan „Klaus" warf die
atlantikbewährte ARCONA auf den
Strand der Virgin Islands. In einem
zweiten unerwarteten Karibiksturm
wurde der Seekreuzer während der
Reparaturzeit zum Totalverlust.

23-25 Zu einem wertlosen Wrack
wurde der Katamaran GUST in dieser
Strandecke der Kanalinsel Sark,
nur weil die Crew den Strand zum
Trockenfallen auch gleichzeitig für
einen sicheren Ankerplatz hielt.

26 Der stählerne Kiel-
schwert-Seekreuzer
FREIZEIT sank an der Watt-
kante der deutschen Nord-
seeküste, nur weil er unbe-
absichtigt achteraus trieb.
Bei der Bergung wurde
die liebevoll gebaute Yacht
unerwartet zu einem Totalverlust.

27 Als der einhand gesegelte
Seekreuzer BLACK BEAUTY
bei einem auflandigen
Herbststurm an der fran-
zösischen Mittelmeerkü-
ste weder in einen Hafen
einlaufen noch sich frei-
kreuzen konnte, strandete
er unweit der Südmole
von Port Gruissan in
flachem Wasser.

26

28 Wirbelstürme richten in
fast jedem Jahr auch in
dem vielgeliebten und
vielgelobten Traumrevier
der Südsee schwere Schä-
den an Yachten an. Nie-
mand kennt die genaue
Zahl von Seekreuzern,
die — wie hier an der Küste
von Tahiti — von ihrem
Ankerplatz aus auf
Strände, Felsen oder Ufer
geworfen werden.

30

29-31 Feuer an Bord – der Alptraum jedes Eigners oder Skippers. Brände entstehen durch vielerlei Ursachen, auf großen und kleinen Yachten, auf Binnenrevieren wie auf der hohen See. Meistens beginnt das Feuer sein zerstörerisches Werk im Motorraum, und nur selten läßt sich eine brennende Yacht retten. Denn die Besatzung muß – aus Angst vor einer Explosion der Brennstofftanks – auch an den Schutz des eigenen Lebens denken.

32-37 Vermeidbar war der Unfall der Arcadia an der Küste der Ägäis-Insel Kos: Unnötiges Ankern auf Legerwall! Fehlerhaft war die Bergung: Mit Landfahrzeugen auf die Steinküste hinauf! Und dementsprechend groß war der Schaden: Auf der griechischen Insel nicht reparierbar!

Nach Freikommen des Bootes aus der Reuse gegen 0300 Uhr war das Boot schwimmfähig. Kein Wasser im Schiff, ein unbedeutendes Leck im Spiegel. Baum und Großsegel waren verlorengegangen, eine Fock angeschlagen, aber unklar, drei Vorsegel im Boot segelklar, ein Fockfall ebenfalls klar. Es ist vom Schiffsführer kein Versuch unternommen worden, das Schiff unter Segel zu bekommen. Einige Zeit darauf erfolgte die Strandung. Das tatenlose Verhalten des Sportfreundes Leuschner zeigt, daß er nicht mehr die Qualifikation zum Schiffsführer besitzt. Sein fehlerhaftes seemännisches Verhalten und seine Entschlußlosigkeit in schwieriger Situation deckten Charakterschwächen auf und führten letzten Endes zum Totalverlust des Bootes."

Das ist ein hartes Urteil, das sich im Vergleich mit der Feststellung eines „schuldhaften Verhaltens" im Spruch eines Seeamtes in der Bundesrepublik Deutschland noch durch den Vorwurf von erheblichen charakterlichen Mängeln gegen den Schiffsführer auszeichnet. Hätte auch ein westdeutsches Zivilgericht in einem solchen „Versicherungsfall" eine „grobe Fahrlässigkeit" festgestellt und zumindest die Zahlungsverpflichtung abgelehnt, ohne jedenfalls auch moralisch den Stab über dem Skipper zu brechen? Stellen wir hierzu einmal die Fakten heraus, und drehen wir die arithmetischen negativen Vorzeichen einmal um, wie es vielleicht ein rechtsstaatlicher Anwalt auch getan hätte:

1. Der etwa 8 m lange und etwa 2,30 m breite Seekreuzer mit langen Überhängen hatte keinen Hilfsmotor.
2. Er hatte zwischen dem Dornbusch auf Hiddensee und dem Kap Arkona nahe der trichterförmigen Einfahrt in den Libben offenbar geankert, weil die Crew keine polizeiliche Genehmigung zu einer Nachtfahrt hatte.
3. Dabei ist der Seekreuzer durch ein Rechtdrehen des Windes beim Durchzug eines Tiefs offenbar auf Legerwall geraten.
4. Leuschner und seine drei Mitsegler haben bei Nacht offenbar vergeblich versucht, sich in der steilen See freizukreuzen. Letztlich ist dieser Versuch wegen der langen Überhänge der Yacht fehlgeschlagen.
5. Dabei ist der Seefahrtskreuzer in eine der Fischerreusen hineingeraten, die an dieser Küste oft fast 1000 m in die See hineinragen. Im Monat Mai sind sie dort nur noch selten mit Netzen bestückt. Aber sie stellen mit ihren allseitig verankerten Pfählen ein gefährliches Schiffahrtshindernis dar.
6. Die Yacht hat dabei Großsegel und Großbaum verloren. Großfall, Fockfall und die daran angeschlagene Fock waren unklar. Insoweit war die Yacht manövrierunfähig.
7. Der Seefahrtskreuzer machte auch durch ein Leck im Spiegel Wasser, das wenigstens ein Mann der Crew ständig ausösen mußte.

8. Die Yacht hatte noch ein Reserve-Fockfall am Mast klar und drei Vorsegel unten in der Segellast. Aber außer dem Mann an der Pumpe und dem Mann am Ruder war von den anderen beiden Mitseglern offenbar keiner mehr einsatzfähig, um in der Dunkelheit und bei den Bewegungen des nicht mit einer Seereling geschützten Vorschiffes ein Ersatzvorsegel aus der Last zu holen und am Reservestag zu setzen.

9. Das Freiholen des Seekreuzers in der Reuse sowohl in der Kälte dieser Maiennacht als auch in der unvermeidlichen Nässe der Arbeiten an Deck hatte offenbar bereits zur völligen Erschöpfung zumindest einiger Besatzungsmitglieder geführt.

10. Da der Seefahrtskreuzer sich unter Großsegel und Fock nicht mehr freikreuzen konnte, wird ihn wohl auch der Versuch, nur unter einem (zu kleinen oder zu großen) Reserve-Vorsegel Distanz nach Luv zu gewinnen, nicht mehr von der Küste freigebracht haben.

Das Fazit dieser Strandung: Es gibt hier eine Reihe von Ursachen und eine Kettenreaktion von tragischen Tatsachen, die nicht erst durch den Bruch der Ankertrosse eingeleitet wurden und auch nicht durch Entschlußlosigkeit oder Charakterschwäche des Skippers zum Totalverlust führten.

Oder würden Sie genauso urteilen wie die ehrenamtlichen Funktionäre des Bundes Deutscher Segler der DDR? Das Verhalten der Mitsegler wurde natürlich nicht beanstandet.

Von Segelkameraden bestraft wird, wer sein eigenes Boot verliert

---

Früher gab es an der deutschen Ostseeküste zwischen Travemünde und Swinemünde mehr Fahrtenyachten als zwischen Travemünde und Flensburg. Denn insbesondere die Gewässer um Rügen boten Fahrtenseglern ähnliche Möglichkeiten zum Schippern wie die dänische Inselwelt, die damals nicht jede deutsche Fahrtenyacht besuchen durfte, und bis tief in das Hinterland der heutigen DDR-Küste waren Segelclubs beheimatet, für die sich in diesen Küstengewässern eine Vielzahl landschaftlich schöner Tagesziele bot. Heutzutage gibt es nur einen verkümmerten Fahrtensegelsport entlang der DDR-Küste, nur für privilegierte Yachten und nur im Bereich bis zur seewärtigen Hoheitsgrenze. Der Fall Andrasch zeigt, auf welche Weise man im Auftrage der Behörden ein abschreckendes Beispiel schaffen kann, um die DDR-Segler auch künftig vom Fahrtensegeln ab- und in ihren abgegrenzten Küstenrevieren gefangenzuhalten.

Unsere Segelkameraden in der DDR können ihre sportlichen Aktivitäten fast nur auf Binnenrevieren entfalten. Und nur eine kleine Gruppe von privilegierten Seglern erhält die Genehmigung, aus den engen Zufahrten der Gewässer um Rügen in die westliche Ostsee zu segeln. Meistens ist diese Erlaubnis auf die Teilnahme an der Ostseewoche vor Warnemünde und die Meisterschaften der DDR im Seesegeln und somit auf nur wenige Tage begrenzt, und auch bei diesen Veranstaltungen darf die Dreimeilenzone nicht verlassen werden. Wie gefährlich insbesondere das Aufkreuzen in diesem engen Küstenschlauch vor den flachen Ufern der Mecklenburger Küste sowie entlang des Darßes und vor Hiddensee ist, zeigt die auf Seite 84 geschilderte Strandung der HENRIETTE vor Dierhagen.

Der sogenannte „PM 18" ist somit das begehrteste Zusatzpapier, das Seesegler der DDR zum Passieren der Kontrollstellen in Warnemünde, bei Barhöft, im Libben und an der Greifswalder Oie benötigen, um in den schmalen Dreimeilenkorridor zu gelangen. Aber sie brauchen dazu einen „Staatlichen Befähigungsnachweis für Küstenfahrt" oder gar „für Seefahrt", und sie müssen sich bei allen ihren Reisen an die von der Regierung herausgegebene „Sportboot-Anordnung" halten, die manche nautische Handlung mit Verboten belegt oder sogar unter Strafe stellt. Das sind Einschränkungen, denen Yachtskipper in der übrigen Welt nicht ausgesetzt sind.

Diese kurzzeitige Erlaubnis zum Seesegeln ist kontingentiert. Sie wird den Besatzungen, die sie schon Monate vorher unter Angabe aller Daten der beteiligten Crew beantragen müssen, auch erst dann erteilt, wenn der „Kreisfachausschuß Segeln" und die „Betriebspartei-Organisation" jedem vorgeschlagenen Segler zugestimmt haben.

Im Gegensatz zur Bundesrepublik, in der sich die Clubs zu „Landes-Seglerverbänden" zusammengeschlossen haben, die im Deutschen Segler-Verband vereinigt sind, gibt es in der DDR noch die unterste Zwischenebene der „Kreisfachausschüsse", bei denen beispielsweise der untengenannte „KFA Wolgast" vergleichbar wäre mit einem Kreissegler-Verband in den Landkreisen Schleswig oder Cuxhaven.

Anders als in der Bundesrepublik haben diese Kreisfachausschüsse Segeln in der DDR (ich schätze ihre Zahl auf 30 bis 50) über organisatorische Aufgaben hinaus Überwachungsfunktion. Sie kommt beispielsweise in der „Behandlung des Unterganges des Kielschwertkreuzers WIKING durch die Havariekommission des KFA Wolgast" zum Ausdruck, den das offizielle Mitteilungsblatt des Bundes Deutscher Segler der DDR in seinem Heft 3/69 ausführlich veröffentlicht.

Von Segelkameraden gerichtet wird hier der junge Eigner und Skipper Jörg Andrasch, der mit seinem kleinen, 1950 aus Holz gebauten und geklinkerten Seekreuzer im Fischerboot-Typ beim Küstensegeln während der Ostseewoche in Schwierigkeiten geriet. Heutzutage ist ein nur 7,97 m langes und 2,60 m breites Boot mit einem Rumpftiefgang von 0,80 m, aus dem das kleine hölzerne Schwert bis auf 1,20 m Tiefe ausgefahren werden konnte, ohnehin kaum noch als sicheres Küstenfahrzeug zu bezeichnen. Und da es nicht einmal eine selbstlenzende Plicht hatte, konnte man es auch nur damals noch als küstentauglich ansehen, weil die üblichen Fischerboote, die früher von den Stränden der Mecklenburger Küste oder von den rügischen Gewässern aus tagelang die westliche Ostsee bis zur dänischen und schwedischen Küste befischten, seit Jahrhunderten nicht anders gebaut wurden.

Auch die DDR-Behörden und der Bund Deutscher Segler sahen die WIKING als seetüchtig und seeregattafähig an – andernfalls hätte man der Yacht und ihrer Crew wohl nicht die Genehmigung zum Küstensegeln und zur Teilnahme an der Ostseewoche 1968 erteilt. Nach seinem Meßbrief hatte der Seekreuzer einen Rennwert von 17,531, und er startete in der RORC-Klasse IV.

Wo eine Seekreuzer-Besatzung kaum Gelegenheit zum Seesegeln hat (und wenn, dann nur mit Sondergenehmigungen), sollte man Skipper Jörg Andrasch und seiner Crew nicht anlasten, daß sie bei diesen kurzen Küstenfahrten „noch nicht über ausreichende seemännische und nautische Kenntnisse und Fertigkeiten bei einer Schlechtwetterfahrt verfügten". Mit diesem Vorwurf begann jedoch die am 24. August 1968 durchgeführte „öffentliche Verhandlung vor der Havariekommission des KFA Wolgast über den Untergang der Yacht WIKING am 7. Juli 1968 gegen 1515 Uhr". Man hatte Seesegler und Funktionäre geladen, die der Verhandlung beiwohnten. „Der im Anschluß an die Beweisaufnahme durch die Havariekommission gefällte Spruch, welcher sich auf gründliche Voruntersuchungen stützte, wurde durch den Beschuldigten, Sportfreund Jörg Andrasch, ohne Einwände anerkannt", heißt es bereits in der Einleitung des Berichtes.

Warum richteten Segelkameraden in der DDR den Eigner eines kleinen Seekreuzers, der nichts anderes als sein eigenes Schiff verlor, das jedoch bereits einen Tag nach dem Sinken wieder gehoben und fast unversehrt neuerlich in Dienst gestellt wurde? Warum verurteilte man einen Skipper, der die mit 3500 Mark bezifferten Bergungskosten selbstverständlich allein zu tragen hatte? Warum bestraften die Wolgaster Segler einen der ihren, obwohl bei diesem „Unfall" niemandem ein Haar gekrümmt wurde? Nun, ganz einfach so:

Am 1. Juli 1968 verließ Andrasch mit einem Mitsegler den kleinen Lotsenhafen Barhöft am Nordeingang zum Fahrwasser nach Stralsund und machte sich auf den mit 50 sm recht weiten Weg nach Westen. Es ist eine unsympathische, hafenlose Strecke, bei westlichen Winden ausschließlich ein Segeln auf Legerwall, und die Gefühle während der Fahrt sind mit der Antipathie vergleichbar, die viele Segler bei uns gegen den Weg von Fehmarn nach Kiel mit weitem Bogen um das Howachter Schießgebiet haben. Andrasch segelte mit dem Zeitziel Regattastart in Warnemünde, und er segelte mit dem späten

Zeitbeginn seines PM 18-Papiers. Außerdem mußte er aufkreuzen, so daß sich die Distanz von etwa 50 sm über Grund mehr als verdoppelte. Man muß noch bedenken, daß es 1968 hüben wie drüben keine Wetterberichte für Sportsegler gab. Die entsprechende nautische Ausrüstung auf der WIKING ging also über ein unhandlich großes Kofferradio zum Empfang von Rundfunksendern nicht hinaus. Die Küstenfunkstellen konnten Seesegler der DDR nicht abhören.

Als erstes kreidete man Andrasch an, es schon bei dieser Überfahrt, die bis zum Erreichen des Zielhafens jedoch ohne Vorkommnisse verlief, versäumt zu haben, sich eingehend über die Wetterentwicklung zu informieren.

„Er wurde nämlich unvermutet durch das aufgekommene Schwerwetter überrascht", heißt es im Bericht der Havariekommission. Doch Boot und Crew wurden mit ihm fertig. Aber weiter: „Durch diese leichtsinnige und von übertriebener Hast diktierte Handlungsweise wurde der § 17,2 der Sportboot-Anordnung verletzt, in welchem es heißt:
Sportboote dürfen die Gewässer nur bis zu einer Wind- bzw. Seegangsstärke befahren, die eine Gefährdung der an Bord befindlichen Personen und des Bootes ausschließt.
Diese gesetzliche Festlegung setzt natürlich voraus, daß jeder Schiffsführer vor Beginn einer Reise und, wenn irgend möglich, auch im Verlauf derselben sich ausreichende Informationen über die Entwicklung einholt.
Andrasch unterließ das und gefährdete damit nicht nur die Besatzung und die Yacht, sondern es war auch eine unnötige Gefährdung anderer Personen bei eventuell erforderlichen Rettungsmaßnahmen möglich."
Gerät eine Yacht bei uns in Seenot und stellt man anschließend fest, daß der Skipper die Notsituation schuldhaft bzw. grob fahrlässig herbeigeführt hat, dann muß er entweder die Kosten für das Rettungsmanöver tragen, oder er verliert seinen Versicherungsschutz. In der DDR hingegen ist schon das Auslaufen strafbar, wenn dadurch nicht nur das Leben der Yachtbesatzung, sondern auch das Leben jener Personen gefährdet ist, die − oft von Berufs wegen − in einem Havariefall mit Seenotrettungskreuzern hinausfahren müßten.
So erwarb Andrasch seinen ersten Minuspunkt. Was hilft einem Yachtskipper indessen die Information über eine Wetterverschlechterung, wenn er ohne Hafennähe auf See ist? Er kann nur das Beste aus jeder schlechten Wetterlage machen und in kritischen Situationen vielleicht den nächsten Hafen anlaufen.
Für DDR-Skipper Andrasch gab es doch gar keine Wahl: Er durfte nur nach Warnemünde, zwei Segeltage in Luv, oder zurück nach Barhöft, einige Segelstunden in Lee. Aber damit wäre auch der Traum von zwei schönen Segelwochen entlang der Küste geplatzt gewesen.

Die „Kleine Seewettfahrt" am 5. Juli segelte die WIKING mit drei Personen, doch Andrasch brach gegen 2000 Uhr in Höhe von Wustrow bei aufkommendem Gewitter mit Windstärken von 4 bis 5 das Rennen ab, weil er „eine Gefährdung des Boots- und Segelmaterials befürchtete", wie er beim Einlaufen angab. Die Havariekommission kreidete ihm als zweiten Minuspunkt an, daß er „gegenüber der Wettfahrtleitung den Abbruch der Wettfahrt unter Verschleierung der wahren Ursachen mit erheblichem Wassereinbruch begründete".

Jeder Skipper und jeder Eigner einer Yacht hat wohl das Recht, zu jeder Zeit eine Regatta abzubrechen, und er ist auch nicht verpflichtet, der Wettfahrtleitung oder anderen Funktionären die genauen Gründe hierfür bekanntzugeben. Wer die Versorgungsengpässe in der DDR speziell in bezug auf Yachtausrüstung kennt, würde zweifellos wie Andrasch gehandelt haben, der seinen kostbaren Holzmast und sein einziges Baumwollsegel in einer vielleicht aussichtslosen Position im Regattafeld nicht einer riskanten Überlastung durch Gewitterböen aussetzen wollte. Aber man sollte dem Skipper auch abnehmen, daß ein klinkergeplankter hölzerner Spitzgatter ohne selbstlenzende Plicht und mit einem offenen Schwertkastenschlitz in der Kajüte im Seegang Wasser macht. Warum will man ihm hier wiederum etwas am Zeuge flicken?

„Als Jörg Andrasch am 7. Juli gegen 0430 Uhr von Warnemünde die Heimfahrt nach Wolgast antritt, hat er sich wiederum nur sehr oberflächlich auf die bevorstehende Wettersituation vorbereitet, indem er lediglich am Vorabend in den bei der Wettfahrtleitung ausliegenden Wetterbericht Einsicht nahm (von dem er am 24. August bei der Havarieverhandlung noch nicht einmal mehr sagen konnte, welches der wichtigste Inhalt war und ob er überhaupt noch Gültigkeit besaß). Diese ungenügende Vorbereitung der Fahrt wirkte sich später direkt unmittelbar begünstigend auf das Zustandekommen der Havarie aus." Soweit der dritte Vorwurf des lokalen Seglergerichtes.

Man fragt sich, welch anderen ausgehängten Wetterbericht man denn vor einem nächtlichen Auslaufen einsehen kann als den vom Vorabend. Und könnte unsereins in einer kritischen Befragung noch aussagen, wie ein 50 Tage zuvor eingesehener Wetterbericht im einzelnen gelautet hat? Wohlgemerkt, man darf die damaligen Verhältnisse des Küstensegelns in der DDR mit der Bordausstattung für den Wetterempfang und dem Wetterservice der DDR-Rundfunksender nicht mit den heutigen Bedingungen gleichsetzen, unter denen skandinavische und westeuropäische Fahrtensegler mit ihren kleinen seetüchtigen Seekreuzern in ihren Heimatrevieren unterwegs sind. Betroffen macht jedoch, wie fast feindselig die DDR-Segelkameraden, die hier als ehrenamtliche lokale Havariekommission über einen anderen befreundeten Fahrtenskipper zu Gericht sitzen, sein nautisches Verhalten bewerten, das sich von ihrer eigenen Segelpraxis wohl kaum unterscheiden würde.

Die WIKING segelt in den ersten fünf Stunden des 7. Juli 1968 mit Südwest 4 unter Vollzeug und steht gegen 0900 Uhr westlich vom Darß, wo man gegen 0900 Uhr bei Südwest 6 das mit 25 m^2 ohnehin beachtlich großflächige Großsegel birgt und auf wechselndem Bug vor dem Wind nur unter der 7 m^2 großen Fock weitersegelt. Nachdem der kleine Kielschwerter Darßer Ort im Abstand von etwa 3 sm passiert hat, legt ihn die Crew auf einen Kompaßkurs von 75°, der inzwischen genau vor Wind und See verläuft.

„Obwohl anfangs die Absicht bestand, in Höhe des Gellens bzw. im Libben Landschutz aufzusuchen", heißt es im Bericht der Havariekommission weiter, „wurde dieses Vorhaben nicht verwirklicht, weil die schräg von achtern bzw. dwars einfallende See als Risiko betrachtet und die Möglichkeit des Anluvens unter dem Focksegel nicht in Betracht gezogen wurde. Es wurde auch kein Versuch unternommen, zur Erhöhung der Manövrierfähigkeit der Yacht ein stark gerefftes Großsegel zu setzen. Mit einsetzendem Sprühregen verminderte sich die Sicht erheblich, und der Wind hatte bald auf Stärken um 9 zugenommen. In dieser Situation schlug die Stimmung an Bord schon in Pessimismus um. Unbegründete Erwägungen über eine eventuelle Strandung griffen Platz."

In starkem und stürmischem Wind muß ein verantwortungsbewußter Skipper wohl schon darüber nachdenken, wohin er mit seiner Yacht unter Landschutz segeln kann oder wo er vielleicht einen an der Strecke liegenden Hafen findet, in dem er bis zur Wetterbesserung überliegen kann. Tatsächlich bietet sich hierzu nur die Nordeinfahrt zum Hafen Stralsund an, die zwischen der Ostspitze des Darß und der Südspitze der Insel Hiddensee verläuft, der sogenannte Gellen. Aber diese beiden Landspitzen laufen bis weit nach See hinaus in breite, sandige Flachwassergebiete aus, durch die hindurch und in das gesicherte Küstengebiet hinein man wie in eine Mausefalle segeln muß. Bei westlichen Winden geht dazu noch eine steile Grundsee in eine weitflächige Brandungszone über, an der man anschließend, halbwinds und auf Legerwall segelnd, keinen Meter Luv ungestraft verschenken darf. Kaum unterschiedlich ist die nautische Situation, wenn man weiter nordostwärts in den schmalen, noch flacheren Trichter zwischen der Nordspitze von Hiddensee und der Nordwestküste von Rügen einlaufen will. Auch hier ist die Fahrrinne zwar ausgetonnt, aber nur von Yachten mit geringem Tiefgang passierbar.

Bei Windstärke 9 und erheblich verminderter Sicht zur Verbesserung der Manövrierfähigkeit auf einem kaum 8 m kleinen Kielschwerter noch das Großsegel wieder zu setzen, kann auch wohl nur als eine Empfehlung der

„besseren Kapitäne an Land" gewertet werden. In einer solchen Situation besteht ganz zwangsläufig die Gefahr der Strandung vor der Darß- oder Hiddenseeküste. Und ein verantwortungsbewußter Skipper wird sich hierüber wohl schon seine Gedanken machen dürfen.

Aber dann kommt während dieser Überlegungen gegen 1115 Uhr und einige Meilen seewärts von Zingst, zwischen Darß und Dornbusch, das westdeutsche Motorschiff HUMMEL auf. Es ist leer und offenbar auf dem Wege zu einem polnischen Hafen, so daß es zumindest bis Arkona oder sogar bis Saßnitz den gleichen Kurs wie die WIKING steuern wird.

„Sportfreund Andrasch entschloß sich sofort – in Übereinstimmung mit der Besatzung –, eine Schleppverbindung zum Motorschiff herzustellen, und er gab gesetzwidrig das Notsignal durch Rotfeuer mittels Handfackeln", heißt es im Sachbericht der Havarie-Kommission weiter. „Die Schleppverbindung wurde aufgenommen, brach aber anfangs zweimal. Schließlich wurde die Fahrt im Schlepp dicht unter Land in Richtung Saßnitz fortgesetzt."

Natürlich ist die WIKING nicht in einer Seenotsituation, aus der sie sich aus eigener Kraft nicht mehr befreien kann. Aber sie will das größere Schiff um Hilfeleistung bitten. Wie anders sollte dies möglich sein als durch das Zünden einer roten Handfackel, dem wahrscheinlich einzigen Notsignal, das die Crew an Bord hatte, um sich über eine weite Distanz bemerkbar zu machen?

In jedem Fall ist es eine tragische Entscheidung; denn bekanntlich verleiht ein größeres Schiff nur ein trügerisches Gefühl von Sicherheit, wenn es eine kleine Yacht in Schlepp nimmt. Die mögliche Rumpffahrt der Yacht bestimmt nämlich die maximale Schleppgeschwindigkeit, und somit müßte das Küstenmotorschiff seine Fahrt auf mindestens 6,6 kn drosseln, damit die WIKING noch in das von ihrem Verdrängerrumpf erzeugte Wellensystem eingebettet bleibt. (Das wäre nach dem Begriff der „relativen Fahrt" der Wert $R = 4,5$, auch als „gezwungene Fahrt" bezeichnet. Mit $R = 4$ oder „normaler Fahrt" dürfte die Schleppgeschwindigkeit nur etwa 5,8 kn betragen.) Aber bei solchen geringen Fahrtstufen lassen sich Berufsschiffe, wenn sie überhaupt so langsam fahren können, nicht mehr auf Kurs halten.

Nun beginnt die tödliche Gefahr für das angehängte, zu schnell geschleppte Boot: Die Bugwelle läuft bis in Höhe des Mastes zurück und wird so steil, daß der Kamm über Deck bricht und den Rumpf füllt. Und das Achterschiff, das die Unterstützung der weit hinter das Heck zurückgesackten Hecksee verliert, sinkt in den Trog zwischen den beiden Wellenbergen und läuft von achtern voll.

Größere Yachten und vor allem solche mit einem tiefen Kiel oder einer schlanken Flosse können bei dieser Belastung glattweg langsam in zwei Teile auseinandergezogen werden. Kleinere Boote mit geringem Rumpftiefgang wie die WIKING werden durch den dynamischen Auftrieb ähnlich wie ein nachgeschlepptes Beiboot während der schnellen Schiffsfahrt zwar schwimmend gehalten, sie müssen jedoch wie ein Stein untergehen, sobald die Fahrt gestoppt wird und sie wegen des inzwischen eingedrungenen Wassers keine ausreichende Freibordhöhe mehr haben.

Wie viele andere Segler hatte auch der junge Skipper Jörg Andrasch wohl noch keine Kenntnis dieser hydrodynamischen Zusammenhänge. Oder er verbannte sie in diesen kritischen Minuten bei seinen Überlegungen, bei Windstärke 9 auf seinem kleinen Kielschwerter ohne wasserdichte Plicht die beste Entscheidung für Boot und Crew zu fällen. Und so mußte das Verhängnis seinen Lauf nehmen.

„Durch die hohe Fahrstufe von etwa 11 kn des unbeladenen Motorschiffes und den ständig nach vorn aufwärts gerichteten Zug der Schlepptrosse tauchte die Yacht achtern bis in Höhe des Oberdecks in die Hecksee ein", heißt es im Havariebericht weiter. „Die Sportfreunde hielten sich auf dem Vordeck auf. Während des gesamten Schleppmanövers über einen Zeitraum von etwa vier Stunden wurde nicht eine einzige Bilgenkontrolle durchgeführt, obwohl schon während der Fahrt und unter Segeln Spritzwasser in das Yachtinnere eingedrungen war. Die Persenning, mit der man anfangs die Plicht provisorisch abgedeckt hatte, war inzwischen zerschlissen und über Bord gegangen. Nach vierstündiger Schleppfahrt bemerkte man zufällig, daß sich eine erhebliche Menge Wasser im Innern der Yacht befand."

Die WIKING war in dieser Zeit also mehr als 40 sm geschleppt worden, hatte Kap Arkona passiert und hinter den Kreidefelsen des Königstuhls offenbar erstmalig Landschutz vor dem stürmischen Westwind erreicht. Sie hatte sich während der gesamten Fahrt in Gleitfahrt befunden, mit R = 7,5 und dem entsprechenden Wellenbild. Wie hätte man bei dieser schäumenden Brassfahrt in die Bilge gucken sollen? Und was hätte die Erkenntnis des notgedrungen vollgelaufenen Bootes schon Stunden vorher genützt? Nicht nur bei einem Verdränger, sondern auch bei einem Kielschwerter mit offener Plicht mußte man damit rechnen, daß bei dieser Schleppfahrt viel Wasser ins Boot gelangte, erfahrungsgemäß sehr viel mehr, als man mit Pumpen oder Pützen hätte herausbefördern können, wenn es dazu tatsächlich eine Arbeitsmöglichkeit an Bord gegeben hätte.

Der DDR-Bericht verzeichnet weiter: „In der Voruntersuchung und bei der Beweisaufnahme im Verlauf der Verhandlung wurde eindeutig festgestellt, daß der Wassereinbruch durch die Schräglage der Yacht (bezüglich über Querachse) über die Schwertkastenoberkante erfolgte, die sich durch die widernatürliche Trimmlage unterhalb der Wasserlinie befand. Der infolge der hohen Fahrstufe des Schleppers auftretende Staudruck begünstigte noch den Wassereinbruch. Bei nur 5 l/min Wassereinbruch mußte sich bis zur Feststellung über eine Tonne Wasser im Schiffsinneren befunden haben. Damit

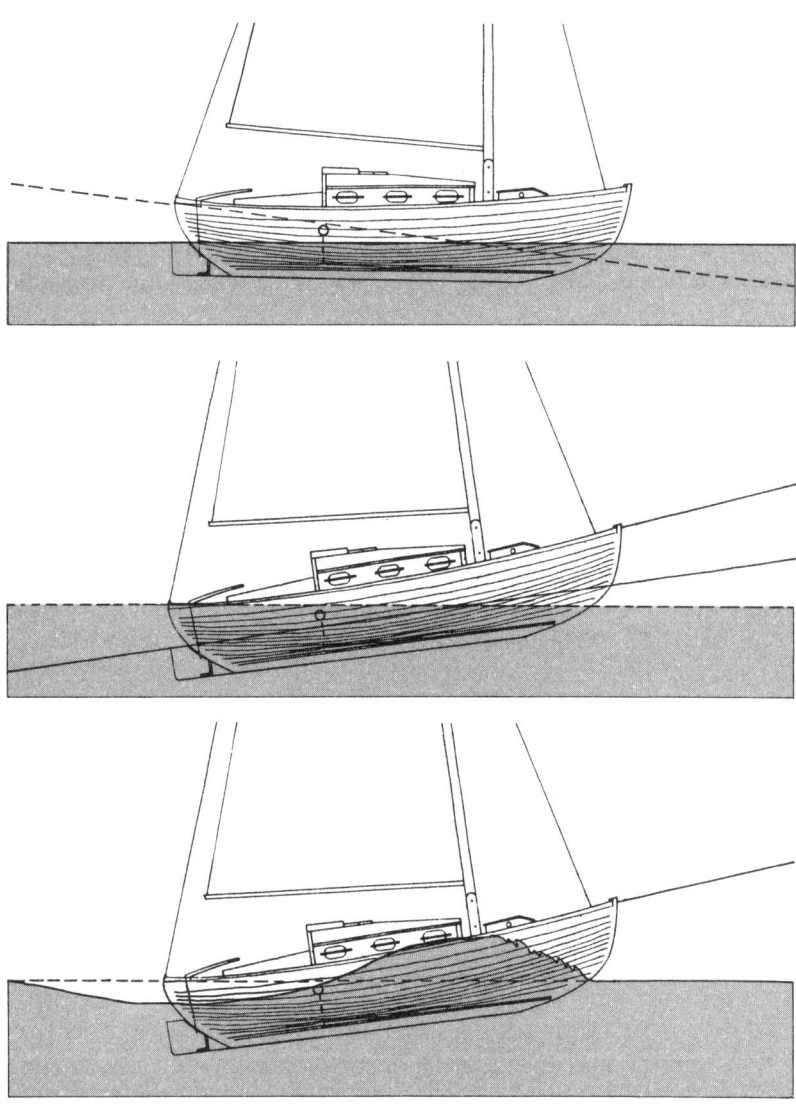

Die Seitenansicht des kleinen Seekreuzers Wiking *und die normale Schwimmwasserlinie (durchgehend) mit der Schwimmwasserlinie (gestrichelt), wie sie bei der Schleppfahrt bestand − aus den Unterlagen der Havariekommission. Wie die* Wiking *tatsächlich bei 11 kn Fahrt geschleppt wurde, zeigt das Wellensystem bei einer relativen Geschwindigkeit von etwa R 7,5 bis 8. Die Bugwelle befindet sich in Masthöhe und bewirkt, daß der Schwertkastenschlitz mindestens 20 cm unter der Wasseroberfläche liegt. Das Heck des Spitzgatters findet im Wellentrog keine Unterstützung mehr. Die Heckwelle liegt weit hinter dem Achterschiff der zu schnell geschleppten Yacht.*

war die Stabilität der Yacht erheblich beeinflußt, die Schwimmfähigkeit nicht mehr garantiert. "

Nun, das sind im nachhinein müßige und fachlich durchaus nicht korrekte Überlegungen, mit denen man hier offenbar nur feststellen will: Hätten Jörg Andrasch und seine Crew früher mit dem Lenzen begonnen oder das schleppende Motorschiff alle Stunde ersucht, die Fahrt für ein Lenzen der WIKING kurzzeitig zu stoppen, wäre es nicht zum Sinken der Yacht gekommen.

Tatsächlich lag der Schwertkastenschlitz im Rumpf, der sich ja allgemein in Tischhöhe befindet, von Beginn der Schleppfahrt an mindestens 20 cm unter der Kammhöhe der Bugwelle, die seine „Wasseroberfläche" markiert, und die mindestens 2 cm breite und 50 cm lange Öffnung des Schwertkastens nach oben stellt (auch bei angeheißtem Schwert) immerhin ein vergleichbares Leck von etwa 10 000 mm^2 Fläche dar, durch das (bei dieser „Wassertiefe 20 cm") in der Minute über 500 l Wasser ins Boot strömen können, die bei der Schräglage der geschleppten Yacht und außerhalb des Rumpffahrt-Bereiches natürlich achtern über Deck wieder größtenteils abfließen.

Die WIKING hat sich also in wenigen Minuten mit 1000 l Wasser gefüllt und ist nicht erst innerhalb von vier Stunden langsam vollgelaufen. Und ihre Schwimmfähigkeit wäre nach wenigen Minuten neuerlich eingeschränkt oder aufgehoben worden, so oft man sie auch gelenzt hätte − wobei fraglich ist, ob man sie mit offenem, auch auf ebener Schwimmlage unter dem Wasserspiegel liegendem Schwertkastenschlitz überhaupt mit Bordlenzmitteln vor dem Versinken hätte bewahren können.

Nachdem sich Skipper Andrasch auf das Risiko der Schleppfahrt eingelassen hatte, kann man ihm aus diesen anschließenden, physikalisch bedingten Teufelskreisen wohl keinen zusätzlichen Vorwurf mehr machen.

Aber man tat es doch, weil Andrasch dem Motorschiff signalisierte, die Fahrt zu stoppen. „Nach Ausführung dieser Aufforderung tauchte die Yacht tief ab, übernahm von achtern noch mehrere Seen und begann zu sinken", schließt der Bericht über das Havariegeschehen. Das ereignete sich gegen 1515 Uhr auf Position 54° 32,3' N und 013° 42,2' E, das heißt etwa in Höhe von Stubbenkammer. Die Yacht sank auf einer Wassertiefe von 10 bis 11 m. Die Bitte an den Schlepper, sofort wieder Fahrt aufzunehmen, wurde nicht mehr befolgt. Der Besatzung gelang es gerade noch rechtzeitig, ihre Sicherheitsleinen zu lösen, um vom Motorschiff HUMMEL aufgenommen zu werden.

Beim Bergungsmanöver trieb das Motorschiff quer über die gesunkene Yacht, deren Masttopp noch sichtbar war, und beschädigte dabei mit hoher Wahrscheinlichkeit den Mast. Die WIKING konnte am nächsten Tag gehoben und nach Saßnitz geschleppt werden. Schaden und Kosten wurden offiziell auf 3500 Mark geschätzt.

Ich stimme mit den Segler-Kommissaren in der DDR darin überein, daß die Hauptursache für das Zustandekommen der Havarie in der unzureichenden Beurteilung des Schleppmanövers durch Skipper Andrasch zu sehen ist und dieser „die mit dem Schleppmanöver für die Yacht verbundenen Gefahren und besonders die Möglichkeit des Eindringens von Wasser über den Schwertkasten falsch bzw. überhaupt nicht eingeschätzt hatte". Ich bin auch ihrer Meinung, daß „mit hoher Wahrscheinlichkeit der Untergang der Yacht schon weit früher eingetreten wäre, wenn das Schleppfahrzeug nicht seine hohe Fahrstufe beibehalten hätte, welche der Yacht noch einen dynamischen Auftrieb verlieh". Dies sind auch die Gründe, warum wir uns hier mit diesem vermeidbaren Unfall beschäftigen, und die Lehren herausarbeiten, die jeder Skipper für eine ähnliche Situation daraus ziehen kann.

Die Vorwürfe gegen den jungen Skipper Jörg Andrasch, daß

● die Teilnahme der WIKING an der Ostseewoche 1968 von Beginn an als Risiko einzuschätzen war, da er keine ausreichende praktische Befähigung und Bewährung besaß,

● die nautische Vorbereitung ungenügend war, weil er die Wetterentwicklung keiner hinreichenden Beurteilung unterzog,

● die Besatzung noch nicht über die notwendigen praktischen seemännischen Fertigkeiten verfügte, um die Yacht bei stürmischem Wetter sicher zu führen,

● sein Verhalten hinsichtlich seiner Verantwortung für Schiff und Besatzung leichtfertig war und zur fahrlässigen Gefährdung von Menschenleben und Bootsmaterial führte,

● die Bordbuchführung mangelhaft war, keine genaue Rekonstruktion des Fahrtverlaufes zuließ und die Ereignisse am Tage der Havarie erst später nachgetragen wurden, sowie schließlich, daß

● das Bergen des Großsegels in beträchtlichem Maße zur Minderung der Manövrierfähigkeit führte und das Vorhaben, unter Landschutz zu gehen, unmöglich machte,

möchte ich nicht teilen. Wie soll denn beispielsweise eine Crew, die unter den dortigen Verhältnissen nicht auf See segeln darf, Erfahrungen in der praktischen Seemannschaft des Küstensegelns gewinnen? Und ob eine kleine Yacht bei Windstärke 9 mehr oder andere Segel hätte tragen können, läßt sich doch wohl nur aus der aktuellen Situation, aber niemals hinterher am grünen Tisch bewerten.

Und so schließt man diesen Unfall eines jungen Skippers mit seinem eigenen Boot vor einem örtlichen Seglergremium ab — eine Havarie, bei der die Yacht als Folge einer Schleppfahrt sinkt, aber binnen Tagesfrist wieder gehoben werden kann; bei der nur der Mast beschädigt wird, aber sonst keine nennenswerten Schäden auftreten und bei der die dreiköpfige Besatzung weder verletzt wird noch anderweitig Schaden nimmt, und bei der sie auch durch die unmittelbare Nähe eines anderen Schiffes nicht in Lebensgefahr gerät.

Aber das schleppende Motorschiff fuhr unter der Flagge der Bundesrepublik Deutschland.

Also entscheidet man: „Der Sportfreund Andrasch wird an dem Zustandekommen der Havarie für schuldig befunden, weil er durch leichtfertige Unterlassungen das Leben seiner Besatzung in fahrlässiger Weise gefährdete."

Und warnend fügt man in diesem Schuldspruch hinzu: „Sportfreund Andrasch wurde im Verlauf der Verhandlung auch deutlich gemacht, welche Konsequenzen es nach sich gezogen hätte, wenn es auch nur einem der Besatzungsmitglieder nicht gelungen wäre, die ohnehin nassen und deshalb schwer zu lösenden Knoten der Sicherheitsleinen zu brechen."

Anschließend entschieden die Segelkameraden: „Wegen Verstoß gegen die §§ 17,2; 5,1; 5,3 und 6 der Sportbootanordnung wurde Sportfreund Andrasch durch die Havariekommission ein Vorwurf ausgesprochen. Dem Vorsitzenden des Kreisfachausschusses Segeln wurde empfohlen,

● den Befähigungsnachweis von Andrasch für den Bereich der Küstenfahrt für die Dauer von zwei Jahren zu entziehen,

● Sportfreund Andrasch zu beauflagen, bis vor Ablauf der Entzugsfrist den Nachweis zu erbringen, daß mindestens noch mal die Hälfte der für die Prüfungszulassung im Bereich der Küstenfahrt notwendigen Seemeilen bzw. Segeltage absolviert werden.

● Die Aushändigung kann erst nach Ablauf der Frist, bei Nachweis der geforderten Seemeilen und auf Beschluß des Kreisfachausschusses erfolgen."

Jörg Andrasch ist kein unerfahrener Seesegler. Auf dem Kielschwerter Wiking, den sein Vater kurz nach dem Kriege auf einer der damals noch privaten Werften als einen der ersten Neubauten planken ließ, hatte er 20 Jahre seines jungen Lebens mitgesegelt. Nun gehört er zur in der DDR aufgewachsenen Seglergeneration, die nicht nur im Hinterhof der rügenschen Gewässer, sondern auch auf See segeln will. Aber diese Freiheit auf dem Meere ist für DDR-Bürger nicht mehr angemessen.

So sind denn wohl solche öffentlichen Verhandlungen vor Seeseglern und diese Schuldsprüche gegen Fahrtenskipper nichts anderes als ein wichtiges Mittel der Machthaber, den wenigen Seglern, für die das Fahrtensegeln an der Küste entlang überhaupt möglich ist, mit solchen diktierten Kameraden-Entscheidungen das Küstensegeln zu verbieten. Denn das damit verbundene juristische Risiko wird den meisten der Yachteigner, die damit immer noch liebäugeln, denn doch als zu groß erscheinen.

Was geschah mit der LIKEDEELER ?

In unserem deutschen Nachbarstaat sind Seglerunfälle selten. Denn das Segeln auf See ist, wie schon gesagt, nur wenigen Besatzungen und dann auch meistens nur innerhalb der Hoheitsgewässer entlang der Küste erlaubt. **Vom tragischen Verlust der LIKEDEELER auf einer Seeregatta erfahren wir nicht einmal Einzelheiten aus einem unserem Seeamt vergleichbaren Spruch. Was geschah wirklich? Und warum werden die Tatsachen offiziell verschwiegen?**

Im Gegensatz zu den Seeämtern in der Bundesrepublik Deutschland, die Bestandteile unserer ordentlichen Gerichte sind und nach entsprechenden Bundesgesetzen arbeiten, untersucht in der DDR eine sogenannte „Havariekommission des (unserem DSV vergleichbaren) Bundes Deutscher Segler" besonders schwere Seeunfälle, an denen Segler und Yachten beteiligt sind. Sie ist jedoch nichts anderes als eine Art „Sportgericht", das nach den Richtlinien des Landesverbandes arbeitet. Das „Abschlußkommuniqué der Havariekommission des Bundes Deutscher Segler der DDR zum Seeunfall der Segelyacht LIKEDEELER am 10./11. Juli 1980", kommentarlos veröffentlicht in der DDR-Zeitschrift „Der Segelsport" Nr. 8/1981, gibt einen interessanten Einblick in die Arbeitsweise eines solchen Organs:
„Auf Beschluß des Büros des Präsidiums des Bundes Deutscher Segler der DDR, in Abstimmung mit dem Sekretariat des Bundesvorstandes des Deutschen Turn- und Sportbundes der DDR (DTSB) und den staatlichen Organen der DDR wurde die Havariekommission des BDS der DDR in folgender Zusammensetzung berufen:
Vorsitzender:
Kapitän zur See Dr. jur. Fritz Elchlepp, Seekommissar und Ehrenmitglied des Präsidiums des Bundes Deutscher Segler der DDR
Prof. Dr. sc. med. Ernst Scheibe, Ordentlicher Professor und Direktor des Instituts für Gerichtliche Medizin und Kriminalistik der Ernst-Moritz-Arndt-Universität und Mitglied des BDS der DDR
Prof. Dr. oec. Werner Wolter, Ordentlicher Professor am Institut für Hochschulbildung, Mitglied des BDS der DDR und Wettfahrtleiter des 8. Baltic Race
Dipl. Ing. Rudi Westphal, Abteilungsleiter im VEB Kombinat Schiffbau Rostock, Mitglied des Präsidiums des BDS der DDR und Vorsitzender der Kommission Internationale Ostseeregatten
Sekretär:
Hans Benthin, Stellv. Generalsekretär und Mitglied des Präsidiums des BDS der DDR

Die Havariekommission führte zur Untersuchung des Seeunfalls alleinverantwortlich drei Beratungen und mehrere operative Konsultationen durch. Unterstützt wurde die Kommission durch Gutachter und Sachverständige, u. a. der Ingenieurhochschule für Seefahrt Warnemünde/Wustrow und der Technischen Kommission des BDS der DDR.

Im Ergebnis der Untersuchungen stellt die Havariekommission fest:

1. Die Organisation und Durchführung des Baltic Race steht nicht im Zusammenhang mit dem Seeunfall der SY Likedeeler.

2. Auf Grund des Fehlens geeigneter Beweismittel kann die Havariekommission des BDS der DDR keine Erklärung für den Untergang der SY Likedeeler geben.

Die Untersuchungen lassen keine Rekonstruktion des Seeunfalls mit eindeutigen Aussagen zu.

Der Zustand der Yacht und ihre Ausrüstung waren geeignet für das befahrene Seegebiet (Küstenfahrt) und die aufgetretenen Wind- und Seegangsbedingungen.

Die Mannschaft hatte langjährige See-Erfahrungen und besaß die Eignung für den Fahrtbereich.

Die vier Besatzungsmitglieder trugen keine persönlichen Rettungsmittel und ertranken in der See bei einem Seegang von etwa Stärke 4 bis 5.

Die Schlußfolgerungen aus dem Seeunfall wurden im Präsidium des BDS der DDR beraten und bestätigt und das Generalsekretariat und die zuständigen Kommissionen mit der Durchsetzung der Maßnahmen beauftragt.

Die Havariekommission dankt allen staatlichen Organen, insbesondere dem Generalkonsul der DDR in Gdansk, der Seekammer beim Wojewodschaftsgericht Gdansk und allen an der Aufhellung des Seeunfalls beteiligten Mitgliedern und Freunden des BDS der DDR für ihre Unterstützung. Warnemünde, den 3.6.1981."

Der ostdeutsche wie der westdeutsche Leser kann aus diesem Kommuniqué weder ausreichende Daten und Fakten des Unfalls selbst entnehmen noch für seine eigene Handlungsweise in einer ähnlichen Notsituation geeignete Schlußfolgerungen ziehen. Im Gegenteil: Man hat den Eindruck, daß die fünf mit allen ihren Ehren und Ämtern genannten DDR-Persönlichkeiten, die zahlenmäßig der Besetzung eines (west)deutschen Seeamtes entsprechen, vorrangig die Aufgabe haben, einen Persilschein für jene Personen oder Organisationen auszustellen, die offenbar doch etwas mit dem Verlust der Yacht und dem tragischen Tod der gesamten vierköpfigen Crew zu tun haben könnten. Daß sich unter den Havariekommissaren zwei befinden, die mit als Organisatoren dieser Regatta gelten müssen, verstärkt den Eindruck von Verdunkelung.

Bei der strikten Geheimhaltung, die dieser Seeunfall allerorten erfährt, war es sehr schwierig, genauere Auskünfte zu erhalten. Letztlich konnten mir diese auch nur durch Teilnehmer an der Regatta selbst gegeben werden. Was war tatsächlich geschehen?

Der Bund Deutscher Segler der DDR hatte Anfang Juli 1980 unter dem Namen „Baltic Race" eine Zubringer-Regatta von Warnemünde nach Gdynia in der Volksrepublik Polen zu der jährlichen „Woche des Meeres" gestartet. Zehn Yachten nahmen teil, davon drei aus Berlin und sieben aus dem Bezirk Rostock, je etwa zur Hälfte in privatem und volkseigenem Besitz. Eine Abstimmung mit dem Polnischen Seglerverband hatte jedoch nicht oder nur ungenügend stattgefunden, so daß es weder Begleitboote von seiten der DDR gab, noch von den polnischen Seenoteinrichtungen im weiten Umfeld der Danziger Bucht Sicherungsaufgaben wahrgenommen wurden. (Zum Vergleich sei an das Fastnet-Rennen erinnert, während dessen gesamter Dauer eine intensive Kommunikation zwischen Regatta-Veranstalter und Schifffahrtsbehörde besteht und eine Vielzahl von privaten, staatlichen und Marinefahrzeugen für Hilfeleistungen im Einsatz ist.)

Die LIKEDEELER war eine der wenigen Privatyachten in diesem Rennen. Das 9 m lange Stahlboot war etwa 30 Jahre alt und aus einem Kielschwerter zu einer Kielyacht umgebaut worden, indem man einfach das Schwert ausgebaut und unter den vorhandenen Kielstummel eine verlängernde Flosse mit Ballast untergesetzt hatte. Für die Besatzung war es nach Jahr und Tag des Segelverbotes an der Küste die erste Gelegenheit, auf der Ostsee zu schippern. Sie hatte dementsprechend wenig Seesegelerfahrung. Auch die Ausrüstung entsprach den derzeitigen DDR-Verhältnissen: Rettungsinseln gibt es nicht, der Erwerb von Schlauchbooten ist (wegen der Möglichkeit der Flucht über die westliche Ostsee) verboten, und Schwimmwesten sind kaum erhältlich.

Insoweit mag es nach der Ansicht der Havariekommission „Küstenfahrt" im Sinne der dort geltenden Bestimmungen gewesen sein. Aber die Regatta führte immerhin über eine Distanz von 300 sm und über die meiste Zeit in einem Abstand von 30 sm an fremden Küsten entlang. Unter diesen Bedingungen wäre die Ausstattung mit ausreichenden Rettungsmitteln − von den bei uns obligatorischen Seefunkgeräten und Seenotsignalmitteln ganz zu schweigen − schon eine elementare Pflicht des Veranstalters gewesen. Aber die nach unserem modernen Sicherheitsdenken vollkommen unbefriedigend ausgerüsteten Boote gingen ohne diese Rettungsgeräte auf ihre mehrtägige Seeregatta.

Am ersten Tage wehte Westwind Stärke 5 bis 6, bei dem die zehn Yachten raumschots oder vor dem Wind gute Fahrt machten und Kap Arkona schnell passierten. Dort hatte sich das kleine Feld aber schon weit auseinandergezogen, so daß keine Yacht die andere mehr in Sicht hatte. Jede Besatzung mußte daher mit dem hier auffrischenden Starkwind, der natürlich im freien Gebiet der mittleren Ostsee für Yachten und Segler ungewohnte Wind- und Seegangsbedingungen schuf, allein fertig werden. Die LIKEDEELER erreichte wahrscheinlich unbeschadet die Wurzel der langgestreckten Halbinsel Hel (Hela), wo sie aber offenbar in dem Bestreben, wieder unter Landschutz zu kommen, in die Grundsee geriet. Es kann natürlich auch sein, daß sie wegen einer Havarie auf See die Küstennähe suchte. In diesem Seegebiet ist die Yacht jedenfalls gesunken.

Hier wurden später einige Wrackteile der LIKEDEELER angespült, darunter auch der Mast, an den die Crew die Bootspapiere und ihre persönlichen Ausweise angebunden hatte. Die ertrunkenen Segler wurden ohne Schwimmwesten angetrieben.

Hätten sie diese persönlichen Rettungsmittel und darüber hinaus ein Schlauchboot oder gar eine Rettungsinsel an Bord gehabt, würden sie den Verlust ihrer Yacht sicher genauso lebend überstanden haben können, wie ähnliche Unfälle bei uns glimpflich abgelaufen sind. Die Havariekommissare der DDR haben es sich leichtgemacht, diese Unzulänglichkeit ihrer eigenen Seglerorganisation auf Kosten möglicher Ansprüche, die die Angehörigen der toten Segler sonst vielleicht hätten stellen können, nicht gerade behutsam zuzudecken.

Mann über Bord vermißt – tödlicher Irrtum oder trickreiche Flucht?

Der Tod des Ribnitzer Zahnarztes Christian Massing bei der Regatta Rund Hiddensee am 10. Juni 1978 und ein Auszug aus dem Polizeibericht über diesen Mann-über-Bord-Unfall dienten nur als Aufhänger zu dem Beitrag „Wie sicher sind wir auf See?", der im Heft 3/79 des Fachorgans „Der Segelsport" des Bundes Deutscher Segler der DDR abgedruckt wurde und in dem es um Sicherheitsbewußtsein, den Sicherheitsgurt als beste Lebensversicherung und die Gefahr des Überbordgehens bei schwerem Wetter im allgemeinen ging. Der Unfalltod von Christian Massing hätte nicht nur wegen der menschlichen Tragik einer tödlichen Verwechslung auch in der DDR eine größere Aufmerksamkeit und Auswertung verdient. Uns macht vor allem betroffen, daß die Erforschung des Unfallherganges durch die dortigen Polizeibehörden mehr darauf zielte, einer möglichen trickreichen Republikflucht auf die Spur zu kommen.

Der kleine Kielschwerter mit dem Segelzeichen GO 439 gehörte dem Zahnarzt Christian Massing aus Ribnitz. Er hatte den slupgetakelten Kielschwerter nach einem Riß des örtlichen Konstrukteurs Fiete Forth aus Holz in

Rundspant selbst gebaut, wie es in der DDR häufig der Fall ist. Der kleine Plattgatter hatte eine Länge über alles von 8,00 m, war mit 22 m^2 Tuch besegelt und verdrängte 2,5 t. Davon waren 650 kg Eisenballast. Der Tiefgang des Rumpfes betrug 0,80 m, der Höchsttiefgang mit Schwert 1,40 m. Er hatte vier Kojen und war, nach der DDR-Terminologie, „für acht Personen zugelassen".

Am Vormittag des 10. Juni 1978 segelte der Seekreuzer unter Führung von Christian Massing und mit dessen Ehefrau Loni sowie dem gemeinsamen Zahnarzt-Freund Jochen Schmidt an Bord während der Regatta Rund Hiddensee bei Westsüdwestwind Stärke 5 bis 6 raumschots bei auflandigem Wind an der Außenküste von Hiddensee entlang. Das Großsegel war gerefft. Der Skipper führte selbst das Ruder.

Die Regatta Rund Hiddensee wird mit Start und Ziel in Stralsund in zwei bis drei Etappen gesegelt und für mindestens einen Tag im kleinen Fischer- und Feriendorf Kloster auf Hiddensee unterbrochen. Das beliebte Seglerziel liegt an der Südküste des hohen Dornbusches, praktisch an der Innenseite des Handgriffes der langen, regenschirmförmigen flachen Sandinsel.

Die Teilnahme an der Regatta ist für die meisten Küstensegler die einzige Gelegenheit, wenigstens einmal jährlich den Bug ihrer Boote der offenen Ostsee zuzuwenden und dabei einige Stunden lang auf der freien See unter Seegangsbedingungen zu segeln. Der vorherrschende westliche Wind und das Bestreben, die Wettfahrtdistanz vom Auslaufen aus dem Gellen, der bereits an anderer Stelle beschriebenen schmalen Mausefallenöffnung zwischen Hiddensee und dem Darß, bis zum Einlaufen in den Libben, der trichterförmigen Flachwasserenge zwischen Hiddensee und Rügen, nicht unnötig zu verlängern, hält die teilnehmenden 30 bis 50 Yachten ohnehin in enger Tuchfühlung zur Küste. So läßt sich das Regattafeld von den Grenzpolizei-Kontrolltürmen am Ufer jederzeit gut überblicken, und das ständig im Libben stationierte Polizei-Kontrollboot muß beim Einlaufen nur die gleiche Zahl von Yachten feststellen, die von den Grenzpolizei-Kollegen beim Auslaufen aus dem Gellen gemeldet wurden.

Bei jeder Regatta segelt man weitgehend in einem Pulk — nicht nur wegen der ziemlich identischen Größe der Konkurrenten, sondern auch aus Gründen der Taktik. So lief an diesem 10. Juni auch Christian Massing mit seinem Kielschwerter etwa 300 m vom Strand entfernt an der Insel entlang, vor, neben und hinter sich andere, ähnlich große Seekreuzer, mit denen er in seiner Klasse um die Wette segelte. Alle Boote befanden sich in Sicht-, ja sogar in Rufweite voneinander, und jene, die sich noch dichter als die GO 439 unter Land hielten, segelten dort schon mit gefährlichem Risiko; denn die noch weit vor der Insel ohnehin nicht große Wassertiefe nimmt zum Ufer hin gefährlich schnell ab.

Christian Massing, 39 Jahre alt, war ein erfahrener Segler. Aber Seesegelerfahrungen kann man in der DDR kaum machen. Eine Regatta rund Hiddensee, die allerdings nur ein Dutzend Tagesstunden dauert, ist eine der wenigen Gelegenheiten dazu. Frau Loni und Jochen Schmidt hatten gerade ihren Segelschein erworben. Beide machten zwar nicht ihre erste Segeltour, aber sie wurden dann plötzlich und in einer Art und Weise mit seglerischer Verantwortung beladen, die man niemandem wünschen möchte.

„Kurz bevor wir den nördlichsten Punkt des Regattakurses erreicht hatten, also am weitesten draußen auf der herrlichen, freien See standen", berichtete mir Loni Massing später, „baten wir Jochen Schmidt, doch einige Fotos zu machen. Der Außenstrand von Kloster war querab, unser Boot lag weit über, wie es bei beginnendem Starkwind üblich ist, und wir machten raumschots schnelle Fahrt. Jochen kniete sich also in Masthöhe in Lee auf das Deck, um uns im Cockpit aufzunehmen – aber daraus wurde nichts: In der überkommenden Gischt wurde die Kamera naß. Als er daher in die Plicht zurückkriechen wollte, holte das Boot stark über, und Jochen wäre vollends über Bord gefallen, wenn ich ihn nicht noch an einem Bein hätte festhalten können. Bei dieser Arbeit bemerkte ich nicht, daß auch mein Mann in meinem Rücken durch die gleiche plötzliche Krängung ins Wasser geschleudert worden war. Er konnte sich jedoch offenbar noch an der Pinne des hart überliegenden Bootes festhalten.

Ich hatte kurz vor der Krängung von meinem Mann die Großschot übernommen und von unserem Freund vor dem Fotografieren die Fockschot erhalten. Ich saß also mit einer Schot in jeder Hand und mit den Füßen zur Gegenbank auf der Luvseite der Plicht ziemlich unbeweglich, als das Unglück passierte. Um unseren Freund wieder an Bord zu ziehen, mußte ich beide Schoten loslassen. Dabei richtete sich unser Boot schnell auf, und mein im Wasser befindlicher Mann mußte die Pinne loslassen und konnte sich über den hohen Bordrand nicht sofort in die Plicht zurückziehen. So erkläre ich es mir wenigstens, denn in mich aufgenommen habe ich diese Situation nur unbewußt. Mein Mann, der sich inzwischen als guter Schwimmer ohne Anstrengungen über Wasser hielt, rief mir ruhig zu, wir sollten wenden."

Aber dies war leichter gesagt als getan: Christian Massing hatte für die Regatta das Rollreff außer Betrieb gesetzt, weil schweres Wetter angesagt war und er vermeiden wollte, daß ein Besatzungsmitglied nach vorne kriechen mußte, falls die Rollenleine ablief. „Christian hatte da schlechte Erfahrungen gemacht." Die beim Rettungsmanöver losgegebene Fockschot hatte nun bewirkt, daß die Fock nach vorn umschlug und sich die Stagreiter verklemmten. Die Fock hatte dadurch in ihrem oberen Drittel einen Bauch erhalten, so daß der Kielschwerter in der hohen See erst nach drei Anläufen wenden konnte.

„Unser Boot wendete schon ohne Fock schwer", sagte Loni Massing, „aber mit einem Gegenbauch war dies nicht einmal mit aller Kraft möglich." Und dann fuhr sie zögernd fort: „Mein Mann trug keine Schwimmweste. Ich holte zwar sofort zwei Schwimmwesten aus der Kajüte, um ihm eine davon zuzuwerfen. Da ich jedoch sah, daß sie ihn bei der inzwischen weiten Entfernung doch nicht erreichen würde, unterließ ich es." Im nachhinein betrachtet wäre die Schwimmstrecke zur Schwimmweste sicher sehr viel kürzer gewesen als zum vermeintlich rettenden Strand. Aber zuerst Loni weiter: „Nach dem Wenden hatte ich unseren Freund an die Pinne gesetzt und ihm eine Schwimmweste umgebunden. Ich selbst versuchte, auf dem Gegenkurs, den wir jetzt segelten, die Fock einzuholen und Ausguck zu halten. Aber beides blieb erfolglos. Nachdem wir etwa 20 Minuten lang auf Gegenkurs zurückgelaufen waren, entdeckte ich mit dem Fernglas einen Mann am Strand in Ölzeug, der sehr viel Ähnlichkeit mit meinem Mann hatte – noch ein Jahr später wurde mir übrigens von einem Clubkameraden, der meinen Mann sehr gut kannte, diese Ähnlichkeit bestätigt. Wir meinten also, daß mein Mann, der ein guter Schwimmer war, inzwischen die etwa 300-m-Strecke bis zum Strand geschafft hatte, und drehten daher wieder auf den alten Kurs zurück, hielten aber trotzdem die Augen offen.

„Um meinen Mann machte ich mir keine Sorgen mehr – aber um unser Boot mit der havarierten Fock. Jochen und ich waren jedoch zuversichtlich, daß wir beide es auch allein schaffen würden, mit der verklemmten Fock um den Dornbusch herumzusegeln und dann in den Libben einzukreuzen. Mein Mann würde sich in Kloster wohl schon Sorgen machen, ob uns allein dieser schwierige Kurs gelingen würde."

Es war ein tragischer, für Christian Massing tödlicher Irrtum, ihn mit einem Spaziergänger an Land zu verwechseln, und man wird nicht nur über die Unerfahrenheit der Restcrew an Bord des Seekreuzers bestürzt sein, sondern auch über die mangelhafte Ausrüstung mit Sicherheitsgeräten, die sonst überall auf der Welt für Yachtsegler beim Seesegeln selbstverständlich sind.

„Richtige Sicherheitsgurte hatten wir nicht an Bord, weil es vorgefertigte Geschirre in der DDR nicht gab", erklärte Loni Massing. „Eine solche Forderung war von der Wettfahrtleitung auch nicht gestellt worden. Auch das Anlegen von Sicherheitsgurten hatte man natürlich somit nicht verlangen können. Der Schiffsführer muß bei uns alles allein entscheiden. Aber er kann nicht Geräte in Betracht ziehen, die er nicht hat und die es nicht gibt."

Man hat der Restcrew später auch vorgehalten, sie hätte keine Seenotsignale gegeben; denn wenn ein Mann über Bord gegangen ist, liegt bekanntlich ein Seenotfall vor. Die in der Nähe und noch dichter unter Land segelnden Regattateilnehmer hätten ja helfen können, als das Unglück geschah, wenn sie es nur bemerkt hätten.

„Wir hatten nur eine einzige Seenotrakete an Bord", stellte hierzu Loni Massing fest, „und an dieses in der Kajüte verstaute Signalmittel dachten wir bei den vielen anderen Aufgaben, die wir plötzlich allein zu entscheiden hatten, natürlich zuletzt. Aber wir hatten während unserer vergeblichen Versuche zu wenden eine seewärts vorbeilaufende Yacht, die nur etwa 5 bis 7 m neben uns segelte, durch Zurufe auf unseren Notfall aufmerksam gemacht. Hätte die Crew, die uns ohnehin sehr gut kannte, weniger unter Regattafieber gelitten und uns beim Vorbeisegeln, durch das sie einen Platz in der Wertung gewann, nur etwas genauer beobachtet, dann hätten ihr die nur zwei Personen bei uns an Bord und das Fehlen des dritten Mannes auffallen müssen. Die Konkurrenz hätte auch durch die mißlingenden Wenden sowie unseren Gegenkurs stutzig werden müssen. Auch ein anderes Boot, das etwas achteraus und landseitig versetzt den Unfall und unser Rufen hätte bemerken müssen, segelte seinen Kurs unbekümmert weiter."

So galt auch beim Einkreuzen von GO 439 in den Libben die einzige Sorge von Loni und Jochen der Tatsache, daß die Regatta ohne sie beendet wurde, während sie noch dabei waren, immer wieder auf die offene See zurückzusegeln, um neuerlich Höhe für den nächsten Schlag nach Süden zu holen. Aber dennoch gelang es den beiden nicht, in den Libbenstrom einzukreuzen.

„Wir haben dann bei Dranske an der Küste Rügens geankert, weil zwischendurch starke Regenböen die Sicht vollkommen behinderten", schloß Loni Massing ihren Bericht. „In dem verhältnismäßig flachen Wasser und dem weichen Grund hielt der Anker jedoch schlecht. Erst als wir langsam auf die Küste zudrifteten, sichtete uns ein Polizeiboot, das uns bisher nicht vermißt hatte. Es schleppte uns an einer sehr langen Trosse in Richtung Kloster, wobei man uns ständig unter Wasser zog. Erst als wir uns bemerkbar machen konnten, holte man unser Boot kürzer. Und auch erst jetzt ergab sich eine Gelegenheit, über den Vorfall berichten – doch nur von Bord zu Bord und kurz.

In Kloster angekommen, suchten wir sofort nach meinem Mann. Ich ging nach Langerort zum Seglerhafen, Jochen Schmidt nach Kloster in das Dorf. Als wir nach erfolgloser Suche melden mußten, daß mein Mann vermißt wird, wurden wir bei der anschließenden Vernehmung durch die Polizei sofort getrennt und in Gewahrsam genommen. Nach meinem Mann wurde von behördlicher Seite nicht gesucht.

Mehrere Stunden später wurden wir getrennt verhört, und noch in der Nacht mußten wir nicht gelesene Protokolle unterschreiben. Man nahm wohl an, daß sich mein Mann nach Westen absetzen wollte. Die entsprechenden Fragen waren darauf ausgerichtet."

In den folgenden Junitagen herrschte schlechtes Wetter, und Loni Massing konnte einige Bekannte bei Behörden und Polizei bitten, nach ihrem verschollenen Mann zu suchen. Erst drei Wochen später wurde die Leiche des Seglers Christian Massing in Dranske angespült und von Lonis Bruder identifiziert.

Für die junge Ehefrau wurde der unerwartete tragische Tod ihres Mannes Gewißheit. Für die Behörden war der Leichenfund zumindest der beruhigende Beweis, daß eine Republikflucht mit Hilfe der Teilnahme an der jährlichen Regatta Rund Hiddensee nicht möglich war und ist. Für uns bleibt das Erschrecken über beides.

Mann über Bord!

Vater, Mutter und Söhne über Bord

In jedem Jahr fallen immer wieder zahlreiche Segler über Bord, und fast alle finden den Tod bei einem solchen Unfall. Aber kaum ein Segler zieht die Lehren aus solchen Vorfällen und gurtet sich auf seiner Yacht an, weil er aus Erfahrung weiß, daß alle noch so gutgemeinten und mit Fleiß geübten Rettungsmanöver letztendlich doch erfolglos bleiben werden. Ich berichte hier von meinen „Schlüsselerlebnissen", die mein seemännisches Denken und Handeln in bezug auf die Sicherheit bei Decksarbeiten nachhaltig beeinflußt haben: die Notfälle auf der HAMRAH, als eine Mutter ihren Mann und ihre Söhne über Bord verlor, und auf der L'ARTEMIS DE PYTHEAS, als der Ehemann und Skipper zum zweitenmal seine Frau und die Mutter seiner Kinder unwiederbringlich über Bord stürzen sah.

In der Praxis heißt es: „Mann über Bord!" Und so lehrt man es auch in Büchern, allerdings meistens mit dem in Klammern gesetzten Zusatz: „Boje über Bord!" Doch damit vermischt man nicht nur eine mögliche todernste Situation mit der Unverbindlichkeit einer Übung, bei der auch das Mißlingen keine tragischen Folgen hat. Man schiebt dieses Notmanöver auch weit aus dem eigenen Bewußtsein, weil man eben nicht selbst über Bord gefallen ist oder retten muß, sondern „man" über Bord fällt − irgendein anderer Unbekannter oder sonstiger dritter.

Eigene Vorsicht wird jeder als Mitsegler erst üben oder eine besonders fürsorgliche Verantwortung für seine Mitsegler wird jeder Skipper erst lernen, wenn er selbst einmal über Bord gefallen ist (und, was mehr die Ausnahme als die Regel ist, gerettet werden konnte), wenn er das Überbordfallen eines nahen Angehörigen erlebt hat oder wenn ihn ein beschriebener und im Ablauf tragischer Unglücksfall äußerst nahe oder, wie man treffend sagt, „unter die Haut" gegangen ist.

Von dem ersten erschütternden Überbord-Unfall las ich als junger Segler, wenige Jahre nachdem er sich ereignet hatte, und er beeindruckte mich so nachhaltig, daß ich von da an nicht nur mich, sondern später auch meine Frau und meine Kinder immer ganz besonders sorgfältig, ja pedantisch vorsichtig gegen ähnlich mögliches Geschehen schützte. Der zweite Unfall, der mich nicht minder erschütterte, ereignete sich nahezu vorgestern. Wenn auch zwischen beiden Ereignissen fünf Jahrzehnte liegen, in denen nicht nur unsere Boote sicherer, sondern auch unsere Rettungsgeräte auf Yachten technisch immer besser wurden, so zeigen doch beide Unfälle, daß sich in dieser langen Zeit weder die Verhältnisse an Bord merklich geändert noch wir Segler selbst sehr viel dazugelernt haben.

Nur wenn wir uns immer wieder eingestehen, daß ein Sturz über Bord in fast allen Fällen auf die Ursache „menschliches Versagen" zurückzuführen ist, um einmal diesen herzlosen Begriff der Publizistik zu gebrauchen, und der Sturz eines Menschen über Bord in fast allen Fällen ganz zwangsläufig seinen Tod bedeutet, der durch kein einziges, in Theorie und Praxis geübtes vermeintliches Bergemanöver verhindert werden kann, werden wir uns vor diesem nassen Tod des Erfrierens, Ertrinkens oder des vorangegangenen Herzversagens mehr als bisher in acht nehmen.

Aber nun zu meinen „Schlüsselerlebnissen":

Es war während der Norwegen-Regatta 1935, die von Newport (USA) nach Bergen (Norwegen) über eine Distanz von etwa 3500 sm führte und an der fünf amerikanische Yachten sowie die deutsche Ketsch STÖRTEBEKER unter Ludwig Schlimbach teilnahmen. Am 8. Juni war der Start am bekannten Brenton-Reef-Feuerschiff erfolgt, und zehn Tage später lagen die sechs Yachten nicht nur durch die Wahl eines mehr nördlicheren und somit kürzeren oder mehr südlicheren und dementsprechend längeren Kurses, sondern auch durch ihre unterschiedlichen Geschwindigkeiten unter Segeln weit auseinander.

Die HAMRAH war eine schwere Gaffelketsch von 16,46 m Länge, 3,71 m Breite und 1,98 m Tiefgang, die dem Amerikaner Robert R. Ames gehörte und von ihm, seinen beiden 23 und 20 Jahre alten Söhnen Richard und Henry sowie drei anderen jungen Männern gesegelt wurde. Es war die für damalige Verhältnisse übliche Anzahl der Besatzungsmitglieder, obwohl das früher so schwere Geschirr mehr Arbeit erforderte und dafür auf jeder Wache zum Schotentrimmen und für Segelmanöver drei Personen erforderlich waren.

Robert Ames wußte, daß er auf dieser Ozeanwettfahrt keinen Pokal gewinnen konnte. Es ging ihm daher mehr um das unvergeßliche Segelerlebnis eines Vaters mit seinen beiden erwachsenen Söhnen, zwischen denen das persönliche Verhältnis besonders eng gewesen sein mußte. Vielleicht war es ein wenig tiefer als in anderen Seglerfamilien, und hieran hatte sicher auch die Mutter, die ihre drei Männer so vertrauensvoll zu einem gemeinsamen Erlebnis des Hochseesegelns hatte hinausfahren lassen, einen nicht unbeträchtlichen Anteil.

Am Morgen des 19. Juni stand die HAMRAH auf etwa 46° N und 40° W, auf halbem Wege zwischen den Kontinenten, als das Unglück geschah: Es herrschte schweres Wetter, und die HAMRAH nahm viel Wasser über Deck. Vater Robert Ames saß im Beiboot, das aufrecht hinter dem Großmast an

Deck gezurrt war und in dem er sich offenbar vor den überkommenden Seen am sichersten wähnte, als die HAMRAH plötzlich besonders weit überholte und eine außergewöhnlich hohe See den Skipper über Bord warf. Es gelang dem Vater nicht mehr, sich an einem der zahlreichen über Deck gespannten Strecktaue festzuhalten.

Auf den entsetzten Ruf des Rudergängers: „Mann über Bord!" stürzte die Crew, allen voran der älteste Sohn Richard, an Deck, und als der Sohn den Vater in der hochgehenden See treiben sah, band er sich eine Leine um den Leib und sprang ihm nach. Die Leine, die den Retter mit der Yacht verband, erwies sich jedoch als zu kurz. Ohne lange nachzudenken, machte sich Richard daher los und erreichte schwimmend seinen Vater.

Inzwischen hatte die HAMRAH mit den an Bord verbliebenen Seglern halsen und zur Unfallstelle zurücklaufen können, aber sie blieb bei ihrem Rettungsmanöver eine Bootslänge vor den beiden im Wasser treibenden Männern stehen. Als die Seen die Yacht nicht nur gestoppt hatten, sondern das Boot sogar wieder abzutreiben begann, konnte die Crew nur einen Rettungsring werfen und einen neuen Anlauf fahren. Beim zweiten Halsemanöver brach jedoch der schwere, massive Großbaum, der das etwa 60 m^2 große Gaffelsegel hielt, und die HAMRAH kam in noch viel weiterem Abstand von jener Stelle zum Stehen, wo Vater und Sohn jetzt schon sehr lange mit der See kämpften.

In dieser verzweifelten Situation machte der jüngere Sohn Henry das Beiboot klar, setzte es aus und versuchte, dem Vater und dem Bruder zu Hilfe zu kommen. Als er die Unfallstelle erreichte, schwamm jedoch nur noch der Bruder. Der Vater, der beim Sturz über Bord Ölzeug und Gummistiefel getragen hatte, war anscheinend bereits ertrunken.

Als Henry seinen Bruder in das Rettungsboot ziehen wollte, schlug dieses um. Beide Brüder klammerten sich jetzt im Wasser an das Boot – das war das letzte, was die auf der HAMRAH verbliebenen drei Besatzungsmitglieder von ihnen sehen konnten.

An Bord hatte inzwischen der junge Charles F. Tillinghast die Führung der mit gebrochenem Großbaum manövrierunfähig nach Lee abtreibenden Yacht übernommen. Erst nach zwei Stunden gelang es den drei Männern, die havarierte Ketsch wieder an die Unfallstelle zurückzukreuzen. Sie sichteten jedoch weder das Dingi noch die beiden Brüder, und sie konnten auch in den folgenden vier Stunden, in denen sie die Unfallstelle von Nord nach Süd und von Ost nach West in immer neuen Schlägen absuchten, keine Spur mehr von Robert Ames, seinen beiden Söhnen und dem vermißten Rettungsboot entdecken.

In den folgenden zwei Tagen mußte die HAMRAH im Sturm beiliegen, ehe sie mit ihrer kleinen Crew nach Sydney an der kanadischen Küste von Neuschottland zurückkehren und über die tragischen Ereignisse berichten konnte. Charles F. Tillinghast erhielt für diese hervorragende seemännische Leistung die „Blue Water Medal", die höchste Auszeichnung, die der Cruising Club of America jährlich an einen Hochseesegler vergibt.

Der Atlantik hat hier nicht nur drei Seglerleben gefordert, er hat auch den männlichen Teil einer Familie ausgelöscht. Es steht uns wohl nicht an, über mögliche menschliche Fehler nachzudenken, die zu dieser Familientragödie führten. Wir können uns daher nur vor dem opferbereiten Einsatz der beiden Söhne zur Rettung des Vaters verneigen und uns insgeheim die Frage stellen, ob wir in schwerem Wetter an Deck einer Yacht vor einer ähnlichen Entscheidung genauso geistesgegenwärtig und schnell gehandelt hätten. Und wir können bei uns an Bord alles tun, damit der Sturz eines Seglers über Bord vermieden wird. Denn nur dadurch verhindern wir auch alle möglichen und oft ganz zwangsläufig tragischen Kettenreaktionen wie im Falle HAMRAH.

Für alle diejenigen Segler, die sagen: „Ich bin ein erfahrener Mann!" und sinngemäß für alle Seglerinnen, die feststellen: „Ich bin eine erfahrene Frau, und mir kann so etwas nicht passieren", sei hier der zweite eingangs angekündigte Unfall geschildert, der sich am 26. Januar 1985 und ebenfalls auf dem Nordatlantik ereignete:

Peter Tangvald ist einer jener beneidenswerten Segler, die mit einem Seekreuzer über die Weltmeere schippern können, ohne gelegentlich im Hafen den Lebensunterhalt für die nächste Etappe verdienen zu müssen. Der Amerikaner norwegischer Herkunft ist sicher kein reicher Mann. Aber er ist ein glücklicher Mensch, wenn er als Yachtsegler unterwegs ist. Einige wenige Episoden aus seinem Leben zeigen jedoch, daß auch das Segeln über blaues Wasser, der Besuch fremder Länder und der Hafenaufenthalt unter Freunden nicht immer nur eitel Freude und Sonnenschein ist. Im Gegenteil: Bei Peter Tangvald überwiegen zwar an Zahl die glücklichen Stunden, aber menschliches Leid läßt die Bilanz seiner Blauwasserzeit doch tragisch-negativ erscheinen.

In einem anderen Buch habe ich erzählt, wie Peter Tangvald am 12. März 1967 nach einer fünfjährigen Weltumsegelung seinen 9,75 m langen Seekreuzer DOROTHEA durch eine Kollision mit einem Fremdkörper im Seegebiet von Barbados verlor, bei Nacht in sein kleines Beiboot gehen mußte und 50 sm im winzigen Dingi zurücklegte, ehe er den Strand der Karibikinsel Canouan erreichte.

Einige Jahre später erwirbt er den 15 m langen Kielschwert-Gaffelkutter L'ARTEMIS DE PYTHEAS, heiratet die junge Französin Lydia und startet 1976 zu einer neuen Weltreise, die ihn diesmal von Europa durch das Rote Meer und den Indischen Ozean bis in das Chinesische Meer führt.

Auf dieser Reise wird mitten im Indischen Ozean und fernab jeder Küste an Bord der Sohn Thomas geboren, der später dem Vater einen jahrelangen, völlig unerwarteten Papierkrieg beschert: Thomas besitzt keine offizielle medizinische und damit auch keine behördlich-amtliche Geburtsurkunde, weil er ja im Niemandsland der hohen See das Licht der Welt erblickte und weder ein Arzt noch eine Hebamme bei seiner Geburt anwesend war. Ja, es hatte nicht viel gefehlt, und man hätte den kleinen Thomas als „gestohlenes Baby" dem Vater wieder weggenommen.

Denn die Mutter, die einzige „Zeugin" seiner Geburt, kam bei einem folgenschweren Überfall durch Piraten am 10. Februar 1979 in der Sulu-See ums Leben. Wie Peter Tangvald in einer glücklichen Stunde auf See Vater geworden war, wurde er nur wenige Monate später durch eine unglückliche Begegnung an einem ähnlich schönen, sonnigen Segeltag Witwer. Und daß er selbst von den Piraten nicht ermordet wurde, verdankt er nur seinem kleinen Sohn, der sich in diesen tragischen, über Leben und Tod entscheidenden Sekunden so kindlich-hilflos an seinen Vater klammerte.

Ein Mann, ein Sohn und ein Schiff allein in der Fremde! Aber wenig später findet Peter Tangvald Ann, eine junge Chinesin aus Malaysia, die das Leben der beiden Yachties teilt, den Sohn betreut und den Vater lieben lernt. Es ist eine zarte, bemerkenswerte Beziehung.

Auf der Rückfahrt in die westliche Hemisphäre wird die L'ARTEMIS DE PYTHEAS im November 1980 auf ihrem Ankerplatz in Gabes vor der tunesischen Küste von Räubern überfallen. Weniger unter der Drohung von Mord, sondern allein durch die Androhung der Vergewaltigung von Ann erpressen die Piraten auch den letzten, versteckten Geldbetrag an Bord des betagten hölzernen Gaffelkutters.

Und nach ihrem Weggang kommt es am anderen Morgen zu einem Gespräch der beiden Erwachsenen an Bord, das Peter Tangvald viele Jahre später vielleicht mehr belastet hat, als er vorher jemals annahm.

„Angenommen, die Banditen hätten mich getötet", sagt Ann nach diesem Überfall ganz ruhig und gefaßt, „glaubst du etwa, die Polizei würde dir deine Story abnehmen, daß mich drei geheimnisvolle Unbekannte umgebracht haben, die niemand gesehen hat? Immerhin wäre ich die zweite Frau gewesen, die auf deinem Boot in weniger als zwei Jahren ohne Zeugen ums Leben gekommen ist. Muß da nicht zuerst einmal der Verdacht auf dich selbst fallen? Du mußt ja kein ordinärer Mörder sein, aber vielleicht ein Geisteskranker, der seine Frauen umbringt. Um dich selbst von einem Verdacht reinzuwaschen, erzählst du dann Geschichten von Piraten und Banditen, die niemand belangen kann."

„Ja, das ist mein Problem", murmelt Peter. Es ist die befürchtete Situation, in die alle Boote kommen können, die mit einem Ehepaar an Bord oder mit nur zwei Seglern als Besatzung unterwegs sind: Wenn einer von beiden über Bord fällt, einen Herzanfall erleidet, den Tod durch eine Verletzung oder eine Krankheit findet, dann ist während einer Langfahrt immer eine Bestattung auf See notwendig. Und dann gehört für Außenstehende gelegentlich nicht viel dazu, um das übriggebliebene Crewmitglied des Mordes zu verdächtigen. Schon ein Ehekrach im letzten Hafen, den Zeugen mitbekommen haben, oder der laute Streit unter Männern, den man auf dem Nebenboot hören konnte, können Ausgangspunkte solcher Verdächtigungen sein. Aber nach diesem schrecklichen Erlebnis kehrt wieder der glückliche Alltag an Bord der L'ARTEMIS DE PYTHEAS ein. Ja, das Seglerglück findet einen neuen Höhepunkt: Der Gaffelkutter segelt über den Atlantik in die Karibik, und hier in Martinique heiraten Peter und Ann im Sommer 1982. Es folgt wieder eine glückliche Zeit, über die Peter im Dezember 1983 seinen Freunden in einem Brief berichtet, den er seiner gerade geborenen kleinen Tochter Carmen zudichtet:

„Mein Name ist Carmen Tangvald. Ich wurde vor sieben Wochen hier in Portugal geboren, aber mein eigentliches Leben begann bereits neun Monate vorher auf Martinique. Seit dieser Zeit kreuzten wir durch die Karibik und segelten dann über den Atlantik. Wir, das sind mein Vater Peter, meine Mutter Ann und mein Halbbruder Thomas. Wir ankerten hier in der Lagune von Faro in Südportugal, wo wir kurz vor meiner Geburt mit unserem großen Kielschwerter einliefen, denn ich hörte, daß dies ein sehr empfohlener Ort für die Geburt von kleinen Mädchen in der Alten Welt ist.

Vor meiner Geburt setzten jedoch die Wehen sehr spät ein, und ich glaube, mein Vater hat einen neuen Weltrekord im Pullen mit einem Zehn-Fuß-Dingi aufgestellt, als er mich mit meiner Mutter so schnell wie möglich vom Ankerplatz in das örtliche Krankenhaus bringen mußte. Wenn ich die für mich noch ein wenig konfusen Gespräche der Eltern recht verstanden habe, wollten sie in jedem Falle vermeiden, daß ich (wie schon mein Bruder) ohne eine amtliche Geburtsurkunde zur Welt komme. Von einem solchen Papier scheint ja im Leben unendlich viel abzuhängen, obwohl mein Bruder wie eine maßstäbliche Verkleinerung seines Vaters aussieht und niemand daran zweifeln könnte, daß beide Vater und Sohn sind."

Die nunmehr vierköpfige Familie Tangvald bleibt den Winter und den Frühling in Portugal, versegelt dann zu den Kanarischen Inseln und startet hier zu Beginn des Jahres 1985 zum Rückweg über den Atlantik. Und auf diesem Weg nach Martinique, wo das Glück der zweiten Seglerehe für Peter Tangvald begann, und mit der kleinen Tochter Carmen an Bord, die jetzt eineinhalb Jahre alt ist − genauso alt, wie ihr Bruder Thomas war, als dessen Mutter Lydia vom gleichen Deck ins Meer stürzte −, passiert das, was Peter Tangvald in diesem erschütternden Bericht schildert:

„Es war am 26. Januar 1985, als wir nach dem Verlassen der Kanarischen Inseln mit Westkurs vor einem sehr frischen Passat liefen. Nach dem Frühstück stieg Ann an Deck, um wie allmorgendlich die Windeln zu waschen, während ich in die Vorderkajüte ging, um hier mit den Kindern zu spielen. Nach einer Weile machte ich mich ebenfalls auf den Weg nach oben, um Ann zu helfen.

Sie war gerade mit dem Waschen fertig und hatte begonnen, die Windeln zum Trocknen auf eine Leine zu hängen, als ich bemerkte, daß die Wäscheleine etwas zu nahe an der Windfahne unserer Selbststeueranlage hing und diese in ihrer Bewegung behinderte. Unser Schiff hatte gerade begonnen, von seinem eingestellten Kurs abzuweichen. Bevor ich jedoch Zeit hatte, die Leine zu klarieren, so daß uns die Selbststeueranlage wieder auf den alten Kurs zurückbringen konnte, setzte unser Boot zu einer Halse an. Es gelang mir noch, Ann eine Warnung zuzurufen, damit sie sich vor dem übergehenden Großbaum ducken sollte. Doch es war schon zu spät: Ehe sie sich in Sicherheit bringen konnte, wurde sie von dem mit aller Gewalt nach Lee schwingenden Baum erfaßt und über Bord katapultiert. Gleichzeitig holte das Boot hart über und luvte an.

Obwohl es mir nach wenigen Sekunden gelang, unser Boot in den Wind zu drehen, hatte ich Ann bei diesem Manöver bereits aus der Sicht verloren. Mein achtjähriger Sohn Thomas war nach meinem lauten Ruf an Deck gekommen und half mir in den folgenden sechs Stunden, an der Unfallstelle auf und ab zu stehen und nach Ann zu suchen. Aber wir sahen sie nicht wieder. Wahrscheinlich hat sie der schwere Großbaum am Kopf getroffen, und sie war schon besinnungslos, ehe sie ertrank."

Die noch folgenden Zeilen von Peter Tangvalds Brief an seine Freunde sind nicht für eine Veröffentlichung bestimmt. Jeder von uns wird auch so wissen, wie es in einem segelnden Vater aussieht, der in wenigen Jahren vom Deck seiner L'ARTEMIS DE PYTHEAS, die für die ganze Bordfamilie immer eine glückliche Insel des Lebens war, zwei Frauen verloren hat und nun mit dem achtjährigen Thomas und der noch nicht einmal zweijährigen Carmen allein dasteht.

Von einer Sekunde zur anderen ist er ein einsamer Mann geworden, ohne die Kameradin als Kamerad, und er ist von nun an auch nicht nur mit Kochen und Hausarbeit, mit Schularbeiten für den Ältesten und Babypflege für die Jüngste überfordert, sondern er mag auch dieses Schiff nicht mehr, und selbst das Segeln ist ihm zu einer fragwürdigen Freude geworden.

Aber vielleicht mehr noch wird Peter Tangvald sein Leben lang belasten: Er hat zwei Frauen von Bord ein und derselben Yacht verloren. Es waren nicht nur zwei Menschen, für die er als Skipper die Verantwortung an Bord getragen hatte. Es waren gleichzeitig die Mütter seiner beiden Kinder.

Und was wird er diesen heranwachsenden Halbwaisen einmal sagen, wenn sie ihn nach den Ursachen fragen, die zu den Unfall-Toden ihrer Mütter führten? Werden sie ihm ohne den geringsten Argwohn und aus ehrlichstem, tiefstem Herzen immer glauben, daß er an beiden tödlichen Unfällen wirklich unschuldig war? Wird er es selbst glauben? Und war er es wirklich?

„Vater, Mutter und Söhne über Bord!" Kann man beide, zeitlich so weit auseinanderliegende Unfälle zu einer einzigen Überschrift verbinden? Ich glaube doch:

● Ein einziger unbewachter Augenblick nahm Ann das Leben und veränderte das glückliche Dasein eines Peter Tangvald.

● Ein einziges unerwartetes Ereignis und seine unheilvolle Kettenreaktion nahmen der Mutter Ames ihren Mann Robert und ihre beiden jungen Söhne Henry und Richard.

Beide Unfälle haben mich tief ergriffen, der erste in meiner Jugend genauso nachhaltig wie der andere in meinen Mannesjahren. Und beide Ereignisse sind mir immer gegenwärtig, wenn ich mit meiner Frau und meinen Kindern auf unserem CORMORAN unterwegs bin. Vielleicht dienen sie auch anderen Seglern als warnendes Beispiel. Denn bekanntlich ist es nur das (gute wie schlechte) Beispiel, das uns erzieht.

Der Tod neben der Bordwand

Wer von einer segelnden Yacht über Bord fällt, ist ein Todeskandidat. Er kann nur noch passiv auf seine Rettung warten, wenn sein Sturz wirklich bemerkt worden ist. Aktiv helfen kann er nicht, und je länger er in kaltem Wasser schwimmen muß, desto mehr verlassen ihn die Kräfte. Auch der sonst beste Mann an der Pinne oder der kräftigste Mann auf Deck wird im Wasser zu einem hilflosen Bündel Mensch. Die rauhe Praxis beweist, daß fast jeder Segler, der über Bord fällt, auch ertrinken wird. Hier sind viele tragische Beispiele für diese Feststellung.

Mein Film-Team auf dem Vilm

Naomi James, die als erste Frau einhand um die Welt segelte und hierfür von der britischen Königin in den Stand einer „Dame" erhoben wurde, sagte einmal: „Ich habe nie geglaubt, daß die See gut oder schrecklich sein kann. Die See ist nur eine riesige Menge von Wasser, ohne Gefühl, Haß oder Sympathie."

Tatsächlich ist die See naß, tief und teilnahmslos, wenn man ihr denn einige ihre Eigenschaften charakterisierenden Beiwörter voranstellen müßte, und sie beginnt am Liegeplatz, weit vor dem Auslaufen, um erst nach dem Einlaufen hinter der Hafeneinfahrt wieder zu enden. Der Tod lauert neben der Bordwand auf jeden Menschen, der das Deck einer Yacht oder eines Schiffes betritt, wenn er sich nicht ordentlich vorsieht.

Ich erlebte diese Tatsache zum erstenmal, als ich im Herbst 1941 mit meinem Schiff in seinen Heimathafen Bremerhaven zurückkehrte und am folgenden Morgen die schmale, von der Pier auf der einen und von der Bordwand auf der anderen Seite wie eine schmale Hochhausschneise eingeengte, kaum einen Körper breite Wasserfläche bis zum darunterliegenden Grund mit dem Wurfdraggen absuchen mußte: Ein Mann unserer Crew hatte bei der nächtlichen Rückkehr von Land die Stelling verfehlt und war hier hineinge-stürzt. In der engen Wasserkammer hatte er sich weder mit den Händen an den glitschigen Wänden halten noch hatte er schwimmen können.

Und diese Tatsache, daß die Gefahren der See allgegenwärtig sind, sogar am Bojenliegeplatz in flachem Wasser gelten und daß auch hier auf Rettung kein Verlaß ist, erlebte ich noch einmal hautnah (aber nicht zum letzten Male!) im August 1954, als ich von der kleinen Insel Vilm im Greifswalder Bodden aus auf meinem kleinen Seekreuzer CORMORAN einen Segelfilm drehen wollte. Die beiden Berliner Kameramänner hatten sich mit ihrer Ausrüstung neben unser Beiboot, das uns zum nur einige Bootslängen vom Ufer veran-kerten Seekreuzer bringen sollte, an den Strand gesetzt, während ich noch einmal kurz zu unserem auf dem Hochufer liegenden Haus emporgestiegen war, um einige Sachen zu holen. Als ich mit meiner Frau einige Zeit später zum Wasser zurückkehrte, waren die beiden noch mit Stiefel und Mantel be-kleideten Männer samt ihrer Ausrüstung und unserer „Kinderwiege", wie wir das für die begrenzte Decksfläche eines kleinen Seekreuzers gebaute Dingi nannten, verschwunden. Wir dachten uns nichts Böses. Vielleicht hat-ten Egon Steiner und Wolfgang Felske noch eine kurze Entdeckungsfahrt am Strand und am Hochufer entlang gemacht und waren hinter der nahen Huk außer Sicht gekommen.

Aber dann sahen wir plötzlich die „Kinderwiege": Kieloben trieb sie see-wärts unseres CORMORAN, gerade wieder hinter dem Heck sichtbar gewor-den. Wir erschraken, und wir ahnten Schreckliches. Mit anderen Booten und Seglern suchten wir die See vor unserem einsamen, traumschönen Strand ab und dann auch das Wasser in der Tiefe − und dabei fanden wir die beiden toten Freunde.

Auf halbem Wege zwischen Strand und Boot standen sie in kaum 3 m Wasser-tiefe auf dem Grund, voll bekleidet, mit den Kameras um den Hals. Offen-bar waren sie, unbemerkt, mit unserem kipplichen Beiboot gekentert, und sie hatten nicht einmal einen Hilferuf ausstoßen können (oder wollen?), weil ihnen die tödliche Gefahr dieser Kenterung vielleicht erst in den letzten Se-kunden ihres Lebens bewußt wurde, als die Tiefe sie nicht wieder freigab.

Ein kleines, schwaches Bändsel tötete einen großen, starken Segler

Dieser Tod neben der Bordwand droht uns allen, die wir uns beim Yachtsegeln auf die See hinauswagen, auch wenn diese Tatsache beileibe kein Wag-
nis mehr ist. Und er droht dem erfahrensten Skipper in Griffweite der Ansteuerungstonne genauso wie dem unerfahrenen Mitsegler. Die entsprechende Vorsorge hat nichts mit Angst oder Feigheit zu tun. Nur ein Leicht-
sinniger unterläßt sie:
So fand beispielsweise einer der wohl erfahrensten Segler unserer Zeit den
Tod, weil er eine notwendige Reparatur am Sicherheitsnetz seines Katamarans nicht rechtzeitig ausführte; denn es waren ja nur noch wenige Stunden
zu segeln, als dieses Netz an einer kleinen Stelle einriß. Und so ereilte ihn
der Tod beim Segelbergen vor der Ansteuerungstonne von Salcombe Harbor an der Südküste von England, in seinem Heimatrevier und nicht weit
von seinem Haus entfernt, als es auf die Festigkeit des Sicherheitsnetzes gerade an dieser Stelle ankam: Rob James, der Ehemann von Naomi James.
Rob James war 36 Jahre alt, als er von Bord fiel. Er hatte Mathematik und
Informatik studiert, ehe er bei dem englischen Segel-Hero Chay Blyth als
Charterkapitän auf den Kanarischen Inseln anmusterte. 1974 war er Skipper
auf der englischen 22-m-Ketsch SECOND LIFE beim Whitbread Round the
World Race, und im folgenden Rennen 1978 führte er mit Blyth' GREAT BRI-
TAIN II abermals eine Rennyacht auf der harten Südroute um den Globus.
1978 gewann er, wiederum mit Chay Blyth, auf dem Trimaran GREAT BRITAIN
IV das Round Britain Race. 1980 nahm er auf dem Mehrrumpfboot BOATFILE
am Atlantikrennen der Einhandsegler OSTAR teil. 1981 gewann Rob
James, abermals mit Chay Blyth, auf dem 20-m-Katamaran BRITTANY FER-
RIES das Two Star über den Atlantik, und 1982 siegte er wiederum beim
Round Britain Race.
Wie kann es passieren, daß ein Mann, der mit allen Wassern der Meere gewaschen ist und gut 100000 hart gesegelte Meilen in seinem Kielwasser weiß,
praktisch vor der Haustür über Bord fällt und wie einer seiner unerfahren-
sten Chartergäste hilflos in der See ertrinkt? Nun, ganz einfach:
Rob James überführte am 20. März 1983 den großen Trimaran COLT CARS GB
entlang der britischen Küste nach Hause, um ihn für die neue Regattasaison
zu überholen. Zu den Teilen an Bord, die obenan auf der Instandsetzungs-
liste standen, gehörten auch die zwischen den Rümpfen wie große Trampo-
lins gespannten Sicherheitsnetze. Es war kräftiges, robustes Netzwerk, auf
dem schon eine mehrköpfige Crew viele Monate lang herumgetrampelt war,
und es galt als zuverlässig. Aber jetzt waren Verschleißerscheinungen unver-
kennbar. Fäden waren aufgerissen, Bändsel durchgescheuert, breite Tritt-
flächen abgenutzt.

Als James beim Einlaufen nach Salcombe Harbor das Vorsegel auf dem schmalen vorderen Mittelschiff des Trimarans geborgen hatte, verlor er das Gleichgewicht und stürzte auf diese Netzfläche. Aber sie hielt ihn nicht, und anstatt zurückzufedern, verbreiterte sich ein Riß, und der Skipper stürzte zwischen Mittelrumpf und Seitenschwimmer ins Wasser. Auf seinen Schrei „Über Bord!" kam der Mitsegler Jeffery Houlgrave aus seiner Koje, wo er bis dahin geschlafen hatte, an Deck gestürzt. Er warf seinem Skipper einen hufeisenförmigen Rettungsring zu, der jedoch schon weitab fiel. Immerhin waren schon viele kostbare Sekunden vergangen, und der Trimaran machte auch nur mit einem verbliebenen Vorsegel immer noch schnelle Fahrt.

Nur mit Mühe gelang es Houlgrave, den Trimaran, der keinen Hilfsmotor hatte, nur mit dem kleinen Vorsegel und gegen die Tide an die Unfallstelle zurückzubringen. Aber bei vier verzweifelten Versuchen klappte es nicht, den Skipper wieder an Bord zu nehmen. Manchmal gelang es Houlgrave, den Trimaran bis auf 20 m an Rob James heranzubringen. Manchmal kam der Trimaran schon sehr viel weiter ab zum Stehen.

In seiner Verzweiflung sprang schließlich Houlgrave selbst über Bord. Er erreichte auch den durch die Kälte fast schon besinnungslosen Skipper. Doch der Versuch, ihn zurückzubringen, hatte keinen Erfolg. Nur mit Mühe gelang es Houlgrave selbst, sich wieder an Bord zu holen, den Trimaran in den Hafen zu bringen und dort Seenotalarm zu geben.

Schon (oder erst?) 40 Minuten nach seinem Sturz über Bord fand ein Hubschrauber Rob James in der See, aber er war bereits tot: unterkühlt und ertrunken.

Tragisch an diesem vermeidbaren Unfall sind auch die Tatsachen, die man später ermittelte: An Deck des Trimarans lag einsatzbereit ein aufgeblasenes Schlauchboot, das aber nicht zu Wasser gelassen wurde, weil es nach Meinung des Mitseglers vom Wind weggeweht worden wäre. Rob James trug keine Schwimmweste, und er hatte auch keinen Sicherheitsgurt angelegt, weil „so schlecht das Wetter auch wieder nicht war", wie ihn Houlgrave zitierte. Es wehte mit Windstärke 4, aber es stand eine kurze, etwa 2 m hohe See.

Übrigens wurde genau zwei Wochen nach seinem Tode Robs Tochter geboren. Naomi James nannte dieses erste und einzige gemeinsame Kind Lois. Wenn das Sicherheitsnetz nicht zerrissen wäre, könnte Rob James heute nicht nur ein erfolgreicher Hochseesegler, sondern auch ein glücklicher Vater sein.

Ich habe diesen Überbordunfall eines bekannten Seglers auch mit den persönlichen Hintergründen so ausführlich geschildert, weil einerseits jeder von uns bis zum Beweis des Gegenteils behaupten kann: „Mir kann so etwas nie passieren!", aber andererseits hinter jeder Kurzmeldung von einem

Überbordunfall ein anderes, vielleicht sogar ähnliches Seglerschicksal steht. Da heißt es beispielsweise lakonisch:

Zu einem tragischen Unfall kam es am 15. Oktober 1982 auf der Trave kurz vor Schlutup: Kurz nach 1500 Uhr stürzte ein 35 Jahre alter Segler vom Vorschiff eines aus Richtung Travemünde kommenden Seekreuzers und versank in den Fluten. Der Unfall ereignete sich nur etwa 150 m vom Ufer entfernt. Der Bootsführer versuchte zuerst zu wenden, steuerte dann aber, nachdem sein Mitsegler untergegangen war, die Station der Schlutuper Feuerwehr an und gab Seenotalarm. Der Vermißte konnte jedoch trotz zweistündiger Suche nicht wiedergefunden werden.

*

Oder dieses Schicksal:
Mit einer hochbordigen, hölzernen Gaffelslup unternahm ein erfahrener, 43 Jahre alter Skipper im Frühjahr 1982 bei gutem Wetter und mäßigem Wind eine Tagestour von Büsum aus in die Nordsee. Hierbei begleitete ihn der 18jährige Arbeitskollege Ulf, der zum erstenmal an Bord eines Segelbootes war. Als sie nach zwei Stunden umkehren wollten, übergab der Skipper seinem jungen Freund die Pinne und ging während des Wendemanövers auf das Vorschiff.

Hier verlor der Skipper den Halt und stürzte über Bord. Er konnte zwar seinem Begleiter noch zurufen, die Segel zu bergen. Aber dabei geriet der Mitsegler natürlich in Panik, verfing sich in den Leinen und fiel selbst über Bord. Nur mit Glück konnte er sich wieder an Deck ziehen. Nach einiger Zeit gelang es ihm auch, den Motor zu starten. Die Suche nach dem Skipper blieb jedoch ergebnislos, und schließlich mußte der unter Schock stehende Mitsegler selbst von dem hilflos treibenden Boot abgeborgen und ins Krankenhaus gebracht werden.

*

Oder diese Meldung:
Am 19. Juni 1983 ist ein aus Hamburg stammender 29jähriger Lehrer bei Borgwedel in der Schlei auf einem Segelboot über Bord gefallen und sofort versunken. Der Unfall geschah etwa 200 m vom Ufer entfernt bei einer Wassertiefe von rund 4 m.

*

Oder diese tödlichen Unfälle:
Ein als erfahrener Segler und guter Schwimmer bekannter 27jähriger Leutnant einer Marineschule in Flensburg-Mürwik, der als Skipper einer Segelyacht mit fünf Mann auf der Flensburger Außenförde unterwegs war, fiel am 10. August 1985 nachts über Bord. Er konnte bei der Suchaktion, an der sich

zahlreiche Rettungs- und Sportboote beteiligten, nicht wiedergefunden werden.

*

Am 27. Oktober 1984 ertrank im Stader Hafen ein 58jähriger Segler der Segler-Vereinigung Altona-Oevelgönne vor oder an seiner Yacht an der Kaimauer. Vereinskameraden fanden kurz nach Mitternacht den Verunglückten leblos im Wasser treibend. Drei Yachten der SVAOe waren zum Saisonabschluß gemeinsam nach Stade gesegelt.

*

Am Freitagmorgen, dem 26. Oktober 1984, entdeckten Fischer bei Arnis an der Schlei die Leiche eines 50jährigen Seglers, der offenbar vor dem Aufslippen seiner Yacht noch gefeiert hatte und dabei am Vorabend von Bord seiner am Steg festgemachten Yacht ins Wasser gefallen und ertrunken sein muß.

*

Für den 52jährigen Josef S., der nur mit seiner Frau an Bord war, endete eine Segeltour in die dänischen Gewässer tödlich. Er fiel am 4. September 1985 aus unbekannten Gründen vor der Insel Ärö über Bord und konnte nur noch leblos aus dem Wasser gezogen werden. An der Suche waren zwei Rettungshubschrauber beteiligt.

*

In einer Julinacht des Jahres 1985 fiel in der Marina Alimos, einem der Yachthäfen Athens, ein etwa 60 Jahre alter französischer Segler von Bord seiner Yacht OMEGA. Seine Leiche wurde erst am nächsten Morgen im Hafen treibend aufgefunden. Die Frau des Skippers hatte das Verschwinden ihres Mannes nicht bemerkt. Die gerichtsmedizinische Obduktion ergab, daß Herzversagen zum Tode geführt hatte. Das auslösende Moment des Todes war wohl der Sturz über Bord und der damit verbundene Schock gewesen, der auch in ähnlichen Überbordunfällen schon zu mehreren tragischen Todesfällen geführt hat.

*

Dieses waren Unfälle aus meinem persönlichen Umfeld in den letzten Jahren. Die folgenden Unfälle ereigneten sich in ausländischen Revieren:

Am 24. Dezember 1983 lief die französische Yacht OXYGEN BLEUE mit acht Seglern, darunter zwei Deutschen, nach ihrer Atlantiküberquerung in die Carlisle Bay von Bridgetown auf Barbados ein. Der Skipper gab in einer Verklarung an, daß am 20. Dezember 1983 um 1130 Uhr Ortszeit etwa 700 sm östlich von Barbados der 23jährige deutsche Mitsegler Harald Prautsch über Bord gefallen sei und trotz siebenstündiger Suche nicht wiedergefunden wurde.

Bei einer mehrköpfigen Crew müßte sich zumindest der Wachführer verantwortlich fühlen, wenn ein Mitsegler über Bord fällt. Aber es wird nach einer solchen Notsituation wohl niemals (wie im Fall der APOLLONIA) der Verdacht laut werden, der Sturz über Bord wäre alles andere als ein selbstverschuldeter Unfall des Vermißten.

*

Ein wenig anders könnte es aussehen, wenn bei einer zweiköpfigen Crew mitten auf dem Atlantik einer über Bord fällt (wie im Falle der L'ARTEMIS DE PYTHEAS) und zum Beispiel der überlebende Mann und Skipper den Unfalltod einer weiblichen Partnerin melden muß, für den es vielleicht keine Zeugen gibt.

So lesen wir beispielsweise:

Der Bremer Skipper Josef W. (59) gab nach seiner Ankunft in Barbados am 7. Dezember 1984 auf dem deutschen Bergungsschlepper WOTAN und im Beisein des örtlichen Honorarkonsuls zu Protokoll, daß am 27. November 1984 seine 32jährige Mitseglerin Ingrid N. mitten auf dem Atlantik verschollen sei. Ursprünglich wollte der Skipper, wie er sagte, den Atlantik allein überqueren. Doch dann nahm er die seit einigen Jahren auf den Kanarischen Inseln lebende, aber völlig segelunerfahrene Frau auf seinem 11 m langen Motorsegler SHENANDOAH mit.

Nach Aussagen des Bremer Seglers ist es am Abend des genannten Tages und ungefähr auf halber Strecke zu diesem tragischen Unglück gekommen, weil die Mitseglerin entgegen den Anweisungen des Skippers die Plicht verlassen habe und bei einer der Rollbewegungen der Yacht über Bord gegangen sei. Der Skipper hatte angeblich zwischen 1600 und 1930 Uhr in der Koje gelegen, als gutes Wetter herrschte und der Passat mit Bft 5 wehte. Als er um 1930 Uhr seine Wache wieder antreten wollte, sei die Frau verschwunden gewesen. Auch nach einer stundenlangen Suche hätte er sie nicht wiedergefunden.

So weit, so gut. Aber: Unter den Habseligkeiten der Vermißten, die inzwischen an ihre Angehörigen geschickt worden sind, „fehlte allerdings das von ihr genau geführte Tagebuch", erklärte die Schwester.

Die See rügt jeden Fehler – und oft erbarmungslos

Ein typischer Urlaubsunfall: Eine Studentencrew segelt durch die westliche Ostsee, verpaßt bei Wetterverschlechterung das rechtzeitige Aufsuchen eines Hafens, verliert bei viel Wind den Skipper über Bord und ist anschließend kopf- und hilflos. Der Bootsführer kann vom Wasser aus das Rettungsmanöver nicht leiten. Er ertrinkt im Angesicht seiner ablaufenden Yacht.

Für den Kieler Studenten Michael Goltsche (27) war es nicht die erste Sommerreise, die er als Skipper mit dem kleinen Seekreuzer FYN am 25. Juli 1981 auf der Förde begann. Er segelte schon viele Jahre und hatte alle Scheine erworben, die der Deutsche Segler-Verband für Segler vergeben kann: A und BR, BK und C. So war Goltsche, zumindest nach der theoretischen Papierform, sogar überqualifiziert, und die Crew vertraute sich ihm unbedenklich für einen Urlaubstrip in die mittlere Ostsee, nach Bornholm und weiter nach Schweden an.

Aber die Gefahren der See beginnen bekanntlich unmittelbar an der Hafeneinfahrt, und die See rügt jeden leichtfertigen Flüchtigkeitsfehler genauso, wie ein Deutschlehrer das vielleicht unbeabsichtigte Weglassen eines Kommas anstreichen muß. Michael Goltsche hätte wissen und auch bedenken müssen, daß ein kleiner Fehler oft eine unheilvolle Kettenreaktion weiteren menschlichen und technischen Versagens auslöst, was schließlich zu einem Unglück mit irreparablen Schäden führen kann. So wurde Michael Goltsche vom Skipper zum Opfer und vom hilflosen Mann im Wasser zu einem ertrunkenen Vermißten auf See.

Am Vormittag des 25. Juli legt der 7,60 m lange und 2,00 m breite Kunststoff-Seekreuzer FYN, der einen Tiefgang von 1,40 m hat und mit einem 8 PS leistenden Außenborder ausgerüstet ist, von seinem Heimathafen in Kiel ab. An Bord sind außer dem Skipper der Student Uwe Günther (27), Inhaber des A-Scheines, aber mit nur wenig Segelerfahrung auf Langtörns, sowie die Studentin Beate Exner (24) und die OP-Schwester Gisela Ledebur, die noch keine nennenswerten Segelerfahrungen besitzen. Das Boot, das einem anderen Studenten gehört, ist unter anderem mit einem Grenzwellenempfänger zum Abhören von Wetterberichten, drei Feststoff-Schwimmwesten, drei Sicherheitsgurten, einem Secumar-Rettungskragen sowie Signalstift und roten Fallschirmraketen ausgestattet.

Am Nachmittag brist der aus Südwest wehende Wind leicht auf. Der Wetterbericht, der auffrischende Winde voraussagt, wird letztmals am Abend gehört. Im Laufe der Nacht nimmt der Wind denn auch ständig an Stärke zu. Am Morgen des 26. Juli steht das Boot nach Aussagen der Besatzung und Feststellung des Seeamtes Flensburg, das den Unfall im Juni 1982 unter-

261

suchte, gegen 0600 Uhr etwa auf der Höhe Rødby Havn – Puttgarden. Der Wind hat inzwischen Stärke 5 bis 6 erreicht, die See ist zusehends kabbliger und höher geworden. Beate Exner kann gegen 0800 Uhr die Pinne nicht mehr halten und begibt sich mit Gisela Ledebur unter Deck, damit sie die immer steiler werdende See nicht ansehen muß. Skipper Michael Goltsche übernimmt selbst das Ruder.

Diese Standortbestimmung ist entweder vom Ort oder vom Datum her falsch, wie wir später noch sehen werden. Wahrscheinlich steht die FYN zu diesem Zeitpunkt mindestens in Höhe der nächsten Fährschiffsverbindung Warnemünde – Gedser oder 25 sm weiter östlich. Noch wahrscheinlicher ist jedoch, daß sie überhaupt keine sichere Kenntnis eines zuverlässigen Schiffsortes hat, denn die Stimmung an Bord ist gedrückt. Alle Mitglieder der Besatzung einschließlich des Skippers sind seekrank und stark übermüdet. Die letzte Mahlzeit liegt über 15 Stunden zurück. Es regnet, und die Lufttemperatur beträgt nur 13 °C.

Und der Wind nimmt weiter zu: Gegen 0900 Uhr wird das Großsegel geborgen und die kleinste Fock gesetzt. Gegen 1100 Uhr wird auch diese weggenommen, und das Boot läuft vor Topp und Takel mit einem Kurs von etwa 60° vor dem Wind. Der Seegang hat eine kennzeichnende Wellenhöhe von 2,00 bis 2,50 m bei Perioden von vier bis fünf Sekunden. Das ist für einen kleinen Seekreuzer nicht zuviel – aber der Seegang bleibt nur dann ungefährlich, wenn die Crew selbst in guter Kondition ist und sich seemännisch sicher verhält. Beides ist nicht der Fall, und so ist es eine leichtfertige Entscheidung, trotz Hunger und Seekrankheit, Kälte und Übermüdung unter diesen Wetterverhältnissen aus dem küstennahen Gebiet der westlichen Ostsee in das sehr viel offenere Seegebiet der mittleren Ostsee weiterzulaufen.

Aber Apathie führt ja oft zu Entscheidungsträgheit, und so stellt man mit Unbehagen fest, daß die FYN keine Kursänderung einleitet, weder nach Gedser noch nach Møn, und sich damit der Möglichkeit begibt, in den Grønsund einzulaufen oder an der Nordküste von Møn unter Landschutz zu gehen. Nein, die FYN läuft auf der freien See weiter, obwohl der Skipper gegen 1300 Uhr nach einer durchwachten Nacht bereits wieder sieben Stunden lang am Ruder sitzt und die nachlaufenden Seen auszusteuern versucht.

Und dann passiert es gegen 1322 Uhr: Schräg von Steuerbord achtern steigt eine grobe See in die Plicht ein. Sie legt das Boot stark über, erfaßt den Skipper und den Mitsegler Uwe Günther und wäscht beide über Bord. Als die beiden Frauen, die in der Kajüte durch das Wasser aufgeschreckt werden, das durch das nur halb geschlossene Kajütschott eingedrungen ist, in die Plicht kommen, hat sich Günther an einer Relingsstütze wieder in das Boot ziehen können. Bootsführer Goltsche bleibt in einer Entfernung von 5 bis 6 m achteraus im Wasser.

„Werft mir den Rettungskragen zu!" ruft er, und der achterliche Wind trägt seine Worte deutlich zu seiner Besatzung.

Günther packt den Rettungskragen und will ihn werfen. Aber die Befestigungsleine an Bord hat sich vertörnt und muß erst klariert werden. Als Günther sie wirft, fällt das Rettungsgerät kurz hinter das Boot. Es wird mit seiner Leine eingeholt, und dann wirft man den Rettungskragen nach Lösen der Sicherungsleine erneut in Richtung auf den Schwimmenden – aber natürlich gegen den Wind und bei schnell wachsender Entfernung des in der See abtreibenden Bootes ebenfalls nicht weit genug.

Während eine der beiden segelunerfahrenen Frauen das Ruder übernimmt, setzt Günther in großer Aufregung die Fock. Aber nach mehreren Versuchen muß er bald feststellen, daß er damit das Boot nicht durch den Wind drehen kann. Ein Rückkreuzen zu dem im Wasser schwimmenden Skipper ist bei diesem Seegang nicht möglich.

Da die Crew sich außerstande sieht, das Boot nach Luv zum Unfallort zurückzubringen, geht sie wieder auf einen raumen Nordostkurs mit der See und hofft, dabei auf andere Fahrzeuge zu stoßen, die Hilfe bringen könnten.

Bis zu diesem Zeitpunkt hat niemand an Bord Sicherheitsgurt oder Schwimmweste getragen. Erst jetzt ordnet der Not-Skipper an, beides anzulegen.

Etwa 30 Minuten später sichtet man auf der FYN das am Horizont auftauchende russische Fischerei-Versorgungsschiff OSTOROV ATLASOVO, das sich auf dem Weg zum Nord-Ostsee-Kanal und in den Nordatlantik befindet. Es gelingt der Crew der FYN, sich bemerkbar zu machen. Die OSTOROV ATLASOVO ändert ihren Kurs und macht dann Lee für die kleine Yacht, so daß die FYN längsseits gehen und sich mit einer Vorleine festhalten kann.

Als die drei deutschen Segler an Bord gehen, werden sie zunächst auf der Krankenstation versorgt. Dann erst erfährt die Schiffsführung von dem vorangegangenen Unfall und setzt unverzüglich Seenot- und Suchmeldungen ab, die auch von schwedischen Küstenstationen aufgefangen werden.

Während das Fischerei-Versorgungsschiff Kurs auf den Unfallort nimmt, beteiligen sich später fünf weitere in der Nähe stehende Fahrzeuge und ein schwedischer SAR-Hubschrauber an der Suche.

Nach einiger Zeit gelingt es den Helfern, den leeren Rettungskragen zu finden, den Günther dem im Wasser treibenden Skipper zugeworfen hatte, sowie einige im Wasser treibende Sitzkissen und Polster der FYN, die von der einsteigenden See über Bord gespült worden waren. Der vermißte Skipper wird trotz intensiver Suche bis zum Einbruch der Dunkelheit nicht gefunden.

Die OSTOROV ATLASOVO, die außer den geborgenen Besatzungsmitgliedern auch die FYN selbst nahe der Unfallstelle an Bord genommen hatte, trifft am

27. Juli vormittags in Kiel ein. Auf der Unfallposition 55° 06' N und 013° 39' E bleibt der Bootsführer Michael Goltsche bis zum heutigen Tage vermißt.

Diese Unfallposition im freien Seeraum zwischen Südschweden, Bornholm und Rügen liegt etwa 90 sm östlich von Puttgarden, und es ist unwahrscheinlich, daß die FYN diese Distanz von 0600 bis 1300 Uhr oder in sieben Segelstunden (größtenteils vor Topp und Takel) schaffte. Diese vermeintlich schnelle Fahrt ist auch deshalb so unwahrscheinlich, weil die Yacht für die Distanz Kiel – Puttgarden von etwa 45 sm tags zuvor über 20 Stunden benötigte.

Trotz seiner theoretischen Qualifikation zur Seekreuzerführung über alle Meere der Welt ist Skipper Michael Goltsche offenbar nicht unter Landschutz gegangen, weil er weder mitgekoppelt noch gepeilt hat und somit seinen Standort gar nicht kannte. Ja, die lähmende Apathie scheint auch der Grund zu sein, daß man sich durch Abhören von Wetterberichten nicht über die Wetterlage und die Wetterentwicklung informierte.

Fassen wir die Lehren aus diesem vermeidbaren tödlichen Unfall zusammen:

● An Bord vorhandene Sicherheitsgeräte (wie Sicherheitsgurte oder Schwimmwesten) müssen von der Wache immer getragen werden, wenn es die Situation erfordert. Je kleiner ein Boot und je mehr eine Wache in der Plicht bei geringem Freibord in der Nähe der See sitzen muß, desto eher ist dies erforderlich. Bei der FYN beispielsweise spätestens ab Bft 4, bei Nacht ohnehin immer und stets auch bei Ermüdungserscheinungen auf einem mehrtägigen Törn.

● Selbst wenn handelsübliche Sicherheitsgurte nicht oder nicht in ausreichender Zahl an Bord sind, lege man der Crew in der Plicht einen kräftigen Tampen mit Palstek um den Bauch und sichere die Wache so gegen Überbordfallen.

● Rettungskragen mit Leine sind keine Alibi- oder Ausstellungsstücke, um die Seetüchtigkeit und Sicherheit zu demonstrieren. Nur wenn man sie gelegentlich zur Übung einsetzt, kennt man ihre Leistungsfähigkeit und ihre Tücken – und man weiß in einem plötzlichen Notfall, wie man mit ihnen umgehen und was man beachten oder besser machen kann.

● Alle Mann-über-Bord-Manöver, die wir mit Fleiß in unseren Führerscheinkursen in Theorie und Praxis pauken, bleiben in einem wirklichen Notfall blasse Spielerei. Das beste Mann-über-Bord-Manöver ist nach wie vor: gewährleisten, daß niemand über Bord fallen kann. (Vorsorge siehe oben!)

● Meistens hält es gerade der Stärkste einer Crew, der Skipper, nicht für notwendig, Sicherheitsgurt und Schwimmweste anzulegen. Dieses Gefühl der Überheblichkeit ist schon vielen Bootsführern zum Verhängnis geworden. Ja, die Statistik lehrt, daß viel mehr Yachtskipper über Bord gefallen und ertrunken sind als Angehörige ihrer Crew.

● Gerade der Stärkste muß sich als erster gegen Überbordfallen sichern, weil nur er allein meistens in der Lage ist, sein Boot auch (wie hier) gegen Wind und See an den Unfallort zurückzubringen und sich diejenigen Maßnahmen einfallen zu lassen bzw. sie mit körperlichem Einsatz seemännisch einzuleiten hat, die zur Rettung notwendig sind.

● Kleine Yachten können unbegrenzt seetüchtig sein, wenn ihre Crew seefest und konditionsstark ist, an Bord auch im Seegang ausschlafen kann und gewährleistet ist, daß regelmäßig gekocht, gegessen und je nach Wetter die Kleidung gewechselt wird. Unsere bekannten Transozeansegler wie zum Beispiel Rollo Gebhard und Wilfried Erdmann sind hierfür ein beredtes Beispiel. Sie segelten auf Booten in der Größe der FYN in hohen Breiten über den Atlantik und auf der Passatroute um die Welt. Die Seefähigkeit kleiner Seekreuzer ist jedoch begrenzt, wenn die Crew am Ende ihrer Kräfte ist. Dann muß − was in der westlichen und mittleren Ostsee niemals schwierig ist − der nächste Hafen oder ein Ankerplatz unter Landschutz angelaufen werden.

● Eine solche Zieländerung wäre für die FYN rechtzeitig möglich gewesen. Auch eine mehrstündige Unterbrechung der Reise hätte die Planung der Sommerfahrt nicht wesentlich verändern müssen.

Der Unfall zeigt, welche tragischen Auswirkungen eine einzige besonders kräftige Krängung eines Bootes in Hunderten von Seen haben kann und welche unheilvollen Kettenreaktionen sich ganz zwangsläufig anschließen müssen. Die beste Seemannschaft ist bekanntlich die vorsichtigste, und sie gebietet, solche Ereignisse im Ansatz zu vermeiden. Dazu hätte hier ein einfacher Tampen um den Bauch der Plichtwache genügt.

...und sie pinkeln dennoch über Bord

Am 135. Tag seiner Einhand-Weltumseglung auf der „magischen Route" schreibt Wilfried Erdmann: „Ich war nur kurz unten pinkeln, ziemlich kompliziert wegen des Overalls", und am 155. Tag lesen wir in seinem Tagebuch, als er auf seiner KATHENA NUI immer noch tief im südlichen Pazifik steht: „Alle halbe Stunde muß ich pinkeln. In eine Blechbüchse. Denn es über Bord zu tun, ist zu gefährlich." Ich bin ihm für solche Feststellungen dankbar. Denn bei uns glauben immer noch alle männlichen Bordkameraden, das Austreten am Heck wäre für jeden echten See-Mann natürlich selbstverständlich. Die Todesfolgen solcher männlicher Tätigkeiten auf den Yachten FREYA, TRINITY, SANCHO PANSA, PIRANHA und anderer sollten uns auch bei unseren kleinen Geschäften an Bord zur „Gleichverpflichtung" des Mannes veranlassen – wie sie praktisch auch Wilfried Erdmann und sogar allein an Bord übte.

Von Nelson und seinen „Teerjacken" wissen wir, wie die Seesoldaten um 1800 feindliche Schiffe enterten und mit ihren Kanonen fremde Masten köpften. Forester hat uns über seinen Seehelden Horatio Hornblower Segel- und Landungsmanöver, Seeschlachten und Prisenkommandos im beginnenden 19. Jahrhundert miterleben lassen, und von den Clipperschiffen im ausgehenden 19. Jahrhundert kennen wir das letzte, kleinste Teil der Takelage. Günter T. Schulz hat uns in seinem herrlichen Werk „Unter Segeln rund Kap Hoorn" noch 1954 das Leben der Seeleute in allen Einzelheiten mit meisterlicher Hand gezeichnet, vom Anschlagen des Flögels am 60 m hohen Großtopp durch zwei waghalsige Klettermaxe bis zum Hühnerfüttern auf dem Mitteldeck durch den Smut. Und Fred Schmidt, der mit der PAMIR unterging, hat uns in einer Vielzahl kleiner Erlebnisse und Begebenheiten „Von den Bräuchen der Seeleute" zur Zeit der Segelschiffahrt erzählt. Genaugenommen wissen wir eigentlich alles vom Leben an Bord – doch vom Pinkeln der Seeleute, wie sie ihre Notdurft verrichteten oder ihre kleinen wie großen „Geschäfte" erledigten, wissen wir gar nichts.

Dabei ist es in der Phantasie selbst für einen schiffbaukundigen und schifffahrtserfahrenen Leser schwer, sich bei dem ohnehin engen Zusammenleben von gut 400 Seeleuten auf einem alten Dreidecker vorzustellen, wie und wo so viele Menschen täglich mehrmals ihre kleinen und großen Geschäfte verrichtet haben. Wir dürfen nur sicher sein, daß sie nicht über Bord pinkelten; denn dann wäre der betreffende Platz an Deck wohl rund um die Uhr besetzt gewesen. Und ihnen stand hierfür auch nicht des heutigen Seglers Lieblingsplatz auf dem Achterschiff zur Verfügung, denn das Poopdeck war ausschließlich der Platz für den Kapitän, seine Offiziere und vielleicht seine Gäste.

Nur wenn wir uns die Originalbaupläne der alten Segelschiffe etwas genauer ansehen können, entdecken wir die Latrinen der Seeleute am Bug und ganz in der Nähe ihrer Wohn- und Schlafräume. Es sind runde Sitzöffnungen im Vorschiff, an der von der Wasserlinie bis zum Deck ausladenden Bordwand neben- und übereinander angeordnet, auf denen man wie auf einer Lokusbrille Platz nehmen konnte und das, was man abgeben wollte, frei von der Bordwand ins Meer fallen ließ. Die Seeleute und Soldaten werden dabei die Möglichkeit gehabt haben, das Wasser nicht nur sitzend, sondern auch stehend zu lassen, ebenfalls wie auf einem noch heute benutzten ländlichen Abtritt.

Ich erzähle Ihnen dies, weil es (anders als heutzutage auf Yachten) auch unter Seeleuten und Seglern früher selten üblich war, über die Reling zu pinkeln. Man mag diese heutige Angewohnheit daher noch hinnehmen, wenn man eine sommerliche Fahrt unternimmt und nur Männer unter sich sind. Gehören jedoch Frauen und Mädchen zur Crew, ist diese Art des Wasserlassens nicht nur unfein, sondern auch unfair. Denn so einfach wie wir Männer hat das weibliche Geschlecht es bekanntlich nicht.

Ich erinnere mich gut an einen meiner ersten Segeltörns als verantwortlicher Skipper eines 30er Seefahrtskreuzers, den ich 1942 als Wochenendtour mit einem Freund und zwei jungen Damen, den Töchtern meines Kapitäns, auf der Flensburger Außenförde unternehmen durfte. Seglerinnen waren damals rar, und so fortschrittliche Eltern, die ihre jungen und unternehmungslustigen Töchter zwei jungen angehenden Schiffsoffizieren für einen zweitägigen Seetörn ohne Landverbindung anvertrauten, waren wohl noch seltener.

Ich weiß noch wie heute, daß wir beiden Männer bei einer günstigen Gelegenheit hinter dem abgedeckten Vorsegel verschwanden, um schnell und ungesehen in Lee über Bord pinkeln zu können, und ich weiß noch ebenso genau, wie wir nach einigen Stunden gespannt darauf warteten, was nun wohl die Mädchen machen würden. Natürlich stand die Pütz in der Kajüte bereit, vorsorglich mit etwas Seewasser gefüllt. Aber die beiden Mädchen hätten damit rechnen müssen, daß wir Jungen den Inhalt anschließend hilfsbereit in die See entleert hätten. Und das wollten sie natürlich nicht.

Schließlich sagte eine von ihnen: „Wir wollen ein bißchen schwimmen. Hängt doch mal eine Leine achteraus, damit wir uns daran festhalten können. Natürlich könnt ihr weitersegeln!"

Wir beiden Jungen sahen uns fragend an, fierten dann aber eine etwa 20 m lange kräftige Sorgleine achteraus, deren Tampen wir vorsorglich zu einem Auge mit Palstek formten, und sahen die Mädchen fragend an. Eine von beiden zögerte nicht lange, zog Hose und Bluse aus, bis sie nur im Badeanzug dastand, ließ sich am Heck ins Wasser gleiten und hangelte sich Hand über Hand bis zum Tampen der Leine, wo sie uns fröhlich mit der freien Hand zuwinkte. Sicherheitshalber ließ ich unser Boot ohne Bedienen der Schoten über Stag gehen, so daß wir beidrehten.

Nach wenigen Minuten im noch recht frühsommerlich-kalten Wasser holten wir die Nixe wieder an Bord, und das zweite Mädchen stieg ins Wasser. Und als auch sie wieder an Deck stand, wurden wir Jungen so lange gehänselt, bis wir ebenfalls am Tampen unserer Sorgleine hingen − zum Umkleiden der Seglerinnen ausgesperrt. Die Mädchen hatten während dieser Zeit in der Kajüte ihre Badeanzüge ausgezogen, sich abgetrocknet und sich für Wind und Wetter neu bekleidet, und wir Jungen taten das gleiche, ehe wir wieder auf den anderen Bug gingen und unsere Fahrt fortsetzten.

Ich war zunächst sprachlos und dann von dieser selbstverständlichen Natürlichkeit begeistert. Auf dieser Wochenendtour wurde dann nur noch die Badeleine ausgesteckt, alle drei bis vier Stunden, wie es der eine oder andere wollte, und es wurde dann immer ein gemeinsames Badefest – fast hätte ich gesagt: ein „Alle-Manns-Manöver".

Seit dieser Zeit gibt es auch in dieser Hinsicht bei mir die „Gleichverpflichtung des Mannes", das heißt die Verrichtung diesbezüglicher Geschäfte an Bord und auf See unter den gleichen Bedingungen. Natürlich werden diese „Geschäfte" heutzutage nicht an der Badeleine erledigt, sondern im Innenraum des Bootes, wo es nach diesen Jahren zunächst eine klappbare Toilettenbrille im Vorschiff gab, unter die man die besagte, schon etwas mit Wasser gefüllte Pütz stellen konnte, und heutzutage ein Pumpklo gibt, auf meinem jetzigen großen Cormoran sogar mit einem Porta-Potti als zweiter Hafen- und Seetoilette.

Natürlich werden die Männer an Bord gelegentlich rückfällig, und bis zu Windstärke 4 und an sonnigen Tagen dürfen sie es vielleicht auch. Aber bei Nacht, bei mehr Wind und besonders dann, wenn sie mit Sicherheitsgeschirr gegurtet und mit Regenzeug bekleidet sind, bleibt ihnen der Weg zur Bordtoilette nicht erspart. Gleiches Recht und gleiche Pflicht für alle: Auch die Frauen an Bord müssen sich ja aus der naßkalten Pelle schälen und oft mehrere übereinandergezogene Hosen bis zum Knie abstreifen, ehe sie sich hinsetzen können. Und auch für Männer gilt bei uns an Bord die Sitzpflicht für kleine Geschäfte, weil nur in dieser Stellung auch im Seegang zielgerecht gepinkelt werden kann und der Toilettenraum von Spritzwasser sauber bleibt. Geschäfte im Knien, auch auf spezieller, empfohlener „Fußbank", gibt es nicht.

Unter uns Seglern darf es nicht als unfein gelten, auch über dieses Problem der Hygiene einmal offen zu sprechen. Denn wenn wir unsere Borderfahrungen auch über dieses bisher unaussprechliche Thema hin und wieder etwas früher ausgetauscht hätten, wäre mancher (männliche) Segler heute sicher noch am Leben.

Zum Beispiel der Student Peter Jakobsen, der nach einem Bericht von Dirk Borgwardt in den „Nautischen Nachrichten" der Kreuzer-Abteilung im Herbst 1975 beim nächtlichen Austreten an Deck in der westlichen Ostsee von Bord des kleinen Kunststoff-Seekreuzers Freya fiel, bei einem Mannüber-Bord-Manöver nicht wieder aufgefischt werden konnte und ertrank.

Oder der 35jährige Jurist Hans-Georg Kalhorn, der am 29. Oktober 1978 „in der Dunkelheit über Bord gefallen und ertrunken ist, als er austreten wollte", wie das Seeamt Flensburg in seiner Sitzung am 3. Mai 1979 feststellte.

„Der Arzt Hans Schulte (28) und der Jurist Hans-Georg Kalhorn (35) waren mit der Segelyacht Trinity auf der Fahrt von Schilksee nach Wendtorf", heißt es in der Beweisaufnahme des Seeamtes, „und bei achterlichem Wind von ca. 3 Bft saß der Eigner auf dem Dach der Achterkajüte, bediente die Pinne mit der linken Hand und segelte ‚Schmetterling'. Durch das offene Luk unterhielt er sich mit Herrn Kalhorn.

Nach gut einer Stunde Fahrt kam Kalhorn plötzlich in Socken aus dem Luk der Achterkajüte geklettert mit dem Bemerken, er müsse austreten, und begab sich auf die Backbordseite des Cockpits. Der Skipper Schulte sagte ihm, er möge die Toilette im Vorschiff benutzen. Kalhorn lehnte dies jedoch mit der Begründung ab, wegen der Bedienung der verschiedenen Ventile sei ihm dies zu kompliziert. Er kniete sich daher auf den Süllrand des Cockpits, wobei seine Füße sich auf der Backskiste befanden.

Kaum hatte er diese kniende Haltung eingenommen, als er plötzlich vorn überkippte und über die Seereling hinweg außenbords fiel. Dies geschah in einer so schnellen Bewegung, daß Schulte, der etwa 2 m von ihm entfernt saß, keine Gelegenheit hatte, ihn zurückzuhalten. Das Boot lief zu diesem Zeitpunkt ca. 3—4 kn."

Der Skipper machte eine Vielzahl von Rettungsversuchen, die vom Seeamt als „sachgemäß" bezeichnet wurden, und auch „die Ausrüstung und Einrichtung des Bootes gab keinen Anlaß zu Beanstandungen". Aber selbst nach einem Großeinsatz von Seenotrettungskreuzern, SAR-Hubschraubern und Wasserschutzpolizeibooten konnte Kalhorn gegen 2200 Uhr nur noch tot geborgen werden.

„Der Skipper erlitt bei der Nachricht vom Versterben des Kalhorn einen Schock und mußte an den Rettungskreuzer abgegeben werden, wo er ärztlich behandelt wurde", heißt es in der seeamtlichen Untersuchung weiter, und zum Schluß endet der Spruch mit der üblichen Empfehlung, „an Bord von Segelyachten auch bei gutem Wetter Schwimmwesten zu tragen". Unter den Beisitzern gezeichnet von Kapitän Karl Albert Gadow, Kiel.

Der gleiche Beisitzer ist auch bei der Untersuchung des Seeamtes Flensburg verzeichnet, das den Tod des technischen Angestellten Hans-Jörg Wrede (32) durch Überbordfallen aus dem gleichen Grunde am 5. September 1983 gegen 1235 Uhr von Bord der deutschen Segelyacht Sancho Pansa und seinen Tod durch Ertrinken feststellte.

Der 10,80 m lange und mit einem 25-PS-Motor ausgerüstete Seekreuzer war am 5. September gegen 1100 Uhr von Schilksee mit dem Zielhafen Marstal auf Ärö (Dänemark) ausgelaufen. An Bord waren zwei Eigner, zwei weitere Segler und eine Seglerin.

Nach dem Passieren des Leuchtturms Kiel läuft die Sancho Pansa bei frischem achterlichem Wind nur unter der 30 m^2 großen Genua 3 etwa 8 kn

Fahrt. Das Großsegel ist beschlagen, die gesamte Crew sitzt in der Plicht. Sie trägt Ölzeug und Schwimmwesten, einige von ihnen auch Sicherheitsgurte, die in Handreichweite eingepickt sind.

Gegen 1230 Uhr und etwa 12 sm nördlich des Leuchtturms muß Hans-Jörg Wrede austreten. „Dies geschieht an Bord der SANCHO PANSA üblicherweise leeseitig am Heckkorb", stellte das Seeamt fest. Natürlich gibt die Crew Hans-Jörg Wrede den üblichen Spruch mit auf den Weg, eine Hand für das Schiff und eine Hand für sich zu benutzen. Aber mit einer solchen Alibi-Floskel kann sich kein Mitsegler von einer zumindest moralischen Mitverantwortung freireden. Das Seeamt weiter: „Wrede nahm die Lifeleine ab, entledigte sich der Schwimmweste und zog auch die Öljacke aus. Es wurde noch beobachtet, wie er die Öllatzhose öffnete und herunterschob. Im übrigen wurde ihm kein genaueres Augenmerk geschenkt."

Auch das ist typisch für manche Crew: Wenn ein Mann am Heckkorb über Bord pinkelt, blicken alle Mitsegler schamhaft in die entgegengesetzte Richtung zum Vorschiff. Niemand wagt es, den Bordkameraden in dieser für ihn gefährlichen Situation im Auge zu behalten, und erst recht denkt meistens niemand daran, einen bei diesem Geschäft nahezu hilflos entkleideten Mitsegler mit einer Hand an der Wetterjacke oder am Hosenbund (vielleicht sogar mit Weggucken) festzuhalten. Und leider denkt auch der aufrecht auf dem Achterschiff pinkelnde Segler nicht daran, in dieser gefahrenträchtigen Stellung wenigstens den Sicherheitsgurt wieder anzulegen oder einzuhaken.

Und so nimmt das voraussehbare Unglück seinen tragischen Lauf:

Den Sturz ihres Mitseglers über Bord nimmt die Crew akustisch durch das Aufschlagen des Körpers im Wasser wahr, und als sie durch den Blick nach achtern auch optisch Gewißheit vom Mann-über-Bord-Unfall erhält und sich aus der Starre weniger Schrecksekunden gelöst hat, liegen schon gut 50 m zwischen dem Boot und dem Mann im Wasser. Es erscheint als eine lange Distanz, doch hat die Yacht sie schon in zehn Sekunden abgelaufen, eine für die Reaktion in einer unerwarteten Situation auf See wahrscheinlich nicht lange Zeitspanne.

So unterläßt man es, die am Heckkorb durch einen Webeleinstek auf Slip befestigte Schwimmleine mit ihrer 10 m langen Rettungsleine zu werfen, weil sie den verunglückten Segler nicht mehr erreicht hätte und ohnehin vom Wind vertrieben worden wäre, und die Crew ist auch nicht in der Lage, die mit Tape befestigte Bojenspiere aus ihrer Halterung zu lösen, weil ein Messer nicht greifbar ist.

Diese Tatsachen werden sich im nachhinein als schwerer Nachteil erweisen: denn nun hat nicht nur die Crew der SANCHO PANSA keine Kenntnis mehr von der Unfallstelle, auch die später eingetroffenen Hubschrauber und Seenotfahrzeuge haben für ihre Suche keine annähernd zuverlässige Position. Immerhin sind zwei Hubschrauber der Bundesmarine, ein Zerstörer, zwei Tender, zwei Seenotrettungskreuzer und weitere Fahrzeuge, herbeigeeilt auf die Seenotsignale hin, im Einsatz.

Die eigenen Mann-über-Bord-Manöver sowohl unter Segel als auch mit Motor (der eine Stunde nach dem Unfall wegen Überhitzung ausfiel) hatten keinen Erfolg — nicht zuletzt aus den bekannten Gründen, daß ein wirkliches Notfallmanöver niemals so ablaufen kann und wird, wie man es in blauäugigem Vertrauen auf den Erfolg in einem Kursus lernt. So würde die Crew der SANCHO PANSA ihren über Bord gefallenen Mitsegler auch dann wohl nicht wieder aufgepickt haben können, wenn sie (wie vom Seeamt beanstandet bzw. gefordert) vor Antritt der Reise ein Mann-über-Bord-Manöver geübt hätte. Denn so vielfältig wie die Variationen von Wind, Kurs und Segelführung sind letztlich auch die möglichen Maßnahmen, die man bei einem Unfall einleiten müßte, um einen treibenden Segler wieder aufzufischen.

Man muß daher das Übel an der Wurzel packen: Niemand darf an Deck austreten! Die Segler wie die Seglerinnen müssen unterwegs ihre Geschäfte auf der Toilette verrichten. (Und wer von den männlichen Mitseglern dies nicht will, der muß in die Hose machen! Auf unserem CORMORAN gibt es tatsächlich nur diese Alternative.)

Mein Freund Gunter sagte bei der Diskussion über dieses immer wieder aktuelle Thema auf unserer letztjährigen Langfahrt, man solle die Übungen für ein Mann-über-Bord-Manöver aus Theorie und Praxis unserer Führerschein-Lehrpläne grundsätzlich streichen. Ohnehin macht kaum eine Yacht, die mit neuer Crew den Hafen verläßt, ein „Boje-über-Bord-Manöver", und tatsächlich ist das Gelingen eines solchen Übungsmanövers mit vollzähliger Crew und ohne Streßsituation bei hellichtem Tage keine Gewähr dafür, daß es als „Mann-über-Bord-Manöver" in einem Ernstfall bei hoher See und dunkler Nacht genauso abläuft.

Es erscheint mir auch unredlich, den Neulingen die Perfektion eines hierzu gesegelten „Nahezu-Aufschießers" einzubläuen und ihnen mit der Autorität von Lehrern, Prüfern, Autoren von Lehrbüchern und mit Amtshilfe von Behörden weiszumachen, ein Über-Bord-Gefallener ließe sich dadurch schnell, problemlos und garantiert aufnehmen. Tatsächlich ist es fairer, von Anbeginn deutlich zu sagen: „Man darf niemals über Bord fallen! Wer über Bord fällt, hat keine nennenswerte Chance zu überleben! Das wichtigste Gebot beim Segeln heißt: anschnallen und festhalten!" Und man vergesse die simplifizierten Manöverskizzen genauso wie die blauäugigen Übungsmanöver auf dem Wasser!

Blicken wir einmal hinter die Kulissen unseres Führerscheinwesens, dann glauben ja die Prüfer selbst nicht an den Nutzen ihres Tuns. Wie anders sollten wir sonst den Bericht der Seglerin Ingrid Gäbler werten, die in YACHT

Nr. 14/79 über ihre praktische BR-Prüfung vor der holländischen Küste schreibt: „Jeder gab sein Bestes. Ich fand uns gut! Selbst ich war nur zweimal aufgefallen: Beim Kurshalten meinte der Prüfer: Die gnädige Frau schreibt wohl ihre eigene Handschrift im Kielwasser. Und dann bei einigen mühsamen – man könnte auch sagen: mißlungenen – Mann-über-Bord-Manövern, als er feststellte: Wenn der über Bord gegangene Fender der Gatte wäre, dann wären Sie jetzt Witwe! Was soll's, bestanden ist bestanden."

Was einem Rudergänger Ingrid Gäbler zur Übung auf einer Schulyacht und zur Prüfung nicht gelingt, wenn er darauf vorbereitet ist, wird einem „Bootsführer" = Skipper Ingrid Gäbler in einer unvorbereiteten Situation, mit dem Zwang zum Gelingen in begrenzter Zeit und mit der Bürde der Verantwortung für ein Menschenleben, niemals gelingen. Warum prüft man also, wenn man trotz mißlungener Manöver ein Befähigungszeugnis erteilt?

Trösten wir Ingrid Gäbler mit der Feststellung, daß in einem Mann-über-Bord-Unfall auch eine Crew von zehn kräftigen jungen und erfahrenen Hochseeseglern nicht in der Lage ist, einen ertrinkenden Kameraden zu retten. Der folgende Unfallbericht verdeutlicht die trostlose Lage aller Beteiligten besonders erschreckend:

Die PIRANHA ist ein 14 m langer amerikanischer Seekreuzer, der im März 1979 am Ocean Triangle Race vor der Küste Floridas und im Seegebiet der Bahamas teilnimmt. Navigator an Bord ist Nils Muench, und einer seiner Mitsegler ist Tom Curnow, 32 Jahre alt, groß, kräftig, unternehmungslustig und auf Hochsee-Rennyachten wie zu Hause.

„Um 1625 Uhr Ortszeit rundeten wir den Leuchtturm Great Isaac an der Nordspitze der großen Bahama-Bank bei einem frischen Nordwestwind", berichtet Nils Muench. „Wir hatten die übliche Wassertemperatur von 26 °C im Golfstrom, aber mit 7 °C Lufttemperatur war es für das Revier und die Jahreszeit zu kalt. Etwa zwei Stunden später saß ich mit mehreren Mitseglern auf der Luvseite unserer leichten Aluminiumyacht und spielte beweglichen Ballast. Mit zwei Reffs im Großsegel und der Genua 3 knüppelte die PIRANHA durch die kurze, steile, überbrechende und für den gegen den Strom gerichteten Wind typische See. Unsere Rennziege machte ihre üblichen harten, eckigen und unberechenbaren, so richtig „zickigen" Bewegungen, und gelegentlich wusch eine See über Deck.

Als es gegen 1900 Uhr dunkel wurde, leuchtete ich mit der Taschenlampe die Windfäden am Vorsegel an, um Bob, der am Ruder stand, das Steuern eines optimalen Kurses zu erleichtern. Immerhin lagen wir im Rennen, und wenn ich mir auf der Luvkante schon nasse Füße holte, sollte die PIRANHA wenigstens bestmögliche Fahrt laufen.

Gegen 1900 Uhr ging ich hinunter an den Kartentisch, um noch einmal einen Standort einzutragen. Dabei sah ich Tom Curnow am Heckkorb stehen, wo er austreten wollte. Ich ertappte mich dabei, daß ich unmutig den Kopf schüttelte. Denn bereits am Nachmittag hatte ein Mann beim Pinkeln an der gleichen Stelle die Loran-Antenne abgebrochen, als er beim Überholen des Bootes nach einem festen Halt suchte, und uns damit eines wichtigen Navigationsgerätes beraubt. Nun mußte ich versuchen, noch einmal das dicht über der Kimm stehende Feuer zu peilen, ehe es unter dem Horizont verschwinden würde. Aber dazu kam es nicht mehr.

Plötzlich erscholl der von allen gefürchtete Ruf: ‚Mann über Bord!', und sofort war ich wieder an Deck. Ich sah, wie der Skipper ein Blitzlicht mit Rettungsring über Bord warf und Danny auf der anderen Seite ein Seenotlicht mit Rettungsboje nachfolgen ließ. Und dann brüllten alle durcheinander: ‚Genua bergen!' − ‚Den Mann im Auge behalten!' − ‚Schnell halsen!' − ‚Den Motor starten!' und was sonst noch. Zwei Mann zeigten auf die Markierungslichter, die zu sehen waren, aber den Mann im Wasser konnte man in der begonnenen Nacht natürlich nicht mehr erkennen.

Chuck hatte den guten Gedanken, die Salingleuchten anzumachen und mit unserem starken Scheinwerfer in den Bugkorb zu gehen, um von dort die vorausliegende blauschwarze Wasserfläche anzuleuchten.

Als wir auf die Seenotlichter zuhielten, sahen wir zuerst die gelbe Schwimmjacke von Tom und dann seinen Kopf, der von den Brechern überspült wurde. Zwar waren erst gut zwei Minuten vergangen, als wir wieder an der Unfallstelle standen, aber unter dem gerefften Großsegel allein gelang es dem Skipper nur, auf etwa 5 m an unseren schwimmenden Kameraden heranzukommen.

Die Wurfleinen, die wir ein wenig kopflos gegen einen Wind von etwa 30 kn warfen, verfehlten bis auf eine ihr Ziel. Und auch diese konnte Tom nicht packen, weil er schon zu schlapp war. ‚Macht bloß schnell!' hörten wir ihn stammeln, als wir zu einem neuen Anlauf abdrehten.

Zum zweiten Rettungsmanöver liefen wir unter Motor und mit sorgfältig aufgeschossenen Wurfleinen an. Da wir nun genau wußten, wo Tom schwamm, konnte der Skipper das Boot nach einem ausgezeichneten Manöver mit dem Bug direkt vor Tom zum Stehen bringen. Zuerst sahen wir seinen Kopf an Backbord, dann an Steuerbord, und schließlich befürchteten wir sogar, er wäre unter den Bug geraten. Aber die Bugwelle hatte Tom schützend zur Seite gedrückt. Als wir ihn nun mit mehreren Wurfleinen überschütteten, versuchte er zwar, sie zu erfassen, aber er griff immer wieder ins Leere. Ehe wir uns versahen, trieben wir wieder leewärts ab, ohne daß Tom sich festhalten konnte.

Ich sah, daß Tom im Wasser auch nach keiner der vier Rettungswesten griff, die Keith ihm beim dritten Anlauf, wieder unter Motor, zugeworfen hatte. Er lag beim Aufstoppen der PIRANHA richtig mittschiffs querab und nur etwa

3 m neben der Bordwand. Im Scheinwerferlicht über dem kristallklaren Wasser konnte ich erkennen, daß sein Gesicht schon reglos unter Wasser lag. Da sprang ich kurzentschlossen zur Hilfeleistung über Bord.

Tom lag bewegungslos unter Wasser, als ich ihn erreichte, und als ich eine der treibenden Schwimmwesten unter seinen Kopf gepackt hatte, sah ich in seinem Gesicht keine Reaktion: kein Muskelzucken, keine Blasen beim Ausatmen unter Wasser, keine Lebenszeichen mehr."

Die Crew wirft dem Retter im Wasser eine Leine zu, die sich Nils Muench einige Male um das Gelenk der freien Hand törnt, während der rechte Arm den verunglückten Freund hält. Nun, wenn man von Deck einer Yacht aus zwei menschliche Körper durch das Wasser ziehen muß und dabei Hand über Hand arbeitet, werden der Arm und die daran festgemachte Leine ohnehin schon durch große Zugkraft belastet. Wenn sich dann jedoch gleichzeitig auf der Yacht das killende Großsegel beim steuerlosen Drehen vor dem Wind füllt, der Großbaum mit losen Schoten überkommt und das Boot bei dieser Patenthalse, die fast einen weiteren Mann über Bord geschleudert hätte, schnell wieder Fahrt aufnimmt, wird der lebende Anhang am Tampen der Schleppleine zwangsläufig unter Wasser gezogen.

So muß Nils Muench die sichere Verbindung zur Yacht schnell abschütteln, um die Gefahr des Ertrinkens zu bannen. Er ist in diesen Sekunden glücklich darüber, daß die Zeit nicht gereicht hatte, sich mit der Sicherheitsleine einen Palstek um die Brust zu legen. Denn ihn hätte er bei dieser gefährlichen Unterwasserfahrt nicht lösen können. Aber dann packt ihn doch panische Angst, als sich die Lichter des Bootes immer weiter entfernen und er allein mit einem schweren, leblosen Körper im Arm in der See um sein Leben schwimmen muß.

„Zu dieser Zeit müssen mich im Unterbewußtsein wohl die ersten Überlegungen ‚er oder ich‘ bewegt haben", erzählt Nils Muench am Ende seines Rettungsberichtes. „Was mich betraf, so hatte ich keine Sorgen. Ich fühlte mich nicht nur stark genug, sondern rechnete auch mit meiner Bergung am beginnenden Morgen, weil wir immerhin in einem Regattafeld segelten."

Nils Muench verliert in den folgenden Stunden den Körper seines Freundes, der irgendwann in der Dunkelheit versinkt, aus seinen Armen, und die PIRANHA muß an Bord viele Schwierigkeiten überwinden, ehe sie den selbstlos-hilfsbereiten Navigator wieder an Bord nehmen kann. Zuerst mußte ihre Manövrierunfähigkeit unter Motor beseitigt werden, weil sich eine Leine im Propeller vertörnt hatte. Und dann konnte sie auch unter Segeln wieder manövrierfähig werden, nachdem man den um das Backstag gewickelten oberen Teil des Großsegels wieder befreit hatte.

So wurde der Retter zwar wieder gerettet. Aber für den Segler, der über Bord gepinkelt hatte, war es die letzte Fahrt.

Die amerikanische Segleröffentlichkeit hat dieser Todesfall beträchtlich erschüttert. Denn Tom Curnow war der erste Rennsegler, der bei einer amerikanischen Regatta ums Leben kam. Und so gab es auch dort eine Vielzahl von Tips, wie man das „Pinkeln über Bord" sicherer machen könnte, zum Beispiel diesen:

„Wenn der Seegang so stark ist, daß ein Segler dabei vom Heck ins Wasser fallen kann, kommt auch sicher so viel Spritzwasser über Deck, daß das Wasserlassen in der Plicht und in die Plichtwanne hinein vertretbar ist."

Oder diesen: „Man sollte sich mittschiffs an der Leereling auf die Knie niederlassen, auch wenn man dabei nasse Füße bekommt, an eine Relingsstütze klammern, die Sicherheitsleine einpicken und dann hier nach Lee pinkeln."

So etwas mag gut gemeint sein. Aber bei nassem Wetter und Seegang hat jedermann an Deck kalte, steife Latzhosen an- und feuchte Regenjacken übergezogen. Und er hat auch Hosen und Unterhosen wie Wurstpellen darunter. Ein Segler wird hilflos, wenn er Kleidungsstücke abstreifen muß. Und er blockiert den Arbeitsplatz, wenn er auch diese Vorbereitungen zum Wasserlassen noch in der Plicht ausführen muß – ungeachtet des Risikos, beim Verrichten seines Geschäftes eine kalte Dusche bis auf die Haut zu erhalten.

Nein, Männer sollten wie Frauen ihre Geschäfte in der Kajüte verrichten, und wenn nicht an komplizierten Ventiltoiletten, dann ganz einfach in die Pütz. Ihr Inhalt läßt sich gegebenenfalls schneller und leichter außenbords befördern, als wenn man pumpen müßte.

Ich bin überzeugt, daß bei vielen Überbordunfällen, deren Hergang wir nicht kennen, das Überbordpinkeln die hauptsächliche Unfallursache war: Was sollte sonst wohl den erfahrenen Einhandsegler Heinrich Kohnert (67) veranlaßt haben, bei einem Wochenend-Ostseetörn am 2. Juni 1979 von Bord seiner Yacht Chico zu fallen? Seine Clubkameraden von der Segler-Vereinigung Altona-Oevelgönne haben ihn trotz eifriger Suche nicht wiederfinden können, und sie können sich auch die näheren Umstände dieses tragischen Unglücksfalles nicht erklären. Denn die Chico wurde unversehrt gefunden.

Oder was sonst sollte den Einhandsegler Martin S. (54) veranlaßt haben, am Sonntag, dem 1. November 1981 bei stürmischem Wind auf dem Wege von Travemünde nach Fehmarn spurlos von seinem Seekreuzer Rebell zu verschwinden? Die Angehörigen dieses erfahrenen Alleinseglers warteten vergebens auf ein Lebenszeichen. Schließlich konnten sie nur noch das führerlos vor der mecklenburgischen Küste von den DDR-Behörden eingeschleppte Boot in Wismar in Empfang nehmen.

Oder was hat den erfahrenen Segler Fritz Heimann veranlaßt, am 29. August 1984 bei Nacht von seiner Tina mitten in der Nordsee über Bord zu fallen? Wie man seine „herrenlose Yacht als Kreisläufer sichtete", berichte ich auf Seite 145.

Ob das Überbordfallen von Peter Pereira vom Verein Trans-Ocean am 4. Oktober 1984 von seiner entmasteten SHANTY die gleiche Ursache hat, weiß ich nicht. Er wurde auf etwa 48° N und 10° W 200 sm westlich von Brest im Sturm von Bord gespült, und es gelang ihm nicht, wieder aufs Schiff zu gelangen. Das in der Nähe liegende argentinische Frachtschiff MARFRIO beobachtete in diesem vielbefahrenen Seegebiet vor dem Ärmelkanal jedoch den Vorfall und rettete den Einhandsegler. Er mußte die Reise notgedrungen bis zum nächsten Hafen Buenos Aires mitmachen. Dort erfuhr er, daß sein Boot am 13. Oktober von der portugiesischen Marine aufgefunden und nach Porto eingeschleppt worden war. Die entmastete Yacht war in neun Tagen immerhin gut 400 sm getrieben, mit einer Drift von fast 2 kn.

Der Großbaum als tödlicher Windmühlenflügel

Im günstigsten Falle sind es Kopfwunden, Gehirnerschütterungen und ausgeschlagene Zähne, wenn eine Yacht eine Patenthalse macht. Im ungünstigsten Fall schlägt der mit Wucht überkommende Großbaum einen unvorsichtigen Segler zunächst besinnungslos, ehe er ihn ins Wasser kippt. Und daraus wird in den meisten Fällen eine Seeamtsverhandlung, weil die Besatzung der Yacht den ohnmächtigen Segler, der nach einem solchen Vorfall schnell ertrunken ist, auch beim besten Willen nicht wiederfindet. Barbara Altmann erlitt durch eine solche Patenthalse nur einen Oberkieferbruch. Skipper Hubert Honz, Yachtkonstrukteur Tom Curtis und andere Yachtsegler verloren dabei ihr Leben.

Wir Segler haben Angst vor einer Patenthalse: Wenn auf einem Vorwindkurs der Wind plötzlich nicht mehr von achtern, sondern von vorn in das weit ausgefierte Großsegel wehen kann, schlägt der Großbaum wie ein großes Scheunentor in einem Winkel von gut 180° zur anderen Seite. Je nach der Größe des Segels und den Abmessungen des Baumes wird dieser damit zu einem gefährlichen Wurfgeschoß, das genau in Kopfhöhe über das Yachtdeck fegt und in den meisten Fällen die getroffenen Segler nicht nur umreißt, sondern mit Kopfverletzungen über Bord wirft.

Doch nicht die tödlich verletzten Segler, sondern die Eigner und Skipper sind in der Regel die Schuldigen eines solchen Unfalles. Denn auf jedem Vorwindkurs gilt für den verantwortlichen Wachführer die Regel, den Großbaum an diesem gefährlichen plötzlichen Übergehen wirksam zu hindern. Und für die entsprechende seemännische Ausrüstung mit Leinen und Taljen ist letztlich der Eigner oder Skipper verantwortlich.

Die meisten Segler benutzen sinnvolle Schutzvorrichtungen, die heute nicht mehr so kompliziert zu bedienen sind wie altmodische Bullentaljen und die vor allem aus der Plicht getrimmt werden können. So hat zum Beispiel ein geschäftstüchtiger Segler die „Wälder-Baumbremse" erfunden, die recht teuer ist (aber einem sicherheitsbewußten Segler ist besonders im Hinblick auf eine Patenthalse meistens nichts zu teuer), während eine doppelte Baumtalje, wie sie nicht nur bei mir an Bord, sondern auch auf vielen anderen Renn- und Fahrtenyachten benutzt wird, nicht nur weniger kostet, sondern sogar einfacher, beidseitig und sehr viel feinfühliger zu bedienen ist.

Man liest aus diesem Grunde mit Verwunderung, daß selbst ein so bekannter Segler wie Bobby Schenk bei einer solchen Patenthalse erst in jüngster Zeit gefährlich verletzt wurde, weil der Großbaum seiner 15-m-Slup beim Halsen seinen Kopf traf. Er schreibt hierüber in seinem Buch „80 000 Meilen und Kap Hoorn":

„Am frühen Morgen (21. 1. 1984) fiel die schwache achterliche Brise immer ungünstiger für unseren Kurs ein. Wenn ich nicht in die Küste reinlaufen wollte, mußte der Großbaum geschiftet werden, eine Arbeit, die wir immer zu zweit vornahmen, damit der eine die Großschot holen und der andere den Bullenstander umsetzen konnte. Carla schlief, und der Wind war so leicht, daß ich mich über den Traveller stellte und den Bullenstander aufmachte.

Die Dünung war jedoch so stark, daß der wenige Wind das Großsegel nicht mehr richtig stützte. Obwohl ich das ganz genau sah, richtete ich mich auf und sah dem Großbaum entgegen. Ich kann nicht erklären, warum ich nicht einmal die Hand zum Schutze hob oder mich ganz einfach duckte; jedenfalls knallte mir das Aluminiumrohr direkt auf die Stirn.

Das nächste, was ich wußte, war, daß ich mir – im Cockpit liegend – an die Stirn griff und etwas Warmes, Klebriges an den Fingern spürte. Ich begann wie am Spieß zu schreien, aber Carla wäre auch durch den rumknallenden Großbaum nach oben geholt worden. Sie legte mir einen Notverband über die tiefe Rißwunde, und ich ärgerte mich, daß ich mir durch meinen Leichtsinn selbst das Ende einer so schönen Reise versaut hatte. Dabei hatte ich noch Glück gehabt, nachdem mich der Großbaum nur in das Cockpit zurückgeschleudert hatte."

Natürlich, „eine Dummheit macht auch der Gescheiteste". Aber jeder verantwortliche Skipper einer Yacht weiß, daß man eine oft tödliche Dummheit eben niemals begehen darf, weil das erste Mal im Leben eines Seglers auch gleichzeitig das letzte Mal sein kann.

Weniger Glück als Bobby Schenk, aber zumindest einen Schutzengel hatte Barbara Altmann, die 1982 zur Überführungscrew einer größeren Segelyacht ins Mittelmeer gehörte. „Ich bin zwar ziemlich segelunerfahren", berichtet sie in den ‚Nautischen Nachrichten' der Kreuzer-Abteilung, aber der verantwortliche Skipper meinte, das mache nichts, und nahm mich und einen weiteren Segelanfänger mit auf die Yacht." Bereits am Ende des zweiten Segeltages schlug der Großbaum bei einer Patenthalse an den Kopf der Seglerin. Barbara Altmann wurde an Deck geschleudert und schwer verletzt. Nach Wind und Wetter war es nahezu die gleiche Situation wie oben: „Der Rudergänger versuchte, bei einem schwachen Wind von achtern ‚Schmetterling' zu segeln", berichtet Barbara Altmann weiter, „und ich stand in der Plicht und sah fasziniert zu, wie er ziemlich vergeblich versuchte, die Fock an Backbordseite zu halten, während das Großsegel an Steuerbord stand. Daß ich mich dabei selbst in höchster Lebensgefahr befand, war mir nicht bewußt, und niemand warnte mich auch. Selbst der Skipper stand im Niedergang und sah den Steuerkünsten seines Rudergängers zu – ja, und dann donnerte der schwere Großbaum über die Plicht und mähte mich um. Während ich mit entsetzlichen Schmerzen, stark blutend und den Mund voller ausgebrochener Zahnkronen über der Bordwand hing und erst von einigen Mitseglern wieder hineingezogen wurde, hörte ich den Skipper schimpfen und brüllen, was in dieser Situation alles falsch gemacht worden sei."

Aber diese verspäteten Lehren halfen Barbara Altmann auch nichts mehr: Mit einer schweren Gehirnerschütterung, Oberkieferbruch und Verlust von acht Zähnen erreichte die Yacht erst 17 Stunden später den Hafen, wo Barbara ärztlich versorgt werden konnte.

Daß der Skipper losgesegelt war, obwohl weder das Log noch das Seefunkgerät funktionierten, er nicht die richtigen Seekarten für das Ansteuern der Küste in einem Notfall an Bord hatte und auch der Motor nicht betriebsklar war, gehört zu den bedauerlichen Begleiterscheinungen dieser Reise. Aber auf eine schnelle Rettung ist eben auf See nicht immer Verlaß!

Wenn die Kreuzer-Abteilung hieraus die nützliche Lehre zieht, daß der Schiffsführer einem Neuling an Bord besondere Aufmerksamkeit widmen sollte, oder wenn sie gar empfiehlt, bei schwachen als auch bei stärkeren Winden niemals vor dem Wind zu segeln, damit der Rudergänger nicht ständig die Fock und die Genua gleichzeitig beobachten muß, so zielen diese Empfehlungen an den eingangs genannten Schutzmaßnahmen vorbei. Man kann sich den Kurs zum Wind auf einer Fahrt zu einem bestimmten Ziel ja auch nicht aussuchen.

Solche wie die vorgenannten leichten, wenn auch oft schmerzhaften Verletzungen sind bei einer Patenthalse aber nur die Ausnahme. In der Regel dominiert ein tragischer Ausgang, wie einige der folgenden Vorfälle beweisen:

Heinrich W. (44) war am 9. November 1985 noch einmal mit seinem kleinen Seekreuzer zu einem Tagestörn auf der Schlei ausgelaufen. Als er in der Höhe von Haddeby die Fock auf dem Vorschiff klariert hatte und auf dem Wege zurück in die Plicht war, wurde er beim unbeabsichtigten Übergehen des Großbaums getroffen und über Bord geschleudert. Es herrschte Windstärke 6 bis 7. Seit dieser Zeit wird Heinrich W. vermißt.

*

Zwei Ehepaare waren am 17. September 1985 in der Lübecker Bucht mit einer Yacht vom Typ Phantom zu einem Wochenendtörn unterwegs. Bei leichten südwestlichen Winden herrschte ideales Segelwetter, als der 54jährige Mitsegler bei einer Patenthalse am Kopf getroffen und ohne Rettungsweste über Bord geschleudert wurde. Die Versuche der Crew, den bewußtlosen, etwas korpulenten Segler wieder an Bord zu ziehen, mißlangen. Erst der Besatzung einer zur Hilfe herbeigerufenen Motoryacht gelang es, den leblosen Mann auf der Badeplattform festzuzurren. Der Rettungshubschrauber konnte keine Hilfe mehr leisten, und als die Yacht in Grömitz eingetroffen war, konnte ein Arzt nur noch den Tod des Seglers feststellen.

Natürlich hätte auch hier eine Bullentalje das unbeabsichtigte Übergehen des Großbaums unmöglich gemacht. Eine Schwimmweste hätte die Kopfverletzung, die zum Tode des Seglers führte, jedoch nicht verhindert.

*

Den Tod durch eine Patenthalse fand auch ein Hamburger Segler, der im Sommer 1980 von Terschelling nach Helgoland segelte. Obwohl er nur mit seiner Frau an Bord war, trug er auch während der Nachtwache weder Schwimmweste noch Lifebelt. Er wurde kurz vor Mitternacht bei einer Patenthalse vom Großbaum getroffen und fiel, vermutlich ohnmächtig, über Bord.

Die Frau, die die Yacht sofort in den Wind drehte und die Segel barg, konnte ihren Mann wegen der Dunkelheit nicht wiederfinden und gab daher einen Notruf über UKW-Seefunk ab. Mehrere norwegische Schiffe, die zufällig in der Nähe waren und kurze Zeit später am Unfallort eintrafen, der Seenot-Rettungskreuzer GEORG BREUSING und ein Rettungshubschrauber suchten zwölf Stunden lang − ebenfalls erfolglos.

*

Selbst durch eine Seeamtsverhandlung läßt sich beim Tod eines Seglers durch eine Patenthalse meistens nicht feststellen, ob er durch den Schlag des Großbaumes sofort getötet oder hierbei nur bewußtlos geschlagen wurde und der Tod erst durch Ertrinken eintrat.

Einen solchen Fall behandelte das Seeamt Flensburg im Jahre 1977. Auf einer Yacht, die wegen eines aufziehenden Sturms zu ihrem Heimathafen in der Kieler Förde zurücklief, hatte die Crew das Großsegel geborgen und den Großbaum am Achterstag festgebändselt. Man wollte dadurch vermeiden, daß der Baum durch das Rollen des Schiffes hin und her schlug, und lief nur unter der Fock ausreichend schnell und sicher.

In einer Gewitterbö ging jedoch der Knoten des Bändsels auf. Der Baum verlor die sichere Zurring und fegte die Mitseglerin Karin Hanke, die neben der Plicht an Deck gesessen hatte, über Bord. Man konnte sie zwar nach einiger Zeit und einigen mißglückten Rettungsmanövern wieder auffischen, aber die Wiederbelebungsversuche blieben erfolglos, und im Hafen konnte nur noch ihr Tod festgestellt werden.

Das Seeamt bemängelte, daß weder bei Erwartung des Unwetters noch vor Beginn des Rettungsmanövers von der Besatzung Schwimmwesten angelegt worden waren. Für die Bergungsarbeiten an Deck kann meines Erachtens aber eine Schwimmweste mehr hinderlich als nützlich sein, und die Todesursache der Seglerin war ja nicht die fehlende Schwimmweste, sondern ein nicht sicher gezurrter und vor allem nicht hoch genug angedirkter Großbaum.

Am sichersten ist es übrigens, den mit dem nassen, beschlagenen Segel beschwerten Großbaum nicht mit der erfahrungsgemäß dünnen und schwachen Dirk hoch über die Köpfe der Plicht-Besatzung anzuheißen, sondern ihn auf das Kajüt- oder Seitendeck wegzufieren und die Baumnock an der Fußreling einer Seite zu laschen. Dann kann der Großbaum keinen Schaden anrichten.

*

Richtige und falsche Seemannschaft läßt sich am besten und ohne belehrende Erläuterung erkennen, wenn zwei Boote zu gleicher Zeit auf dem gleichen Revier unterwegs sind und dabei auf einem von beiden Booten ein tödlicher Unfall passiert. Wenn zwei dasselbe tun, ist es noch lange nicht das gleiche:

Am 25. Oktober 1980 liegt die 7 m lange Kunststoffyacht SKORPION mit Eigner und Skipper Hubert Honz (29) und Siegfried Behrendt (40) an Bord in der Schleuse von Hooksiel, um von hier aus über das Wattengebiet zwischen Jade und Weser die Fahrt nach Oldenburg ins Winterlager anzutreten. Neben ihr liegt die 10-m-Yacht LEE, die, ebenfalls mit einer Zweimann-Crew, den gleichen Kurs zum gleichen Fahrtenziel steuern will.

Um 0900 Uhr wirft die SKORPION die Leinen los, gegen 0930 Uhr verläßt die LEE die Schleuse. Es herrscht Nordwestwind Stärke 5, in Böen sogar bis 7, und das auflaufende Wasser hat eine Temperatur von 10° C. Zwischendurch regnet es. Die SKORPION läuft unter Großsegel und Fock. Sie hat keine Eile, denn man will die Nacht von Sonnabend auf Sonntag in Bremerhaven übernachten. Beide Segler tragen weder Schwimmweste noch Sicherheitsgurt. Der Skipper der LEE, Christian Köthe, hat mit dem SKORPION-Skipper Honz einen gemeinsamen Kurs von der Jade zur Weser ausgemacht. So läuft die schnellere und größere Yacht etwas später aus, und sie segelt den raumen Kurs auch nur unter einem Vorsegel, einer auf dem kurvenreichen Prickenweg sehr viel sichereren und bequemeren Segelführung. Die Crew der LEE trägt Schwimmwesten.

Auf der SKORPION haben die beiden Segler viel zu tun, um platt vor dem Wind den wechselnden Kursen des Prickenweges zu folgen. Fortwährend müssen sie halsen und dabei nicht nur den Großbaum übergeben, sondern auch die Fock ausbaumen. Der böige Wind erschwert dabei das Bemühen des Rudergängers, dem Prickenweg zu folgen und gleichzeitig die Segel voll zu halten. Gegen 1125 Uhr und fast am Ende des Wattenweges kommt bei einem dieser Halsemanöver die Fock unklar. Anscheinend hat sich ein Draht gelöst, und ein Teil des Vorsegels fällt sogar ins Wasser. Skipper Honz geht selbst nach vorne, um das Vorsegel wieder zu klarieren. Doch zuvor schärft er seinem Mitsegler, der jetzt das Ruder führen muß, noch einmal ein, den Windungen des Wattfahrwassers sorgfältig zu folgen. Das klappt auch eine Zeitlang, und der Skipper kann das Vorsegel wieder klarmachen. Als er jedoch auf allen vieren auf dem Seitendeck wieder zurückkriecht, kommt plötzlich das Großsegel über, und der Großbaum schlägt den Skipper über Bord.

Der Mitsegler ist dieser Notsituation nicht gewachsen. Hilflos unternimmt er mehrere Versuche, sowohl mit stehenden Segeln als auch mit laufendem Motor wieder in die Nähe des treibenden Skippers zu kommen, doch bleiben sie erfolglos. Auch die LEE kommt zu spät. Nach wenigen Minuten versackt der Skipper, und auch die auf einen Notruf der LEE herbeigeeilten Rettungskreuzer, Hubschrauber und Fischkutter finden Hubert Honz nicht wieder. Erst am 11. Januar 1981 wird seine Leiche im Wattenmeer geborgen.

„Wenn auch Honz seinen Leichtsinn mit dem Leben bezahlen mußte und heute nicht Rede und Antwort stehen kann", sagte der Bundesbeauftragte in der Untersuchung vor dem Seeamt Bremerhaven, „so ist doch mit allem Nachdruck herauszustellen, daß er falsch handelte, indem er bei vorhandener Wetterlage und voller Verantwortung die erforderlichen Sicherheitsmaßnahmen unterließ."

Und das Seeamt stellte fest: „Der eingetretene Unfall ist darauf zurückzuführen, daß der Schiffsführer Honz die Gefahr eines möglichen Übergehens des Großbaums nicht erkannt hat. Er traute offensichtlich auch seinem Mitsegler trotz gesetzter Segel und starken Windes von achtern zu, die Yacht im kurvenreichen Prickenweg auf Kurs halten zu können. Dabei hat Honz anscheinend die erforderlichen Schiffsbewegungen im Verlaufe des Weges nicht mit in den Kreis seiner Betrachtungen einbezogen. Honz kannte die Gefahren, die der hin und her schwenkende Großbaum heraufbeschwören konnte. Er hatte zuvor seinen Mitsegler Behrendt noch gewarnt und diesen aufgefordert, beim Übergehen des Baumes den Kopf einzuziehen. Hubert Honz hat seine eigene Unachtsamkeit mit dem Leben bezahlen müssen."

*

Die Reihe dieser Außenbordsunfälle durch den übergekommenen Großbaum soll hier nicht noch weiter verlängert werden. Solche Unfälle können auch den erfahrensten Skippern widerfahren, und es sollte sich daher niemand an Bord vor dieser so oft tödlichen Gefahr in trügerischer Sicherheit wiegen. Was für den eingangs genannten Bobby Schenk noch glimpflich abging, führte zum Beispiel bei Tom Curtis zum Tod:
Er wurde während der amerikanischen Hochseeregatta von St. Petersburg nach Fort Lauderdale im März 1979 auf der Yacht OBSESSION vom Großbaum am Kopf getroffen, über Bord geworfen und getötet. Der 33jährige Curtis war ein erfahrener Hochseesegler, Direktor des renommierten amerikanischen Yacht-Konstruktionsbüros Sparkman & Stephens und Absolvent der Georgetown University. Erfahrung, Intelligenz und körperliche Leistungsfähigkeit hätten nie erwarten lassen, daß er auf diese Weise sein Leben verlieren würde − als erster amerikanischer Hochsee-Rennsegler durch den Großbaum als tödlichen Windmühlenflügel bei einer Patenthalse, wie die amerikanische Seglerzeitung „Yachting" feststellte.

Mann über Bord verloren − aber das Rennen gewonnen?

Früher war es undenkbar, daß eine Yacht in einer Hochseeregatta das Rennen ordnungsgemäß beenden konnte, obwohl ein Mann über Bord gefallen und vielleicht sogar ertrunken war. Auch die Internationalen Wettsegelbestimmungen schlossen einen solchen Vorfall aus. Bei den heutigen, größtenteils gesponserten und monatelang rund um die Welt führenden Hochseerennen findet diese Regel offenbar keine Anwendung mehr. Für die GREAT BRITAIN II, die TAURANGA und die 33 EXPORT ging das Rennen jedenfalls trotz tödlicher Überbordunfälle weiter. Die Yachten gingen danach nicht nur ordnungsgemäß durchs Ziel, sie konnten sogar einen Preis gewinnen. Was gilt der Mensch im Widerstreit zwischen fairem Wettkampf und erbarmungslosen Geschäften?

Solange ich denken kann, gehört es zur Ethik des Rennsegelns, auf einer Wettfahrt weder andere Yachten zu beschädigen noch im Streben nach Sieg oder Platz in einer Regatta das Leben der Besatzung aufs Spiel zu setzen.

282

Dieser Grundauffassung tragen (oder muß ich schon sagen: trugen?) auch die Internationalen Wettsegelbestimmungen (IWB) Rechnung, in denen alle Regeln segelsportlicher Fairneß vom rechtzeitigen Ausweichen auf einem Kollisionskurs bis zur Hilfeleistung einer in Gefahr geratenen Yacht und für alle nur möglichen anderen Situationen enthalten sind.

Da hieß es beispielsweise auch in der Regel 57 der noch 1973 geltenden Fassung (die IWB werden alle vier Jahre wettfahrtrechtlich unter die Lupe genommen und gegebenenfalls modifiziert): „Es darf während einer Wettfahrt keine Person von Bord gehen, es sei denn verletzt oder krank. Es darf jedoch ein Besatzungsmitglied über Bord fallen oder von Bord gehen, um zu schwimmen ... oder eine Yacht an Land zu ziehen ... oder ihr zu helfen, nach dem Festkommen ... wieder freizukommen, vorausgesetzt, daß diese Person wieder an Bord ist, bevor die Yacht die Wettfahrt fortsetzt." In kurzer Erläuterung: Wenn ein Mann über Bord fällt, muß er wieder aufgefischt werden, ehe die Yacht das Rennen fortsetzt. Wird ein über Bord gefallenes Besatzungsmitglied nicht wieder aufgenommen, weil es auf See nicht wiedergefunden wird oder gar ertrunken ist, muß die betreffende Yacht das Rennen aufgeben. Denn der Skipper könnte nach dem Zieldurchgang nicht mehr die „Rennverklarung" unterschreiben und damit bekunden, daß er die Wettfahrt, allen Regeln gerecht, ordnungsgemäß beendet hat.

Die Schöpfer der Wettsegelbestimmungen und insbesondere die Rennsegler, die die genannte Regel formuliert haben, dachten dabei wohl am allerwenigsten an das Ertrinken eines überbordgefallenen Crewmitgliedes. Sie wollten nur gewährleistet wissen, daß nach dem Sturz eines Mitseglers vom Deck ins Wasser, der ja eigentlich immer auf leichtfertige oder fahrlässige Seemannschaft zurückzuführen sein muß, die Crew der betreffenden Rennyacht durch die Auflage, diesen Mitsegler wieder an Bord zu nehmen, eine entsprechende zeitliche Bestrafung erhält, gleichsam als Ausgleich dafür, daß sie sich durch leichtfertigeres Segeln einen Vorteil gegenüber den anderen Besatzungen, die für ihre Seemannschaft einen größeren Sicherheitsmaßstab anlegten, zu verschaffen trachtete. Es ist auch früher sicher nicht vorstellbar gewesen, daß nach dem Tod eines Besatzungsmitgliedes, der an Bord einer Yacht ja letztlich niemals durch den verunglückten Segler allein verursacht worden ist, die hinterbliebene Crew anschließend einen Siegespreis entgegennimmt, so, als wäre nichts geschehen.

Als während der Olympischen Spiele 1972 in München trotz der zahlreichen Todesopfer eines Anschlages auf das olympische Dorf vom IOC-Präsidenten Avery Brundage verkündet wurde: „The games must go on!" (Die Spiele müssen [trotzdem] weitergehen!), betraf diese auf den ersten Blick moralisch vielleicht anfechtbare Entscheidung nicht die Opfer, die während eines Wettkampfes selbst zu beklagen waren.

In den folgenden Jahren wurde sie jedoch schon bei Automobilrennen angewandt, wenn Fahrer auf der Rennpiste zu Tode gekommen oder gar in die Zuschauerränge gerast waren und unschuldige Menschen mit in den Tod genommen hatten. Die Rennen wurden nicht abgebrochen.

Die Gründe waren gewichtig wie makaber: Den Siegern winkten hohe Geldpreise, die in den meisten Fällen von namhaften Wirtschaftsunternehmen ausgesetzt waren, und in der Quintessenz triumphierten Werbung und Geschäft über Ethik und Moral.

Ausgerechnet in unserer Sportart, die man bis vor gar nicht langer Zeit noch als „Herrensegeln" bezeichnete, um einen besonders hohen Anspruch an vornehme sportliche Fairneß auszudrücken, trat man in der Bewertung von Todesfolgen in die Fußstapfen der Automobilisten: Bei den Regatten um die Welt, die zwar von finanzkräftigen Sponsoren ausgerichtet werden, aber nach den Internationalen (und olympischen) Wettsegelbestimmungen ablaufen, darf eine Besatzung sogar dann einen Regattapreis in Empfang nehmen, wenn unterwegs ein Mitsegler tot auf der Strecke bleibt. Sicher nicht zugunsten des Sportes, jedoch zugunsten des Geschäfts wird hier eine wichtige Regel sportlicher Fairneß beim Wettsegeln mißachtet oder mit leichter Hand außer Kraft gesetzt.

Mehr noch als diese tragische Tatsache allein erschütterte mich die Art und Weise, in welcher der dem sportlichen und damit auch dem geschäftlichen Erfolg des Sponsors „Union Jack" Hayward offenbar verpflichtete Skipper der GREAT BRITAIN II im „Längsten Rennen der Welt" 1973/74, der Engländer Chay Blyth, im Sinne des „the games must go on" argumentierte.

Das am 8. September 1973 unter Teilnahme von 20 großen Hochseeyachten aus mehreren Ländern in Portsmouth (England) gestaretete Vier-Etappen-Rennen beendete die von Chay Blyth geführte 23,53 m lange und 15,5 t schwere GREAT BRITAIN II mit ihrer Zehn-Mann-Crew als schnellste Yacht nach gesegelter Zeit. „Sie wurde von dem Unternehmer Chay Blyth geführt, einem berufsmäßigen Abenteurer, dessen Boot im Wert von 125000 Pfund (etwa 500000 DM) von einem patriotischen Millionär gebaut worden war und das ihm nach Ende des Rennens geschenkt worden ist", heißt es in der Einleitung des Buches „The longest Race" von Peter Cook und Bob Fisher. Diese simple Feststellung zeigt, daß der Tod eines Mitseglers und die vielleicht daraus resultierende Aufgabe des Rennens keine Alternative zu Gewinn oder Verlust von einer halben Million Mark darstellten, die der verantwortliche Skipper (neben anderen möglichen Preisen) nach Ende des Rennens in Empfang nehmen konnte.

Das Opfer auf der GREAT BRITAIN II heißt Bernie Hosking. Es ist ein 27jähriger Fallschirmjäger und einer von neun Männern, mit denen Chay Blyth segelt. Vor seinem Tod auf der dritten Etappe des Rennens ist er schon einmal über Bord gefallen, aber wie durch ein Wunder wieder gerettet worden. Dies war am 11. Oktober 1973, am 34. Tag des Rennens und ungefähr auf der Position 28° S und 20° W im Südatlantik.

„Es war in den frühen Morgenstunden des 11. Oktober und noch dunkel, als ich in meiner Koje merkte, daß die GREAT BRITAIN II mehr als sonst üblich überlag", berichtet Chay Blyth. „Ich war sofort auf den Beinen und sah bei einem Blick aus dem Luk, daß eine Bö in den Spinnaker eingefallen war und sich der Spinnakerbaum gefährlich durchbog. Sofort rief ich: „All hands!" In wenigen Sekunden stand die gesamte Crew an Deck, einige Mitsegler in Unterhosen, andere nackt. Als das Segelmanöver begann und wir den Spi-Baum etwas fieren konnten, brach er entzwei, und beide Teile stürzten mitten auf das Vordeck."

Bernie Hosking, der zum Einholen des Spinnakers nach vorn gegangen war, wird vom Vorholer des Spinnakers getroffen und über Bord gepeitscht. Blyth schreit: „Er ist im Wasser!"

Und weiter berichtet er:

„Die nächsten zehn Minuten waren wirklich phantastisch: Brian warf ein Rettungslicht über Bord, das jedoch den Mann im Wasser nicht erreichte, und eine Rettungsboje hinterher. Len war am Ruder, und ich brüllte, er möge sich den Kurs merken. Alan beauftragte ich, die Unfallstelle im Auge zu behalten, aber es war immer noch stockdunkel, und er konnte eigentlich nichts sehen. Robbie fierte das Spinnakerfall, und Mike sorgte dafür, daß das Segel unter Kontrolle kam. Brian schickte ich nach unten, um den Motor zu starten und den Scheinwerfer heraufzuschaffen. Nachdem das Segel verstaut war, gab Len Zeit und Kurs zu Alec, der nach einigen Sekunden Kopfrechnen schnell an Len die Daten des richtigen Kurses für den Rückweg gab. Inzwischen stand die Crew schweigend hier und dort an Deck, während wir in einem leichten Zickzackkurs unter Motor gegen den Wind zurückliefen. Eddie ließ dabei den Lichtschein des Scheinwerfers suchend durch die Nacht und über die aufgewühlte See streichen, von Backbord nach Steuerbord und wieder zurück.

Und plötzlich hörten wir einen schwachen Ruf von Bernie. Die Richtung, aus der der Ruf kam, war gut auszumachen. Da wußte ich, daß wir ihn wiederfinden würden. Er ist kein guter Schwimmer, aber sein mit Luftblasen gefüllter Segelanzug würde ihn noch eine Weile über Wasser halten können. Wir riefen, und Bernie antwortete – und dann hatte Eddie ihn im Lichtkegel seines Scheinwerfers. Es war furchterregend und schrecklich, ihn dort in der dunklen See schwimmen zu sehen, nur mit dem Kopf über Wasser und als winzigen Punkt am Ende des auf ihn gerichteten Lichtarmes. Wir warfen ihm eine Leine zu, als wir nähergekommen waren. Er packte sie gleich beim erstenmal, und dann zogen ihn viele Hände wieder an Deck.

‚Alles in Ordnung, Bernie?' fragte ich, und ich dachte dabei, daß das Boot ihn auch übersegelt oder auf andere Art und Weise verletzt haben könnte. ‚Das Wasser ist kalt', war seine einzige Antwort.

Nach einer Tasse warmer Suppe und in trockener Kleidung war Bernie fast wieder der alte, denn außer ein paar Hautabschürfungen und Prellungen hatte er nichts weiter abbekommen. Er war sehr, sehr glücklich.

Die Rettung hatte nur sieben Minuten gedauert, aber diese Zeit schien uns wie eine Ewigkeit. Ich denke, daß jedes Mitglied der Crew nach diesem Rettungsmanöver begriffen hatte, daß man nach einem Sturz über Bord nur eine geringe Chance hat, wieder aufgefischt zu werden."

Am nachhaltigsten hätte wohl Bernie Hosking selbst diese Erkenntnis gewinnen müssen. Oder verließ er sich wegen der glücklichen Rettung zu sehr auf seinen Schutzengel, der ihm auch ein zweites Mal beistehen würde?

Sei es, wie es sei, aber am 6. Januar 1974, auf der dritten Etappe des Round the World Race und am neunten Tage auf dem Weg von Australien nach Kap Hoorn, ertönte auf der GREAT BRITAIN II abermals der Schreckensruf „Mann über Bord!" Wiederum war es Bernie, der in die See gestürzt war.

„Wir hatten bei Windstärke 5 bis 6 und mit sechs Mann an Deck gerade mehr Segel gesetzt", berichtet Eric Blunn, ein Zeuge des Unfalls, „und ich saß auf dem Achterdeck, um die Schoten der ausgebaumten Genua 3 zu trimmen. Vorn hatte sich jedoch ein Zeising eines geborgenen Segels mit einem Stagreiter verhakt, und Bernie versuchte, beide voneinander zu lösen. Dabei muß er wohl etwas zu viel Körperkraft eingesetzt haben; denn als der Zeising plötzlich freikam, verlor Bernie das Gleichgewicht und fiel am Bug über Bord."

Diesmal war es John Rist, der das grauenvolle „Mann über Bord!" ausrief.

„Man glaubt in einem solchen Augenblick nicht an die tödliche Gefahr, die damit verbunden ist", berichtet Chay Blyth über die nun folgenden Stunden fernab im Südatlantik auf etwa 52° S und 174° W. „Aber wir wußten alle, daß dieser Notruf blutiger Ernst war; denn niemand würde ihn jemals aus Spaß hinausschreien. „Anluven!" schrie ich. „All hands!" Gleichzeitig blickte ich nach achtern, wo ich nur undeutlich ein blaues Bündel in unserem weißen Kielwasser bemerken konnte. Es war Bernie Hosking.

Inzwischen waren Rettungsspiere und andere Rettungsgeräte ins Kielwasser geworfen worden, das ausgebaumte Vorsegel lag an Deck, und auch das Besanstagsegel war geborgen. Wir versuchten, zur Unfallstelle zurückzukreuzen. Dabei behinderte uns auch der Reacher − also runter mit ihm. Wir hatten nun den Westwind mit 7 Bft gegen uns, und die Männer an Deck arbeiteten schnell und verbissen. Len, unser erfahrenster Rudergänger, hatte wieder das Steuerrad in der Hand, und Alec, der Navigator, hielt die gesegelten Zeiten und die gesteuerten Kurse fest.

Es war wie bei dem ersten Mann-über-Bord-Manöver: Die besten Leute hatten die verantwortungsvollsten Aufgaben übernommen. Wir suchten zuerst in einem Dreieckskurs, den wir zweimal abliefen, ehe wir in kurzen Schlägen auf und ab standen und zu allen Seiten angestrengt lauschten. An Bord waren nur die Geräusche der See um uns. Dennoch hörten wir weder einen erlösenden Ruf aus dem Wasser, noch kam Bernies Kopf in der unruhigen See wieder in Sicht."

Die Minuten verrinnen, aber die Zeit ist gegen die Männer auf der GREAT BRITAIN II. Das Wasser hat eine Temperatur von nur 4 °C, und wenn Chay Blyth in diesen Augenblicken zwischen Bangen und Hoffen annimmt, daß Bernie nicht länger als eine volle Stunde in diesem eisigen Wasser aushalten könnte, dann macht er sich etwas vor. Die Uhr läuft weiter, und obwohl man auf der GREAT BRITAIN II noch zweimal auf die Spierenboje trifft, die nach dem Unfall über Bord geworden wurde, und somit zumindest tröstende Gewißheit herrscht, daß man tatsächlich am Unfallort steht, sichtet man den über Bord gefallenen Mitsegler nicht wieder.

Nach zwei Stunden spätestens ist es tragische Gewißheit, daß Bernie tot ist. Aber natürlich sucht man weiter. Und als sich schließlich bei den harten Männern an Deck jenes Gefühl in der Magengegend einstellt, das man nach einer langen Zeit des Hungerns oder auch bei beginnender Seekrankheit bekommt, werden die Gedanken an den ertrunkenen Freund zu einer Erinnerung an nicht wiederholbare gemeinsame Erlebnisse.

„Bernie zeichnete sich vor allen anderen Mitseglern dadurch aus, daß er einen natürlichen Instinkt zum Segeln mitbrachte", schreibt Chay Blyth in dieser Stunde in sein Tagebuch. „Und dadurch wurde er zu einem wirklich hervorragenden Seemann. Mit der Zeit wäre er einer der besten Hochseesegler geworden, den man sich hätte denken können." Aber ein solcher Nachruf holt Bernie Hosking auch nicht wieder in das Leben zurück.

So muß Blyth den Funkspruch absetzen: „Bernie Hosking über Bord verloren am 6. Januar 1974 2140 GMT auf Position 52° S 174° W . . . Suche jetzt aufgegeben . . . Bitte Angehörige und Wettfahrtleitung benachrichtigen."

Jedes Crewmitglied verfaßt einen schriftlichen Bericht über den Unfall, der nach dem Zieldurchgang in Rio Bestandteil einer Verklarung wird. In allen diesen Schriftstücken wird eines deutlich: Der Unfall hatte eine simple, fast unbedeutende Ursache. Aber es sind bekanntlich die unbedeutendsten Anlässe, die zu einer tödlichen Katastrophe führen können.

Die wenigen Habseligkeiten, die Bernie Hosking mit an Bord genommen hatte, werden zusammengepackt, und dann geht die GREAT BRITAIN II wieder mit allen Segeln auf Kurs Ost, rundet am 23. Januar Kap Hoorn und läuft am 7. Februar als erste Yacht über die Ziellinie in Rio de Janeiro. Chay Blyth empfängt zwei Ehrenpreise.

„Natürlich war meine Crew bestürzt, als Bernie tot war", bewertet Chay Blyth die Situation noch am 6. Januar an Bord, „denn Bernie war unser Freund. Aber da sein Tod etwas war, was wir alle kennen, mußten wir diese Tatsache hinnehmen und das Rennen fortsetzen. Meine Mitsegler waren Fallschirmjäger, denen der Tod nichts Neues bedeutete. Alle waren aktive Soldaten, und einige von ihnen hatten erlebt, wie in diesem oder jenem Feuergefecht andere Kameraden neben ihnen starben. Sie mußten sich an Bord nicht unbedingt als Todeskandidaten fühlen, aber das tragische Erlebnis würde bei ihnen auch nicht eine ähnliche seelische Erschütterung verursachen, wie ein Zivilist vielleicht diese schreckliche Stunde verarbeitet haben würde." Basta. Das Rennen mußte weitergehen. Mußte es wirklich?

Und es ging auch auf zwei anderen Yachten weiter, die ebenfalls einen Mann ihrer Besatzung verloren: Am 20. November fiel während der zweiten Etappe von Kapstadt nach Sydney auf etwa 45° S und 055° E Paul Waterhouse von Bord der TAURANGA, einer 16,88 m langen Yawl vom Serientyp Swan 55. Der 17 t schwere italienische Seekreuzer lief mit einer elfköpfigen Crew unter Führung von Eric Pascoli an diesem Tage unter einem ausgebaumten und einem frei fliegenden Vorsegel vor einem böigen, stürmischen achterlichen Wind und kam dabei kurzzeitig immer wieder ins Surfen.

Es war eine gefährliche Höllenfahrt, bei der Paul Waterhouse, der einzige Brite unter der italienischen Besatzung, nach einer Zigarettenpause unter Deck gerade wieder in die Plicht zurückkehrte, als die TAURANGA querschlug. Durch die Kursänderung kam die frei fliegende Fock back, und gleichzeitig brach der Spinnakerbaum an seiner Mastbefestigung, so daß die Aluminiumspiere sich um das Schothorn drehte und das Segel zu zerreißen drohte. Paul Waterhouse kroch nach vorn, um das Segel wieder in den Griff zu bekommen und die Überbleibsel des Spinnakerbaums zu bergen, damit nicht noch größerer Schaden angerichtet wurde. In diesen Augenblicken kehrte die TAURANGA auf ihren Vorwindkurs zurück. Die frei fliegende Fock füllte sich mit einem Knall, und als dabei auch die bisher losen Schoten schlagartig wieder belastet wurden, wurde Waterhouse beim Steifkommen der Vorschot hoch in die Luft geschleudert. Er fiel zuerst wieder an Deck und stürzte dann ins Meer.

Auf der TAURANGA wurden sofort alle Segel geborgen, und man suchte mit Motor nahezu vier Stunden nach dem über Bord gefallenen Besatzungsmitglied, jedoch mit immer weniger Hoffnung auf Erfolg. Auf diesen hohen Breiten und in der gewaltigen See wäre es wirklich ein Wunder gewesen, wenn man Paul Waterhouse noch lebend wiedergefunden hätte. Er muß auch schon besinnungslos gewesen sein, als er an Deck fiel. Denn er machte keine Anstalten mehr, eines der Strecktaue zu ergreifen, als die See ihn über Bord holte, und ist wahrscheinlich unmittelbar danach ertrunken.

Und obwohl nach diesem Todesfall auf der TAURANGA, von dem die Besatzungen aller anderen 19 teilnehmenden Yachten Kenntnis erhielten, auch von seiten der Wettfahrtleitung noch einmal zu besonderer Vorsicht bei Decksarbeiten aufgefordert worden war, passierte schon drei Tage später der nächste tödliche Unfall bei „Mann über Bord".

Diesmal war es Dominique Guillet, einer der beiden Skipper auf der unter französischer Flagge segelnden 33 EXPORT, einer 17,37 m langen und 14 t schweren Aluminiumyacht mit sieben Mann an Bord. Die Yacht stand am 23. November gegen 1620 Uhr GMT auf etwa 45° S und 081° E bei Windstärke 9 bis 10 in einer schweren See, als Guillet und sein Co-Skipper Millet entschieden, die kleine Fock gegen die noch kleinere Sturmfock auszutauschen. Während dieses Segelwechsels, an dem auch zwei andere Segler mitwirkten, lief die Yacht aus dem Kurs und holte weit nach Steuerbord über. In der schwarzen Nacht konnte sich Millet gerade noch an den Wanten des Besanmastes festklammern, während die drei anderen Segler von Deck gewaschen wurden. Zwei von ihnen konnten wenigstens die Verbindung zur Yacht behalten. Guillet jedoch verschwand.

Die Begleitumstände des Todes von Guillet sind besonders tragisch, weil er an Deck seinen bewährten Sicherheitsgurt trug. Es hatten sich jedoch auch noch die beiden anderen Vordecksleute mit den Karabinerhaken ihres Sicherheitsgeschirrs in das gleiche, von achtern nach vorn verlaufende Strecktau eingepickt. Als beim Überholen der 33 EXPORT plötzlich drei Mann nebeneinander im Wasser lagen und das Strecktau durch den Zug der außenbords mitgezogenen Segler überlastet war, brach diese Leine, und die drei Sicherheitsgeschirre rutschten nach achtern aus dem abgerissenen Strecktau heraus.

Der Unfall ereignete sich bei Nacht, und die vier an Bord verbliebenen Besatzungsmitglieder brauchten lange Zeit, um wenigstens zwei der außenbords hängenden, aber noch mit dem Boot verbundenen Segler wieder an Deck ziehen zu können. In dieser Zeit war die 33 EXPORT notgedrungen weiter nach Lee gelaufen.

Zwar versuchte die restliche, nur noch sechsköpfige Crew (ohnehin eine zahlenmäßig zu kleine Besatzung für dieses lange und harte Rennen) zunächst unter Segeln und dann unter Motor zur Unfallstelle zurückzulaufen. Aber bereits nach 20 Minuten wurden die Gefahren der See für die Yacht selbst so groß, daß der verbliebene Skipper Millet 2 sm vor Erreichen des Unfallortes die Entscheidung treffen mußte, die in der stockdunklen Nacht ohnehin wenig Erfolg versprechende Suche nach dem verunglückten Skipper Dominique Guillet abzubrechen und zuerst einmal an das eigene Überleben mit der 33 EXPORT zu denken. Die Überlebenszeit im kalten Wasser hätte ohnehin kaum mehr als zehn Minuten betragen.

Das Round the World Race 1973/74 ist die erste Hochseeregatta, auf der die beteiligten Yachten, die einen Mann über Bord verloren, die Wettfahrt fortsetzten und (im Sinne der Segelvorschriften) „ordnungsgemäß beendeten".

Seit dieser Zeit ist es auch auf ähnlichen Regatten zu tödlichen Mann-über-Bord-Unfällen gekommen, die ebenfalls keinen Einfluß auf die sportliche Wertung des Rennens hatten.

Im Falle des Round the World Race 1973/74, an dem 20 Yachten mit 180 Seglern teilnahmen, könnte man in unserer statistikfreudigen Zeit auch sagen: „Nur 1,7 % der teilnehmenden Segler fielen über Bord und ertranken."

Oder: „Auf 15 % aller teilnehmenden Yachten kam es zu einem Mann-über-Bord-Unfall mit tödlichem Ausgang."

Was gilt der Mensch im modernen, gesponserten Hochsee-Abenteurer-Rennsport?

Mann-über-Bord-Manöver – Übung und Ernstfall

Wie sieht es aus, wenn man hilflos im Wasser treibt und Gefahr droht, von der rettenden Yacht überlaufen zu werden? Wie sieht es auf der Yacht aus, wenn man nicht nahe genug an einen Verunglückten heranmanövrieren kann und die Zeit eilt? Wie lange sieht man einen Mann im Wasser im Seegang, bei guter und schlechter Sicht, mit oder ohne nachgeworfener Spierenflagge? Mehrere Yachtskipper berichten hier von solchen praktischen Erfahrungen.

Die Angst vor dem Überbordfallen wird den deutschen Seglern durch die Selbstgefälligkeit genommen, mit der man allerorten Rettungsmanöver in den Segelkursen lehrt und lernt. Über deren fragwürdigen Nutzen habe ich an anderer Stelle nachgedacht. Denn die Erkenntnis, daß ein theoretisch gelerntes und unter optimalen Bedingungen geübtes Manöver in einer Paniksituation rauher, nächtlicher Praxis mit dezimierter Besatzung nicht erfolgreich verlaufen wird, haben schon viele Segler mit mir gewonnen. Wenigstens einige sollen hier zu Wort kommen.

„Meinen Sportbootführerschein habe ich erhalten, nachdem ich demonstriert hatte, wie ich ein kleines Boot bei ruhigem Wasser und wenig Wind neben einer Schwimmweste zum Stehen bringen konnte", berichtet Gerd Wildeshaus. „Wie nutzlos diese Kunst ist, mußte ich dann eines Tages auf der Adria erfahren.

Bei Windstärke 2 und einer kaum 30 cm hohen See fiel der ausgedörrte Flaggenstock aus seiner Halterung. Nach drei schulmäßigen ‚Mann-über-Bord-Manövern' war der Flaggenstock immer noch nicht an Bord. Darauf sprang meine Frau kurzerhand ins Wasser, um dem blöden Spiel ein Ende zu setzen – in dem Glauben, es sei eine Kleinigkeit, den Flaggenstock zu greifen und bei meinem nächsten Anlauf wieder über die Badeleiter an Bord zu kommen.

Die Praxis sah dann jedoch so aus: Lag das Boot auf dem richtigen Kurs, um es neben meiner Frau zu stoppen, dann sah es für meine Frau aus, als würde sie überfahren werden, und sie schwamm kräftig aus der Kurslinie. Die Zeit, in der das Boot wirklich stand, reichte andererseits nicht aus, um die wenigen Meter zur Badeleiter zu schwimmen. Obwohl meine Frau nicht durch eine Schwimmweste behindert war, trieb das Boot schneller ab, als sie in der lächerlichen Welle schwimmen konnte. Nach drei vergeblichen Anläufen mußte ich die Feststoffweste mit einer Leine versehen und sie ihr zuwerfen, um sie wieder ans Boot heranziehen zu können.

Dieses Erlebnis vermittelte uns die Erfahrung, daß unser gelerntes Mann-über-Bord-Manöver nur bei absolut ruhigem Wasser und nahezu Windstille praktikabel ist."

Die Jugoslawen schreiben für die Ausrüstung des Bootes unter anderem einen Rettungsring mit 30 m langer Leine und einen Rettungsring ohne Leine vor. Der Sinn dieser Vorschrift ist folgender:

Fällt jemand über Bord, wirft man ihm den Rettungsring ohne Leine nach, damit er sich über Wasser halten kann. Da es in einer bewegten See viel zu gefährlich ist, den Überbordgefallenen direkt anzusteuern, weil er entweder überfahren wird oder in den Propellersog gerät und zerhackt werden kann, soll man um den Mann im Wasser Kreise fahren und den zweiten Rettungsring mit der 30 m langen Leine, die natürlich am Boot befestigt sein muß, nachschleppen. Nach ganz kurzer Zeit kann der Mann im Wasser die Leine an irgendeinem Punkt ergreifen. Diese Methode hat den Vorteil, daß der Mann im Wasser nicht durch vergebliche Anläufe so lange schwimmen muß, bis er unterkühlt und entkräftet ist.

Für ein solches, heute überall bevorzugtes Rettungsmanöver werden derzeit spezielle „Rettungsrollen" angeboten (zum Beispiel der Typ „Speedy-Mat"), die kompakt gehalten, mit 100 m Rettungsleine versehen und ständig am Heckkorb gehaltert sind. An ihren Wurftampen ist ein Rettungs-Schwimmkörper angesteckt.

Eine solche Rettungsleine hätte auch der englischen Crew des Seekreuzers YOUNG ALERT helfen können, die im Sommer 1984 im Ärmelkanal eine Frau von Deck verlor. Auch hier wurde dem Skipper klar, daß Theorie und Praxis bei einem Mann-über-Bord-Manöver grundverschiedene Dinge sind. Über sein Erlebnis sagt er:

„Wenn wir nur zum Vergnügen segeln, versuche ich, ein unbekümmerter Skipper zu sein – einer, der nicht unbedingt darauf besteht, Schwimmwe-

Nur mit Hilfe einer Seenot-Wurfleine ist es bei einem wirklichen Unfall möglich, eine sichere Verbindung von der rettenden Yacht zum über Bord gefallenen Segler herzustellen.

Die rauhe Praxis der Rettung aus einer eindrucksvollen Wasserspiegel-Perspektive.

292

Man benötigt immer eine leistungsstarke Talje, deren feste Part mit Mast oder Want verbunden ist, um ein wasserschweres Unfallopfer wieder an Bord zu holen.

sten oder Sicherheitsgurte anzulegen, wenn es nicht notwendig ist. Gegen 2000 Uhr und bei Beginn der Abenddämmerung befanden wir uns etwa 12 sm vor der Insel Wight und machten schnelle Fahrt. Es kam nur wenig Spritzwasser an Deck, und wir trugen keine Schwimmwesten – ‚weil es nicht notwendig war‘.“

Wenn ein Skipper bei Südwest 5 und einer unruhigen See mit einem 6 t schweren, hölzernen Gaffelkutter und einer fünfköpfigen Crew, darunter drei Mädchen, in die Nacht hineinsegelt, sind Sicherheitsgurte für die Decksmannschaft wohl zwingend notwendig. Und ohne sie?

Nun, es kommt die berühmt-berüchtigte Riesensee, und dann erinnert sich der Skipper:

„Tim hielt sich am Vorstag fest, und ich sprang in die Wanten. Von hier aus beobachtete ich, wie sich eine gewaltige Wassermasse über unser Schiff ergoß und schwere Schlagseite verursachte. Ein Schrei – und meine Freundin Joan wurde aus dem Cockpit gespült.“

Tim wirft eine Rettungsboje, die Joan jedoch nicht erreichen kann. Der Skipper fährt mit der YOUNG ALERT ein Wendemanöver und startet den Motor. Die übrigen Mädchen bergen das Vorsegel. „Dann versuchten wir, uns Joan von Lee her zu nähern. Doch es war hoffnungslos. Der Kutter bewegte sich wild auf und nieder, der Propeller tauchte ständig ein und aus. Wir mußten Fahrt machen, um steuerfähig zu bleiben. Wir warfen Joan eine Leine zu, aber sie hatte keine Kraft mehr, sie zu ergreifen.“

In seiner Verzweiflung läßt der Skipper das halb aufgeblasene, auf dem Kajütdach mitgeführte Schlauchboot zu Wasser und springt hinein. Auch dies ist ein gefährliches Unterfangen, wenn wir an die HAMRAH-Tragödie denken. Der Skipper der YOUNG ALERT weiter:

„Es kam mir vor, als triebe das Dingi nach Lee schneller ab, als ich gegenanrudern konnte, und ich vermochte von dem Schlauchboot aus Joan auch nur

In seiner Verzweiflung ruderte der Skipper mit dem halb aufgeblasenen Schlauchboot dorthin, wo Joan in der aufgewühlten See trieb.

dann zu sehen, wenn wir beide uns gerade auf einem Wellenkamm befanden. Ich war also auf die Unterstützung meiner Crew angewiesen, sie in der Dunkelheit zu finden. Als ich sie schließlich erreichte, war sie sehr schwach, aber noch bei Bewußtsein."

Nach einem erneuten Wendemanöver bringen Tim und die beiden anderen Mädchen die Yacht erneut in die Nähe der Unfallstelle und werfen dem Skipper im Schlauchboot eine Leine zu. Es gelingt dann, das Schlauchboot längsseits der Yacht zu holen und Joan mit vereinten Kräften an Deck zu bringen.

Was hat diese Beinahe-Katastrophe die Crew der YOUNG ALERT gelehrt? Unter anderem dieses:

● „Es kann sich manchmal als unmöglich erweisen, eine Yacht in schwerer See längsseits eines im Wasser Treibenden zu bringen.

● Eine Person in voller Kleidung im Wasser ist nicht in der Lage, mehr zu tun als nur Wasser zu treten.

● Man braucht Glück zum Erfolg – und wir hatten viel davon. Aber dennoch, es war eine schreckliche Erfahrung."

Natürlich kann ein Skipper nach dem Überbordunfall eines Mitseglers oder einer Mitseglerin seine Yacht auch allein ans Fahrtenziel oder zumindest in den nächsten Hafen bringen. Denn er hat sowohl die navigatorischen als auch die seemännischen Kenntnisse, und er besitzt hierfür auch ausreichende Körperkräfte und die nötige Kondition.

Wesentlich ungünstiger sieht es aus, wenn der Skipper selbst über Bord verlorengeht oder auf andere Art den Tod findet, wie beispielsweise durch einen Herzinfarkt im Masttopp auf einer Atlantiküberquerung, wie es im Herbst 1985 auf einer Yacht kurz vor Erreichen der karibischen Inseln passierte. Auch die Bordfrau muß jederzeit in der Lage sein, den Schiffsort zu bestimmen und die Segel allein zu bedienen. Satelliten-Navigator und Rollreffanlagen sind auch aus diesem Grunde eine überlebensnotwendige Hilfe. Niemand mag daran denken, aber jeder muß darauf gefaßt sein, wenn Ehepaare unterwegs sind.

„Wie es Yachten ergehen kann, die nur ihrem Glück vertrauen, entnahmen wir dem ‚Hawaii Herald Tribune' vom 21. November 1983", schrieb Dr. Kurt Bender, der mit seiner 16,70-m-Stahlketsch TAMURE von der Südsee aus den Nordpazifik besegelte. „Eine von Anne Wever in Holland gebaute 43-Fuß-Trintella-Ketsch startete am 22. September mit einer Ehepaar-Crew in Papeete, um nach San Diego in Kalifornien zu segeln. 900 sm vor der kalifornischen Küste geriet die Ketsch in den Hurrikan ‚Raymond' mit 110 kn Wind und haushohen Wellen. Dabei ging sie über Kopf und verlor nicht nur beide Masten, sondern auch den durch Sicherheitsgurt mit der Yacht verbundenen Skipper.

Die innen am Tisch der Kajüte angeschnallte Bordfrau erlitt eine Kopfverletzung und war eine ihr unbekannte Zeit bewußtlos. Anschließend brachte sie die Yacht unter Notbesegelung in etwa 40 Tagen nach Hawaii, wobei sie ein maximales Etmal von 60 kn erreichte. Wenige Tage nach unserer Ankunft wurde die Trintella eingeschleppt und liegt nun neben uns."

Besonders nachdenklich stimmte mich in dieser Beziehung auch der Erfahrungsbericht meines Freundes Dierk Cordes, meist „Cotton" genannt, den er mir nach einer Atlantik-Überquerung mit der Yacht WAPPEN VON BREMEN als Skipper einer zehnköpfigen Crew schrieb:

„Wir stehen auf dem Wege von der Alten Welt zur Neuen Welt auf 34° 55,5'N und 052° 38,5' W und wollen unsere ‚Sicherheitsrolle' überprüfen. Im Verlaufe der Reise haben wir mehrere Alarmübungen veranstaltet, die uns drastisch vor Augen führten, wie leichtsinnig man trotz aller hochtrabenden gegenseitigen Beteuerungen zur See fährt.

Durch die bisherigen Versuche haben wir ein neues Verhältnis zur sogenannten ‚Sicherheit auf See' gewonnen. Und wir haben immer wieder die Bestätigung erhalten, daß kein noch so raffiniert ausgetüfteltes Rettungsprogramm das Anbordbleiben ersetzen kann. Wir halten Rettungsmittel nicht für überflüssig, aber man muß sich immer vor Augen führen, wie minimal ihre Effektivität auf See ist."

Die Crew der WAPPEN VON BREMEN hatte schon einige Tage zuvor, noch innerhalb der Riffe der Bermudas, ihre Yacht vom Beiboot aus filmen und fotografieren wollen. Tagelanger Starkwind mit Bft 7 hinderte sie jedoch daran. Jetzt will man auf einer ruhigen Atlantiksee bei Bft 3 bis 4 und einer alten, mittelhohen Dünung die Außenaufnahmen nachholen.

Im Beiboot werden zwei Mann ausgesetzt, die nicht nur Film- und Fotoapparate, sondern die gesamte Palette einer Seenotausrüstung von der Trillerpfeife bis zu Fallschirmraketen und sowohl Seenot-Signalpistolen wie eine Rettungsfahne an einer 3 m hohen Spiere an Bord haben.

Das Unternehmen soll zwei Zwecken dienen: die Yacht auf verschiedenen Kursen unter sämtlichen Segeln und Beisegeln aufzunehmen und dabei gleichzeitig genau festzustellen, auf welche Entfernung Schlauchboot, Flagge, Raketen usw. noch auszumachen sind und ob der entsprechende Alarmplan für „Mann über Bord!" nach diesen Erfahrungen zu ergänzen wäre.

„Der Alarmplan funktionierte tadellos", berichtet Dierk Cordes. „Zusätzlich besetzte ein Mann die Navigation und plottete minuziös alle Bewegungen des Schiffes derart genau, daß wir die Ausgesetzten blind wieder erreichten. Dies ist nur durch eine kontinuierliche Kommunikation zwischen Rudergänger und Navigator möglich und setzt auch ein Maß an Kaltblütigkeit voraus, das man im Ernstfall niemals haben kann.

Die direkten Mann-über-Bord-Manöver, die wir in den vergangenen Tagen und heute gefahren haben, gaben uns die Gewißheit, daß Gebot Nummer eins immer sein muß: Sofort die Fahrt aus dem Schiff nehmen und an Ort und Stelle bleiben, auch wenn unter Spinnaker eine Vergewaltigung des Schiffes nicht immer zu vermeiden ist und es sich beim sofortigen harten An-luven gefährlich auf die Seite legen wird.

Die größte Gefahr für einen über Bord gegangenen Mann besteht nämlich darin, daß das Schiff sich zu weit entfernt und er nicht wiedergefunden wird. Jeder Streit über die richtige Methode der Bergung ist müßig, wenn man das Schiff ‚schulmäßig' außer Sichtweite manövriert hat."

Die WAPPEN VON BREMEN testet die Sichtweite unter optimalen Bedingungen, das heißt bei schwachem Wind (NNW 3), nahezu glatter See (Seegang 1 bis 2) und einer mittelhohen, langen Dünung, dem typischen „Atmen des Meeres". Die See hat also keine „weißen Mützen" aufgesetzt. Es gibt keine Brecher und keine weißen Streifen auf dem blauen Wasser. Bei dem Versuch scheint die Sonne. Kurzum, es ist kein Wetter, bei dem man sonst über Bord fallen könnte. Aber die Erkenntnisse sind dennoch bemerkenswert:

„Nach einer Kabellänge (1 kbl = 185 m) war das Beiboot nicht mehr auszu-machen. Flagge und Fender waren aber noch klar zu erkennen", stellt Dierk Cordes fest.

Mit anderen Worten: Ein Schwimmer, dessen Kopf sich nicht (wie im Schlauchboot) 1 m, sondern knapp 0,1 m über Wasser befindet, ist nach die-ser Strecke schon lange nicht mehr zu sichten. Oder anders: Das Beiboot ist unter diesen optimalen Bedingungen nach 60 Sekunden Weiterlaufen nicht mehr zu sehen. Ein Schwimmer wird schon nach höchstens 20 Sekunden Weiterlaufen nicht mehr gesichtet werden können. Das mag im Lehnstuhl immer noch als lange Zeitspanne erscheinen. An Bord jedoch bedeutet dies, daß innerhalb einer halben Minute der Überbordunfall nicht nur bemerkt werden muß, sondern auch alle Rettungsmanöver eingeleitet werden müs-sen und das Boot sich bereits auf einem Rückweg zur Unfallstelle befinden muß.

„Bei 3 kbl (etwa 500 m) war die Spierenflagge nur noch schwer zu erkennen, aber der orangefarbene Rauch der Handfackel war hervorragend zu sehen", ermittelt Cordes.

Das ist ein Abstand von etwa 550 m und eine Bestätigung für das wichtige Gebot, unmittelbar nach dem Unfall wenigstens die Spierenboje hinterher-zuwerfen, selbst wenn sie schon weitab fällt.

„Bei 4 kbl (etwa 700 m) war auch die Flagge nur noch selten auszumachen, so daß sie praktisch wertlos war", heißt es im Testbericht weiter. „Dafür sa-hen wir den mit dem Signalstift abgefeuerten Schuß ganz klar. Die Leucht-dauer war unseres Erachtens jedoch zu kurz, und es erscheint uns zweifelhaft, daß ein zufällig passierendes Schiff ein solches Notsignal bemerkt hätte.

Nach 7 kbl (etwa 1300 m) sahen wir den weißen Stern aus der Signalpistole klar, deutlich und lange genug hoch über dem Horizont stehen. Aber auch in diesem Falle sollte man bedenken, daß wohl kaum ein Schiff auf See einen Ausguck fährt, der ständig den Horizont absucht. "

Bei diesen Entfernungsangaben schränkt Dierk Cordes jedoch ausdrücklich ein, daß sie nur für einen Beobachter gelten, der den Sturz über Bord bemerkt hat und (wie hier) das Beiboot ständig im Auge behält. Die übrigen Leute an Deck, die ja mit Segeln arbeiten und mit Schoten hantieren müssen, konnten so weit und so genau nicht sehen.

„Für die zwei Mann im Beiboot stellte sich die Sache so dar, daß das WAPPEN für längere Zeit verschwunden und nur dann zu sehen war, wenn sich beide Schiffe gleichzeitig auf einem Wellenkamm befanden", beschließt Cordes seine Schilderung, und er wiederholt die elementare Feststellung: „Am besten, man verhält sich so, daß man gar nicht erst von Deck fällt. Oder mit anderen Worten: Sicherheit auf See besteht nicht aus noch so ausgeklügelten Rettungsmitteln, sondern aus solider Seemannschaft und gesunder Angst, über Bord fallen zu können. "

Die Quintessenz für die Praxis in der renommierten Segelkameradschaft der Hochseesegler „Das Wappen von Bremen", die auch für jeden anderen Segler gilt, mag dieses „Mann über Bord!"-Kapitel abschließen:

● Sicherheitsleinen aus vierschäftigem 12-mm-Polyamid-Tauwerk nach DIN 7471 für das persönliche Sicherheitsgeschirr und für Strecktaue bzw. für letztere ein 8-mm-Drahtstropp an Steuerbord- und Backbordseite von der Plicht bis zum Bugkorb, permanent an Deck geschoren, in den man sich einpicken kann, damit das gefährliche Aus- und Einhaken an jeder Relingsstütze und bei den Wanten entfällt.

Wie der tragische Unfall auf der TAURANGA zeigt, den ich auf Seite 288 beschreibe, sollten sich an diesem Laufstropp aber höchstens zwei Segler sichern, und man sollte nicht nur die Dicke des Drahtseils, sondern auch seine Terminals und die Befestigungspunkte seiner Tampen richtig bemessen und oft überprüfen.

Übrigens hat der Seefahrt-Oberlehrer Gotthold Richter ähnliche Tests von Hauptdeck und Brücke eines Frachters aus gemacht, wobei er zu ähnlichen Ergebnissen wie die Crew der WAPPEN gekommen ist. Sie sind in Heft 1, Band 28, der vom Deutschen Hydrographischen Institut herausgegebenen nautischen Zeitschrift „Der Seewart" abgedruckt.

In Seenot überleben

Verliere nie die Hoffnung!

Nur in unseren heimischen mitteleuropäischen Küstengebieten wird die Rettung schnell kommen, wenn eine Yacht durch Sturm oder Havarie gesunken oder durch Feuer zerstört worden ist. Auf allen anderen Revieren der Welt ist auf Rettung kein Verlaß. Jeder Fahrtensegler muß damit rechnen, gegebenenfalls mehrere Tage lang oder sogar mehrere Wochen in seinem Seenotgefährt durchzuhalten. Einige schiffbrüchige Segler haben ohne Notproviant über 70 Tage lang auf ihrem Rettungsfloß überleben müssen und sich nur aus dem Meer selbst ernähren können. Andere haben sogar über 20 Stunden lang und nahezu nackt ohne Schwimmhilfen im Wasser zugebracht. Ihre Erfahrungen sind für alle nützlich, die mit Seekreuzern unterwegs sind. Denn jeder kann seine Yacht durch unterschiedliche Unfälle verlieren. Und jeder muß daher auch damit rechnen, in ähnlichen Situationen unerwartet lange Zeit zu überleben.

Ein begeisterter Segler ist das Alleinsein mit der See an Bord seiner Yacht gewöhnt, egal, ob er nun einhand oder mit Frau, Freundin, Familie und anderen Personen segelt. Aber schon bei vielen Mitseglern schwindet die Freude an Wasser, Wind und weißen Segeln, wenn sie mit einer Yacht so weit auf die freie See hinauslaufen, daß die Küste hinter dem Horizont verschwindet. Diese Landferne muß nicht immer eine Distanz von einem Dutzend Meilen bedeuten, die dem geographischen Küstenabstand entspricht. Bei diesigem Wetter oder schlechter Sicht ist die Küste oft schon in geringem Abstand nicht mehr auszumachen, und die Unruhe mancher Segler beginnt dann schon viel früher.

Die meisten Segler gewöhnen sich daran, auch außerhalb der Küstensicht zu segeln, und nur wenige Mitsegler überwinden es überhaupt nicht, wenn sie kein festes Land mehr als Orientierungspunkt in wenigstens irgendeiner Richtung wissen. Dieses Alleinsein auf See mit einem kleinen Boot (gleich welcher Größe) macht viele Mitsegler ängstlich. Ja, sie leiden sogar darunter, wenn sie nicht nur dem Wind und den Wellen ausgesetzt sind, sondern auch Hitze oder Kälte, Regen oder Dunkelheit und oft zusätzlich noch den körperlichen Unbilden durch Seegang und Krängung oder auch nur durch den engen Schlafplatz in der Kajüte bei lauten Geräuschen von Wind und See.

Wenn schon der Aufenthalt auf einem komfortablen Boot an manche Segler hohe Anforderungen an Nervenanspannung und Widerstandsvermögen stellt, führt die plötzlich und unerwartet erzwungene Aufgabe dieser doch meistens immer noch als sicher angesehenen schwimmenden Welt des Lebens beim Untergang der Yacht zu einem oft tiefen seelischen Schock, der noch durch die Umstände von Kollision, Wassereinbruch, Kentern, Sinken oder andere völlig undenkbare Begleiterscheinungen verstärkt wird.

Ein solcher Nervenschock ist nicht nur auf die meistens relativ kurze Zeit begrenzt, in der man beispielsweise eine sinkende Yacht aufgeben und Zuflucht auf dem Rettungsfloß nehmen muß. Ein solcher Schock kann in manchen Fällen sogar zur Todesursache werden, weil manche der auf ihr Rettungsfloß umgestiegenen Segler mit dieser neuen Situation einfach nicht fertig werden. Denn ihr Rettungsfloß ist ja dem Wind und den Wellen, der Feuchte und der Kälte noch mehr ausgesetzt als der aufgegebene Seekreuzer, und die körperlichen Anstrengungen des Überlebens sind um ein Vielfaches größer als das Leben und die Arbeit an Bord einer segelnden Yacht, auf der man auch nach dem schwersten Wetter immer wieder die Möglichkeit zum Kochen oder zum Ausspannen in einer warmen, trockenen Koje hat.

Das wichtigste Gebot für einen Alleinsegler oder eine mehrköpfige Crew, die schiffbrüchig geworden ist und nun mit dem winzigen Lebensraum auf einem Rettungsfloß nicht nur über Tage, sondern vielleicht sogar über Wochen auskommen muß, ist daher, diesem Gefühl des Ausgesetztseins in einer übermächtigen Welt der Elemente, des ungeschützten Alleinseins ohne Wasser und Nahrung nicht nur zu begegnen, sondern es (am besten gemeinschaftlich) zu überwinden. So groß die Gefahren während einer mehrtägigen Drift auf einem Rettungsfloß auch sein mögen, die durch Todesursachen belegte größte Gefahr ist dieses Gefühl des Alleinseins, wenn das Durchhaltevermögen ohnehin schon durch den Überlebenskampf während des Schiffbruches selbst geschwächt ist.

Es gibt zahlreiche Beispiele, wie Menschen, allein oder in Gemeinschaft, eine schier endlose Zeit nicht nur ihre Nahrung aus dem Meer holten, um auf ihrem Rettungsfloß in Seenot zu überleben. Mehr noch verneige ich mich in Ehrfurcht vor der menschlichen Größe, mit der diese Segler und Seglerinnen oft über Tausende von Stunden mit dem nahezu hoffnungslosen Alleinsein auf See fertig wurden, selbst wenn eine Rettung nicht mehr erwartet wurde. Nahezu übermenschlich muß dieses Durchhaltevermögen bei vielen von ihnen gewesen sein, wenn sie die nahe Rettung durch Schiffe vor Augen hatten, diese aber wieder in der Ferne verschwanden, ohne die Schiffbrüchigen bemerkt zu haben.

Ich berichte hier von den Überlebenszeiten, die Yachtbesatzungen auf ihren Rettungsflößen zubrachten, auch für diejenigen Segler und Freunde des Segelsportes, die schon beim Außersichtkommen der Küste oder bei einer kurzzeitigen Verzögerung der Ankunftszeit durch zu viel oder zu wenig Wind die Geduld verlieren, damit sie sich die eine oder andere der hier genannten

Personen zum Vorbild nehmen können, um etwas mehr Geduld zu lernen. Und ich habe diese Berichte auch gerade in dieser Reihenfolge zusammengestellt, um unseren ungeduldigen und ängstlichen Seglern auch in einer Notsituation einige Vorbilder für dieses Durchhalten während des ungeschützten Alleinseins auf einem Rettungsfloß geben zu können.

Der Satz: „Verliere nie die Hoffnung!" war übrigens rund um die Kompaßrose auf meiner ersten Yacht geschrieben, auf der ich als Moses vor vielen, vielen Jahren anmusterte. Ich habe ihn zwar nie um alle anderen Kompasse geschrieben, die mir später auf meinen Yachten den richtigen Kurs an der Küste entlang und über die Weltmeere zeigten. Aber ich habe ihn gedanklich wie eine Art Heiligenschein auch um alle diese Kompasse gelegt und immer vor mir gesehen, wenn es mir an Bord etwas mulmig wurde oder Wind und See unser Boot auf eine vorher nicht bestandene harte Probe stellten. „Verliere nie die Hoffnung!" ist nicht nur ein Gebot, das jeder Skipper seiner Crew mündlich übermitteln muß. Es ist ein suggestives Gefühl, mit dem er nicht nur die Ängstlichen seiner Besatzung ständig schützend umgeben muß.

Die Ausdauer ist nicht nur eine menschliche Tugend und das Durchhaltevermögen nicht nur ein Kriterium seglerischer Leistung. Wenn es wirklich einmal zu einem Totalverlust einer Yacht auf der freien, küstenfernen See kommt – und hierfür gibt es nicht nur wetterbedingte Gründe, wie die zahlreichen Beispiele dieses Buches beweisen –, dann hängen von diesen beiden Fähigkeiten die Chancen zum Überleben oft fast allein ab.

Viele Segler sind in ihre Rettungsflöße gegangen, als sie ihre sinkende, gekenterte, verbrannte oder wie auch immer zerstörte Yacht aufgeben mußten, und die meisten von ihnen sind in Stunden- oder Tagesfrist gerettet worden. Nicht wenige jedoch haben Tage oder Wochen, allein oder mit mehreren anderen Besatzungsmitgliedern in solchen Rettungsflößen durchhalten müssen. Einige dieser Fälle seien hier genannt. Ich will damit gleichzeitig zeigen, wie lange die physisch und psychisch Stärksten auch unter unvorstellbaren Bedingungen von Durst, Hunger, Einsamkeit und Kälte durchhalten konnten – damit jeder Fahrtensegler erkennt, wie lange auch er durchhalten könnte oder müßte, wenn seiner Yacht irgendwo auf den Weltmeeren die Stunde schlägt und er sie verlassen mußte, weil sie ihn verließ.

Drei Tage

---

trieb der Einhandsegler Nick Clifton im April 1977 mitten auf dem Atlantik in seinem Rettungsfloß, nachdem sein 9,45 m langer Trimaran AZULAO im Seegang gekentert war. Er konnte die sichere Verbindung zum gekenterten Tri nicht halten, aber noch einen Notruf absetzen. Sein Rettungsfloß kenterte ebenfalls, bevor ihn ein Tanker auffischte, den ein Coast-Guard-Rettungsflugzeug an die Unfallstelle dirigiert hatte. Der gekenterte Tri wurde vom Golfstrom bis nach England getrieben und dort angeschwemmt.

Vier Tage

brachte der Einhandsegler Jan Gougeon in seinem gekenterten, ebenfalls 9,45 m langen Trimaran FLICKA zu, ehe ihn ein vorbeifahrender Frachter sichtete und rettete. Er war auf dem Wege von Bermuda nach Newport (USA), als sein Tri im Seegang kenterte. Die Seenotfunkboje gab keine Notsignale ab.

Vier Tage

mußte die vierköpfige Restcrew des französischen Langstrecken-Katamarans JET SERVICES in ihrem gekenterten Boot zubringen, ehe sie mit Hubschrauber abgeborgen werden konnte. Der große Kat war im Herbst 1985 auf dem Wege von den Azoren zur Bretagne in schwerem Wetter durchgekentert, nachdem der Leeschwimmer untergeschnitten war. Dabei ertrank ein Segler. Das Argos-Notsignalgerät alarmierte zwar die Küstenwacht, aber Rettungsfahrzeuge konnten bei den 12 m hohen Wellen das Seenotgebiet nicht anlaufen.

Sieben Tage

mußten David Hill und Edward Barrett in ihrem gekenterten 9,50-m-Trimaran NOMAD zubringen, ehe sie ein Tanker aus ihrem nassen, engen Seenotgefängnis befreite. Ihr Tri war ebenfalls in schwerem Seegang etwa 200 sm vor der mexikanischen Pazifikküste gekentert, aber sie verfügten über ausreichende Wasser- und Lebensmittelvorräte, und sie konnten sich den Rettungsschiffen zumindest durch optische Notsignale aus der unbeschädigten Seenotausrüstung ihrer Yacht bemerkbar machen.

Sieben Tage

trieben die beiden spanischen Katamaran-Segler Alberto Franco (21) und Fernando Ramos (30) auf dem Nordatlantik, als sie zufällig vom kanarischen Seenotrettungsdienst, der das atlantische Seegebiet nach einem vermißten Fischerboot und seiner Besatzung absuchte, aus der Luft entdeckt wurden. Die beiden Spanier hatten am 20. Januar 1983 Teneriffa in Richtung Karibik verlassen. Bereits nach fünf Tagen mußten sie bei Bft 8 und hohem Seegang ihren 6 m langen und 3 m breiten Tornado-Katamaran aufgeben. Sie gingen auf ihr Rettungsfloß, das mehrmals kenterte, trieben sieben Tage ohne Wasser und Lebensmittel und wurden vom englischen Frachter St. Margaret, den der Rettungsdienst benachrichtigt hatte, aufgenommen und in Madeira abgesetzt.

Acht Tage

überlebten Alain Gliksman (46), sein Sohn Denis und drei weitere junge Mitsegler auf ihrem Rettungsfloß, nachdem der 16-m-Trimaran RTL Timex am 10. April 1979 etwa 100 sm nördlich der Bermudas auf dem Wege nach New York gekentert war. Die fünf französischen Segler blieben die erste Nacht in ihrem umgeschlagenen Trimaran und warteten auf diesem „unsinkbaren Boot" auf ein Rettungsflugzeug, das sie über ihre Seenotfunkboje herbeigerufen zu haben glaubten. Aber das Gerät hatte keinen Seenotalarm ausgelöst.

Nur mit Mühe gelingt es ihnen am anderen Morgen, den unter Wasser liegenden Behälter des Rettungsfloßes aufschwimmen zu lassen, und die Rettungsinsel entfaltet sich auch dann erst nach mehrmaligem Ziehen der Reißleine. Wenig später müssen die Männer auf ihrem beengten Wasserbett jedoch die Nabelschnur zum Tri kappen, weil diese Verbindung für das kleine Gummifloß lebensgefährlich wird.

In den acht Tagen ihrer Seenot-Gefangenschaft sichten sie fünf Schiffe, die jedoch die optischen Notsignale nicht bemerken und vorbeifahren. Das Rettungsfloß kentert in dem unvermindert stürmischen Wetter, und die fünf Männer müssen es ständig gut aussitzen, damit es sich im Seegang halten kann.

Der rettende Frachter, der die Crew am 18. April 1979 um 0305 Uhr aufnehmen kann (diese Zeit sehen die fünf Segler später wie ein neues Geburtsdatum an), ist der liberianische Tanker Afran Dawn, und er kommt wirklich in letzter Minute: Zwei Segler sind nahe dem Tode durch Unterkühlung, und auch die drei anderen sind durch Durst und Hunger am Ende ihrer Kräfte. Nur in der Gemeinschaft, so berichten sie später, hätten sie diese Strapazen überleben können.

Der Frachter war übrigens am Ort der Rettung fast 100 sm Seitenabstand von seiner eigentlichen Kurslinie entfernt. Ohne sein ursprüngliches Fahrtenziel zu ändern, hätte er die weit nach Süden gedriftete Rettungsinsel nicht angetroffen.

Acht Tage

trieb der Schweizer Trimaran-Segler André Sörensen mit Skipper Kurt und Smut Beat in einer Rettungsinsel, nachdem ihr Trimaran MANU KAY auf dem Wege von Livorno über Korsika/Sardinien zu den Balearen am 14. Juni 1983 um 0315 Uhr bei 50 kn Wind und einer hohen See nur wenige Meilen östlich Menorca gekentert war.

Die drei Männer haben es in der Dunkelheit schwer, die Rettungsinsel vom unter Wasser liegenden Deck des 8,50 m langen und 6,50 m breiten Trimarans zu befreien, und sie gehen nach den Anstrengungen dieser Arbeit erst einmal in das aufgeblasene Schwimmzelt, um sich auszuruhen. Wasser,

Eine hohe See ließ den Trimaran MANU KAY *nur wenige Meilen östlich von Menorca kentern.*

304

Lebensmittel und andere Teile der lebenswichtigen Seenotausrüstung sollen nach dem Hellwerden aus dem Rumpf getaucht werden, und natürlich will die Crew auch auf ihrem Rettungsfloß mit dem gekenterten Tri verbunden bleiben, weil er ein größeres Seenotziel darstellt.

Aber gegen 0700 Uhr bricht die Nabelschnur zwischen den beiden Fahrzeugen, und die Männer driften ohne Wasser, Lebensmittel und andere Notausrüstung hilflos ab.

André Sörensen hat uns durch seine umfassende Berichterstattung einen bemerkenswerten Einblick in den Seenotalltag eines solchen Überlebenskampfes gewährt:

„Psychisch und physisch auf dem Nullpunkt, ließen wir uns die ersten Stunden schaukelnd davontragen. Der Boden der Insel schwabbelte bei jeder Bewegung. Halb liegend und halb sitzend, fühlten wir uns wie in einer gefüllten Sardinenbüchse."

Tatsächlich hat die (in der Werbung so genannte) „Rettungsinsel", die vom Hersteller für „vier Personen" verkauft wird, ein Innenmaß von nur $1,2 \times 1,2$ m. Das ist eine Fläche von 1,44 m^2 bzw. 72 % eines Bettes. Man muß sich also vorstellen, daß die drei erwachsenen Menschen die folgenden acht Tage auf der kippligen Fläche eines Kinderbettes, richtiger: eines Kinderwasserbettes zubringen mußten, die sogar für vier Personen bemessen und von den Schiffahrtsbehörden dementsprechend zugelassen ist.

„Die grundsätzlichen Probleme begannen uns schon bald zu beschäftigen", berichtet André Sörensen weiter. „Das lebensnotwendige Wasser fehlte. Wir wußten, daß der Körper ohne Flüssigkeitsaufnahme nicht lange mitmachen würde. Es war uns aber auch bekannt, daß wir normalerweise durch Nahrung und Getränke täglich eine bestimmte Menge Salz aufnehmen.

Wir beschlossen daher, daß wir täglich etwa 0,5 bis 0,7 l Salzwasser zu uns nehmen wollten. Unsere Rationen, bestehend aus drei bis vier Schlucken Meerwasser, sollten pünktlich um 0600, 1200 und 1800 Uhr eingenommen werden.

Über Nahrung wurde überhaupt nicht gesprochen. Wenn es Zeit zum ‚Speisen' war, holten wir mit dem Schöpfer Wasser aus dem Meer, und jeder nahm ergeben seine drei Schluck. Etwas Scheußlicheres kenne ich nicht, als Salzwasser zu trinken."

Als Schiffbrüchiger Salzwasser zu trinken, um nicht zu verdursten, ist bekanntlich medizinisch sehr umstritten. Tatsächlich ist ein gesunder Mensch in der Lage, täglich bis zu 20 g Kochsalz (NaCl) zu verarbeiten und auszuscheiden. Die Ausscheidung erfolgt zu gut 90 % über die Nieren, zu etwa 5 % durch den Darm und mit einem geringen Rest über die Haut, solange sie noch nicht zu sehr ausgetrocknet ist. Pro Liter Harn können jedoch höchstens 20 bis 25 g Salz ausgeschieden werden.

Wenn die drei schiffbrüchigen Segler täglich etwa 0,7 l Mittelmeerwasser mit einem Salzgehalt von 35 g/l getrunken haben, dann lagen sie mit ihrer Salzaufnahme an der oberen medizinisch vertretbaren Grenze. Aber sie werden mit der Driftzeit zunehmend weniger als 1 l Urin täglich ausgeschieden haben.

Nehmen wir hier vorweg, was der Zürcher Hausarzt von André Sörensen, Dr. Jörg Nagel, später feststellte, als er die Segler nach ihrer Rettung untersucht hatte:

„Die praktische Erfahrung in diesem Fall zeigte, daß die Mannschaft nach acht Tagen noch keine Zeichen übermäßiger Austrocknung und übermäßiger Natriumkonzentration im Körper zeigte. Wenige Tage danach fielen sämtliche Blut- und Urinuntersuchungen normal aus. Folgende Faktoren waren wesentlich mitverantwortlich, daß diese lange Durststrecke ohne Folgen überstanden wurde:

● Äußerst diszipliniertes Verhalten mit wenig Körperbewegung und dadurch unnötigem Schwitzen.

● Bedecken der Haut mit feuchten Tüchern zum Senken der Körpertemperatur und Reduktion der Schweißmenge.

● Günstige Startbedingungen mit gutem mitteleuropäischem Körpergewicht und entsprechender Wasserreserve im Gewebe."

Der Arzt äußert sogar die Annahme, daß die drei Segler noch einige zusätzliche Tage ohne Folgen überlebt hätten, wobei jedoch plötzlicher Kräfteverfall, Delirium und Infektionsgefahr bedrohlich geworden wären.

Aber kehren wir zu den nautischen Tatsachen zurück:

Bei Beginn ihrer Drift besitzen die drei Männer nur ihre Kleidung, eine Luftpumpe für die Rettungsinsel, den genannten Wasserschöpfer, ein Schweizer Offiziersmesser sowie einen Seestiefel. Sie haben jedoch nichts, um sich bemerkbar zu machen, weder Flaggen noch Notsignale oder gar den Seenotsender, der ebenfalls an Bord geblieben ist.

Und über den Seestiefel erfahren wir nun erstmalig, wie es um die Toilettenverhältnisse in einer Rettungsinsel aussieht, über die gemeinhin niemand berichtet. „Wir waren uns bewußt, daß wir der Hygiene im Innern die größte Aufmerksamkeit widmen mußten", erzählt Sörensen. „Daher benutzten wir den Seestiefel für das kleine menschliche Bedürfnis. Die ‚Außentoilette' zu benutzen, war unmöglich. Der Stiefel wurde außenbords geleert und außen festgebunden."

Dieses „Stiefelgehen", das die drei Männer immer nacheinander erledigten, war in der kipplichen Enge und unter dem niedrigen Floßdach immer eine schwierige Prozedur: Während ein Mann sein Wasser ließ, mußten ihn die beiden anderen festhalten. Und dabei traten sie sich oft schmerzhaft auf Hände und Füße.

Wegen der nicht vorhandenen Signalmittel kommt es schon bald zur ersten Krise: „Wenn du die Sicherungsleine zwischen der MANU KAY und der Rettungsinsel nicht durchschnitten hättest, würden uns jetzt alle Rettungsmittel zur Verfügung stehen", sagt Skipper Kurt verbittert zu André Sörensen. Dieser schweigt verletzt; denn er ist sicher, daß er die Verbindungsleine zum gekenterten Trimaran nicht durchschnitten hat. Glücklicherweise hängt das Ende noch außenbords, und als die Männer es einholen, erkennen sie, daß der Festmacher am Mastfuß durch Schamfiling gebrochen ist. Niemand muß sich also einen Vorwurf machen, und die erschöpften Männer können sich wieder beruhigen.

In der Morgendämmerung des zweiten Tages werden die drei Segler durch ein Geräusch geweckt, das nicht zum Sturm gehört: Es ist das Drehen einer

Der Frachter nahm genau Kurs auf die Rettungsinsel. Sörensen schrie aus Leibeskräften „Mayday!".

Schiffsschraube. Als die Männer die zugehängte Einstiegsluke ihres schwimmenden Zeltes öffnen, bleibt ihnen fast das Herz stehen: „Das gibt es nicht, der überläuft uns!" entfährt es Sörensen. Er erzählt:
„Aufgrund der Positionslichter erkannte ich die Fahrtrichtung eines mittelgroßen Frachters, die genau auf uns zufuhr. Sollten wir jetzt tatsächlich in diesem kleinen Floß über den Haufen gefahren werden? Unser Notlämpchen war schon drei Stunden nach dem Aufblasen der Insel ausgegangen. Einmal aktivierte Salzwasserbatterien entleeren sich schnell. Leuchtraketen und Scheinwerfer hatten wir ja nicht.
Doch das Schicksal schien uns gnädig, denn der Frachter passierte uns in einem Abstand von 40 m. Ich schrie aus Leibeskräften ‚Mayday! Mayday! Mayday!', obwohl mir bewußt war, daß es nichts nützte. Sehnsüchtig schaute ich zu den beleuchteten Fenstern der 15 Stockwerke über uns liegenden Kommandobrücke empor. Ich glaubte, einem Spuk erlegen zu sein. Das einzige, was mich an die Wirklichkeit erinnerte, war meine heisere Stimme."
Wenig später sichtet die Schweizer Crew einen weiteren Frachter mit gleichem Südkurs, und am folgenden Tage läuft wiederum ein Schiff mit schwarzem Rumpf, weißen Aufbauten und gelben Ladebäumen vorbei. „Wir beschlossen, uns mit den Schwimmwesten bemerkbar zu machen", erzählt Sörensen. „Als der Frachter nahe genug war, fingen wir an, abwechselnd die orangefarbenen Schwimmwesten über unseren Köpfen zu schwingen. Verbissen winkten wir weiter, als der Frachter langsam an uns vorüberzog, ohne daß die Mannschaft von uns Notiz nahm."
Das nächste Fahrzeug, das sie sichten, ist ein mittelgroßer Trawler, der mit einem geisterhaften „tüt tüt" auf sie zusteuert. Die Segler können sogar Musik und Stimmen aus der Messe hören, als das Schiff an ihnen vorüberzieht. Aber alles Rufen und Winken bleibt wiederum vergeblich. „Der Gedanke, daß die heutige Berufsschiffahrt mit ihrem extrem wirtschaftlichen Denken uns einfach übersieht, beschäftigte uns sehr", sagt Sörensen. „Anscheinend gibt die Insel kein Echo auf dem Radarschirm, und nur eine Signalrakete hätte vielleicht die Aufmerksamkeit der mit Autopiloten und ohne Ausguck oder Brückenwache fahrenden Schiffe erregen können."
Das ist ja tatsächlich auch eine unumstößliche Tatsache.
„Weil unsere Rettungsinsel nur etwa 1,20 m aus dem Wasser ragte, konnte sie wohl schon bei wenig Seegang von den Seeleuten der Berufsschiffahrt nicht mehr ausgemacht werden", zieht Sörensen das Fazit aus diesen Erlebnissen, und nach seiner Seenoterfahrung sollten Rettungsinseln mit folgender Zusatzausrüstung bestückt sein:
● einer riggbaren Teleskopstange von etwa 3 m Länge, an deren Ende sich ein bedienbarer Elektronenblitz sowie ein Radarreflektor befinden,
● einem etwa 2 × 1 m großen, leichten und beschichteten Vielzwecktuch,

das als Notflagge, als Segel oder zum Auffangen von Regenwasser eingesetzt werden kann, sowie

● zwei großflächigen Paddeln, die mit entsprechenden Gummihalterungen als Steuerruder, Schwert oder zum Rudern geeignet sind.

Aber kehren wir nach diesen Seenoterkenntnissen noch einmal zum Überleben auf dem Rettungsfloß zurück:

Nach dem Ablaufen des Sturms ist das Mittelmeer wieder zum Ententeich geworden, mit 40 °C Lufttemperatur bei Tage. Die Crew kühlt sich mit nassen Textilien und liegt dann, durstig und müde, eng aneinandergedrängt und mit geschundenem, schon sichtlich abgemagertem Körper wie in einem Backofen. Große Aufregung, als schließlich Fische unter dem Gummiboden entdeckt werden. Lassen sie sich fangen?

Die Rettung am achten Tag der Drift. Euphorisch fielen die Männer sich in die Arme.

„Die kleine dünne Leine wird aufgedreht und aneinandergeknüpft, und aus dem Flickzeug wird ein Stück Weißblech als Köder genommen", berichtet Sörensen. „Kurt warf die Angel aus. Im klaren Wasser blitzte das Metallstückchen verführerisch. Prompt schoß ein etwa 30 cm langer Fisch unter der Insel hervor. Aber er verhielt sich wie eine Frau, die einen neuen Hut in einem Geschäft entdeckt, schnell darauf zusteuert und sich im letzten Augenblick davon abwendet, weil er zu billig aussieht. Unser schon sicher geglaubtes Essen verschwand wieder im Schatten der Insel."

Die Rettung der drei Segler erfolgt am Abend des achten Tages. „Plötzlich erkannte ich in nördlicher Richtung ein kleines weißes Dreieck", schildert André Sörensen diese glücklichen Augenblicke. „Wir vermuteten, daß es ein Segelschiff war. Es hatte Südkurs. Bei der Geschwindigkeit unter Segeln mußte der Motor mitlaufen. Wir standen im Abendlicht und mußten gut zu sehen sein. Die Yacht war bis auf eine Viertelmeile herangekommen und stand jetzt querab. Aber nichts rührte sich. Verzweifelt winkten wir und riefen, aber das Schiff fuhr an uns vorbei.

Doch dann passierte das, woran wir nicht mehr zu glauben gewagt hatten: Die Yacht drehte ab und hielt auf uns zu. Wir waren entdeckt worden! Trotzdem schrien wir uns die Hälse wund. Ich drehte fast durch. Wir weinten und fielen einander in die Arme.

Die Erkenntnis, wieder zu den Lebenden zu gehören, kam so plötzlich, daß wir in eine ungeheure Euphorie versetzt wurden. Die Wirklichkeit schien unfaßbar. Wir hörten Menschenstimmen, die wie aus einer anderen Welt zu kommen schienen. Eine so schöne Segelyacht hatte ich schon lange nicht mehr gesehen."

Es war die französische 14-m-Ketsch ISMAEL unter Führung von Skipper André Trimboli, der mit seinen drei Mitseglern auf dem Wege nach Algerien war. Am 21. Juni 1983 werden die drei Schweizer Trimaran-Segler auf 38° 25' N und 004° 35' E gerettet. In acht Tagen sind sie etwa 85 sm nach Süden gedriftet. Die afrikanische Küste ist noch 100 sm entfernt.

Die geretteten Segler laben sich innerlich und äußerlich mit Süßwasser. Aber erst beim Anblick der Bordtoilette wird ihnen klar, daß sich ihr Darm seit acht Tagen nicht mehr entleert hat.

Neun Tage

trieben auch sechs britische Segler in ihrem Schlauchboot, als ihre Yacht CANNIBIZ kurz nach dem Auslaufen aus Marseille am 29. März 1983 im Mittelmeer sank. Zusammengepfercht in dem engen Gefährt, drifteten sie in dieser Zeit bis in die Nähe der Küste Sardiniens, wo schließlich italienische Fischer die Schiffbrüchigen retten konnten.

Zehn Tage

brachten Peter Marx (47), seine Frau Jenny (33) sowie Baldur Drobnica (48) und Norbert Willand (33) in ihrem Beiboot zu, nachdem ihr Katamaran SIDD-HARTHA am 10. April 1983 bei den Spratley-Inseln im Chinesischen Meer von einer Küstenbatterie beschossen und versenkt worden war. Der fünfte Überlebende, Gero Band, starb während der Seenotdrift im Rettungsboot an Erschöpfung, der Mitsegler Diethelm Müller hatte schon beim Feuerüberfall den Tod gefunden. Der Überfall auf die Yachtsegler ist bis heute undurchsichtig und rätselvoll geblieben.
Die am 21. April von dem japanischen Frachter LINDEN etwa 220 sm vom Ort des Überfalls entfernt aufgenommenen Segler machten, bezogen auf die zehntägige Drift ohne Wasser und Brot, noch einen überraschend zufriedenstellenden Eindruck.

Zwölf Tage

drifteten Lucien Schiltz (25) und Cathérine Plessz (19) auf einem Rettungsfloß im Mittelmeer, nachdem sie am 14. September 1972 ihren kleinen Seekreuzer NJORD in härterem Wetter kopflos aufgegeben hatten. Ihre Odyssee durch das westliche Mittelmeer bis zur Rettung am 26. September durch den Frachter ABEL TASMAN schildere ich ausführlich in einem anderen Buch.

Zwölf Tage

lang trieb im Januar 1985 die englische Seglerfamilie Tate mit ihren neun, elf und 13 Jahre alten Kindern auf ihrem Rettungsfloß im Atlantik, ehe sie vom norwegischen Frachter HAVPRINS erschöpft, aber unversehrt gerettet wurde. Ihr hölzerner 12-m-Seekreuzer hatte auf dem Wege von den Kanarischen Inseln in die Karibik Treibgut gerammt, und nachdem es in zwölfstündigem Kampf nicht gelungen war, die Yacht über Wasser zu halten, mußten die fünf Personen etwa 1000 sm östlich von Barbados mit begrenzten Vorräten an Wasser und Proviant in ihr Seenotgefährt umsteigen. Auch hier blieben die Notrufe über UKW unbeantwortet und die Signale der Seenotfunkboje ungehört.

Zwölf Tage

mußten auch Philippe Neirynck (31) und Patsy Verwee (23) in einem Avon-Rettungsfloß für sechs Personen zubringen, nachdem ihre 8,30 m lange

311

NAMASTE, eine Atalanta von Uffa Fox mit zwei geballasteten Senkkielen, in der Biskaya gesunken war. Das belgische Paar hatte am 12. Oktober 1978 nach einem guten Wetterbericht Falmouth mit Ziel Vigo (Spanien) verlassen, aber zunehmend schlechtes Wetter erlebt. Nach zehn Tagen hatte die hohe, brechende See den Rumpf des kleinen Seekreuzers müde geschlagen. Insbesondere machte er an der überlasteten Schwertkastenkonstruktion mehr Wasser, als sich ausösen ließ. So mußten auch sie ihre sinkende Yacht aufgeben und in das für zwei Personen wenigstens etwas geräumigere Rettungsfloß übersteigen – mit Hund, Verpflegung, Wasser und Bootspapieren.

„Während der folgenden zwölf Tage bis zu unserer Rettung waren wir bis auf die Haut durchnäßt", schreibt Philippe über diese Seenotdrift. „Darunter litten wir am meisten. Stellt euch vor, wie faltig eure Haut ist, wenn ihr zwölf Tage lang in warmem Wasser in der Badewanne sitzt. Bei uns waren es aber nicht nur lange Falten, sondern tiefe Schnitte in der Haut, so als hätten wir uns überall mit dem Rasiermesser geritzt."

Während der zweiten Nacht im Schwimmzelt fürchtet das belgische Paar wie nie zuvor um sein Leben: Die brechenden Wellen drücken das Dach des Floßes ein, und unter der Last des übergekommenen Wassers dehnt sich der runde Schwimmkörper wie ein Kuhfladen aus. Ist das Wasser dann von dem hin und her torkelnden Fahrzeug heruntergeschaukelt, bläht sich das Dach wieder auf, und das Floß nimmt seine ursprüngliche Form wieder an. Und diese Formveränderung des Gummifahrzeugs wiederholt sich jede Minute!

„Wir lagen flach wie die Heringe auf dem Gummiboden und hielten uns an den Händen", berichtet der NAMASTE-Skipper. „Der Hund lag auf unserem Rücken – auch er liebte keinen nassen Bauch. Unsere Nerven waren zum Zerreißen gespannt, und wir fürchteten, daß das Floß umschlagen und wir alle wichtigen Überlebensteile verlieren würden. Wir hatten uns mit Sicherheitsgurten an unserem Gummifloß befestigt und wußten nicht, wie lange es dem pausenlosen Trommelfeuer der See gewachsen sein würde.

Und dann kam der Augenblick, wo wir den tödlichen Kaventsmann erwarteten. In diesen Minuten vor dem endgültigen Verderben entschlossen wir uns zu heiraten. Denn jetzt würde wohl die letzte Gelegenheit sein, uns gegenseitig die Ehe zu versprechen – bis daß der Tod uns scheidet! Die lange, dunkle Nacht verging jedoch ohne das erwartete Unglück, und als wir am Morgen erwachten, hatten sich nicht nur Wind und See beruhigt, wir waren auch überglücklich, daß wir nach alledem noch am Leben waren. So malten wir in großen Buchstaben auf unser Floßdach: Bitte nicht stören – wir haben gerade geheiratet!"

Das belgische Paar hatte keine Ernährungsprobleme, weil es 40 l Wasser auf das Floß mitnehmen konnte. Die beiden Menschen tranken nur dann einen kleinen Becher Wasser, wenn sie durstig waren, und hatten während ihrer zwölftägigen Drift erst die Hälfte ihres Wasservorrates verbraucht. Regenwasser und Tau, die in der Insel aufgefangen werden konnten, waren von der Dachfarbe rot gefärbt (wie übrigens auf allen anderen Rettungsinseln auch, die auf diese Weise Wasser fingen). Als Trinkwasser für den Hund war es jedoch brauchbar.

„Viele Leute haben uns später gefragt", erzählt Philippe, „ob wir irgendwann den Hund geschlachtet hätten, um im äußersten Notfall weiterleben zu können. Meine Antwort ist: Nein! Mit diesem Gedanken haben wir niemals gespielt. Wir sahen es als selbstverständlich an, daß er unter den gleichen Bedingungen wie wir überleben sollte, ohne Privilegien, aber auch ohne Nachteile."

Als am frühen Morgen des zwölften Tages der Hund in dem Rettungsfloß sein Geschäft erledigt hat und Patsy den Vorhang hebt, um den kleinen Plastikbehälter zu entleeren, sichtet sie bei ruhiger See weitab einen riesigen Tanker. Die Schiffbrüchigen zünden die letzte Fallschirmrakete, die trotz der langen, nassen Lagerung funktioniert, und geben dann SOS-Lichtsignale mit einer starken Taschenlampe.

Nach fünf Minuten ist die Lampenbatterie erschöpft. In dieser Zeit gibt das große Schiff keine Antwort. Lange weitere Minuten vergehen zwischen Bangen und Hoffen. Der Tanker meldet sich nicht, aber er entfernt sich auch nicht, und nach eineinhalb Stunden liegt er etwa 1 sm entfernt gestoppt und wartet darauf, daß die Insel mit Wind und Dünung auf ihn zutreibt.

Um 0930 Uhr sind Philippe und Patsy mit dem Hund Yeti wohlbehalten an Deck des liberianischen Tankers Licorne Ocean, einem 345000-t-Riesen von 325 m Länge mit französischer Besatzung.

„Sie hatten die Fallschirmrakete gegen 0530 Uhr gesichtet", beendet Philippe seinen Bericht. „Aber sie benötigten trotz des sehr ruhigen Wetters vier Stunden, um uns zu retten – einschließlich aufstoppen, drehen und heranmanövrieren. Die Schiffsbesatzung schätzte, daß sie noch etwa 7 sm entfernt war, als der rote Stern über dem Horizont stand. Es war aber nur unseren nachfolgenden, ununterbrochenen Lichtsignalen zu verdanken, daß man uns orten konnte. Vom Radargerät wurde unser Rettungsfloß erst erfaßt, als man bis auf 1 sm herangekommen war."

Und er fügt zum Abschluß hinzu: „Wenn man davon absieht, daß ich 22 Pfund abgenommen hatte und Patsy 15 Pfund Gewicht einbüßte, waren wir in einer zufriedenstellenden Verfassung."

Übrigens war das Paar im Sommer 1984 mit der stählernen 12-m-Ketsch Namaste II auf dem Weg von Zeebrügge nach Süden, als Philippe und Patsy in einem spanischen Hafen merkten, daß sie Eltern werden sollten. Anstatt über den Atlantik weiterzusegeln, gingen sie in der Lagune von Faro an der portugiesischen Algarveküste vor Anker, gemäß der an anderer Stelle geschilderten Empfehlung des später so unglücklichen Weltumseglers Peter Tangwald, daß hier der beste Platz in Europa sei, um als Segler-Ehepaar Nachwuchs zu bekommen.

Aber kehren wir nach diesem glücklichen Ende wieder zur Chronik des Überlebens zurück:

---

14 Tage

---

müssen im Juni 1975 die vier Mitsegler des 10,65-m-Trimarans MERIDIAN in ihrer Rettungsinsel zubringen, nachdem dieser im Hurrikan „Amy" etwa 180 sm östlich vom Cape Hatteras kenterte. Der an Diabetes leidende Skipper, Ronald Stewart, stirbt, weil seine Insulin-Vorräte aufgebraucht sind. Die vier Mitsegler werden 500 sm vom Ort der Kenterung aufgefischt. Das Wrack des Tri wird später an anderer Stelle geborgen.

---

18 Tage

---

kämpfte auch Wolfgang Kraker von Schwarzenfeld, der am 22. Juli 1957 etwa 1200 sm östlich von New York auf einer Atlantiküberquerung kenterte, auf dem Wrack seines Trimarans um sein Leben. Am 8. August wurde der junge Segler, der 1955 als erster Deutscher den Atlantik von Ost nach West in einem Doppelrumpfboot überquert hatte, etwa 1400 sm östlich von New York vom amerikanischen Motorschiff AFRICAN GLADE aufgefischt. Er war physisch und psychisch völlig am Ende.

Wolfgang hat, wie kaum ein anderer überlebender Segler vor und nach ihm, die Tortur dieser langen Zeit auf einem gekenterten Boot selbstkritisch beschrieben, den Durst und den Hunger, die Kälte und die Nässe, die Enttäuschung, als er zwischen zwei Schiffen lag, die ihn auf Gegenkursen passierten und sich über seinen Kopf mit der Morselampe „Gute Reise" wünschten, den vergeblichen Fischfang, den Kampf mit Raubfischen, die Pein der abgemagerten Knochen und der eiternden Wunden sowie die vielen Stunden im Delirium.

Am 8. August 1957, dem 18. Tag seiner einsamen Drift, ist er dem Tode nahe. Er hat in dem winzigen Schlauchboot, das halb aufgeblasen zwischen Rumpf und Schwimmer des Trimarans gezurrt ist, seinen Frieden mit sich und der Welt gemacht. Die See ist spiegelglatt, und er hat sich entschlossen, weder Fische zu fangen noch mit der hohlen Hand Seewasser zu schöpfen und zu trinken. Er atmet ruhig und tief, schläft ein und erwacht wieder, blinzelt träge mit den Augen und schließt wieder die Lider.

Aber plötzlich ist da wieder ein Schiff!

314

Sich nicht aufregen, befiehlt er sich, denn er befürchtet, es könne wie die anderen vorüberfahren, und diese Enttäuschung würde ihn sofort töten.

Aber dann siegt doch der Selbsterhaltungstrieb. Er klettert auf das Wrack und stellt sich auf den Rumpf. Er macht das gelbe Schlauchboot los und hebt es an, so weit seine Kräfte reichen.

Und das Schiff stoppt, es dreht bei! Kapitän Kaiser hat das stecknadelkopfgroße Ziel in der endlosen Weite des Atlantiks entdeckt. Die Männer der African Glade hieven Wolfgang Kraker von Schwarzenfeld an Bord. „Niemals ... will ... ich ... vergessen ..., wie ... armselig ... ich ...", flüstert der Gerettete, als ihm ein breitschultriger Seemann ein feuchtes Tuch auf den Mund legt. Dann sinkt er in nachtschwarze Ohnmacht.

Gut, daß er nicht mehr hören kann, wie die Seeleute seinen Zustand beurteilen: „Schmeißen wir ihn gleich wieder rein? Der wird doch nicht wieder!"

Aber sie päppeln ihn hoch, und als er eine gute Woche später in Monrovia an Land gesetzt wird, steht sein Vorsatz felsenfest: So leichtfertig und abenteuerlich − nie wieder!

Wolfgang Kraker von Schwarzenfeld hat diesen Vorsatz nicht nur gehalten. Er fühlt sich auch nicht mehr gern an diese Jugendsünden erinnert. Denn seit über 30 Jahren fährt er mit einem hervorragend ausgerüsteten Schoner und in beispielhafter nautischer Verantwortung Chartergäste an den Küsten des Atlantiks entlang, ohne Risiko und ohne Havarie.

---

24 Tage

---

driftete Erich Neidhardt (41) mit seinen beiden Mitseglern Siegfried Schweighöfer (31) und Wolfgang Stölting (30) im April 1971 im Pazifik, nachdem der 10 m lange Seekreuzer Beachcomber auf 09° 36' S und 121° 36' E mit einem Wal kollidiert und gesunken war. Diesen Überlebenskampf in Rettungsfloß und Dingi beschreibe ich ausführlich in einem anderen Buch.

---

26 Tage

---

verbringt Elmo Wortman (52) mit seinen Töchtern Cindy (16), Jena (12) und seinem Sohn Randy (15) auf einer vereisten Felseninsel Alaskas, nachdem ihr Seekreuzer Home am 14. Februar 1979 an der Südspitze der Insel Long Island gestrandet ist. Die Wortmans sind am 13. Februar aus einem kanadischen Hafen nur zu einer kurzen Küstenfahrt ausgelaufen und müssen nach der Strandung 26 Tage lang einen Überlebenskampf im Grenzbereich zwischen Meer und Land überstehen, bei dem ein leckendes Beiboot, ein nasses Segel und ein paar Streichhölzer ihre ganze ursprüngliche Notausrüstung sind.

Sie leben wochenlang von Seetang und Muscheln, bauen sich schließlich ein Floß und machen sich auf die lange Fahrt zur nächsten menschlichen Siedlung auf der Dall-Insel weiter im Norden. Mit schweren Erfrierungen gewinnen sie diesen Wettlauf mit dem nassen Kältetod entlang einer menschenleeren, sturmgepeitschten Küste.

28 Tage

verbrachte der Skipper der amerikanischen Ketsch SPIRIT auf seinem Rettungsfloß, nachdem die 12,80 m lange Yacht im Sommer 1976 etwa 500 sm vor der kalifornischen Küste auf einen großen treibenden Schwimmkörper (wahrscheinlich einen verlorengegangenen Container) aufgelaufen und schnell gesunken war. Die fünfköpfige Crew war nicht mehr in der Lage, die Seenotfunkboje, die in einem Seenotpack in der Plicht gehaltert gewesen und bei der Kenterung abgerissen war, in Betrieb zu nehmen.
Sie hatte aber zwei Rettungsflöße zur Verfügung. Nancy Perry und Durel Miller benutzten das eine und wurden nach 21 Tagen von einem Frachter aufgefischt. Skipper Bruce Collins (23) ging mit Camilla Arthur (21) und Jim Ahola (25) auf das andere Floß, doch beide Mitsegler starben innerhalb von zwei Tagen. Jim Ahola wurde auf See bestattet, der Leichnam von Camilla Arthur lag noch an Bord, als Bruce Collins nach einem Seenotalarm, den die bereits gerettete Crew ausgelöst hatte, entdeckt und gerettet werden konnte.
Collins hatte die meiste Zeit schlafend verbracht, und er berichtete: „Glücklicherweise war ich in mehrere Regengüsse geraten, so daß ich hin und wieder Trinkwasser auffangen konnte."
Auf Anzeige von Nancy Perry wurde später übrigens Anklage gegen die Rettungsgeräte-Ausrüster der SPIRIT erhoben, über die ich in einem anderen Buch ausführlicher berichte.

34 Tage

überleben der amerikanische Pilot Harold Dixon (41) sowie seine beiden Bordkameraden Anthony Pastula (24) und Gene Aldrich (22) auf einem 2,50 x 1,25 m großen Rettungsfloß, als ihr Flugzeug am 16. Januar 1942 ohne Treibstoff im Pazifik notwassern muß und in wenigen Minuten versinkt. Außer ihren Schwimmwesten und ihrer Kleidung haben sie nur eine Pistole, eine Zange und ein Taschenmesser zum Überleben. Sie benutzen eine Schwimmweste als Treibanker und Notruder, um das Floß auf einem in Richtung auf eine Inselgruppe führenden Kurs zu halten.

Nur langsam lernen sie, in der Enge ihrer Insel zu leben. Immerhin hat ihr Wasserbett nahezu die Größe eines Ehebettes. Es ist somit doppelt so groß wie das Floß von André Sörensen und seinen beiden Freunden, die acht Tage lang in der Enge eines Kinderbettes leben mußten. Aber auch sie können sich nur abwechselnd zum Schlafen ausstrecken.

Am fünften Tag regnet eine wahre Sintflut auf sie herab. Aber sie haben nichts, um das lebenswichtige Naß aufzufangen. Dafür gelingt es ihnen, im Abstand weniger Tage einen Albatros zu schießen, ein Haifischbaby zu fangen sowie kleinere Fische vom Floßrand aus mit dem Messer zu stechen. Die auf jeden Fang folgenden barbarischen Gelage lassen sich nicht beschreiben. Um einem Ausdünsten der Haut entgegenzuwirken, tauchen die Männer von Zeit zu Zeit die Kleidungsstücke in die See und ziehen sie dann feucht über. Ihre Odyssee endet am 19. Februar 1942 auf einer Insel, deren Kokospalmen sie über dem Horizont auftauchen sehen und auf die sie einen Tag lang ohne Pause mit ihrer einzigen Schuhsohle zupaddeln.

37 Tage

mußten Lyn und Dougal Robertson mit ihren Kindern Douglas (18), den Zwillingen Neil und Sandy (12) sowie dem Freund Robin William (22) in Seenot zubringen, nachdem ihr 12-m-Seekreuzer LUCETTE am 15. Juni 1972 im Pazifik durch Killerwale versenkt wurde.

Während der ersten 19 Tage ihrer hilflosen Drift aus der Gegend der Galapagosinseln in Richtung Norden standen ihnen ein normales Yachtbeiboot und das Rettungsfloß zur Verfügung, so daß sie zumindest umschichtig liegen und schlafen konnten. Dann ließ sich das aufblasbare Gummifloß jedoch selbst unter größten Anstrengungen nicht mehr schwimmfähig halten, und die sechs Personen hatten nur noch in dem 2,85 m langen Dingi, das bis zu einem Freibord von 12 cm überlastet war, kaum 3 m^2 Überlebensraum.

In den restlichen 18 Tagen gehörten nicht nur der Überlebenswille bei Hunger und Durst, sondern auch das ständige Gleichgewichthalten beim Schlafen im Sitzen, bei der Verrichtung ihrer Notdurft, beim Fischen und den Bewegungen in schwerer See zum ständigen körperlichen Einsatz.

Halten Sie einmal eine Minute beim Lesen inne, blicken auf Ihre Armbanduhr und lassen den Sekundenzeiger eine Runde drehen – oder die entsprechenden 60 Digitalwerte durchlaufen: 25000 solcher Minuten bei Tag und Nacht brachten die sechs Menschen auf der einsamen See in dieser zweiten Überlebenstortur zu, 408 Stunden oder 17 weitere Tage, ehe sie von einem japanischen Fischdampfer gerettet wurden. Und in dieser Zeit steuerten sie ihr Rettungsboot noch zielstrebig in Richtung Küste! Mehr über ihre Seenotdrift von 750 sm in einem anderen Buch.

42 Tage

driftete eine seetüchtige Motoryacht praktisch im Kreise, obwohl ihre Besatzung alle Versuche unternahm, in einem keineswegs küstenfernen Gebiet das Ufer zu erreichen oder zumindest Kontakt zu Schiffen zu bekommen. Weiter zeigt der Fall der TAHOMA, wie lebensnotwendig ein Seefunkgerät oder eine Seenotfunkboje sein kann, wenn man in eine Notlage gerät.

Am 27. Mai 1973 liefen William Hoadley (36) und Debbie Blocker (20), die schwanger war, aus Guanaha (Honduras) mit ihrer 15-m-Motoryacht TAHOMA in Richtung auf die Vereinigten Staaten aus. Zwei Tage lang verlief die Fahrt einwandfrei. Am 29. Mai verstopfte jedoch plötzlich die Brennstoffleitung des Motors, und als Hoadley sie gesäubert hatte, sprang der Motor nicht wieder an. Offenbar waren die Batterien zu schwach.

Die Yacht lag zu dieser Zeit etwa 80 sm südlich von Kuba. Die Crew riggte aus Bettlaken, Bootshaken, Riemen, Decken und ähnlichen Teilen eine Notbesegelung, die die folgende 42tägige Drift aber auch nicht verhindern konnte. Der Golfstrom setzte die manövrierunfähige Yacht zunächst durch den Yukatan-Kanal in den Golf von Mexiko.

„Dann drifteten wir von der kubanischen Küste in die Nähe der Mississippi-Mündung", berichtete Hoadley. „Die Strömung des großen Flusses setzte uns aber wieder zur Yukatan-Halbinsel zurück, wo uns wiederum der Golfstrom erfaßte und nach Norden trieb."

In diesen Strömungen wurden William und Debbie trotz ihrer Notbesegelung zum Spielball der Elemente, und auch ihre optischen Notsignale wurden von Schiffen entweder nicht gesehen oder nicht beantwortet. Gerettet wurden sie schließlich von einem Schlepper etwa 60 sm südöstlich der Mississippi-Mündung. Während ihrer unfreiwilligen 1500-sm-Drift durch den Golf von Mexiko hatten sie Regenwasser sammeln und Fische fangen können, denn der Proviant war bereits nach wenigen Seenottagen zur Neige gegangen.

46 Tage

mußte der Australier lettischer Herkunft Wiktor Zvejniek (26) in seinem kaum 4 m langen Dingi driften, ehe er schließlich in einem erbärmlichen Gesundheitszustand an der Küste strandete. Er war am 6. Januar 1954 von der Thursdayinsel an der Nordspitze Australiens mit einem offenen Ruderboot hinausgefahren, wie man in seiner Freizeit zum Schwimmen oder Sonnen auf die See pullt, und für diese wenigen Stunden hatte er natürlich weder etwas zu essen noch irgendwelche Ausrüstung mitgenommen.

Als am Abend und in nächster Nähe der Insel der ablandige Wind plötzlich und unerwartet zunimmt, will Wiktor die Riemen in die Dollen legen. Aber sie entgleiten ihm bei seiner hastigen Arbeit, fallen ins Wasser und driften davon. Und ehe er sich versieht, treiben ihn Wind und Seegang auf das küstenferne Korallenmeer hinaus.

In den folgenden Wochen kann Wiktor von der Bordwand aus Algen fischen und seinen Durst mit spärlichem Regen löschen. Einmal gelingt es ihm sogar, mit der Hand einen Fisch zu fangen. Nach siebenwöchiger Drift wird er am Strand nördlich von Cairns im wahrsten Sinne des Wortes angespült. Mit ärztlicher Hilfe gelingt es jedoch, ihn langsam wieder hochzupäppeln.

---

46 Tage

---

trieben der Amerikaner John Liebespeck (44), sein Sohn Martin (19) und Christian Guilmoto (28) mit ihrem leckgeschlagenen, manövrierunfähigen 9-m-Seekreuzer LITTLE ARCH im Pazifik, ehe sie am 10. Januar 1980 vom peruanischen Frachter TELLO gerettet wurden. Ursprünglich wollte die Crew nur eine Fahrt von Hawaii zu den Marshallinseln machen, zu der sie am 24. November gestartet war und für die etwa 18 Tage geplant waren.

Der erste Sturm am 1. Dezember zerschlug jedoch das Ruder, der zweite Sturm einige Tage später verursachte ein Leck, und der dritte am 15. Dezember entmastete die Yacht, fegte das Beiboot von Deck und vergrößerte das Leck. So wurde die Yacht manövrierunfähig. Als der Proviant ausgegangen war, konnten die drei Segler sich durch einen gefangenen Delphin und mehrere Haie sowie durch Regenwasser nicht nur am Leben, sondern auch für das tägliche mehrstündige Lenzen der havarierten Yacht bei Kräften halten. Im Vergleich mit dem Überleben auf einem Rettungsfloß hatten sie vielleicht eine etwas komfortablere Notzeit zu überstehen. Aber die drei Männer haben zumindest ein Beispiel gegeben, wie lange man auch mit einer manövrierunfähigen Yacht überleben kann, wenn man die Erfahrung beherzigt: „Verlasse nie dein Boot, ehe es dich verläßt." Denn auch ihre Drift hätte ja erheblich länger dauern können.

---

55 Tage freiwillig

---

brachten George Siegler und Charles Gore 1974 auf einem 4,80 m langen Schlauchboot zu, um nicht nur mehrere Wochen lang auf See zu überleben, sondern gleichzeitig die Eignung eines offenen Schlauchbootes als Alternative zu einem runden Rettungsfloß mit den Vorteilen einer aktiven Kurswahl zu beweisen. Gleichzeitig wollten sie ein Nahrungsmittelpaket in einer bestimmten Art der Zusammensetzung, das sie für Schiffbrüchige entwickelt hatten, einem realen Langzeittest unterziehen.

Beide Männer starteten am 4. Juli 1974 an der Golden Gate Bridge von San Francisco mit Ziel Hawaii-Inseln in ihrem nur mit Riemen ausgestatteten antriebslosen Boot COURAGEOUS. Ihr Nahrungsmittelpaket bestand hauptsächlich aus etwa 1,5 kg speziell gefertigten Rohrzuckertabletten, die den Vorteil haben sollten, nicht nur die verbrauchte Energie optimal zu ergänzen, sondern zur Auflösung auch kein Wasser erforderlich zu machen.

Außerdem waren sie mit einem Seewasser-Kondensator ausgestattet, der bei bedecktem Himmel täglich etwa 0,6 l Trinkwasser erzeugen konnte, das sie zusammen mit etwa 0,2 l Seewasser für die tägliche Flüssigkeitsaufnahme benutzten. Das Seewasser, das den Körper gleichzeitig mit den nötigen Mineralien versorgen sollte, wurde zuerst getrunken und der Salzgeschmack im Mund hinterher mit Süßwasser weggespült. Unsympathische Begleiterscheinung dieser Mischwasser-Trinkkur war leichter Durchfall.

Insgesamt hatte ihr Überlebenspaket ein Gewicht von etwa 8 kg. Ein wichtiger Teil seines Inhalts waren Vitamintabletten, während der restliche Teil aus einem Erste-Hilfe-Kasten, wasserdichter Taschenlampe und Signalraketen, Kompaß, Messer, Fischhaken mit Leine und Regenwasser-Auffangvorrichtung bestand.

Die COURAGEOUS kenterte bei 12 °C Wassertemperatur und 35 kn Wind bereits 150 sm vor der Küste, und die Männer hatten Schwierigkeiten, das Schlauchboot wiederaufzurichten. Nach 35 Tagen hatte sich der Blutdruck der Männer von 120/78 auf 86/20 vermindert, der Puls von 82 auf 65 Schläge pro Minute. 40 Tage lang reichte die Nahrung aus dem Überlebenspaket. Am 13. August begannen die beiden freiwilligen Schiffbrüchigen erstmalig Nahrung aus dem Meer zu fangen und zu fischen – es waren zwei Seevögel und fünf große Fische.

Für ihre Navigation benutzten die Männer nur eine Uhr mit Doppel-Zeitanzeige, den Sonnenauf- und Sonnenuntergang sowie ein graphisch gestaltetes kleines Zahlenwerk: Sie ermittelten die Länge des Tages von Sonnenaufgang bis Sonnenuntergang. Mit dieser Zeit und ihrer Graphik bestimmten sie die geographische Breite mit einer Genauigkeit von 30 sm. Mit der gleichen Zeitdauer des Tages, die zuerst durch zwei geteilt und dann mit einem Korrekturfaktor zur Zeit des Sonnenaufgangs addiert wurde, erhielten sie die auf etwa 5 sm genaue geographische Länge. Für eine Seenotnavigation war diese Genauigkeit ausreichend.

Als die beiden Schiffbrüchigen am 27. August, dem 55. Tag ihrer gewollten und gesteuerten Drift, das Seegebiet der Hawaii-Inseln erreichten, hatte Charles Gore von 76 auf 57 kg und George Siegler von 83 kg auf 58 kg abgenommen. Die Männer waren schwach, aber fühlten sich in guter Verfassung.

Als wichtigste Tatsache ihres Tests sahen sie den von ihnen erbrachten Nachweis an, daß man nur ein rechteckiges Rettungsfloß, das ihr Schlauchboot praktisch gewesen ist, mit Motor, Riemen oder Segel kursbeständig zum nächst erreichbaren Land bringen kann, im Gegensatz zu einem runden Rettungsfloß, wie es immer noch für Yachtsegler propagiert und vorgeschrieben wird.

In einem solchen runden Floß (mit „Rettungsboot") drifteten beispielsweise die Baileys passiv und hilflos 117 Tage. Ihnen gegenüber war Dougal Robertson im gleichen Seegebiet in seinem überladenen Beiboot in der Lage, bewußt einen Kurs zum amerikanischen Festland einzuhalten, der ihn auch ans Ziel gebracht hätte, wenn er nicht vorher ein Rettungsschiff getroffen hätte. Nur mit einem richtigen Rettungsboot war auch Kapitän Bligh nach der Meuterei auf der BOUNTY in der Lage, 3500 sm bis zu seiner Rettung über den Pazifik zu segeln − in einem 7-m-Boot mit 18 Personen an Bord!

65 Tage freiwillig

bringt der französische Arzt Alain Bombard 1952 als Schiffbrüchiger in seinem Schlauchboot HÉRÉTIQUE zu, als er am 19. Oktober von den Kanarischen Insel aus auf Drift über den Atlantik geht, die er am 23. Dezember auf Barbados beenden kann. Ihm kommt es darauf an, seine Theorien für das Überleben in Seenot in der Praxis selbst zu beweisen, daß nämlich ein Mensch auf dem Meer nicht verdursten und verhungern muß.

Bombard kann Regenwasser auffangen, nahezu bar aller Hilfsmittel Fische fangen, den täglichen Vitaminbedarf durch Plankton decken und auch Hautkrankheiten mit Willenskraft überstehen. Ein kleines Segel, das er oft flikken muß, beschleunigt seine Drift. In zahlreichen physischen und psychischen Schwächeanfällen wird er jedoch bis an die Grenze der menschlichen Überlebensfähigkeit belastet, obwohl er in seinem 4,65 x 1,95 m großen Boot relativ viel Platz hat.

Damals war es eine unglaubliche Überlebensleistung auf See, deren wissenschaftliche Ehrlichkeit von vielen bezweifelt wurde. Heutzutage gehört die Bombard-Praxis zum Überlebenstraining aller Menschen, die beruflich mit der See zu tun haben, und sie ist auch für viele in Seenot geratene Yachtsegler nützlich gewesen, insbesondere bei den in diesem Buch genannten Fällen von Alain Gliksman und Steven Callahan.

70 Tage

überleben Wilbert Widdicom (21) und Robert Tapscott (19) im Sommer 1940 in einem Rettungsboot auf dem Nordatlantik. Die beiden jungen Seeleute

gehören zur Besatzung des englischen Frachters ANGLO-SAXON, der am 21.
August südlich der Azoren von einem deutschen U-Boot torpediert wurde.
Sie gehen mit fünf anderen Männern, darunter ihrem Kapitän, in eines der
Rettungsboote. Die zum Teil verwundeten Männer sind den zunehmend här-
teren Entbehrungen jedoch nur einige Tage lang gewachsen, so daß Widdicom und Tapscott sich nach dem 16. Tag, als alle Seenotvorräte längst aufge-
zehrt sind, nur noch allein an Bord befinden.

Glücklicherweise driftet ihr Boot nördlich des Wendekreises in Richtung auf
die Bahamas, so daß sie gelegentlich mit einer Plane Regen auffangen und
das Trinkwasser in einem Fäßchen aufbewahren können. Bis zum 34. Tag ihres Überlebenskampfes können sie auch den winzigen Vorrat an Schiffszwie-
back strecken. Nach dem 53. Tag kommt zu Hunger und Durst die Not, in
schwerer See das vollgeschlagene offene Boot stundenlang ausösen zu müssen. Nachdem sie schon die Haut gegessen haben, die sich von ihrem Körper
schält, und zu phantasieren beginnen, geben ihnen einige Fliegende Fische,
die in das Boot springen, noch einmal Lebensmut.

Als sie am 30. Oktober am Strand von Eleuthera auf den Bahamas stranden,
sind sie schon tagelang ohne Bewußtsein. Die Ärzte haben größte Schwierigkeiten, sie physisch und psychisch wiederherzustellen. Und nach einem
längeren Genesungsurlaub erhalten beide schnell neue Schiffskommandos,
die sie bald wieder auf den Atlantik hinausführen.

Für Wilbert Widdicom wird auch die nächste Reise kurz: Bereits am 18. Februar 1941 wird sein Schiff wieder versenkt. Aber diesmal überlebt er nicht.

---

73 Tage

---

kann Bob Tininenko (35) in einem gekenterten Trimaran überleben, der am
10. Juli 1973 etwa 200 sm vor San Francisco im Pazifik kentert. Seenotfunk-
signale können durch Ausfall der technischen Anlagen nicht mehr ausgesandt werden, und so wird es ein grausiger Kampf ums Überleben, weil an
Bord des Tris Lebensmittel zwar vorhanden, aber der Haupttrinkwassertank
und auch der Seewasserverdunster verlorengegangen sind.

Am 26. Tag der Drift stirbt Frau Linda (24), die in anderen Umständen ist,
und nach 72 Tagen wird neben Bob Tininenko, der 45 Pfund Gewicht verloren hat, nur noch Jim Fisher (35) mit 90 Pfund Gewichtsverlust lebend geborgen. Aber Jim Fisher stirbt wenig später an Entkräftung, Nierenversa-
gen, Lungenentzündung und anderen Leiden dieser zehnwöchigen Drift.

Damit ist eigentlich auch bewiesen, daß nur sehr willensstarke und körperlich kräftige Menschen unter den günstigsten Bedingungen mit einem kleinen Grundvorrat an Nahrungsmitteln eine so lange Leidenszeit nach einem
Schiffbruch überleben können.

---
75 Tage
---

konnte der Schweizer Einhandsegler Eric Steiner (30) an Bord seiner 12-m-Ketsch LE PERFIER überstehen, als er 1976 auf der Reise von den Marquesasinseln nach Sydney (Australien) im Sturm zuerst beide Masten verlor und dann auch noch irreparablen Schaden am Dieselmotor entstand. Glücklicherweise hatte er für die geplante 3500-sm-Distanz über etwa 50 Tage genügend Proviant an Bord genommen. Der reichte für die 75 Tage gerade aus.

Die

---
76 Tage
---

des amerikanischen Einhandseglers Steven Callahan (30) in dessen winzigem Rettungsfloß sind hiermit nicht zu vergleichen: Er war mit seinem 6,50-m-Seekreuzer NAPOLEON SOLO am 28. Januar 1982 von der Kanareninsel Hierro mit Kurs Karibik ausgelaufen.

Steven kennt die See und die Yachten: Er segelt seit früher Jugend, betreibt ein Konstruktionsbüro für Yachtausrüstung im US-Staat Maine, hat viele Bootstypen gesegelt und schon vorher einhand den Atlantik überquert. So weiß er, daß er sich auf seinen kleinen, aber bewährten Seekreuzer und auch auf sich selbst verlassen kann. Aber mit des Geschickes Mächten ...

Nur sieben Tage nämlich steuert die NAPOLEON SOLO ihren Westkurs, ohne das Steven die Pinne berühren oder die Segel trimmen muß. Am 4. Februar dreht der Wind jedoch unerwartet nach Norden und frischt auf.

„Da ich an Bord immer das Schlimmste erwarte, überprüfe ich stets den Rumpf, das Deck und seine Ausrüstung auf mögliche Ermüdungserscheinungen oder Schäden, bevor ich mich schlafen lege", berichtet der Einhandsegler. „Nur eine halbe Stunde kann ich jedoch das Gefühl auskosten, daß alles in Ordnung ist, als es plötzlich ‚peng!' macht. In der Dunkelheit schieße ich hoch wie nach einem Kanonenschlag. Wasser wie aus einem Feuerhydranten schießt mir entgegen! Aber woher kommt diese Wasserfontäne? Von Backbord? Von mittschiffs? Von vorn? Keine Zeit zum Nachprüfen, ich muß raus! Mein Boot sinkt schnell!"

Steven Callahan schnappt sich sein Bordmesser, ergreift seinen Notfallbeutel und wirft wahllos noch etwas Werkzeug hinein. Aber dann spürt er, daß er so schnell wie möglich an Deck muß, weil der Bug der NAPOLEON SOLO bereits unterschneidet. Kaum eine halbe Minute nach diesem grausigen Erwachen zieht er die Reißleine der Rettungsinsel, einmal, zweimal. Zu wenig? Erst beim dritten Ruck bläst sie sich endlich auf, und er kann mit dem Notbeutel in der Hand und dem Messer zwischen den Zähnen in das kipplige Gummifloß hineinspringen.

In der Dunkelheit grapscht er nach allem, was beim Sinken aus seinem See-kreuzer aufschwimmt: Kohlköpfe, ein Trinkbecher, die Mann-über-Bord-Spiere. Dann schneidet er ein Stück vom Großsegel ab, um sich gegen die Kälte zu schützen; denn er trägt nichts als ein T-Shirt und seine Armbanduhr. Als die SOLO immer noch mit überflutetem Rigg auf ihren Luftkammern schwimmt, wagt er noch einmal den Weg zurück und kann ein Kissen und einen Schlafsack, beide bleischwer vom Seewasser, aus der Kajüte zerren. Steven plant, bei Tagesanbruch auf die SOLO zurückzukehren, um seinen Überlebensanzug, einen Trinkwasserkanister und wasserdicht verschweißte Lebensmittel zu bergen. Vielleicht, so denkt er, könne er sogar das Leck suchen und dichten. Aber bei diesen Überlegungen bricht die Verbindungs-leine zwischen Rettungsinsel und Yacht. Die SOLO treibt ab, und Callahan ist allein – aber er hat keine Angst.

„Ich beginne, über meine Lage nachzudenken, wie ich es täglich gemacht habe", berichtet er. „Wie ist es mit Wasser? Gut vier Liter oder vielleicht acht, wenn ich es mit frischem Fisch strecken kann. – Feste Nahrung? Knapp eineinhalb Kilogramm. – Das Rettungsfloß? In gutem Zustand. – Ich selbst? Ein paar kleine Schnittverletzungen, aber sonst gesund. – Distanz zum nächsten Schiffahrtsweg? 450 Meilen. – Schlußfolgerung: Ohne zusätzliches Wasser und Lebensmittel werde ich sehr glücklich sein, wenn ich den Schiffahrtstrack erreiche, ohne vorher an Durst oder Hunger gestorben zu sein."

Ohne Trinkwasser liegt die Überlebenschance eines Schiffbrüchigen be-kanntlich bei etwa zehn Tagen. Ohne feste Nahrung wird er 30 Tage durch-halten können. Obwohl Steven in einem schiffahrtsfernen Gebiet in sein Rettungsfloß gehen mußte, glaubt er an höchstens 40 Tage Drift bis zu seiner Rettung. Die Seenotfunkboje sendet ununterbrochen, aber als er am 6. Fe-bruar seinen 30. Geburtstag mit 50 g Erdnüssen und einem Viertelliter Was-ser begeht, hat sie 36 Stunden offenbar erfolglos gearbeitet und ist mit ihrer Energie am Ende.

Steven Callahan ist in der glücklichen Lage, drei Seenotanlagen zum Filtern von Seewasser an Bord zu haben. Die unsinkbaren Geräte erzeugen durch die Kondensation von Seewasser mit Hilfe von Sonnenenergie täglich einen halben Liter Frischwasser – wenn sie funktionieren!

Aber die beiden ersten Anlagen, die er in Betrieb setzt, funktionieren in dem Seegang nicht, und erst das dritte Gerät kann der Einhandsegler so si-cher an der Bordwand befestigen, daß es zuverlässig arbeitet. Ein halber Li-ter destilliertes Wasser täglich ist unter der sengenden Sonne jedoch nicht viel, und damit Steven die Notration von 4 l nicht anbrechen muß, denkt er über ein Auffangsystem von Regenwasser nach: „Das Hauptproblem ist, daß die Abdeckung der Rettungsinsel orangefarben gestrichen ist und dieser

Anstrich vom Regenwasser abgewaschen wird. Das aufgefangene Wasser bleibt trotz mehrfacher Filterung ungenießbar. Fortan benutze ich die defekten Wasserfilter mit etwas Segeltuch, um Regenwasser aufzufangen."

Es wird eine wertvolle Zusatzration; denn glücklicherweise hält die kleine Seewasser-Filteranlage mit ihrer 500-ml-Tageskapazität 72 Tage lang, bis vier Tage vor der Rettung.

Callahan verbringt die meiste Zeit der einsamen Drifttage und -nächte in seinem Schlafsack, und nach 40 Tagen hat er den Schiffahrtstrack erreicht. „Ich bin geradewegs durch den Schiffahrtsweg hindurchgetrieben", stellt er resigniert fest. „Ich habe mehrere Schiffe gesehen − zwei zogen sogar in nur etwa einer Meile Entfernung vorbei −, aber sie haben mich nicht gesichtet. Meine Notsignale erwiesen sich als wirkungslos, weil sie bei Tageslicht offenbar nicht zu erkennen waren. Außerdem habe ich ohnehin keine Personen an Deck ausmachen können."

Das ausweglose Alleinsein zehrt an seinen Nerven, und auch das Wort von Dougal Robertson, der 37 lange Tage mit seiner sechsköpfigen Familie zum Teil nur in einem winzigen Beiboot überleben mußte, gibt ihm keinen Trost: „Die Rettung wird kommen wie eine angenehme Unterbrechung der Überlebensroutine."

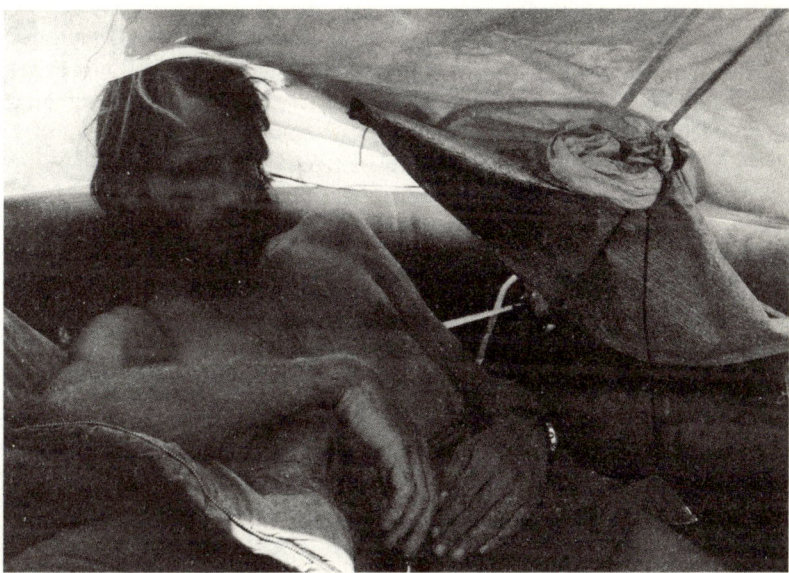

76 Tage verbrachte der schiffbrüchige Einhandsegler Steven Callahan unter dem Sonnen- und Regendach seines winzigen Rettungsfloßes − eine physisch wie psychisch außergewöhnliche Leistung.

Als wichtigstes Überlebensgerät hat sich inzwischen die beim Verlassen der SOLO mehr zufällig ergriffene Harpune erwiesen: Steven lernt, aus dem ihn begleitenden Fischschwarm vor allem die zutraulicheren weiblichen Tiere herauszuschießen, so daß er täglich knapp 2 kg Fisch verzehren kann. Fisch jeden Tag ist zwar nicht jedermanns Diät. Aber die inneren Organe einer Dorade enthalten viele notwendige Vitamine. In den Augen und zwischen den Wirbeln befinden sich einige winzige Flüssigkeitsreservate, und die Leber sowie der Rogen sind sogar schmackhaft.

Am 43. Tag dieser einsamen, mörderischen Drift, deren Ende immer noch nicht abzusehen ist, bricht die bereits mehrfach reparierte Harpune. Ein gejagter Fisch nimmt ihre Spitze nicht nur mit in die Tiefe, er ritzt auf seiner Flucht auch den Boden des Rettungsfloßes auf. Von da an verliert der Gummikörper ständig Luft, und Callahan muß eine ganze Woche arbeiten, bis der immer wieder aufgeklebte Flicken, der sich beim Aufpumpen jedesmal schnell ablöst, endlich zuverlässig hält: „In dieser nahezu hoffnungslosen Situation kommt mir die Erleuchtung: Ich muß versuchen, die Stelle nicht nur zu flicken, sondern sie gleichzeitig zu vernähen. Es wird zwar ein abenteuerlicher Pfropfen, und jedes Arbeitsteil daran hat mich unglaublich viel Mühe gekostet, aber schließlich ist der Riß dicht. Dieser Erfolg wird ein Wendepunkt auf der Reise. Ich war dem Tod sehr nahe, war verzweifelt – aber ich habe doch überlebt!"

Der einsame Schiffbrüchige hat nach zehnwöchiger Drift das Zählen der Tage eingestellt. Er überlebt von heute auf morgen. An der Zeit, die er für die kleinen Pflichten an Bord braucht, merkt er schnell, wie seine Kräfte immer mehr schwinden. Aber selbst noch in diesen wenig tröstlichen Stunden koppelt er seinen Kurs: Er schätzt die Driftgeschwindigkeit an vorbeitreibendem Seegras, prüft an der auf- und untergehenden Sonne grob die Richtung seines Kurses und ermittelt die geographische Breite mit einem „Sextanten" aus drei zusammengebundenen Bleistiften. Und da er die Meeresströmungen aus dem Übersegler kennt, bemerkt er endlich voller Hoffnung, wie sich die Farbe des Wassers beim Überschreiten der Kontinentalschwelle verändert und ganz andersartige Meeresfische zu dem begleitenden Schwarm der Doraden stoßen.

Und dann wird er eines Nachts wach und sieht Lichter. Sogar das zeitweilige Blinken eines Leuchtturms kann der schiffbrüchige Einhandsegler ausmachen, und bei Tagesanbruch wird aus dieser zuerst gefürchteten Fata Morgana vom nahen Land eine beglückende Wirklichkeit: Callahan sieht eine Insel mit Gebäuden, und bald hört er den Außenbordmotor von Fischern, die ihn schon entdeckt haben. Über dem Floß kreist ein Pulk von Fregattvögeln, und die erfahrenen Fischer schließen daraus, daß in deren Nähe ein Schwarm von Doraden schwimmt. So fischen sie die Begleiter von Callahan

Gruppenfoto am Ende einer 76tägigen, einsamen Drift über den Nordatlantik: Steven Callahan mit den dunkelhäutigen Fischern der französischen Insel Marie-Galante, die ihn aus seinem zerbrechlichen Seenotgefährt befreiten. Neben der Seenotflagge das wichtigste Ausrüstungsteil zum Überleben, eine Harpune.

und nehmen ihn zum Dank mit zum heimischen Ufer, der französischen Karibikinsel Marie-Galante.

Der Einhandsegler hat während seiner 76tägigen Drift auf dem Rettungsfloß fast den gesamten Atlantik überquert und damit, wie er meint, „vielleicht einen Rekord für die langsamste Einhand-Atlantiküberquerung der Geschichte" aufgestellt. Aber vor allem sagt er über diese unvorstellbar lange Überlebenszeit: „Ich habe Glück gehabt, daß ich bei guter Verfassung blieb, daß mein Boot gehalten hat und es mir dadurch überhaupt erst möglich wurde, so lange Zeit zu überleben. Ich bin der Natur über alle Maßen dankbar für den Reichtum des Meeres und für meine Befreiung für ein neues Leben. Vielleicht werden auch andere Segler durch diese Drift angeregt, das Leben auf See mit anderen Augen zu sehen."

Und dann zieht er das nautisch-technische Fazit seiner 76 Tage auf einem winzigen Rettungsfloß:

327

„Ich bin überzeugt davon, daß ich mit der normalen Ausstattung eines Rettungsfloßes nicht überlebt hätte. Zu 80 % verdanke ich meine Rettung dem Inhalt meines eigenen Notfallbeutels, zu 20 % der Seenot-Extraausrüstung des Floßes. Das serienmäßige Angelzeug zum Beispiel reicht zum Überleben nicht aus. Nur weil ich ein begeisterter Sportfischer bin, hatte ich an Bord meines Seekreuzers meine Harpune mitgenommen. Und weil ich nicht wußte, wo ich dieses sperrige Gerät verstauen sollte, hatte ich es in meinen Notfallbeutel gepackt. Diese unbewußte Handlung hat mir eigentlich das Leben gerettet."

118 Tage

verbringen die Eheleute Maralyn und Maurice Bailey auf einem Rettungsfloß und ihrem 2,70 m langen Schlauchboot, nachdem ihr Seekreuzer AURALYN etwa 300 sm nordöstlich der Galapagosinseln am 4. März 1973 von einem Wal gerammt und versenkt worden ist. Über diese längste Zeit, die Segler bisher überleben mußten und überleben konnten, berichte ich ausführlicher in einem anderen Buch.

Zwar steht den beiden Erwachsenen während ihrer viermonatigen gnadenlosen Drift auf einer Lebensfläche von zwei Einzelbetten nahezu der gleich große „feste Boden" zur Verfügung wie der sechsköpfigen Robertson-Familie während der letzten Hälfte ihrer 37tägigen Drift im gleichen Seegebiet, aber dafür müssen sie psychisch und physisch eine mehr als dreimal so lange Zeit ohne Hoffnung auf Rettung durchleben.

Physisch können sie durchhalten, weil sie beim Auffangen von Regenwasser ihre Auffangtechnik vervollkommnen und mit dem Instinkt erfahrener Angler auch mit primitivsten Mitteln immer genügend Fische und später insbesondere Seeschildkröten zu fangen verstehen, von denen die eine oder andere als „lebender Proviant" mit einer Leine an der Außenhaut des Gummibootes festgemacht wird, oder indem sie Seevögel, die sich auf dem Floß niederlassen, ergreifen und schlachten. Aber es erscheint dennoch fast unglaublich, wie sie mit Gelenkversteifung und Muskelschwund, Gewichtsverlust und Hauterkrankungen fertig werden, die zum Teil auch durch die außergewöhnlich lange einseitige eiweißhaltige Ernährung bedingt sind.

Ihre psychischen Belastungen und besonders jeden neuen, immer tieferen Schock, wenn eines der acht gesichteten Schiffe nach dem anderen an ihnen vorüberzieht, ohne auf ihre Notzeichen zu antworten, kann man auch wohl nicht annähernd ermessen, ohne sich einmal in ähnlicher Situation befunden zu haben. Aber auch diese Phasen von Depression und Angst können sie überwinden.

Wie weit die Welt des Meeres, der Vögel, der Fische und der Schildkröten während dieser vier Monate in dem engen, schwimmenden Gefängnis zu ihrem alleinigen Dasein geworden ist, erzählt Maurice Bailey in ergreifenden Worten, als sie am 30. Juni 1973 den koreanischen Fischdampfer WOELMI 306 sichten, der sie schließlich erlöst:

„Maralyn schwenkt immer noch ihre Weste in Richtung auf das Schiff, das uns jetzt schon sein Heck zeigt. Es ist das erste Schiff, das wir seit 43 Tagen sehen. ‚Komm zurück!' schreit Maralyn. ‚Bitte!' Im Beiboot kniend, denke ich überhaupt nicht mehr an das Schiff, das Maralyn anfleht, zu uns zurückzukommen. Es soll wegbleiben, sage ich mir. Das hier ist jetzt unsere Welt: das Meer, die Vögel, die Fische, die Schildkröten. Maralyn hat plötzlich aufgehört, zu bitten und zu flehen. Aber sie schwenkt weiter wie wild ihre Jacke. Ich schaue hoch und beobachte das Schiff einige Augenblicke lang. Kommt es auf uns zu, oder spielen mir meine Augen einen Streich? Maralyn sieht mich an, mit glänzenden, feuchten Augen. ‚Es kommt zurück,' sagt sie – und es kam."

130 Tage

sind die nachgewiesen längste Zeit, die ein Schiffbrüchiger auf See ausgehalten hat, und der Chinese Poon Lim, der diesen Rekord des Überlebens auf See hält, wird mit dieser unvorstellbaren Dauer auch wohl niemals übertroffen werden. Denn er mußte seinen Überlebenskampf auf See im letzten Weltkrieg führen, als sein Schiff, der englische Frachter BEN LOMOND, am 23. November 1942 auf etwa 0° 30' N und 038° 45' W von einem U-Boot versenkt wurde.

Als einer der wenigen Überlebenden kann er, nur mit seiner Schwimmweste in der Hand, ins Meer springen, bevor der Frachter explodiert. Nach zwei Stunden Schwimmen entdeckt er glücklicherweise eines der damals üblichen festen Rettungsflöße, die außen an der Brücke des Frachters gehaltert waren und beim Sinken selbsttätig aufschwimmen konnten. Poon Lim klettert mit letzter Kraft hinein. Auf dem für eine Person recht geräumigen Floß sind Lebensmittel und Trinkwasser, Notsignalraketen und Medikamente verstaut, die er gut gebrauchen kann. Aber die Signalraketen, mit denen er sich einige Tage später einem abgeblendet fahrenden Frachter bemerkbar machen kann, werden von dessen Crew wohl bewußt ignoriert. Die fremde Besatzung fürchtet offenbar, in eine Falle gelockt zu werden. Und auch die wenigen Nahrungsmittel sind schnell verbraucht.

In diesem Teil der Roßbreiten kann Poon Lim jedoch viel Regenwasser auffangen, indem er seine Schwimmweste als Trichter benutzt. Und er kann sich mit Hilfe der Greifleine rund um das Floß und eines verzinkten Nagels, den er aus dem Floßkörper herausziehen und mit den Zähnen krummbeißen kann, auch eine primitive Angel fertigen. Neben Fischen gehören später auch Seevögel zu seiner Nahrung. Sie lassen sich mit der Hand greifen, wenn sie sich auf dem Floß oder gar auf seiner Schulter ausruhen. Am 120. Tag seiner Drift wird er durch ein Flugzeug gesichtet. Es verliert ihn aber offenbar wieder. Erst am 1. April 1943, dem 130. Tag seit dem Untergang der BEN LOMOND und dem Beginn seiner gnadenlosen Drift, können ihn endlich brasilianische Fischer 10 sm von der Küste entfernt total entkräftet retten. Er wird in das Krankenhaus von Belém eingeliefert, wo der zum Skelett abgemagerte Körper des Chinesen tatsächlich wieder hochgepäppelt werden kann.

Einen makabren Rekord in Seenotrettung

---

zumindest der Zahl nach hält der englische Einhandsegler Ronald Davis (42), ein Rekord, der gleichzeitig die britischen Steuerzahler sehr viel Geld gekostet hat, wie die Behörden ausrechneten: In den Jahren 1977 und 1978 wurde Davis mit seinem 6-m-Seekreuzer CALCUTTA PRINCESS nicht weniger als siebenmal aus Seenot gerettet. Als ihn die Crew eines britischen Seenotkreuzers zum bisher letztenmal vor der Küste von Cornwall abbergen mußte (die gleiche Mannschaft der Royal National Lifeboat Institution, die ihn dort bereits einen Monat zuvor aufgefischt hatte), waren die Männer darüber so erbost, daß sie den Seekreuzer anschließend auf einen Lastwagen luden und ihn auf der Landstraße nach seinem Zielhafen Plymouth brachten. Einer der Rettungsmänner, der bei dieser Aktion einen Finger eingebüßt hatte, sagte verbittert: „Trotz allem können wir solche Typen nicht daran hindern, auf die See hinauszufahren, auch wenn sie beim ersten schlechten Wetter in Schwierigkeiten geraten."

Vier Stunden

---

hing der amerikanische Einhandsegler Leonard Delmas am 20. September 1971 hilflos zwischen Leben und Tod im Schlepp seiner 10,35 m langen Slup ANOTHER GIRL vom Typ Cal-34. Dabei hatte es ganz harmlos begonnen: Nach einigen schönen Stunden mit seinen Freunden im St. Francis Yacht Club an der San Francisco Bay machte sich Delmas gegen 1930 Uhr mit seinem Boot vom Clubsteg aus auf den Weg zu seinem Haus in Marin County, etwa 1,5 sm östlich der Golden Gate Bridge. Er war etwas in Eile und setzte daher schnell die Segel, trimmte sie und stellte gleichzeitig den Motor auf „voll voraus".

Mit seinen 41 Jahren war der Einhandskipper nicht nur ein „Mann in den besten Jahren". Er war auch 1,90 m groß, gut 100 kg schwer und durch seine tägliche 15-km-Radfahrt zum Büro und zurück nach Hause in guter körperlicher Verfassung. Aber trotz der Erfahrung seiner 24 Segeljahre war er unvorbereitet für das, was jetzt passierte.

Als er nämlich mitten auf der Bucht war und sich entspannt auf dem Seitendeck neben der Plicht sitzend gegen die Seereling lehnte, um die ANOTHER GIRL mit dem Pinnenausleger zu steuern, gab der Drahtstander des Seezaunes nach, weil der Pelikanhaken unter dieser Belastung aufsprang. Und ehe es sich Delmas versah, stürzte er über Bord.

Glück für ihn war, daß sich die Großschot dabei um seinen Fuß vertörnte und er jetzt wenigstens eine Verbindung zu seinem Boot behielt. Der Einhandsegler erschrak, als er so im Wasser hing, aber er geriet nicht in Panik. Das Boot wendete durch den Sturz und die blockierte Großschot, doch da der Motor unverändert weiterlief, trat das Boot praktisch den Rückweg in Richtung auf das offene Wasser an.

Delmas mußte sich daher zwischen zwei Möglichkeiten entscheiden, während er mit etwa 5 kn hinter seinem Boot hergezogen wurde, das Wasser mit 15 °C sehr kalt war und ein anderes Fahrzeug in der Dunkelheit weder in Sicht lag noch erfahrungsgemäß auch in Sicht kommen würde: Sollte er sich loslassen und zur Küste schwimmen, deren Abstand er jedoch nicht feststellen konnte? Oder sollte er hinter seinem Boot hängenbleiben? Er entschloß sich, weiterhin im Schlepp zu verbleiben und sich über das Boot zu retten zu versuchen.

Aber alle Versuche, wieder an Bord zu klettern, blieben erfolglos. Wenn sich der Einhandskipper mühsam Hand über Hand gegen den beträchtlichen Fahrtstrom an der dünnen Leine entlang bis zur Bordwand gezogen hatte, konnte er nur die Fußreling ergreifen, und als er sich einmal mit letzter Kraft bis zur leeren Halterung des Rettungsringes hochgereckt hatte, bracht die Halterung ab. Wieder im Wasser, hing Delmas unter dem Auspuff am Heck. Aber er war wenigstens in der Lage, die Leine so weit ins Kielwasser zu ziehen, daß er an ihrem Tampen und mit ausgestreckten Armen außerhalb des tödlichen Bereiches der Abgase hängen konnte.

Nach einer Stunde krampfhaften Festhaltens der Leine hatte sich das Tau tief in seine Hände eingeschnitten, und die Finger waren verkrampft. Um sich weiter halten zu können, legte sich Delmas die Leine um Brust und Arme. Mit dieser Befestigung jedoch schnitt sein Körper nicht nur gefährlich unter Wasser, er wurde auch wieder vom ausspritzenden Kühlwasser und von den Abgasen erreicht. So mußte er aus dieser zwar bequemeren, aber gefährlichen Zurring wieder in die Handhaltung der Leine übergehen — immer noch bei unverändert 5 kn Fahrt seines Bootes, das inzwischen kleinere und größere Kreise in der küstenfernen Bucht fuhr und dabei einmal näher an den rettenden Häfen, einmal weiter vom sicheren Ufer entfernt stand. Der nachgeschleppte Körper wirkte praktisch wie ein Notruder – aber leider nur einseitig.

Bald waren zwei Stunden vergangen, und Delmas spürte, wie ihn in der Kälte langsam die Kräfte verließen. Er wollte schier verrückt werden, als er sich über diese unbegreifliche Situation klarwurde, aber er wollte nicht sterben. Natürlich nicht. Und so blieb ihm nichts anderes übrig, als sich dorthin schleppen zu lassen, wohin die ANOTHER GIRL es wollte, den Tampen der Großschot weiter eisern festzuhalten – und im kalten Wasser immer mehr zu frieren.

So verging auch noch die dritte Stunde, ehe Delmas merkte, daß sein Boot jetzt einen Kurs in Richtung auf den Barkassenhafen von San Francisco eingeschlagen hatte, wo die zahlreichen Personenboote mit langen Muringleinen in einem sicheren Abstand zu einer hohen Pier lagen. Er befürchtete die Kollision seiner Yacht mit einer der großen Barkassen und hatte sich gerade entschieden, sich loszulassen und zur nächsten Barkasse zu schwimmen, als die ANOTHER GIRL plötzlich wie von Geisterhand gestoppt wurde und ohne einen Aufprall weich zum Stehen kam: Sie war gegen eine der Muringleinen gelaufen, und der immer noch voll drehende Motor hielt sie hier wie an einem Liegeplatz fest.

30 Minuten brauchte Leonard Delmas, um sich über die Muringleine und den Dalben an Bord der Barkasse zu ziehen, und nach vier Stunden Wasseraufenthalt konnte er jetzt mit festem Boden unter den Füßen wenigstens sicher Luft holen. Aber sein zitternder und von Schüttelfrost geplagter unterkühlter Körper war auf dem zugigen Deck des offenen Hafenbootes noch nicht in Sicherheit, und der Weg an Land oder zu anderen Fahrzeugen in der Nähe führte zu mitternächtlicher Stunde auch nur neuerlich über Wasser.

Also blieb ihm nichts anderes übrig, als die ANOTHER GIRL mit Bordmitteln an die Barkasse heranzuholen, vorsichtig zu ihr hinab- und steif in sie einzusteigen und mit dem immer noch laufenden Motor dorthin zurückzufahren, woher er gekommen war: zum St. Francis Yacht Club, wo es warme Duschen gab und wo er sich auskannte.

Delmas hat die gleichen Lehren aus diesem Unfall gezogen wie alle anderen über Bord gefallenen Segler und insbesondere Einhandsegler: Er will künftig nicht mehr allein fahren und immer einen Sicherheitsgurt anlegen, den er in ein Strecktau an Deck einpicken wird. Er wird auch immer eine Leine achteraus fieren, wenn er unterwegs ist, und bei schlechter Sicht die Positionslichter führen und auch das Kajütlicht anmachen, damit sein Boot gegebenenfalls besser auffällt. Die wichtigste Erkenntnis jedoch: Er wird die Seereling als „Seezaun" ansehen, als eine Begrenzung des Decks, an der man gegebenenfalls einmal leicht die Hand führt, wenn man nach vorn oder nach achtern geht, aber nicht als eine bequeme Rückenlehne, gegen die man sich wie in einem Lehnstuhl streckt.

Sein Erfahrungsbericht schließt mit den Sätzen: „Jeder Segler möge immer auch das Unerwartete erwarten. Er sollte selbst in einer ausweglosen Situation nicht die Nerven verlieren, sondern seinen gesunden Menschenverstand benutzen. Vor allem aber: Niemals panische Angst haben."

Sieben Stunden

schwamm der Einhandsegler Fred Wood um sein Leben: Er wurde auf dem Wege von Tahiti nach Hawaii bei einer Patenthalse vom Deck seiner WIND-SONG geschleudert und fand sich ungefähr 5 sm von Christmas Island im Wasser wieder, während seine Yacht allein weitersegelte. Fred war jedoch ein guter Schwimmer und schaffte es, in sieben Stunden harter Wasserarbeit die Insel zu erreichen und sogar unverletzt durch ein mit vielen gefährlichen Spitzen besätes Korallenriff an den festen Strand zu gelangen. Die gefährliche Brandung überwand er, indem er auf die Brecher lauschte und sich nur in jenen Augenblicken weiter zum Ufer vorkämpfte, wenn nach ihrem tösenden Überbrechen eine mehr rauschende Stille eingekehrt war. Auf dem Außenrand des Atolls überlebte er dann 15 Tage. Diese Zeit benötigte er, um sich ein Floß zum Übersegeln der Lagune zu bauen. Kokosnüsse und kleine Krabben waren in dieser Zeit seine Nahrung. Seine WINDSONG sah Fred Wood nicht wieder. Als führerlose Geisteryacht tauchte sie nicht mehr auf.

Acht Stunden

schwamm der Yachtskipper Colin Haskin (34) im Frühjahr 1982 um sein Leben. Sein 9,75 m langer Seekreuzer kollidierte auf dem Wege von Oakland nach Long Beach entlang der amerikanischen Pazifikküste bei Windstärke 9 mit einem vor Anker liegenden Frachter und sank schnell. Während die beiden 26 und 48 Jahre alten Mitsegler ertranken, schwamm Haskin bei 6 m hohem Seegang 3 sm bis an die Küste.

Auf die Frage, woher er die Kraft für eine so unglaubliche Dauerleistung genommen hätte, antwortete er: „Ich dachte an alles, was ich noch erleben wollte und sagte ständig zu mir: Das ist noch nicht das Ende! Du willst leben, also wirst du leben! Verdammt nochmal, so schnell läßt du dich doch nicht unterkriegen!"

24 Stunden

schwimmend überlebte der Einhandsegler Egon Purkl (36), nachdem er –
leichtfertig – im Sommer 1985 etwa 30 sm nordwestlich der italienischen Insel Stromboli ins Wasser gefallen war.

Purkl segelt einhand mit seinem 6-m-Seekreuzer SKARABÄUS vom Typ Nep-
tun 20 bei schwachem Wind und ruhiger See über das Mittelmeer, als er zum
Klarieren der Reffleine seiner Rollfock auf das Vorschiff gehen will und dabei über Bord fällt. Er ist nur sommerlich bekleidet, hat weder eine Sorgleine noch eine Schwimmweste angelegt, und natürlich sind an Bord, wie
beim Einhandsegeln üblich, die Großschot belegt und die Pinne festgestellt.
Auch eine kurze Sicherheitsleine, um sich bei einem solchen Überbordunfall wieder an den Rumpf zurückhangeln zu können, hat Egon Purkl nicht
ausgesteckt.

Er erlebt daher mit Schrecken, daß er seiner SKARABÄUS nicht so schnell
nachschwimmen kann, wie sie bei dem leisen Hauch davonzieht. So muß er
dieses hoffnungslose Unterfangen bald einstellen und mit seiner schier ausweglosen Notsituation fertig werden: allein und fast nackt ohne Schwimm-
hilfe in einem bis zum weiten Horizont fahrzeug- und menschenleeren Meer.
Der erste glückliche Umstand: Das Seewasser ist 26 °C warm. Er wird somit
vielleicht bis zu 20 Stunden Zeit haben, auf ein Schiff zu warten oder an
Land zu schwimmen, ehe sein Körper lebensgefährlich unterkühlt ist. Der
zweite positive Faktor, wenn man ihn so nennen kann: Im Mittelmeer mit
seinem Salzgehalt von 3,5 % schwimmt der Körper auch mit nur geringer
Unterstützung durch Schwimmbewegungen nahezu von selbst. Aber eine
weitere schreckliche Erkenntnis: Durch die Kenntnis seines Schiffsortes
weiß Purkl, daß er die rettende Küste der Insel Stromboli, die 30 sm entfernt
liegt, schwimmend nicht erreichen kann. Also bleibt nur die Hoffnung auf
ein Schiff.

Als ihn gerade die Hoffnungslosigkeit seiner Situation zu betäuben droht,
hat der schwimmende Segler jedoch noch einmal Glück: Ganz in seiner
Nähe entdeckt er den Rest eines Fischernetzes, an dem zwei kleine Plastik-
flaschen als Auftriebskörper befestigt sind. Sie wird er in den nächsten Stunden abwechselnd um den Hals, um die Arme, unter den Bauch oder an den
Fuß binden, damit er sich beim Schwimmen entspannen kann und Muskel-
krämpfe verhindert werden.

Das erste Schiff passiert den einsamen Mann im Wasser bereits einige Stunden später. Es zieht etwa 2 sm entfernt seine Bahn und sichtet ihn natürlich
nicht, so weit er seinen Oberkörper auch aus dem Wasser zu heben versucht.
Dann gesellen sich Delphine zu ihm, und er klammert sich an Gelesenes,
daß Delphine schon im Altertum die Vorboten naher Rettung von Schiff-

brüchigen gewesen sein sollen. Aber die klugen Tiere verlieren bald ihr Interesse an dem apathischen Menschen im Wasser.

Schließlich kommt wieder ein Schiff in Sicht, mit offenbar dem gleichen Kurs zur Straße von Messina. Doch es bemerkt den verlassen-einsamen Mann in der langen Dünung des Meeres ebenfalls nicht.

So bricht endlich die Nacht herein, und Egon Purkl friert in der nassen, dunklen Welt entsetzlich. Zu allem Übel kommt er noch mit Nesselquallen in Berührung. Doch schon wenig später spürt er von dem fürchterlichen Brand auf seiner Haut nichts mehr.

Der über Bord gefallene Einhandsegler ist kräftig und in den besten Jahren, und er hat als Fallschirmjäger bei der Bundeswehr auch an einem Überlebenstraining teilgenommen. Außerdem erinnert er sich, wie Reinhold Messner und Rüdiger Nehberg mit solchen scheinbar ausweglosen Situationen fertig wurden. So schwimmt er auch nach Tagesanbruch mit sparsamen Bewegungen mechanisch weiter, nahezu am Ende seiner Kräfte, aber noch nicht ohne Hoffnung.

„Und irgendwann beobachtete ich erneut eine Schule von Delphinen ganz in meiner Nähe", berichtet er über seine Rettung, „als wieder ein kleines Schiff am Horizont erschien. Die Sonne brannte unerbittlich. Ich hatte schon nicht mehr damit gerechnet, daß mich noch jemand sehen würde, als dieses Schiff unvermittelt seinen Kurs änderte. Ich konnte es kaum fassen – es hielt tatsächlich auf mich zu. Als ich dann auch noch wie durch einen Schleier hindurch wahrnahm, daß ein Dingi klargemacht wurde, hatte ich keinen Zweifel mehr: Ich war entdeckt worden. Sie wollten mich holen."

Egon Purkl verdankt seine wundersame Rettung dem Umstand, daß der Wachhabende des kleinen Tankschiffes, das ihn auf seinem Weg zur Insel Stromboli aufnahm, die Delphine durch sein Fernglas beobachtet hatte und dabei seinen Augen nicht zu trauen glaubte, innerhalb der springenden Schule einen menschlichen Körper zu entdecken.

Nach erster Hilfe an Bord und einigen Tagen Krankenhaus-Aufenthalt in Lipari konnte sich Purkl auf die Suche nach seiner artig weitergesegelten SKARABÄUS machen und die Yacht auch bald wiederfinden.

Aus den bekannten Standorten von Unfall und Rettung ergab sich die Tatsache, daß er etwa 18 sm getrieben und geschwommen war. Das ist eine respektable Strecke für einen Langstreckenschwimmer, aber auch nur gut die halbe Distanz zum rettenden Ufer. Ohne den interessierten Ausguck auf der Brücke des Trinkwasserschiffes hätte Egon Purkl seinen Sturz über Bord nicht überlebt, und sein Verschwinden hätte nur zu Mutmaßungen Anlaß geben können – wie bei vielen anderen Fällen, als unbeschädigte, segelnde Yachten ohne ihre Besatzung aufgefunden wurden.

29 Stunden

schwimmt der norwegische Matrose Arne Nicolaysen (25) im Karibischen Meer zwischen Kuba und Florida um sein Leben, und auch er bringt diese unvorstellbar lange Zeit von 1740 Minuten „mit Schwimmen, mit Sichttreibenlassen, wechselweise mit Hoffnung und Hoffnungslosigkeit und dann mit Beten" zu, sowohl im Dunkel der Nacht als im brennenden Licht der Sonne. Auch er muß 29 Stunden lang die Schiffe außer Reichweite seiner Rufe vorbeifahren sehen.

Arne Nicolaysen ist am 24. Dezember 1955 kurz vor Mitternacht unbemerkt von Bord des norwegischen Schiffes HOEG SILVERSPRAY gefallen, im Anschluß an die Weihnachtsfeier, auf dem Weg zu seiner Kojen – genau weiß er hinterher selbst nicht mehr, wie es passierte. „Als ich erwachte, fand ich mich im Wasser wieder", erzählt er später, und er läßt die Frage nach Trunkenheit oder Schlafwandel bewußt offen.

Auch in der Karibik ist das Wasser warm und salzhaltig genug für ein vielstündiges Überleben, aber dafür gibt es hier Haie. Der Gedanke an diese Gefahr jagt dem einsamen Schwimmer bald kalte Angstschauer über den Rücken, und er streift, wie zunächst beabsichtigt, seine lange Hose nicht ab, sondern läßt sie nur etwas tiefer gleiten. „So schrecklich Haie auch sein mögen, so sind sie doch erstaunlich feige", stellt er fest, „und schon ein kleines Geräusch wie das Klatschen eines Hosenbeines kann sie erschrecken und auf Distanz halten." So macht er sich mit Hilfe der durch die Zehenspitzen wie schlapprige Flossen zu bewegenden Hosenbeinenden zu einer Art Unterwasser-Vogelscheuche, um Haiangriffe abzuweisen.

Am folgenden ersten Weihnachtstag fahren fünf Schiffe sehr nahe an Arne Nicolaysen vorbei, ohne ihn jedoch zu sichten, und auch sein eigenes Schiff hat offenbar keine Anstalten gemacht, an die Unfallstelle zurückzukehren, nachdem man sein Fehlen an Bord bemerkte. Sein Glück ist jedoch, daß er auf einem vielbefahrenen Schiffahrtsweg über Bord gefallen ist, und diese Tatsache rettet ihm schließlich das Leben:

Am Morgen des 26. Dezember sichtet er nicht nur wiederum die Lichter eines Schiffes, sondern er muß auch mit schnellen Schwimmbewegungen ausweichen, um nicht überlaufen zu werden. Als die hohe Bordwand in seiner Nähe vorbeigleitet, ruft er so laut er kann: „Hilfe! Mann über Bord!"

Dieser Notruf wird von jedem Seemann offenbar am besten verstanden. Arne hört plötzlich, wie die Maschine gestoppt wird und das Schiff im weiten Bogen dreht. Dann fliegt ihm ein Rettungsring zu, und um 0430 Uhr wird er von den Männern des Tankers BRITISH SURVEYOR an Bord gezogen. Daß der völlig entkräftete Schwimmer tatsächlich 29 Stunden im Wasser war, glauben sie erst, nachdem sie den Kapitän der HOEG SILVERSPRAY befragt haben.

Zwei Tage

lang trieb der schwedische Einhandsegler Aake Mattsson in der See, als er 1971 von Schweden nach Brasilien segelte. Nicht weit von der brasilianischen Küste entfernt wusch ihn die See von seiner zum Wrack gewordenen GOODWIN II, einem kleinen Serien-Seekreuzer der Fisksatra-Werft von 6,00 m Länge, 2,22 m Breite, 1,58 t Verdrängung und 20 m^2 Segelfläche. Glücklicherweise konnte er sich mit Schwimmweste und in voller Kleidung in recht warmem Wasser aufhalten, bis er durch einen Trawler gesichtet und gerettet wurde.

Und fast Unglaubliches zum Schluß:

Seeschildkröte als Lebensretter

Auf ungewöhnliche Art und Weise rettete die 52jährige Filipina Candelaria Villa Nueva ihr Leben, als am 2. Juni 1974 die Fähre ALOHA etwa 500 sm südlich von Manila sank und 277 Menschen schiffbrüchig wurden. Sie ritt zwei Tage lang auf dem Rücken einer riesigen Schildkröte, hielt sich dadurch nicht nur über Wasser, sondern auch vor Haien in Sicherheit und wurde dann mit 244 anderen Überlebenden von dem philippinischen Kriegsschiff KALANTIAO gerettet.

„Ich würde es nicht glauben, wenn ich es nur gehört hätte", sagte ein Marineoffizier an Bord des Rettungsschiffes. „Aber ich habe es, wie praktisch alle Personen an Bord der KALANTIAO, mit eigenen Augen gesehen."

Verliere nie die Hoffnung!

Schwachpunkt bei Rettungsflößen: die Festmacher

In zahlreichen Tests haben sich Seglerzeitschriften und Rettungsgesellschaften mit dem Aufblasen eines Rettungsfloßes und der Bewertung seiner zusätzlichen Sicherheitsausrüstung befaßt, und viele Segelclubs üben im Rahmen ihres Wintertrainings das Besteigen einer Rettungsinsel im warmen Wasser eines Hallenbades. Mit der Reißfestigkeit des lebenswichtigen Festmachers und seiner Befestigung an einem aufvulkanisierten Metall- und Gummibeschlag des Schlauchkörpers hat sich bisher jedoch noch niemand beschäftigt.

Die folgenden Beispiele zeigen, daß diese Nabelschnur zu einem gekenterten, gestrandeten, sinkenden oder aufgegebenen Boot eine Schwachstelle ist, der man künftig mehr Aufmerksamkeit als bisher widmen muß. Oder könnten die Hersteller dieser Rettungsmittel hier − in Unkenntnis dieser Gefahren − sogar eine Sollbruchstelle eingearbeitet haben?

Vom ersten Beispiel berichtet der Rettungsgeräte-Hersteller Beaufort Ltd. im November 1984 selbst, und er gibt seiner Schilderung sogar eine humoristische Note, die ihr vielleicht gar nicht gebührt:

Ein amerikanischer Yachtsegler mußte sein sinkendes Boot aufgeben, und als er sich vom Schock der Kollision und der Überraschung erholt hatte, daß der Behälter an Deck, auf dem er viele Wochen lang gelegentlich gesessen hatte, tatsächlich aufgebrochen war und sich sein Inhalt in ein Rettungsfloß verwandelt hatte, entschloß er sich, so viele Ausrüstungsteile wie möglich zu retten und auf das Rettungsfloß zu laden.

Er stieg also wieder in die Kajüte hinab und suchte zuerst die wichtigsten Teile zusammen, darunter Wasserkanister und Proviant, Flaschen mit Fruchtsaft und Nährmittel. Mit einigen Handgriffen lagen die Behälter in der Plicht.

Dann kamen Decken, Bettbezüge und Kopfkissen sowie die Landgangskleidung hinzu. Da ihm noch mehr Zeit blieb, begann er Kurzwellensender und Satelliten-Navigator abzuschrauben, legte den Scheinwerfer in die Plicht und stellte noch seine 12-V-Bordbatterie dazu.

Auch seine beiden neuen Segel waren ihm zum Verlieren zu schade, und als er endlich sogar den Sextanten nach außen gestellt hatte, fiel ihm noch ein wichtiges Teil ein: der Erste-Hilfe-Kasten. Er erschrak, als er in die Plicht zurückkehrte – sein Rettungsfloß hatte sich inzwischen losgerissen und war abgetrieben.

Der Berichterstatter sagt nicht, wie der amerikanische Segler auch ohne sein Rettungsfloß überlebte. War das Leck im Vorschiff durch die Gewichtsverlagerung nach achtern vielleicht so weit aus dem Wasser gehoben worden, daß die Yacht schwimmfähig blieb und gerettet werden konnte?

*

Notgedrungen bei ihrer Yacht Lennoxen vom Typ Rustler 31 mußten die beiden englischen Eigner Steve Dalton und John Webb bleiben, die Mitte Oktober 1984 von Tollesbury in England zu einer Weltumseglung mit dem ersten Ziel Karibik ausgelaufen waren. Etwa 250 sm südwestlich von Brest gerieten sie in einen schweren Herbststurm, in dem die Lennoxen bei 50 kn Wind entmastet wurde, als sie mit Sturmfock und Sturmgroßsegel vor der See abliefen. Entnervt von der hohen See und den brechenden Wellen „zündeten" sie ihr Rettungsfloß, das sich auch schnell aufblies. Der Festmacher riß jedoch, noch bevor die beiden Segler einsteigen konnten. Glücklicherweise muß man sagen, denn sie erreichten wenige Tage später mit ihrer entmasteten Yacht unter Motor den Hafen von Brest.

*

Der Festmacher an seinem Rettungsfloß riß Wolfgang Quix, als am 6. September 1985 Frau und Sohn von dem gestrandeten Seekreuzer JEANTEX III zwischen Weser und Elbe mit einem Hubschrauber abgeborgen werden sollten. Die Rettungsinsel war, wie in einem solchen Seenotfall empfohlen, mit ihrem Festmacher am Heck belegt. Doch er hielt nicht, und das Schwimmzelt driftete im stürmischen Wind schnell ab.

*

Unfreiwillig mit ihrem Rettungsfloß alleingelassen wurden drei Schweizer Segler, die am 14. Juni 1983 mit dem Trimaran MANU KAY westlich von Menorca gekentert waren. Sie hatten das Rettungsfloß an einer etwa 4 m langen Leine am Mastfuß des gekenterten Trimarans belegt und ruhten sich unter dem Zeltdach von den Strapazen ihres Schiffbruches aus, als in der Nacht die Verbindungsleine abriß und die Rettungsinsel mit einem Teil der Leine abtrieb. Über die Kenterung und die achttägige Odyssee der drei Segler auf ihrem Floß bis zu ihrer Rettung durch eine andere Yacht berichte ich auf Seite 304.

*

Der Festmacher des Rettungsfloßes brach, als M. Butterfield und P. Ellison nach der Kenterung ihres 12-m-Katamarans APACHE SUNDANCER auf der letzten Etappe des Round Britain Race 1970 in ihr Rettungsgerät steigen mußten. Gekenterte Mehrrumpfboote sind ja eigentlich nichts anderes als großflächige Rettungsflöße, die nicht nur Flugzeugen ein sehr viel deutlicher erkennbares Ziel bieten, sondern auch mit den Bootsvorräten nahezu unverändert ausgestattet sind. Der Bruch dieser Nabelschnur kann daher besonders tragische Folgen haben.

*

Das war zum Beispiel bei Bill Quinlan und David Lucas der Fall, die im Juli 1978 mit ihrem 12-m-Trimaran MARA etwa 500 sm vor der mexikanischen Pazifikküste in einem Hurrikan gekentert waren. Auch hier brach der Festmacher des Rettungsloßes, das in der hohen See neben dem gekenterten Mehrrumpfboot schwamm, und das Rettungsfloß kenterte in den folgenden Tagen mehrmals, ehe sich die aufgewühlte See wieder beruhigte. Als nach fünf Tagen des Überlebens auf dem Floß die Vorräte nahezu aufgebraucht waren, schwamm Bill Quinlan auf die weite See hinaus. Er opferte sein Leben für seinen Neffen David Lucas, der mit den restlichen Vorräten die beiden folgenden Tage überstand, ehe er von einem Fischerboot gerettet wurde.

*

Die zweiköpfige Crew des Hartley-Trimarans, der Anfang Juni 1972 vor Neuseeland kenterte, konnte nicht beim Boot bleiben, weil der Festmacher des Rettungsfloßes riß. Glücklicherweise sichtete ein Fischerboot einige Tage später das driftende Floß und rettete die Besatzung.

*

Der amerikanische Einhandsegler Steven Callahan büßte im Februar 1982 die lebenswichtige Verbindung zu seinem kleinen, sinkenden Seekreuzer NAPOLEON SOLO mitten auf dem Atlantik ein, weil die Verbindungsleine zwischen Rettungsfloß und Yacht unerwartet brach.

In der Nacht des 4. Februar hatte die kleine SOLO einen Fremdkörper gerammt und war voll Wasser gelaufen, aber noch nicht sofort gesunken. Callahan stieg in sein Rettungsfloß, nahm einige lebenswichtige Sachen mit und wollte erst einmal bis zum Morgen warten.

„Ich habe die Leine zwischen Yacht und Rettungsfloß auf 30 m verlängert", berichtet er, „aber behalte sie sicherheitshalber in der Hand, für den Fall, daß die SOLO plötzlich sinkt. Mein Plan ist, bei Tagesanbruch auf die vollgelaufene Yacht zurückzukehren, um noch meinen Überlebensanzug, einen Trinkwasserkanister und die wasserdicht verschweißten Lebensmittel zu bergen. Vielleicht gelingt es mir sogar, das Leck zu finden und es zu stopfen, so daß ich die SOLO leerpumpen kann.

Als meine Gedanken jedoch an diesem Punkt angekommen sind, bricht plötzlich und unerwartet die Leine zwischen Rettungsfloß und Yacht. Verzweifelt starre ich auf die SOLO, als ich abtreibe, bis nichts mehr von ihr zu sehen ist. Ein mulmiges Gefühl beschleicht mich: ‚Junge, Junge, nun bist du ganz auf dich allein gestellt!'"

Über Callahans 76tägigen Überlebenskampf auf dem winzigen, jetzt nur mangelhaft ausgerüsteten Rettungsfloß berichte ich auf Seite 323.

*

Daß man auf einem Rettungsfloß aber nicht nur mit der Gefahr rechnen muß, daß der Festmacher durch Belastung brechen kann, sondern daß in manchen Fällen sogar das freiwillige Loswerfen der Nabelschnur zwischen Rettungsfloß und aufgegebener Yacht Voraussetzung zum Überleben ist, erlebten Skipper Alain Gliksman, sein Sohn und drei französische Freunde nach der Kenterung des großen Trimarans RTL TIMEX am 10. April 1979 auf dem Wege von den Bermudas nach New York. Hierüber schreibt das Crewmitglied Nicolas Angel in seinem Buch „Capsize!":

„Denis Gliksman muß mit aller Kraft die 50 m lange ‚Nabelschnur' festhalten, die uns in dem Rettungsfloß mit unserem gekenterten ‚Mutterschiff' verbindet. Die Belastung ist sehr groß, und die Leine schneidet in seine

Hände. Die Bıb, das Rettungsfloß, ist ja leichter als der gekenterte Trimaran und driftet daher vor diesem her. Es ist, als würden wir einen schweren Laster mit einem Fahrrad schleppen.

Wir laufen im Seegang zwar schneller bergauf, werden aber auf der anderen Seite des Wellenbergs auf dem Wege bergab rasch wieder von dem schweren Wrack eingeholt. Wenn die Bıb im Wellental nahezu gestoppt liegt, gleitet der große Trimaran wie ein mächtiger Sturmbock auf uns zu.

Denis schreit voller Schrecken: ,Es ist verrückt! Das Wrack begräbt uns unter sich! Oder zumindest wird es uns umwerfen! Wir müssen die Verbindungsleine loswerfen!'

Doch sein Vater herrscht ihn an: ,Nein, halte gut fest! Der gekenterte Rumpf ist für unsere Rettung beträchtlich besser auszumachen als dieser Gummifleck!'

Aber als er selbst seinen Kopf durch den Zeltvorhang nach außen steckt und sieht, daß der gekenterte Trimaran tatsächlich wie ein riesiges Surfbrett auf uns zudonnert, schreit er voller Angst:

,Wirf los! Laß die Leine gehen!', und dann fügt er traurig hinzu: ,Zu schade! Aber wenn wir ein unversehrtes Rettungsfloß behalten wollen, müssen wir die Nabelschnur kappen.'"

*

Man müßte nach den Beispielen für das ungewollte Abreißen der Festmacher von den Rettungsflößen eigentlich annehmen, daß entweder das sogenannte „Pflaster" für die Halterung von Ring und Leine nicht fest genug auf den Schlauchkörper vulkanisiert oder der Durchmesser der Leine selbst zu gering war. Tatsächlich aber ist es so, daß einer offenbar weltweiten stillschweigenden Vereinbarung entsprechend die meisten Hersteller dieser Rettungsmittel die äußerlich so dick und damit auch reißfest aussehende Festmache- und Reißleine mit einer Sollbruchstelle versehen. Sie hat den Zweck, daß sich das Rettungsfloß bei einer bestimmten Zugbelastung der Leine von selbst von der in Seenot befindlichen Yacht trennt.

Wie die genannten Notfälle zeigen, ist dies eine für Yachtsegler lebensgefährliche Entscheidung gewesen. Und sie ist vor allem der Seglerwelt bis heute unbekannt geblieben. Was veranlaßte die Hersteller dazu?

Nun, natürlich wieder Empfehlungen für die Berufsschiffahrt, die man in diesem Falle keineswegs auf das Yachtsegeln übertragen durfte: Für die Berufsschiffahrt gilt es, das Rettungsfloß so auszurüsten, daß es – voll besetzt – niemals mit dem sinkenden Schiff in die Tiefe gezogen werden kann, wenn der Festmacher zuvor nicht mehr zu lösen war.

Das kleinste Schiffahrts-Rettungsfloß wird bekanntlich für sechs Personen gebaut. Es hat demnach eine Verdrängung von 6 x 96 kg = etwa 600 kg, und der entsprechende Auftrieb entspricht auch der Reißfestigkeit von 600 daN der 8-mm-Perlonleine, die sowohl als Reißleine wie auch als Festmacher zur Verbindung zwischen Schiff und Rettungsfloß dient. Sie wird vom Hersteller mit einem Palstek am Schleppflaster des Floßes befestigt. Kann beim schnellen Sinken des Schiffes diese Leine nicht losgeworfen werden, reißt sie bei voll beladenem Floß, ohne es unter Wasser zu ziehen. Ist das Floß nicht voll beladen, kommt es erfahrungsgemäß in etwa 1 m Wassertiefe zur Trennung.

Spezielle Yachtrettungsflöße, für die es keine entsprechenden Vorschriften gibt, werden hauptsächlich für vier Personen gefertigt. Sie haben somit nur eine Verdrängung bzw. einen Auftrieb von etwa 400 kg, wenn sie voll besetzt sind. Aus Gründen der Handlichkeit sind sie jedoch mit der gleichen Perlonleine von 8 mm Durchmesser und 600 daN Reißfestigkeit ausgerüstet. Um nun auch die Segler und Motorbootfahrer davor zu bewahren, mitsamt ihres Rettungsfloßes von einer schnell sinkenden Yacht in die Tiefe mitgezogen zu werden, fügen die Hersteller in die Reißleine eine „Sollbruchleine" ein. Sie besteht beispielsweise aus zwei 4-mm-Leinen im Bereich des Palsteks und ist von außen im allgemeinen nicht zu erkennen. Ihre Reißfestigkeit beträgt nur etwa 350 daN, das heißt, der Festmacher eines Yachtrettungsfloßes bricht bereits gewollt, wenn das Floß mit vier Personen voll besetzt ist und entsprechend belastet wird.

Die Entscheidung, die Festigkeit des Festmachers nur aus dem obengenannten Grunde und somit nur nach einem einzigen Gesichtspunkt bewußt zu reduzieren, hat jedoch lebensgefährliche Auswirkungen auf zahlreiche andere und erfahrungsgemäß sehr viel häufigere Notsituationen gehabt, in die Yachtsegler geraten können (und, wie die obigen Beispiele zeigen, auch gekommen sind):

● Ähnlich hohe Zugbelastungen am Festmacher entstehen bereits bei großen Windgeschwindigkeiten durch den beträchtlichen Windwiderstand, den das (oft noch offene) Dach sogar eines nur teilweise besetzten Rettungsfloßes bietet.

● Nicht weniger Kraft erzeugen die Seegangsbelastungen, denen die Festmacher ausgesetzt sind, wenn das Floß in schwerer See längere Zeit neben einer aufgegebenen Yacht liegen muß.

● Kurzzeitig hoch belastet wird die Verbindungsleine zwischen einer in Seenot geratenen Yacht und ihrem Rettungsfloß auch beim Hineinspringen der Personen, die sich (beispielsweise bei Feuer) besonders schnell retten müssen.

● Da Yachtsegler in manchen Notfällen ausreichend Zeit zum Übersteigen haben, nehmen sie dementsprechend mehr Überlebensausrüstung mit auf das Floß, so daß die „Sollbruch-Verdrängung" oft schon erreicht sein kann, ehe der letzte Mann an Bord ist.

● Meistens sind es mehrere dieser Faktoren, die sich summieren, so daß die auf die Sollbruchleine bezogenen Kräfte noch viel eher erreicht werden als erwartet. Die vorgenannten Beispiele beweisen es.

Aus diesem Grunde muß man es als Unfug bezeichnen, eine Leine mit guter Reißfestigkeit bewußt zu schwächen. Ja, es mutet fast wie eine Irreführung an, Rettungsflöße mit nur äußerlich zuverlässig und vertrauenerweckend aussehenden Leinen zu versehen, ohne die Segleröffentlichkeit gleichzeitig und generell auf die Ausrüstung dieser Rettungsfloß-Festmacher mit einer Sollbruchstelle nachdrücklich hingewiesen zu haben. Denn mit einem Rettungsfloß im Container kauft man bekanntlich die Katze im Sack. Was man tatsächlich als Seenot-Ausrüstungsteil erworben hat, sieht man erst, wenn man mit Familie oder Crew in das Rettungsgerät geht. Und nicht einmal dann kann man (selbst bei hellichtem Tage) die Sollbruchleine erkennen.

Als Sofortmaßnahme schlage ich daher vor, alle Rettungsfloß-Container mit einem Aufkleber mit der Warnungzu versehen: „Achtung! Die eingearbeitete Reißleine, die zum Festmacher des Floßes wird, hat eine Sollbruchstelle von nur etwa 350 daN (kg)!" Und dieser Hinweis gehört auch in Prospekte und Bedienungsanleitungen.

Es wäre unsinnig, wenn Fahrtensegler, die schon einmal in eine der obengenannten Kalamitäten geraten sind, sich mit Reißleinen ohne diese Sollbruchstellen versorgen lassen und dafür sowohl ein spezielles Zertifikat von der Lieferfirma erhalten würden als auch einen entsprechenden „Rückversicherungsschein" für den Hersteller unterschreiben müßten. Vielmehr sollte man die Bemessung der Leine für Yachtrettungsflöße künftig nach anderen Gesichtspunkten vornehmen. Nicht zuletzt zeigen die Beispiele dieses Buches, daß das „sichere Abreißen beim schnellen Sinken einer Yacht" kein Kriterium ist, weil die Yachtrettungsflöße tatsächlich niemals bei dieser Gelegenheit gezündet wurden.

Es wäre keine Alternative, in Zukunft Yachtrettungsflöße für vier Personen nicht mehr herzustellen, so daß Yachtsegler das kleinste Rettungsfloß der Berufsschiffahrt, das Sechs-Personen-Floß, wählen müßten. Das wäre als weitere Verteuerung dieses ohnehin aufwendigsten Yacht-Ausrüstungsteiles abzulehnen und aus den genannten Gründen auch nicht erforderlich.

Gefährliches Winter-
segeln im Mittelmeer

Elf Yachten gesunken – 24 Segler ertrunken

Jedes Jahr kommt es während der Winterzeit im Mittelmeer zu Yachtunfällen mit tödlichem Ausgang. Die meisten Opfer sind zu beklagen, weil die winterlichen Segelbedingungen in diesem Revier aus Unkenntnis unterschätzt wurden. Die bei den hier beschriebenen 13 Unfällen ertrunkenen 24 Segler mahnen uns nicht nur zur Vorsicht, sondern auch zur richtigen Beurteilung der Gefahren beim Wintersegeln im Mittelmeer.

Viele deutsche Segler, die das Mittelmeer noch nicht besegelt haben, und auch einige von denen, die es nur aus den warmen Sommerwochen kennen, unterliegen dem Trugschluß, in diesem schönen und großflächigen Seegebiet herrschten ähnliche Wetterverhältnisse wie in den Passatregionen unserer Erde. So glauben sie, das Wetter wäre auch in den Wintermonaten sonnig und heiter, und man könnte dementsprechend wenn auch unter etwas rauheren Bedingungen, so doch völlig ungefährdet segeln. Anders sind die zahlreichen tragischen tödlichen Unfälle deutscher Segler wohl nicht zu erklären, die sich (mit zunehmender Tendenz) in den Wintermonaten insbesondere im westlichen Mittelmeer ereignen.

Tatsächlich ist das Mittelländische Meer kein anderes Wintermeer als die Nordsee oder der Nordatlantik. Über dieses größte tidenfreie Seegebiet unserer Erde ziehen in den Wintermonaten nicht nur die gleichen Orkantiefs hinweg, die auch in Mittel- und Nordeuropa das Wettergeschehen bestimmen. Im Löwengolf und im weitesten Sinne in jenem Seegebiet, das durch die Balearen, die Inseln Sardinien und Korsika sowie die italienische, französische und spanische Festlandküste begrenzt wird, entstehen auch gefährliche Sturmtiefs mit hohen Windgeschwindigkeiten.

Ähnlich wie im Seegebiet von Neufundland, wo sich Warmluft von den Bermudas mit arktischer Kaltluft von Grönland zu jenen Tiefdruckgebilden paart, die dann über den Atlantik ostwärts nach Europa ziehen, vereinigt sich in dem genannten Mittelmeerbereich tropische Warmluft aus der Sahara mit polarer Kaltluft, die aus Frankreich und der Biskaya in das mediterrane Becken strömt, zu der sogenannten Genua-Zyklone, die oft eher entsteht, als sie in den Wetterberichten gemeldet werden kann, und die vor allem langlebig-stationär wirken kann.

Dieser niedrige Luftdruck über dem Nordteil des westlichen Mittelmeeres löst den typischen Mistral aus, einen Nordwestwind mit sehr niedriger Lufttemperatur und hoher Windgeschwindigkeit (über 50 kn), der gleichzeitig im abgrundtiefen blauen Wasser eine hohe See aufbaut.

Das Segeln im Mittelmeer ist Tiefwassersegeln (oder Blauwassersegeln, wie man etwas poetisch sagt), im Unterschied zu dem „Flachwassersegeln" in Nord- und Ostsee und seinen angrenzenden Gebieten. Somit werden an Seemannschaft und Segeltechnik und vor allem an die Yachten im Mittelmeer andere Anforderungen gestellt als in unseren heimischen Küstengewässern.

Im Gegensatz zum Mittelmeersegeln im Sommer, das viele deutsche Segler auf eigenen Yachten oder auf Charterbooten kennengelernt haben, herrschen im Winter nicht nur hohe Windgeschwindigkeiten, bewölkter Himmel und Regen vor. Auch die Wassertemperaturen sinken mit Beginn des Herbstes rapide ab, erreichen um die Jahreswende einen Wert von nur 10 °C und steigen erst im Frühjahr erstaunlich langsam wieder an.

Grund für die schnelle Abkühlung sind die Herbststürme, die das warme Oberflächenwasser mit dem kalten Wasser der Tiefsee kräftig vermischen, und die kalten nördlichen Winde, die durch Temperatur und Bewegung zu einem Windkältegefühl führen, das eigentlich gar nicht zu den Vorstellungen vom Mittelmeer paßt. Für die Abkühlung im Herbst und die zögernde Erwärmung im Frühjahr sorgen auch die geringere Dauer der Tageshelligkeit, der meistens bedeckte Himmel und somit die geringere Sonnenscheindauer, von der letztlich die Erwärmung der Erde abhängt.

Schon Aristoteles hat den Begriff „Klima" als Neigung der Erdoberfläche gegen die auffallenden Sonnenstrahlen bezeichnet. Die unterschiedliche Temperatur auf der Erde wird also größtenteils durch die Sonnenhöhe bestimmt. Die Navigatoren unter uns haben gelernt, aus der Sonnenhöhe über dem Horizont und dem entsprechenden Zeitpunkt der Beobachtung die geographische Breite auszurechnen, auf der sich der Beobachter befindet. Auf ähnliche Art und Weise ist es möglich, aus der geographischen Breite und dem Zeitpunkt der Beobachtung die Sonnenhöhe selbst zu ermitteln und damit annähernd die klimatischen Bedingungen in einem Seegebiet festzustellen. (Ich habe dieses simple, aber für nautische Entscheidungen nützliche Verfahren in einem anderen Buch dargestellt, so daß ich auf die entsprechenden Berechnungen hier nicht weiter eingehen muß.)

Nach dieser einfachen Faustformel läßt sich beispielsweise ermitteln, daß Mitte August in der Adria nahezu die gleichen klimatischen Verhältnisse herrschen wie Mitte Februar in der Karibik – aber dieser Eindruck darf nicht darüber hinwegtäuschen, daß das Mittelmeer nicht zu der Passatzone unserer Erde gehört, in der nahezu ganzjährig warmes Wetter und leichte bis mittlere Winde vorherrschend sind. Nach der Faustformel läßt sich auch ermitteln, daß zum Beispiel am 1. Januar im Seegebiet der Balearen das gleiche Wetter herrscht wie am 10. November oder am 25. Februar in der Nordsee. So wenig ein Segler auf den Gedanken kommen würde, im Februar oder November die Nordsee zu überqueren, so sehr muß er sich auch davor hüten, um die Weihnachtszeit Langtörns zwischen den Küsten des Mittelmeers zu unternehmen.

Nach den internationalen Sicherheitsvorschriften der Berufsschiffahrt gehört denn auch das gesamte Mittelmeer in der Zeit vom 16. Oktober bis zum 15. April zu den gefährlichen winterlichen Seegebieten, und es gibt jährlich zahlreiche Beispiele von Schiffsunglücken während dieser Zeit, die auch im Mittelmeer zu Totalverlusten von Schiffen und zum Tod von Seeleuten führen. (Die Abbildung der Wintergebiete ist dem Kapitel „Drei Tote und drei Richter" auf Seite 101 zugeordnet.)

Hier sollen einige der tragischen Totalverluste zusammengefaßt werden, damit diese – vermeidbaren – Yachtunfälle deutsche Segler zur Vorsicht gemahnen. Immerhin verlieren heutzutage beim Langstreckensegeln über das Mittelmeer jährlich mehr deutsche Segler das Leben als bei vergleichbaren Fahrten von deutschen Küsten aus über Ost- und Nordsee. Die Unfallursache ist hauptsächlich menschliches Versagen – die nautische Fehlentscheidung nämlich, in der Zeit von Ende Oktober bis Anfang April mit simplen Serien-Seekreuzern und ungenügend vorbereiteten Besatzungen gleichsam „blauäugig" auf Langfahrt zu gehen.

Konzentrieren wir unsere Aufmerksamkeit nur auf wenige zurückliegende Jahre, und beginnen wir mit zwei Sommerunfällen:

● Der Verlust des Kreuzer-Trimarans MANU KAY zeigt, wie riskant selbst das Sommersegeln auf dem blauen Tiefwasser des Mittelmeeres sein kann: Der 8,50 m lange und 6,50 m breite Trimaran mit einschwenkbaren Schwimmern und beweglichem Sicherheitsrigg, der aus Epoxyharz gebaut war, kenterte am 14. Juni 1983 auf dem Wege von San Vincenzo (Italien) nach Palma de Mallorca nur wenige Seemeilen westlich von Menorca. Die dreiköpfige Crew konnte in ihr Schwimmfloß gehen und wurde nach acht Tagen lebensgefährlicher Drift, die ich im Kapitel „Verliere nie die Hoffnung!" auf Seite 304 beschrieben habe, auf der Hälfte zwischen Menorca und Algerien von einer französischen Yacht gerettet.

Der Mistral, der mit 60 kn Windgeschwindigkeit blies, zerbrach zuerst das Schwert des Trimarans, ehe er ihn umwarf. André Sörensen, der Unfall und Überleben in seinem Buch „Vermißt im Mare Aldebarian" beschreibt, bringt darin auch die entsprechenden Wetterkarten. Es war eine ungewöhnliche, aber nicht unübliche Wetterlage, in der meteorologisch alle drei Hauptbedingungen zur maximalen Ausbildung einer typischen gefährlichen Mistral-Bildung erfüllt waren:

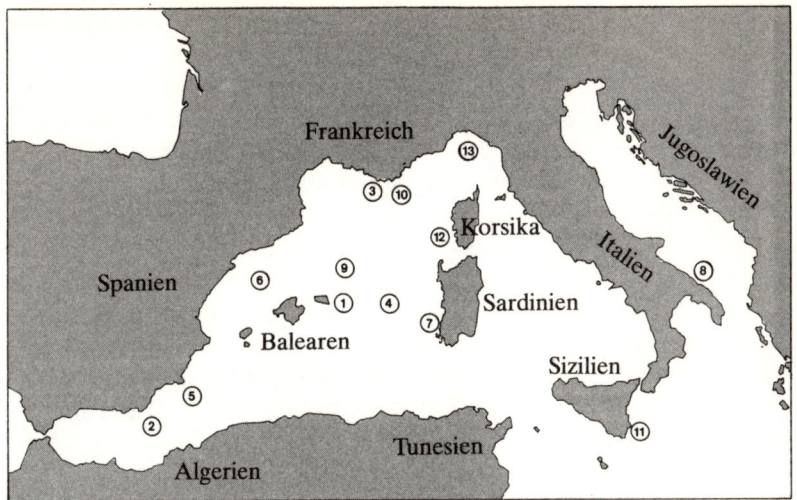

Wintersegeln im Mittelmeer − gesunkene Yachten (in der Reihenfolge, wie sie hier beschrieben sind): ① MANU KAY, *14. Juni 1983.* ② FORTUNA, *Mai 1983.* ③ AIREL, *10. April 1977, sieben Tote.* ④ TOM II, *21. Oktober 1980.* ⑤ SAMOS, *30. Dezember 1980.* ⑥ BAAL, *27. Dezember 1980, zwei Tote.* ⑦ ALPHA, *5. Januar 1981, drei Tote.* ⑧ PHENICIA, *14. März 1982, zwei Tote.* ⑨ *Typ Traveller, Mitte Oktober 1982, zwei Tote.* ⑩ CANNIBIZ, *29. März 1983.* ⑪ TAHITI, *30. März 1983, drei Tote.* ⑫ GOLDEN SPRING, *2. April 1984, fünf Tote.* ⑬ *Italienische Yacht, 7. Februar 1986.*

1. ein Kaltlufteinbruch am 13. Juni hinter einem Tief mit Polarluft, das über Großbritannien und die Nordsee nach Skandinavien zog,

2. ein Hochdruckaufbau hinter dem Kaltluftschwall, bei dem das Azorenhoch mit 1227 hPa im Zentrum am 12. Juni nicht nur einen Keil in Richtung Biskaya trieb, sondern sich unter Verstärkung auf 1035 hPa am 14. Juni selbst bis zum Eingang der Biskaya verlagerte.

3. Da die schwere Kaltluft an den Alpen hängenblieb und daher um so wuchtiger durch das Rhônetal südwärts floß, konnte sich ein (der Jahreszeit gemäß zwar nur schwaches) Genua-Tief bilden, in dem der Luftdruck bis auf 1010 hPa fiel. Dennoch entstand ein maximales Luftdruckgefälle zwischen Frankreich und Italien als Voraussetzung für den unerwartet stürmischen Nordwestwind, dem die MANU KAY zum Opfer fiel.

● Der Seekreuzer FORTUNA wurde im Mai 1983 in der Nähe der Insel Alboran im westlichen Mittelmeer auf dem Wege von einem spanischen Hafen nach Melilla an der afrikanischen Küste aufgegeben. Die Ehepaar-Crew verließ ihre 8,25 m lange Yacht nach Mastbruch in schwerem Wetter (siehe Kapitel „Mastbruch und Zäpfchen" auf Seite 153).

Die folgenden Totalverluste während der Winterzeit liefen nicht so glimpflich ab:

● Der französische Eintonner AIREL versank am 10. April 1977 auf einer Langstrecken-Wettfahrt vor Marseille mitsamt seiner siebenköpfigen Crew. Die anläßlich der Marseille-Woche gesegelte Regatta war wegen des gefährlichen Wetters von ursprünglich 140 auf 75 sm abgekürzt worden, und die Wettfahrtleitung rechnete nach einer zu Ende gegangenen Sturmwarnung mit Windstärken von 7 bis 6. Tatsächlich wurde von den betreffenden Küstenstationen während der Hochseeregatta jedoch eine von 39 auf 45 kn und dann sogar auf 58 kn zunehmende Windgeschwindigkeit gemessen, volle 12 Windstärken also. Bei geringer Lufttemperatur und hoher, steiler See lief das Feld der Hochseeyachten auf einer Kreuz gegen einen orkanartigen Mistral in die hereinbrechende Dunkelheit, aus der die AIREL niemals wieder auftauchte.

Vermutlich sank die aus formverleimtem Sperrholz gebaute Yacht in dem dort etwa 60 m tiefen Wasser sehr schnell. Ob sie mit Treibgut kollidierte, der Rumpf den hohen Belastungen im Seegang nicht gewachsen war oder der Mast brach und den Rumpf zerschlug, konnte auch in einer zehntätigen Suche mit Schiffen und Flugzeugen nicht geklärt werden.

Die Rettungsinsel der AIREL fand man übrigens in einem Lagerschuppen an Land. Die Crew hatte sie nicht mit an Bord genommen, da die 140-sm-Regatta nicht als „Langstreckenfahrt" im Sinne der französischen Sicherheitsbestimmungen galt und somit eine Rettungsinsel gesetzlich nicht vorgeschrieben war − eine durch Ehrgeiz bestimmte, wahrscheinlich tödliche Entscheidung.

● Die TOM II, eine 13,50-m-Ketsch, startete am 18. Oktober 1980 von der französischen Mittelmeerinsel Porquerolles aus mit einer vierköpfigen Crew zu einer Weltumseglung. Bereits am 21. Oktober mußte sie im Seegebiet etwa auf der Mitte zwischen Menorca und Sardinien den sinkenden Seekreuzer aufgeben. Die Crew wurde einen Tag später nahe der Südwestküste Sardiniens aus ihrem Rettungsfloß geborgen. Die Umstände dieses Yachtverlustes beschreibe ich in einem anderen Buch.

● Der 14,70 m lange Seekreuzer SAMOS, eine robuste Stahlketsch von 3,55 m Breite und 2,30 m Tiefgang, befand sich in den Weihnachtstagen 1980 auf dem Sprung von Ibiza zu einem nur 65 sm entfernten spanischen Festlandhafen, als er am 27. Dezember nicht weit von der Balearen-Insel entfernt von einem schnell entstandenen, schweren Mistral überfallen wurde, der die Ketsch nach einer 70stündigen Drift in südwestlicher Richtung schließlich in Seenot brachte. Als bei einem Rettungsversuch die Frau zwischen Yacht und Schiffswand eingeklemmt wurde, wie es bereits an anderer Stelle beschrieben ist, mußte die Atlantik-erfahrene Ehepaar-Crew die SAMOS am 30. Dezember gegen 0700 Uhr in der Nähe von Almeria aufgeben.

● Dem gleichen Winter-Mistral fiel auch der 9 m lange Seekreuzer BAAL zum Opfer, der ebenfalls am zweiten Weihnachtsfeiertag des Jahres 1980 abends mit dem Münchner Gastwirt Bernhard Neuner und seiner Freundin Brigitte Koziel an Bord aus Sitges (dicht südlich Barcelona) ausgelaufen war. Das Paar war im Oktober von einem französischen Hafen aufgebrochen, um über den Atlantik zu segeln. Es überlebte den orkanartigen Sturm mitsamt dem Boot nicht. Die BAAL und ihre Crew wurden nie wieder gesehen.

● Auch der Seekreuzer ALPHA, eine hölzerne Ketsch von 16,45 m Länge, 4,08 m Breite und 2,10 m Tiefgang, wurde ein Opfer der Wetterlage, die um den Jahreswechsel 1980/81 im westlichen Mittelmeer herrschte. Der Fehler seines Skippers war es, bei dieser vom Mistral bestimmten stürmischen Wetterlage, die die ALPHA im sicheren Hafen von Ibiza getrost noch länger hätte abwettern können, am 31. Dezember unter Zeitdruck in nordöstlicher Richtung auszulaufen. Die Yacht strandete am 5. Januar an der Südwestküste Sardiniens, doch fand man von der dreiköpfigen Crew keine Spur mehr an Bord. Ob der Skipper mit seiner Entscheidung, ungeachtet der Wettersituation auszulaufen, grob fahrlässig handelte, wird im Kapitel „Drei Tote und drei Richter" auf Seite 92 untersucht.

Man ist betroffen, wenn man bei einer solchen Unfallforschung feststellen muß, wie sich Daten und Fakten, die zu unterschiedlichen Zeiten aus verschiedenen Quellen gesammelt wurden, zu einem Mosaikbild fügen, das den Verlust von den drei deutschen Yachten SAMOS, BAAL und ALPHA und den Tod von fünf Seglern zu gleicher Zeit im begrenzten Seegebiet rund um die Balearen darstellt.

● Die PHENICIA versank am 14. März 1982 in einem anderen Teil des Mittelmeers, in der Adria. Der Schweizer Heinz Schuhmacher (47) hatte die 11 m lange und 3,60 m breite Yacht von 1,60 m Tiefgang im Herbst 1981 gechartert und war Anfang März 1982 mit Nordkurs durch die Straße von Otranto in die Adria gelaufen. Über Tricase, südlich von Otranto und Brindisi, erreichte die PHENICIA am 11. März Manfredonia, 60 sm nordwestlich von Bari, von wo sie am 14. März mit Schuhmacher und der belgischen Mitseglerin Griet Glys (27) zur Weiterfahrt nach Norden auslief. Gegen 2200 Uhr des Tages, an dem bei einem Ostwind von Bft 7 und einer starken Südströmung besonders rauhe Verhältnisse herrschten, fing die italienische Küstenwacht einen Mayday-Ruf auf, ohne jedoch den Bootsnamen und den Standort erfassen zu können. Eine nächtliche Suchaktion in der Adria blieb erfolglos. Der Eigner der Yacht, der zunächst an alles andere als an einen Unfall dachte und sogar Interpol zur Suche einschaltete, mußte sich spätestens seit dem 23. März mit dem Totalverlust abfinden: An diesem Tage fand ein englisches Schiff 9 sm querab von Brindisi die in ihrem gelben Ölzeug ertrunkene Griet Glys, und am 31. März barg ein Fischer bei Otranto den Leichnam Schuhmachers. Natürlich kann auch die Kollision mit einem Großschiff in der recht befahrenen Straße von Otranto zum Verlust der PHENICIA geführt haben, doch ist wahrscheinlicher, daß Yacht und Crew ein Opfer des von vielen Faktoren beeinflußten rauhen Winterwetters in diesem Teil des Mittelmeeres wurden.

● Ronald Bongers (22), der niederländische Skipper und Eigner eines 7 m langen Bootes vom Typ Traveller, hatte seinem Vater in einem letzten Brief zwar noch versprochen, im Herbst nicht über den berüchtigten Löwengolf nach Mallorca zu segeln, dieses Versprechen aber offenbar doch nicht gehalten. Mit einem Mitsegler war er Mitte Oktober 1982 von der französischen Küste aus zur Überwinterung nach Mallorca ausgelaufen. Eine Woche später fand ein Tanker die kieloben treibende Yacht etwa 120 sm östlich von Barcelona; von der Crew entdeckte man keine Spur. Auch die beiden Holländer mußten ihren Entschluß zum Wintersegeln im Mittelmeer, noch dazu mit einem zum Seesegeln ungeeigneten Boot, mit dem Leben bezahlen.

● Die sechsköpfige britische Crew des Seekreuzers CANNIBIZ mußte am 29. März 1983 die Übermacht der See bereits etwa 50 sm von der französischen Küste bei Marseille entfernt anerkennen: Die CANNIBIZ sank in schwerem Winterwetter, aber die Crew konnte in das Schlauchboot gehen. Nach einer neuntägigen Irrfahrt zwischen Frankreich und Italien wurden die sechs Schiffbrüchigen von Fischern vor der sardischen Küste aus Seenot gerettet.

● Tragischer wirkte sich die Entscheidung des Charterschippers auf der TAHITI aus, zur Zeit der Frühjahrsstürme Segler gegen Entgelt rund um Sizilien zu schippern. Der 11,20 m lange und 3,81 m breite Seekreuzer von 1,95 m Tiefgang strandete am 30. März 1983 bei dem Versuch, in den kleinen Hafen von Portopalo an der Südostspitze der italienischen Insel einzulaufen, als er mit dem schweren Wetter auf See nicht mehr fertig wurde. Von der achtköpfigen Crew fanden drei Segler den „Tod durch den Strang", wie der auf Seite 66 ausführlich geschilderte Unfall überschrieben ist.

● Das Schicksal der GOLDEN SPRING und ihrer fünfköpfigen Crew ist bis heute ungeklärt geblieben. Die 11,40 m lange Yacht vom Typ Gib Sea mit 3,80 m Breite und 55 m^2 Segelfläche verließ unter Führung des Nürnberger Sportjournalisten Hildebrandt Kelber (49) am 31. März 1984 Port Camargue, um über Ajaccio auf Korsika rund um Italien in die jugoslawische Adria zu segeln. Auch sie geriet in dieser verfrühten Segelzeit in einen Mistral, der am 2. April in ihrem Seegebiet tobte und Windgeschwindigkeiten von 60 kn erreichte.

Wo und wann Boot und Crew das Schicksal ereilte und ob die Ursache tonnenschwere Wellen waren oder vermeidbare Navigationsfehler der erschöpften Crew, gefährliche Küstennähe, der Düseneffekt vor oder in der Straße von Bonifacio oder nur die für diese Verhältnisse nicht ausreichende Festigkeit einer Serienyacht, wird man wohl niemals erfahren. Denn die See gab nur die Leichen eines 40jährigen Mitseglers am 11. April im Hafen La Colba und der 42jährigen Frau des Skippers frei, die am 13. April bei Santa Teresa di Gallura an der Nordküste Sardiniens angeschwemmt wurde. Die beiden Toten trugen nur Schlafanzüge. Die Autopsie ergab Tod durch Ertrinken.

Hauptursache für den Verlust der GOLDEN SPRING und den Tod ihrer Crew ist sicherlich die Tatsache, daß die Yacht mit einer nicht ausreichend vorbereiteten Crew unter nahezu winterlichen Verhältnissen zu einem Langtörn über das Mittelmeer auslief, ohne die möglichen Wetterbedingungen und alternative küstennahe Kurse in ihre Törnplanung einzubeziehen.

● Am 7. Februar 1986 sank eine italienische Yacht vor Alassio an der ligurischen Küste (zwischen Genua und Nizza) in ebenfalls schwerem Wetter. Die Ehepaar-Crew konnte jedoch noch einen Notruf absetzen. Dennoch dauerte die Suche nach den beiden Schiffbrüchigen 15 Stunden, ehe sie aus ihrem Rettungsfloß befreit und gerettet werden konnten.

Ich selbst gehöre zu den Transozean- und Nordatlantikseglern, die das Segeln im Mittelmeer jahrzehntelang ebenfalls als „Schönwettersegelei" eingestuft haben. Seit ich jetzt aber schon sechs Jahre im Mittelmeer kreuze, jährlich vier Monate lang und vom frühesten Frühjahr bis weit nach Beginn des Herbstes, habe ich meine Meinung beträchtlich revidiert.

In den vielen Sommermonaten bietet das Mittelmeer genügend Zeit und Raum zum sportlichen Segeln über kurze oder lange Distanzen. Zur Zeit der Tag- und Nachtgleiche muß man indessen auf gefährliche Wetterentwicklungen gefaßt sein und mit Windgeschwindigkeiten von über 50 kn ebenso rechnen wie mit Windsprüngen bis 10 Bft beim Durchgang eines Tiefdruckkerns sowie mit einer von Ost- und Nordsee her unbekannten gnadenlosen hohen See.

Mit diesen Bedingungen wird ein verantwortungsbewußter Skipper auf einem robusten Stahlboot immer fertig werden. Leichte Serienboote aus Kunststoff sind für diese Wetterverhältnisse hingegen nur bedingt geeignet. In der eingangs genannten „Winterzeit" hat eine Segelyacht auf dem Mittelmeer nichts mehr zu suchen, und wer dennoch zu solch riskanten Fahrten ausläuft, zumal mit einem kleinen Boot, der handelt der Crew gegenüber verantwortungslos. Zumindest die Crew sollte diese gefährlichen Winterreisen im Mittelmeer ablehnen.

Elf Yachten gesunken, 24 Segler ertrunken – das ist eine traurige und nicht einmal vollständige Bilanz. Möge diese „schwarze Liste" alle Mittelmeer-Skipper zur Vorsicht anregen und ihnen als Warnung dienen.

Literaturverzeichnis

Nicolas Angel „Capsize!", New York 1980
Maurice & Maralyn Bailey „118 Tage den Tod vor Augen", Oldenburg 1975
Chay Blyth „Theirs is the Glory", London 1974
Chiodi A + P Inc. „The Capsize Bugaboo", Boston 1980
Peter Cook und Bob Fisher „The Longest Race", London 1975
Jack H. Coote „Total Loss", London 1985
Jimmy Cornell „Modern Ocean Cruising", London 1983
John Groser „Atlantic Adventure", London 1968
Richard Henderson „Singlehanded Sailing", Camden 1976
Wolfgang Kraker von Schwarzenfeld
  „Salzwasser, Whisky und Gottvertrauen", Tübingen 1959
Dougal Robertson „Survive the savage sea", London 1973
Bernard Robin „Survivre à la dèrive", Paris 1977
Royal Cruising Club „Roving Commissions 1979" und folgende Jahre
Joachim Schult „Mann über Bord – was tun", Bielefeld 1975
Joachim Schult „Yachtunfälle – und wie man sie vermeiden kann", Hamburg 1982
John Wallace Spencer „Limbo of the Lost – Today", New York 1969
Thomas Thompson „Lost!", Bern 1975
Nicolas Tomalin u. Ron Hall „The Strange Voyage of Donal Crowhurst", London 1970
Jacques Vignes „La rage du survivre", Paris 1973
Richard Winer „The Devil's Triangle", New York 1974

Deutsche Zeitschriften:
„boote", „Der Blaue Peter", „Der Segelsport", „Segeln", „Seglerzeitung", „Skipper", „Yacht" u. a.

Ausländische Zeitschriften:
„Cruising World", „Multihulls", „Practical Boat Owner", „Sail", „Sea Spray", „South African Yachting", „Yachting", „Yachting Monthly", „Yachting World", „Yacht-Revue", „Yachts and Yachting" u. a.
Clubzeitschriften und interne Publikationen:
„Cruising Association Bulletins", „Lowestoft Cruising Club Journal", „LYC-Nachrichten", „Mitteilungen der Deutschen Gesellschaft zur Rettung Schiffbrüchiger", Mitteilungen des Vereins „Trans-Ocean", „Ocean Cruising Club Journal", „Seven Seas Cruising Association Bulletins" u. a.

Weiteres Quellenmaterial:
Entscheidungen deutscher Seeämter, Protokolle von Seeamtsverhandlungen, Verhandlungen und Entscheidungen deutscher Gerichte, Logbücher und Logbuchauszüge, persönliche Berichte und Briefe der genannten Personen, Beiträge in deutschen und ausländischen Tageszeitungen, Auszüge aus Protokollen polizeilicher Vernehmungen, Ermittlungen von Versicherungsgesellschaften u. a.